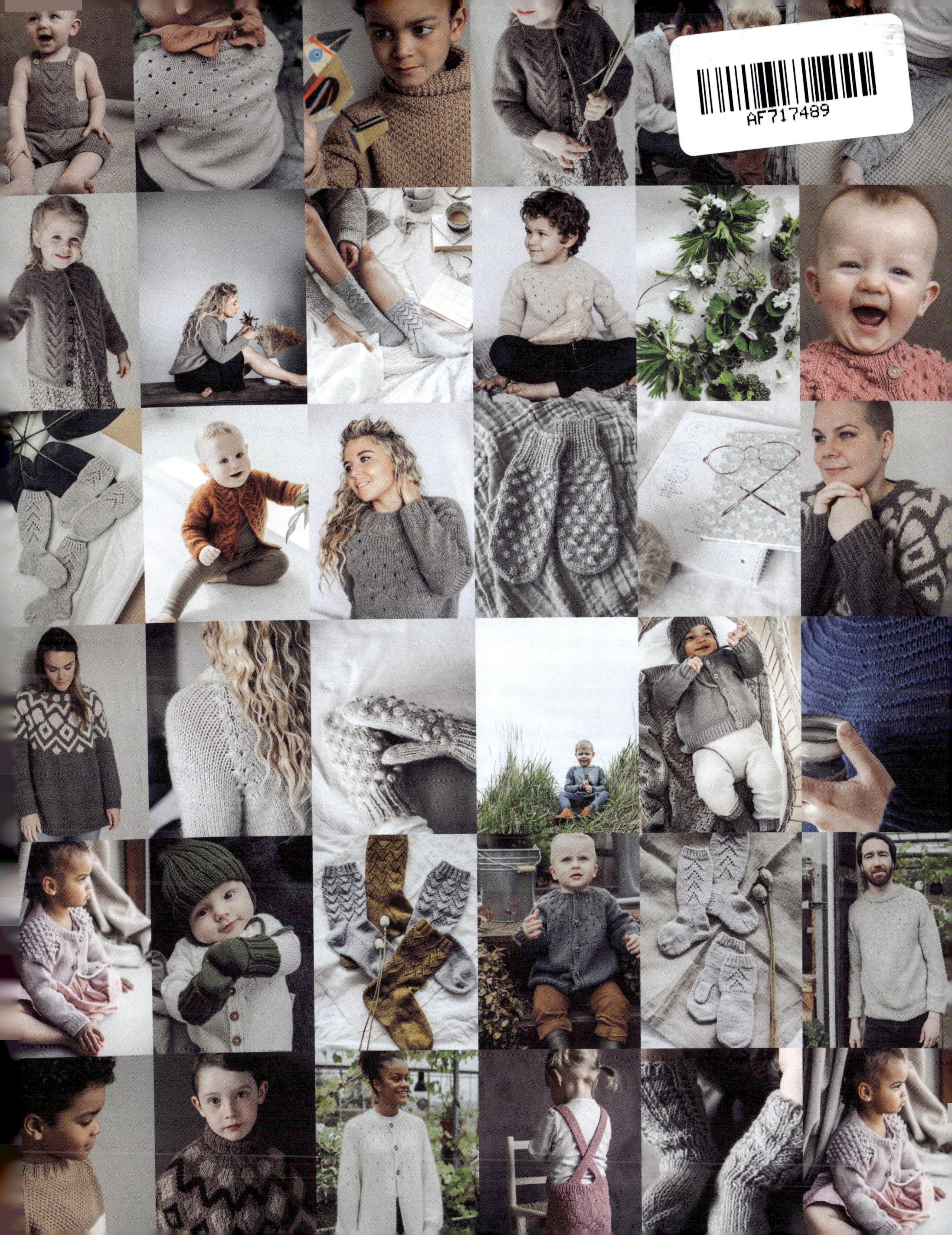

STROFF

Wohlfühlmaschen

für Groß und Klein

Noch mehr Strickdesign aus Island für die ganze Familie

stiebner

INHALTSVERZEICHNIS

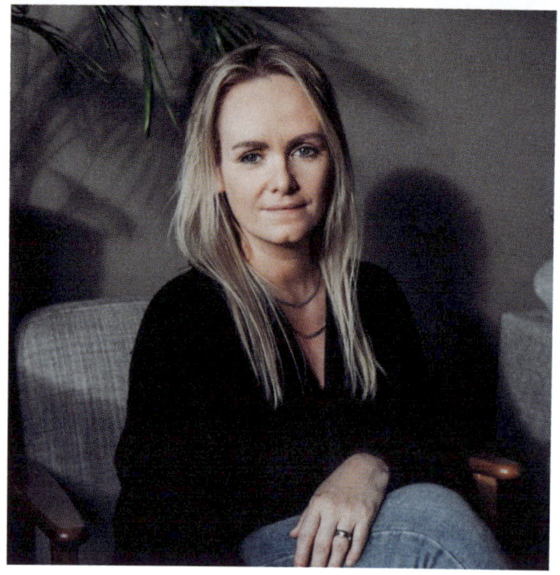

Sjöfn Kristjánsdóttir, Gründerin und Designerin – der kreative Kopf hinter Stroff Knitting.

ÜBER DIESES BUCH

Ihr haltet hier den Nachfolger unseres ersten Buchs »Schnell gestrickt für Groß und Klein« in der Hand. Dieses zweite Buch haben wir »Wohlfühlmaschen für Groß und Klein« genannt – und diese Namen sollen auch Programm sein:

Wie schon im ersten Band haben wir hier einige unserer beliebtesten Kollektionen und viele einzelne Modelle gesammelt, überarbeitet, neu fotografiert und hier herausgegeben. Unser Fokus liegt dabei eindeutig auf dem entspannten »Alltagsstricken«, wie wir es selbst am liebsten mögen.

Wir spezialisieren uns auf das, was uns selbst am meisten Spaß macht: klare Schnitte, einprägsame Muster und am liebsten dicke Nadeln für den sichtbaren Fortschritt. Dabei denken wir dennoch an die Details: Jedes Modell hat seinen ganz eigenen Schnitt, liebevolle Abschlüsse und das gewisse Extra, sei es die außergewöhnliche Raglanzunahme oder das feine Lochmuster. Da wir selbst äußerst ungern Einzelteile zusammennähen, werden sämtliche Modelle in einem Stück, ganz ohne Nähen, gestrickt. Daraus werden kuschelige und (ganz wichtig) tragbare Lieblingsstücke für jeden Tag.

Unsere Modelle sind immer anfängertauglich. Pullover wie Glück oder Schatten sind perfekt für den Einstieg, andere Modelle verwenden dieselben Grundtechniken und führen sie weiter. Dabei wird alles so genau erklärt, dass ihr weniger Erfahrung, sondern nur etwas Konzentration und Ausdauer braucht, um alle Modelle in diesem Buch nachzustricken. Denn das ist unsere Überzeugung: Jedes Strickstück besteht am Ende nur aus denselben rechten und linken Maschen – mit der richtigen Anleitung, die wir euch an die Hand geben, sind euch dann keine Grenzen mehr gesetzt.

Das Inhaltsverzeichnis zeigt die grobe Struktur: Wir beginnen mit Modellen für Erwachsene, Jacken, Pullover und Accessoires. Drei Pullover werden ausdrücklich als »Herrenpullover« bezeichnet, im Grunde sind alle unsere Modelle aber unisex im Schnitt und können selbstverständlich von jedem getragen werden. Was die »Herrenpullover« auszeichnet, sind die etwas zurückhaltenderen Muster und der Verzicht auf Mohair, das unsere Herren weniger mögen. Sie sind schmaler geschnitten als die Oversize-Damenpullover, dafür sind Rumpf und Ärmel etwas länger. Da alle Modelle in diesem Buch allerdings in einem Stück von oben

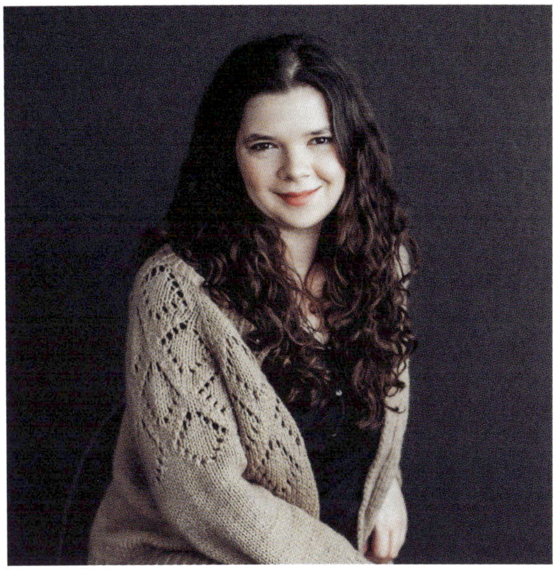

Leonie Karn, Übersetzerin – verantwortlich für den deutschsprachigen Auftritt von Stroff Knitting.

nach unten gestrickt werden, können diese Maße problemlos an individuelle Vorlieben angepasst werden.

Im nächsten Kapitel findet ihr Pullover und Jacken für Babys und Kinder. Teils passen diese Modelle schon Neugeborenen, alle gehen bis zu 10/12 Jahren (mit Ausnahme der »Glück«-Jacke, die es einmal für Babys und einmal für größere Kinder gibt). Sie sind alle eher locker geschnitten und wachsen mit, damit ihr lange Freude daran habt.

Hier achten wir besonders auf eine bequeme Passform ohne störende Details – so tragen die Kinder ihre Jacken tatsächlich freiwillig. Bei den Pullovern ist es uns aus demselben Grund wichtig, dass auch die Kleinen sie eigenständig an- und ausziehen können und nicht ständig auf Hilfe angewiesen sind, weil der Arm schon wieder im Rollkragen feststeckt. Das hält unsere Kinder zwar nicht davon ab, alle warmen Lagen sofort abzuwerfen, sobald sie im Garten sind, aber immerhin nehmen sie sie mit.

Als Nächstes kommen drei Sets, die aus einzelnen Teilen ein abgestimmtes Outfit bilden. Diese Sets werden bei uns in Island sehr gerne für Neugeborene gestrickt, die traditionell nach der Geburt das Krankenhaus von Kopf bis Fuß in Wolle gehüllt verlassen. Dafür ist speziell das »Willkommen Daheim«-Set gedacht. Die anderen beiden Sets, Nikita und Vök, sind nicht nur für Babys geeignet: Einzelne Teile, wie Hosen oder Handschuhe, gibt es nur in Baby- und Kleinkindgrößen, die Jacken und Mützen passen dagegen auch größeren Kindern im Grundschulalter, die vielleicht keine Wollhosen mehr tragen mögen, aber für andere Teile noch zu haben sind.

Den Abschluss bilden die Accessoires: Zwei Overalls, Hosen, Socken, Handschuhe und eine Mütze für Babys und Kleinkinder.

Über die verschiedenen Kategorien verteilt findet ihr unsere großen Kollektionen: Glück. Frost, Nikita und Isafold (mit Birke und Abendsonne), die dasselbe Muster in verschiedenen Modellen und Größen aufgreifen. Perfekt für einen »Familienlook«, oder falls die große Schwester dieselbe Jacke wie das neue Baby haben möchte.

Wir wünschen euch mit diesem Buch viel Freude.

Sjöfn und Leonie

TECHNIKEN

Traditionelle Strickanleitungen enthalten oft Abkürzungen und Fachbegriffe, um die Anleitungen knapp und übersichtlich zu halten. Besonders Anfänger tun sich damit schwer – deshalb achten wir darauf, unsere Anleitungen in klarer, normaler Sprache zu halten und wenig Vorwissen vorauszusetzen. So finden auch unerfahrene Strickerinnen schnell zum Erfolg.

Hier erklären wir einige der wichtigsten Techniken, die in diesem Buch immer wieder verwendet werden.

DIE RICHTIGE GRÖSSE ERMITTELN

Die angegebenen Maße in jeder Anleitung beziehen sich auf das fertige Strickstück. Wir empfehlen, den Empfänger des Strickstücks oder alternativ ein gut passendes Kleidungsstück auszumessen, um die passende Größe zu ermitteln.

Bei Pullovern könnt ihr die Länge von Rumpf und Ärmeln ganz einfach an die eigene Körpergröße oder nach Geschmack anpassen. Wenn die eigenen Maße z.B. im Umfang eher Größe L entsprechen, in Arm- und Rumpflänge aber zu Größe M passen, könnt ihr euch in der Maschenzahl an L orientieren und die Ärmel und Rumpflänge so lang stricken, wie in Größe M angegeben.

Damit eine Mütze gut sitzt, muss sie enger sein als der tatsächliche Kopfumfang, deshalb liegt der angegebene Umfang unserer Mützen je nach Größe und Stricktechnik gut 5–10 cm unter dem durchschnittlichen Kopfumfang für die jeweilige Größe, besonders bei sehr dehnbaren Loch- oder Rippenmustern.

MASCHENPROBE UND GARNWAHL

Wir geben, wenn möglich, bei jedem Projekt mehrere Garnalternativen an. Dabei orientieren wir uns an großen Marken, die gut erhältlich sind. Wenn ihr andere Garne verwenden wollt, orientiert ihr euch zunächst an der Beschaffenheit und empfohlenen Maschenprobe und Nadelstärke und dann an der Lauflänge, um die korrekte Menge zu ermitteln.

Ausschlaggebend ist immer die Maschenprobe, die wir in der Anleitung angeben, nicht unbedingt die standardisierten Angaben des Herstellers. Da wir alle unterschiedlich fest oder locker stricken, empfehlen wir deshalb dringend, mit der ausgewählten Wolle eine Maschenprobe anzufertigen (wenn nicht anders angegeben, stricken wir sie immer glatt rechts) und je nach Ergebnis eine andere Nadelstärke zu wählen, um die korrekte Maschenprobe zu erhalten.

ZUNAHMEN MIT M1R, M1L

Die englische Bezeichnung »M1R, M1L« steht für »Make 1 right, make 1 left«. Damit sind nach rechts und nach links geneigte verschränkte Zunahmen gemeint, die wie folgt gestrickt werden:

M1R (rechts geneigte Zunahme): Nehmt den Querfaden zwischen zwei Maschen auf, indem ihr mit der linken Nadel von hinten in ihn einstecht. Strickt die Masche dann verschränkt ab, indem ihr in den vorderen Maschenschenkel einstecht.

M1L (links geneigte Zunahme): Nehmt den Querfaden zwischen zwei Maschen auf, indem ihr mit der linken Nadel von vorne in ihn einstecht. Strickt die Masche dann verschränkt ab, indem ihr in den hinteren Maschenschenkel einstecht.

Dadurch fügt sich die Zunahme unauffällig in das Maschenbild ein.

Video: www.bit.ly/m1r-m1l

LÖCHER UNTER DEN ARMEN

Um bei Raglanpullovern Löcher unter den Armen zu vermeiden, fasse ich zwischen den Ärmelmaschen vom Hilfsfaden und den neuen Maschen unter den Armen noch jeweils 1 M auf jeder Seite auf und stricke sie direkt in der ersten Runde mit der nächsten Masche zusammen, damit die Maschenzahl wieder stimmt. Mit derselben Technik könnt ihr auch Löcher am Daumenansatz von Handschuhen oder bei Sockenfersen schließen.

Mehr dazu: www.bit.ly/loechervermeiden

SLIP SLIP KNIT (SSK)

Slip Slip Knit (SSK) bezeichnet eine nach links geneigte Abnahme, die wir besonders bei Lochmustern und den Abnahmen bei Socken und Handschuhen oft verwenden.

Dafür hebt ihr zunächst beide Maschen einzeln wie beim Rechtsstricken von der linken auf die rechte Nadel, damit sie sich umdrehen. Schiebt diese zwei Maschen nun in dieser Orientierung wieder zurück auf die linke Nadel und strickt sie verschränkt zusammen, indem ihr von rechts nach links in die beiden hinteren Maschenschenkel einstecht.

Video: www.bit.ly/stroff-ssk

»KEINE MASCHE« IM DIAGRAMM

Besonders bei Loch- oder Einstrickmustern kommen im Musterdiagramm oft Kästchen mit der Bezeichnung »Keine Masche« vor. Diese Kästchen sind reine Platzhalter, damit das Diagramm übersichtlich dargestellt werden kann. An dieser Stelle befindet sich tatsächlich (noch) keine Masche, da diese Masche erst später durch Zunahmen entsteht. Ihr überspringt dieses Kästchen und geht direkt weiter zur nächsten Masche.

I-CORD-KANTE

Diese Kante bildet einen schönen und stabilen Abschluss an Stücken, die in Reihen gestrickt werden, und verhindert ein Einrollen an glatt rechts gestrickten Stücken. Wir verwenden sie bei Knopfleisten und an den Ohrklappen bei Mützen.

Für diese Kante werden die ersten 2 oder 3 Maschen in jeder Reihe (Hin- **und** Rückreihe) immer rechts gestrickt. Die letzten zwei oder drei Maschen jeder Reihe werden ungestrickt, wie zum Linksstricken, mit dem Faden vor der Arbeit abgehoben.

Mehr dazu: www.bit.ly/strofficord

I-CORD-KORDEL

Wir nutzen I-Cord-Kordeln hauptsächlich, um Bänder an Mützen oder Kordeln für Hosen zu stricken. Dafür schlagt ihr 3 Maschen auf eine Nadel aus dem Nadelspiel an und strickt sie rechts. Ihr wendet die Arbeit dann nicht, sondern schiebt diese 3 Maschen wieder ans vordere Ende der Nadel und strickt sie wieder rechts. Wiederholt diese Schritte, bis die Kordel die richtige Länge erreicht hat.

Video: www.bit.ly/i-cord-Kordel

DAS DOPPELTE BÜNDCHEN

Viele unserer Pullover, Mützen und Hosen beginnen mit einem Bündchen, das umgeklappt und doppelt gelegt festgestrickt wird, bevor ihr weiterstrickt. Dadurch wird ein Halsbündchen besonders weich und warm, ein Hosenbund erhält damit einen Tunnelzug für eine Kordel oder ein Gummiband. Ihr strickt das Bündchen dafür doppelt so lang wie die gewünschte Endlänge und klappt es dann so um, dass die Anschlagskante innen liegt. In der nächsten Runde strickt ihr es fest: Nehmt für jede Masche, die auf der Nadel liegt, jeweils die entsprechende Masche aus der Anschlagskante auf und strickt beide gemeinsam rechts ab. Am Ende liegt das Bündchen doppelt fixiert.

Mehr dazu: www.bit.ly/tunnelzugstroff

VERKÜRZTE REIHEN

Verkürzte Reihen werden nur über einen Teil einer Runde gestrickt, der dadurch höher wird als der Rest. Wir nutzen sie bei Pullovern, um den Halsausschnitt hinten zu erhöhen, und bei Hosen, um Platz für eine Windel zu schaffen.

Damit an der Wendestelle kein Loch entsteht, stricken wir diese Reihen wie folgt: Strickt bis zur angegebenen Stelle und wendet die Arbeit. Hebt dann die erste Masche wie zum Linksstricken, mit dem Faden vor der Arbeit, ungestrickt ab. Zieht den Faden von vorne nach hinten über die Nadel. Dadurch wird die erste Masche nach oben gezogen. Beide Maschenschenkel liegen jetzt quasi wie zwei Maschen auf der Nadel. Zieht den Faden an und strickt die Reihe zurück. Wendet auf der anderen Seite mit derselben Wendemasche. Wenn ihr in den folgenden Reihen über diese Wendemasche hinaus strickt, strickt ihr beide Maschenschenkel gemeinsam als eine einzige Masche ab.

Video: www.bit.ly/verkuerzte-reihen

SCHWIERIGKEITSGRADE

Alle Anleitungen in diesem Buch werden ausführlich, Schritt für Schritt, erklärt und setzen wenig Vorwissen voraus. Trotzdem haben wir sie zur besseren Orientierung in drei Schwierigkeitsgrade aufgeteilt:

Stufe 1: Für Anfängerinnen, die den Maschenanschlag, rechte und linke Maschen, einfache Zu- und Abnahmen und Abketten beherrschen.

Stufe 2: Für Fortgeschrittene, die bereits ein paar einfache Modelle (eine Mütze oder einen schlichten Raglanpullover) gestrickt haben und mit den Grundlagen aus Stufe 1 keine Probleme mehr haben.

Stufe 3: Für Profis, die Musterdiagramme lesen können und in der Lage sind, mehreren Anweisungen gleichzeitig zu folgen. Mit Geduld und Konzentration können aber auch hartnäckige Anfänger die Anleitungen der dritten Stufe nachstricken.

HILFE

Wenn ihr Hilfe braucht, empfehlen wir zunächst, online nach Erklärungen oder Videos zur gesuchten Technik zu suchen. Wir binden selbst Videolinks in unsere Anleitungen ein, da ein Video eine Stricktechnik oft viel klarer zeigen kann als eine lange Erklärung. Weitere Fragen zu den Anleitungen beantworten wir über info@stroff-knitting.de oder auf unseren Social-Media-Seiten.

ABKÜRZUNGEN

M: Masche/n
RM: Randmasche/n
re: rechte Masche/n
li: linke Masche/n
MM: Maschenmarkierer
SSK: Slip, slip, knit
M1R, M1L: Make 1 right, make 1 left
***–*:** Die Angaben, die zwischen den Sternen stehen, wiederholen

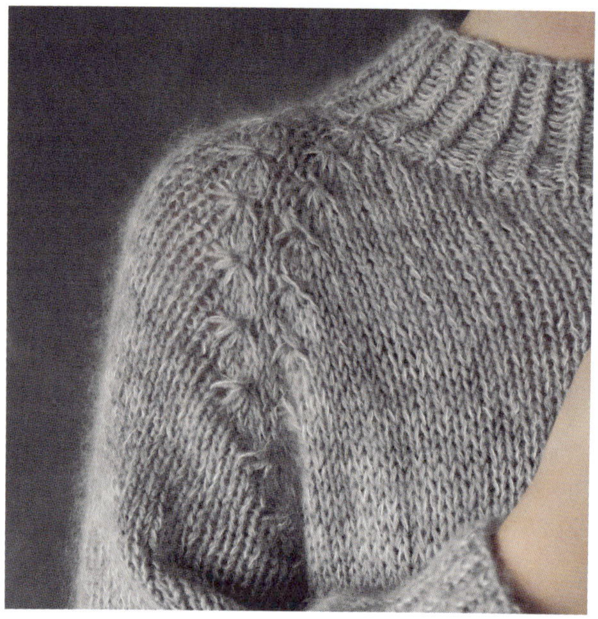

FÜR ERWACHSENE

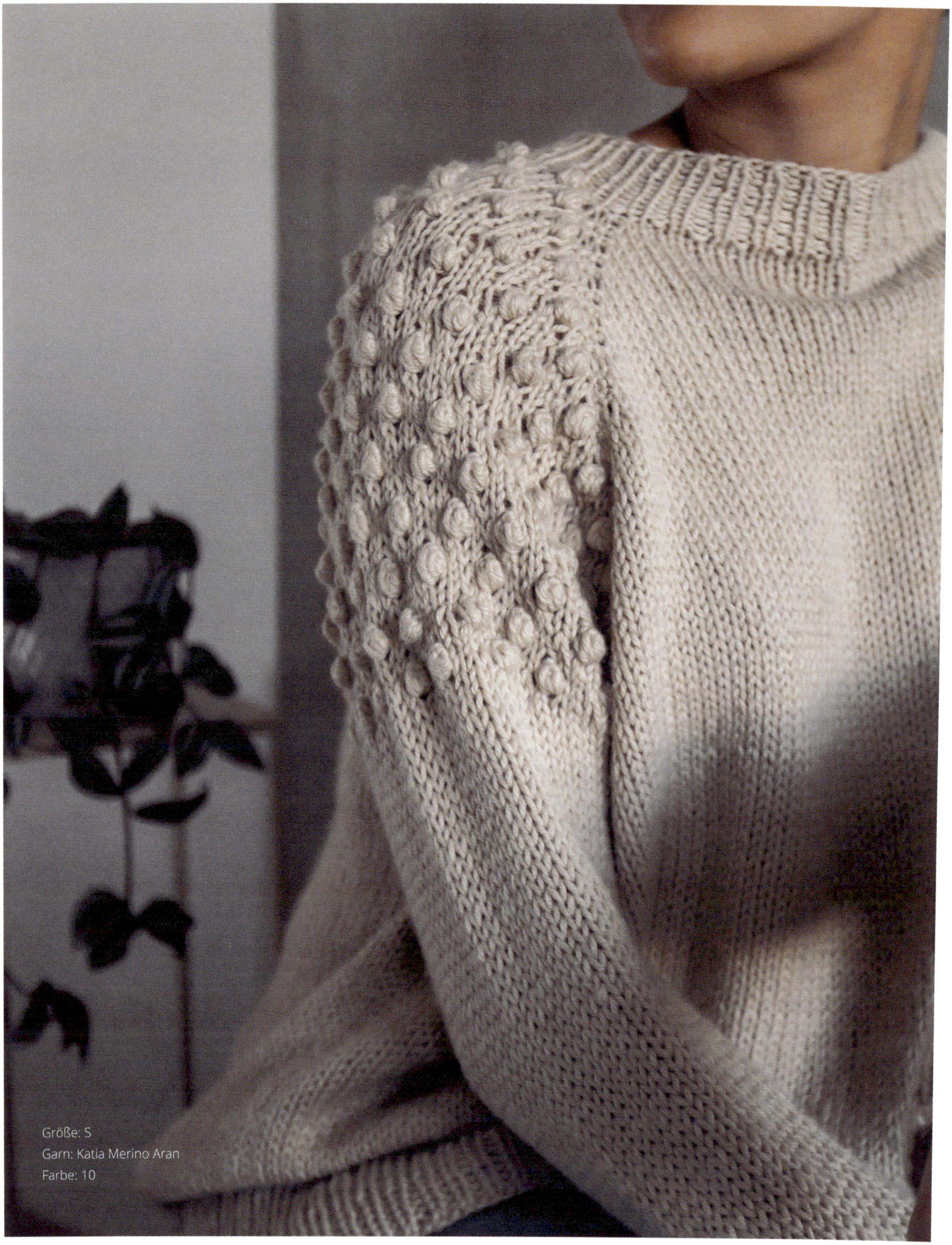
Größe: S
Garn: Katia Merino Aran
Farbe: 10

ISAFOLD

Isafold – ein Pullover so schön wie sein Name. Isafold ist im Grunde schlicht geschnitten, etwas oversize und lässig. Das Noppenmuster in den Schultern gibt ihm das ganz besondere Extra und macht ihn sofort zum Hingucker. Die Kinderjacke »Abendsonne« greift dieses Muster auch für die Kleinen auf.

GRÖSSENANGABEN UND GARNVERBRAUCH

Größe	Brust-umfang	Ärmel-umfang	Rumpflänge ab Ärmelansatz	Ärmellänge ab Ärmelansatz	Garnverbrauch
XS	107 cm	34 cm	35 cm	37 cm	500 g (800 m)
S	114 cm	37 cm	37 cm	39 cm	600 g (960 m)
M	120 cm	41 cm	40 cm	42 cm	700 g (1120 m)
L	**126 cm**	**44 cm**	**44 cm**	**45 cm**	**800 g (1280 m)**
XL	**132 cm**	**46 cm**	**48 cm**	**47 cm**	**900 g (1440 m)**

Bitte beachtet, dass die angegebenen Garnmengen nur ein Richtwert sind.

Garn

Lana Grossa Bingo (80 m/50 g), Katia Merino Aran, Merino Sport oder Merino Tweed, Lang Merino+ oder ähnliche Garne mit derselben Maschenprobe

Maschenprobe

16 Maschen = 10 cm

Das braucht ihr:

Rundstricknadel Nr. 6 (40, 80 und 120 cm lang)
Nadelspiel Nr. 6
Stopfnadel zum Vernähen
Maschenmarkierer

ANLEITUNG

Dieser Pullover wird von oben nach unten in Runden gearbeitet.

HALSBÜNDCHEN

Schlagt 68, 74, 80, **82, 84** M auf eure Rundstricknadel Nr. 6 (40 cm) an. Schließt zur Runde und strickt das Bündchen im Rippenmuster (1 M re, 1 M li im Wechsel) insgesamt 5 cm lang. Alternativ könnt ihr auch einen Rollkragen stricken – strickt dann mit derselben Maschenzahl den Kragen im Rippenmuster insgesamt 18–20 cm lang und kalkuliert dafür ca. 50 g mehr Wolle ein.

RAGLANPASSE

Nach dem Bündchen werden die Raglanzunahmen gearbeitet. Diese Zunahmen bilden die Linien, die Rumpf und Schultern voneinander trennen. Hier werden die Raglanmaschen kraus re gestrickt, also re in einer Runde und li in der nächsten.

Die Runde beginnt in der hinteren Mitte. Bitte beachtet, dass die MM hier nicht in eine bestimmte Masche gesteckt werden, sondern immer zwischen zwei Maschen auf der Nadel hängen und in jeder Runde mitgenommen werden.

ERSTE RUNDE:

1. Schritt: Strickt 11, 12, 13, **14, 15** M re (rechtes Rückenteil). Hängt MM1 auf die Nadel.

2. Schritt: Strickt 13 M im Noppenmuster (s. Diagramm auf S. 12 – rechte Schulter). Hängt MM2 auf die Nadel.

3. Schritt: Strickt 21, 24, 27, **28, 29** M re (Vorderteil). Hängt MM3 auf die Nadel.

4. Schritt: Strickt 13 M im Noppenmuster (s. Diagramm auf S. 12 – linke Schulter). Hängt MM4 auf die Nadel.

5. Schritt: Strickt 10, 12, 14, **14, 14** M re (linkes Rückenteil).

Jetzt habt ihr wieder den Beginn der Runde in der hinteren Mitte erreicht. Markiert ihn mit einem weiteren MM. Die vier MM in der Runde markieren die Stellen, an denen ihr ab der nächsten Runde die Raglanzunahmen arbeitet. Die Maschen auf beiden Seiten der vier MM in der Runde sind die Raglanmaschen, die immer kraus re gestrickt werden (je 1 Masche vor und nach jedem MM, insgesamt 8 Maschen).

ZWEITE RUNDE:

Strickt rechts ohne Zunahmen (laut Diagramm).

DRITTE RUNDE:

Strickt re bis 1 M vor MM1 (die erste der zwei kraus re gestrickten Raglanmaschen), macht einen Umschlag, strickt die 2 Raglanmaschen, macht einen Umschlag. Strickt

Musterdiagramm für die Schultern:

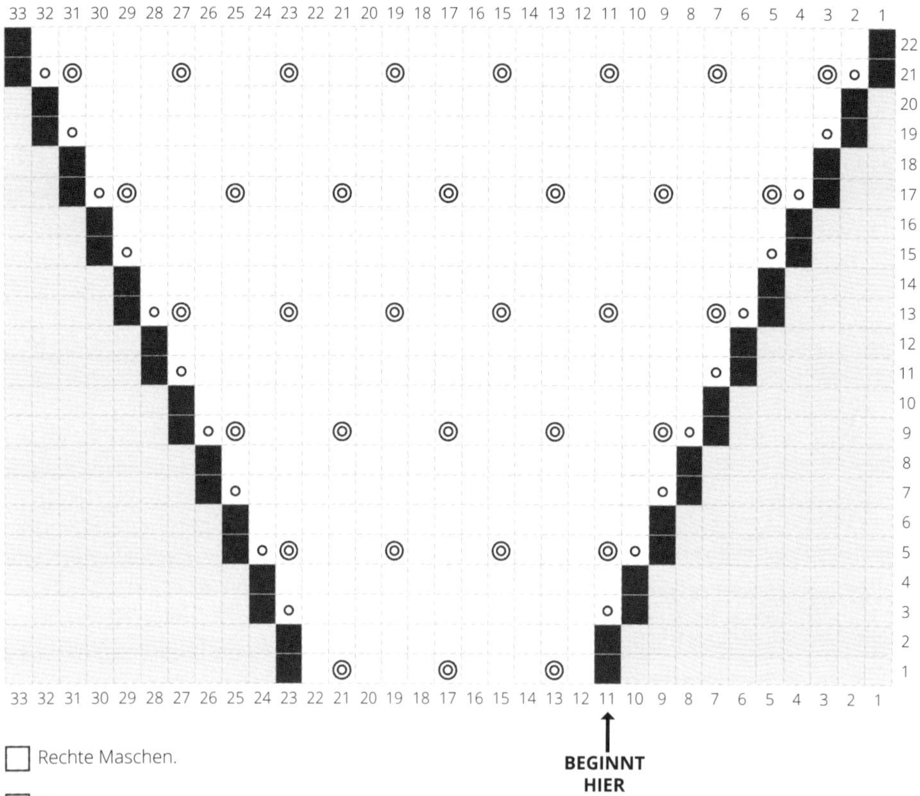

☐ Rechte Maschen.

◎ Noppe.

■ Raglanmasche. Kraus rechts: In allen ungeraden Runden (1, 3, 5 usw.) wird sie rechts gestrickt, in den geraden Runden (2, 4, 6 etc.) wird sie links gestrickt.

o Zunahme (Umschlag).

☐ Keine Masche (Platzhalter).

im Muster weiter und wiederholt diese Umschläge an den nächsten drei MM. So nehmt ihr in dieser Runde 8 M zu.

VIERTE RUNDE:

Strickt die vierte Runde ohne Zunahmen im Muster. Strickt die Umschläge rechts ab, sodass sich an den Raglanlinien ein Lochmuster bildet.

Wiederholt **Runden 3 und 4**, bis ihr in insgesamt 25, 27, 29, **31, 33** Runden zugenommen habt. Das Musterdiagramm zeigt nur die ersten 10 Zunahmerunden. Ihr führt das Muster danach im selben Rhythmus über die gesamte Raglanpasse weiter.

Wechselt auf eine längere Rundstricknadel, wenn die Runden zu lang für 40 cm werden. Am Ende der Raglanpasse liegen 268, 290, 312, **330, 348** M auf der Nadel.

RUMPF

Jetzt werden die Maschen, die später die Ärmel bilden, auf jeder Seite auf einem Hilfsfaden stillgelegt. Das ist ein Faden in einer Kontrastfarbe, auf den ihr alle Ärmelmaschen auffädelt, um sie zu sichern, während der Rumpf gestrickt wird. Das geht folgendermaßen:

1. Schritt: Strickt re 6, 5, 4, **4, 4** M weiter als MM1 (rechtes Rückenteil).

2. Schritt: Legt die nächsten 51, 57, 63, **67, 71** M auf einen Hilfsfaden (rechter Ärmel).

3. Schritt: Schlagt 3 neue M an (unter dem rechten Ärmel).

4. Schritt: Strickt re 6, 5, 4, **4, 4** M weiter als MM2 (Vorderteil).

5. Schritt: Legt 51, 57, 63, **67, 71** M auf einen Hilfsfaden (linker Ärmel).

6. Schritt: Schlagt 3 neue M an (unter dem linken Ärmel).

7. Schritt: Strickt die Runde re fertig (linkes Rückenteil).

Jetzt liegen insgesamt 172, 182, 192, **202, 212** M auf der Nadel (Vorder- und Rückenteil, plus die 6 neuen M unter den Ärmeln). Die Ärmelmaschen liegen auf Hilfsfäden.

Strickt jetzt rechts in Runden weiter, bis der Rumpf, ab dem Ärmelansatz, 25, 27, 30, **34, 38** cm misst. Strickt dann ein Rippenbündchen (1 M re, 1 M li im Wechsel), 10 cm lang, und kettet im Muster ab.

ÄRMEL

Jetzt werden die Maschen für den ersten Ärmel, die ihr auf einem Hilfsfaden stillgelegt habt, wieder zurück auf die Rundstricknadel Nr. 6 (40 cm) gelegt. Zusätzlich werden aus den Maschen, die ihr unter dem Arm neu angeschlagen habt, 3 M aufgefasst und zu den restlichen Ärmelmaschen auf die Nadel gelegt.

Damit der Rundenbeginn mittig unter dem Arm liegt, werden die neu aufgefassten Maschen auf Rundenbeginn und -ende verteilt, d.h. es kommen 2 der Maschen an den Beginn und 1 an das Ende der Runde. Die erste Runde beginnt nun in der Mitte zwischen diesen neuen Maschen.

Jetzt liegen 54, 60, 66, **70, 74** M auf der Nadel (mit den 3 neuen M unter den Armen). Strickt zunächst 4,5, 4, 4,5, **2,5, 2** cm glatt re in Runden und nehmt in der nächsten Runde 2 M ab, indem ihr die ersten 2 und die letzten 2 M der Runde zusammenstrickt. Wiederholt diese Abnahme mit 2,5 cm Abstand, bis ihr insgesamt 9, 10, 11, **13, 14** Abnahmen gearbeitet, oder um 18, 20, 22, **26, 28** Maschen abgenommen habt. Jetzt liegen noch 36, 40, 44, **44, 46** M auf der Nadel.

Strickt dann ohne Abnahmen weiter, bis der Ärmel ab dem Ärmelansatz 27, 29, 32, **35, 37** cm lang ist (oder nach Geschmack und Armlänge). Strickt jetzt das Bündchen (1 M re, 1 M li im Wechsel), insgesamt 10 cm lang. Kettet locker im Rippenmuster ab.

Strickt den zweiten Ärmel gleich.

ABSCHLUSS

Vernäht alle Enden. Wascht den Pullover entsprechend den Pflegehinweisen auf eurem Garn, zieht ihn auf einem trockenen Handtuch in Form und lasst ihn liegend trocknen.

So wird das Noppenmuster gestrickt:

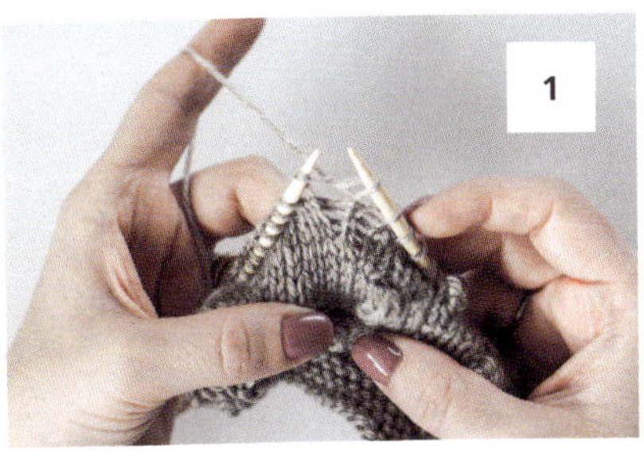

Strickt 6–8 Mal in dieselbe Masche. Stecht dabei abwechselnd vorne und hinten ein.

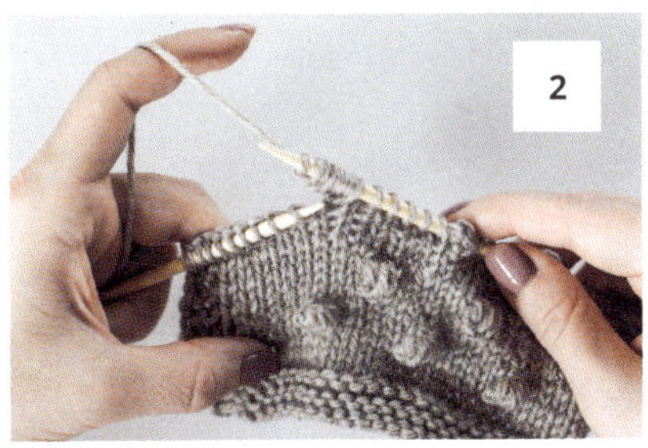

Am Ende liegen alle neuen Maschen auf der Nadel.

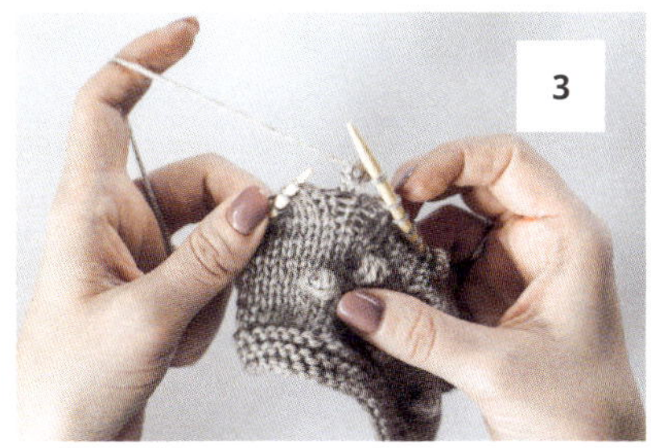

Hebt jede Masche einzeln über die erste Masche auf der Nadel. So entsteht die Noppe.

So vermeidet ihr das Loch neben der Noppe, das bei diesem Muster gerne entsteht:

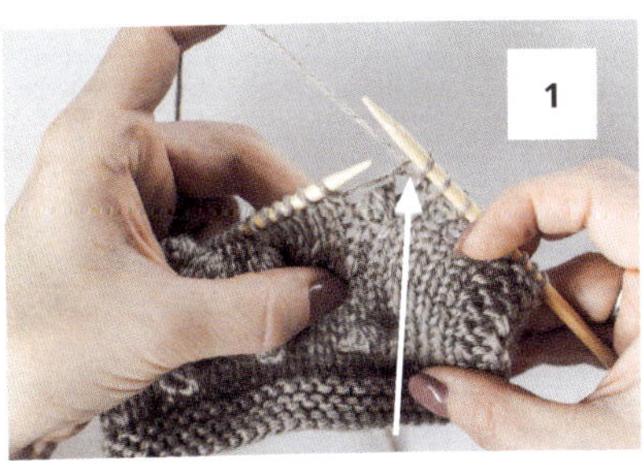

Nehmt 2 Runden über der Noppe den Querfaden vor der Noppe auf die linke Nadel auf.

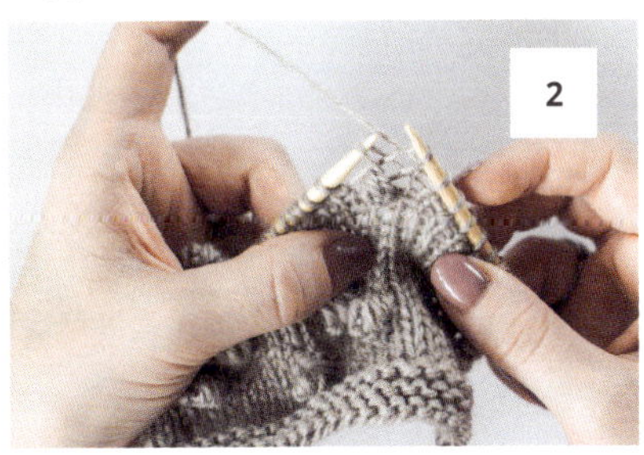

Der Querfaden wurde aufgenommen und liegt auf der linken Nadel.

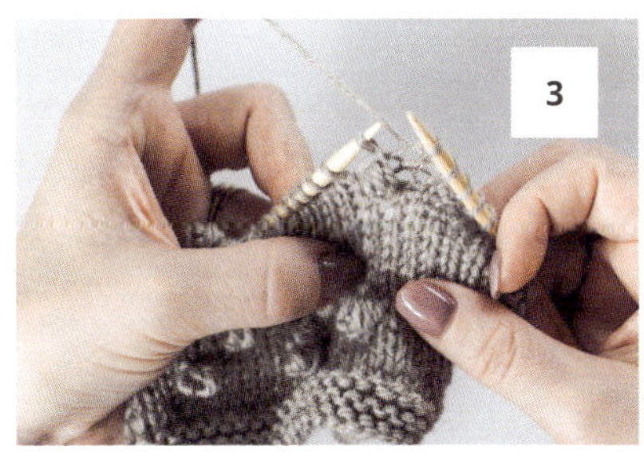

Dreht den Querfaden einmal um, sodass er jetzt verschränkt auf der Nadel liegt.

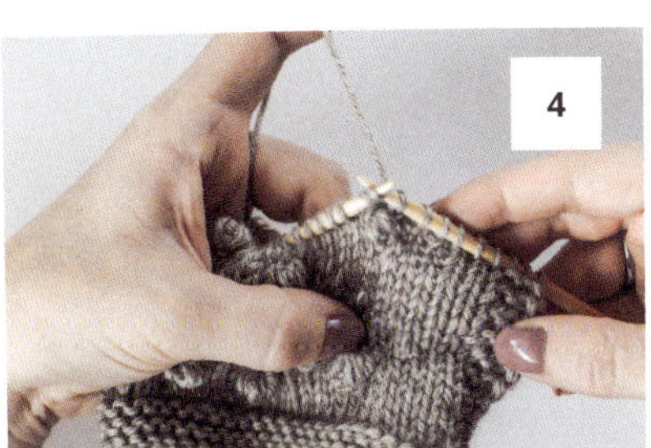

Strickt diesen Querfaden jetzt gemeinsam mit der nächsten Masche rechts ab.

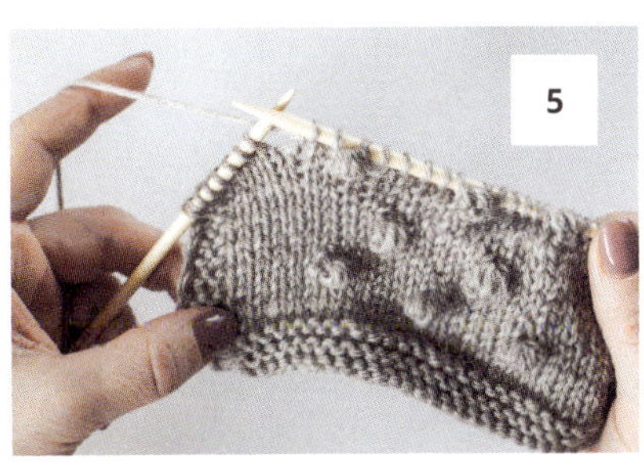

Jetzt habt ihr das Loch geschlossen und könnt normal weiterstricken.

Wie die Noppen gestrickt und die Löcher vermieden werden, zeigen wir hier auch in zwei Videos:

Noppen stricken:
www.bit.ly/isafold-noppen

Löcher im Noppenmuster vermeiden:
www.bit.ly/isafold-noppen-2

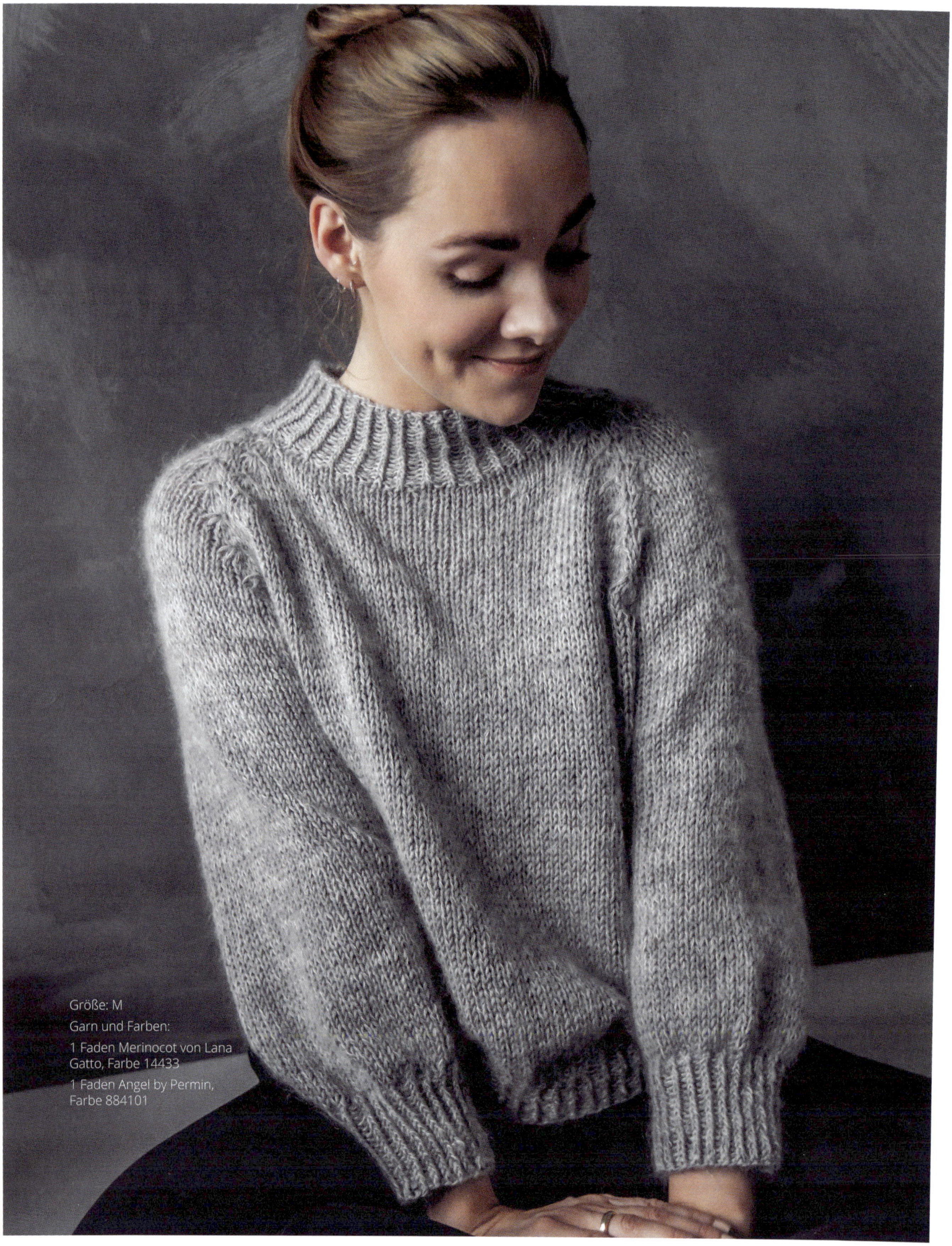

Größe: M

Garn und Farben:

1 Faden Merinocot von Lana Gatto, Farbe 14433

1 Faden Angel by Permin, Farbe 884101

NIKITA

Wenn die Raglanlinie so schön ist, darf der Pullover ganz schlicht sein! Unser erstes Modell mit dem außergewöhnlichen Sternenmuster wurde so beliebt, dass daraus eine ganze Kollektion entstand. Die Chunky-Version und das Kinderset findet ihr auch in diesem Buch.

GRÖSSENANGABEN UND GARNVERBRAUCH

Größe	Brustum-fang	Ärmelum-fang	Rumpflänge ab Ärmelansatz	Ärmellänge ab Ärmelansatz	Garnverbrauch Merino	Garnverbrauch Mohair
XS	98 cm	30 cm	30 cm	34 cm	250 g (625 m)	75 g (630 m)
S	103 cm	32,5 cm	32 cm	36 cm	300 g (720 m)	75 g (630 m)
M	108 cm	35 cm	34 cm	38 cm	350 g (840 m)	100 g (840 m)
L	**113 cm**	**37,5 cm**	**36 cm**	**40 cm**	**450 g (1080 m)**	**125 g (1020 m)**
XL	**118 cm**	**40 cm**	**38 cm**	**42 cm**	**550 g (1320 m)**	**150 g (1230 m)**
2XL	**123 cm**	**42,5 cm**	**40 cm**	**44 cm**	**650 g (1560 m)**	**200 g (1650 m)**

Bitte beachtet, dass die angegebenen Garnmengen nur ein Richtwert sind.

Garn
Cool Wool big (120 m/50 g) oder Ecopuno von Lana Grossa, Katia Merino 100%, Lang Merino 120, Drops Merino Extra fine, Drops Cotton Merino oder andere Garne mit passender Maschenprobe

+ ein Faden Mohair, z.B. Lana Grossa Silkhair, Angel by Permin oder Drops Kid Silk Mohair

Maschenprobe
16 Maschen = 10 cm mit Nadelstärke 6

Das braucht ihr:
Rundstricknadel Nr. 6 (40, 80 und 100/120 cm)
Rundstricknadel Nr. 5,5 (40 und 80/100 cm für die Bündchen)
Nadelspiel Nr. 5,5 (für die Ärmelbündchen)
Stopfnadel zum Vernähen
Maschenmarkierer

ANLEITUNG

Dieser Pullover wird von oben nach unten in Runden gearbeitet. Lest euch die Anleitung gut durch, bevor ihr beginnt. Wir beschreiben zunächst, wie die Zunahmen gearbeitet werden.

STERNZUNAHMEN

Für das Muster in den Raglanlinien werden die Raglanzunahmen auf eine besondere Weise gestrickt. Wir nennen sie **Sternzunahmen**. Ihr nehmt hier nicht wie sonst in jeder zweiten Runde 8 M zu, sondern 16 M in jeder vierten Runde.

1. Schritt: Strickt bis 3 M vor MM1. Stecht dann von vorne in alle 3 M ein (als würdet ihr sie rechts zusammenstricken), strickt 1 M re, lasst die M nicht von der Nadel gleiten, sondern macht 1 Umschlag, stecht noch einmal von vorne in die 3 M ein und strickt 1 M re, lasst die M nicht von der Nadel gleiten, macht 1 Umschlag, stecht von vorne ein und strickt 1 M re.

Ihr habt so diese 3 M zusammengestrickt, und gleichzeitig 5 neue Maschen aus diesen Maschen gestrickt, ihr habt also 2 M zugenommen. Hebt MM1 ab.

2. Schritt: Hebt die nächsten 3 M einzeln wie zum re Stricken ab, damit sie sich umdrehen, und schiebt sie in dieser Orientierung wieder auf die linke Nadel. Stecht von hinten in alle 3 M ein und strickt 1 M re, lasst sie nicht von der Nadel gleiten, macht 1 Umschlag, stecht wieder von hinten in sie ein und strickt 1 M re, lasst sie nicht von der Nadel gleiten, macht 1 Umschlag und stecht noch einmal von hinten in sie ein und strickt 1 M re.

Damit habt ihr im zweiten Schritt noch einmal 2 M zugenommen.

Wiederholt diese zwei Zunahmen an den weiteren MM in der Runde und nehmt so in der Runde insgesamt 16 M zu. Wiederholt diese Zunahmen in jeder vierten Runde. Dieses Video zeigt, wie die Zunahme gearbeitet wird: www.bit.ly/nikita-zunahme

HALSBÜNDCHEN

Schlagt 68, 68, 70, **70, 72, 72** M auf eure Rundstricknadel Nr. 5,5 (40 cm) an. Schließt zur Runde und strickt das Bündchen im Rippenmuster (1 M re verschränkt, 1 M li im Wechsel) insgesamt 7, 7, 8, **8, 9, 9** cm lang. Die Runde beginnt in der vorderen Mitte.

Ihr strickt rechts verschränkte Maschen, indem ihr bei den rechten Maschen nicht wie normal in den vorderen Maschenschenkel einstecht, sondern in den hinteren. Dadurch wird das Rippenmuster etwas markanter und hält seine Form besser.

RAGLANPASSE

Nach dem Bündchen werden die Raglanzunahmen gearbeitet. Diese Zunahmen bilden die Linien, die Rumpf und Schultern voneinander trennen. Gleichzeitig werden am Anfang der Raglanpasse verkürzte Reihen gearbeitet, damit der Pullover hinten etwas höher sitzt.

Die Runde beginnt weiterhin in der vorderen Mitte. Ab hier wird nur noch glatt re gestrickt. Wechselt jetzt auf die Rundstricknadel Nr. 6.

Strickt die **1. Runde** re und nehmt noch einmal gleichmäßig über die Runde verteilt 8 M zu. Jetzt liegen 76, 76, 78, **78, 80, 80** M auf der Nadel.

In der **2. Runde** platziert ihr die MM, an denen ihr später die Zunahmen arbeitet.

1. Schritt: Strickt 16, 16, 17, **17, 17, 17** M re (linkes Vorderteil).

2. Schritt: Hängt MM1 auf die Nadel.

3. Schritt: Strickt 6 M (linke Schulter).

4. Schritt: Hängt MM2 auf die Nadel.

5. Schritt: Strickt 32, 32, 33, **33, 34, 34** M re (Rückenteil).

6. Schritt: Hängt MM3 auf die Nadel.

7. Schritt: Strickt 6 M re (rechte Schulter).

8. Schritt: Hängt MM4 auf die Nadel.

9. Schritt: Strickt 16, 16, 16, **16, 17, 17** M re (rechtes Vorderteil).

Jetzt habt ihr wieder den Beginn der Runde in der vorderen Mitte erreicht. Markiert ihn ggf. mit einem weiteren MM. Die vier MM in der Runde markieren die Stellen, an denen ihr ab der nächsten Runde die Raglanzunahmen arbeitet.

In der nächsten Runde beginnen die **verkürzten Reihen** (s. Seite 7). Diese Reihen sorgen dafür, dass der Pullover hinten etwas höher sitzt und der Halsausschnitt vorne etwas nach unten geht.

Dazu platziert ihr jetzt noch 2 weitere MM für die verkürzten Reihen (wenn möglich in einer anderen Farbe oder Form, damit ihr sie von MM1–4 an den Raglanlinien unterscheiden könnt). Diese zwei MM kommen an die Ränder des Vorderteils, jeweils mit 4 M Abstand zu MM1 und MM4. Jetzt liegen 24, 24, 25, **25, 26, 26** M zwischen diesen zwei MM auf dem Vorderteil. Der Rundenbeginn liegt in der Mitte zwischen diesen Maschen. Den MM vor MM1 bezeichnen wir als **Wendemarkierer A**, den MM nach MM4 als **Wendemarkierer B**.

Strickt die **3. Runde** jetzt wie folgt: Strickt re bis 3 M vor MM1. Nehmt wie in der **Sternzunahme** beschrieben 2 M zu, hebt MM1 ab, nehmt mit dem zweiten Teil der Sternzunahme 2 M zu und strickt re weiter. Wiederholt diese Zunahme an MM2–4, sodass ihr in dieser Runde insgesamt 16 M zunehmt. Strickt weiter bis zu Wendemarkierer B. Wendet die Arbeit mit einer **Doppelmasche** (s. »Verkürzte Reihen« auf Seite 7).

Strickt die **4. Reihe (Rückreihe)** li zurück über die Schultern und den Rücken, bis zu Wendemarkierer A. Wendet mit einer Wendemasche.

Strickt die **5. Reihe (Hinreihe)** re, ohne Zunahmen, bis zu Wendemarkierer B. Strickt 2 weitere M re und wendet dann mit einer Wendemasche.

Strickt die **6. Reihe (Rückreihe)** li bis zu Wendemarkierer A, strickt noch 2 M weiter und wendet mit einer Wendemasche.

Die **7. Reihe (Hinreihe)** strickt ihr wieder mit der Sternzunahme in den Raglanschrägen, bis 4 M nach Wendemarkierer B. Wendet mit einer Wendemasche.

Strickt die **8. Reihe (Rückreihe)** li zurück bis 4 M nach Wendemarkierer A und wendet mit einer Wendemasche. Strickt re über alle M zurück zum Rundenbeginn in der vorderen Mitte und strickt ab jetzt wieder in Runden weiter.

Strickt re in Runden weiter und arbeitet weiterhin die Zunahmen in jeder vierten Runde, bis ihr in insgesamt 9, 10, 11, **12, 13, 14** Runden/Reihen zugenommen habt. Wechselt auf eine längere Rundstricknadel, wenn die Reihen zu lang für 40 cm werden. Am Ende liegen insgesamt 220, 236, 254, **270, 288, 304** M auf der Nadel.

Strickt jetzt noch drei weitere Runden glatt re. Nehmt dabei in der zweiten Runde noch einmal 8, 8, 6, **6, 4, 4** M verschränkt aus dem Querfaden (s. **M1R** auf S. 6) zu, jeweils 4, 4, 3, **3, 2, 2** M im Vorder- und im Rückenteil. Achtet darauf, diese Maschen nicht in den Raglanlinien oder den Schultern zuzunehmen.

Jetzt liegen 228, 244, 260, **276, 292, 308** M auf der Nadel. Endet wie immer in der vorderen Mitte.

RUMPF

Jetzt werden die Maschen, die später die Ärmel bilden, auf jeder Seite auf einem Hilfsfaden stillgelegt. Das ist ein Faden in einer Kontrastfarbe, auf den ihr alle Ärmelmaschen auffädelt, um sie zu sichern, während der Rumpf gestrickt wird. Das geht folgendermaßen:

1. Schritt: Strickt re bis zu MM1 (li Vorderteil).

2. Schritt: Legt 42, 46, 50, **54, 58, 62** M auf einen Hilfsfaden (linker Ärmel).

3. Schritt: Schlagt 6 neue M an (unter dem linken Arm).

4. Schritt: Strickt re bis zu MM3 (Rückenteil).

5. Schritt: Legt 42, 46, 50, **54, 58, 62** M auf einen Hilfsfaden (rechter Ärmel).

6. Schritt: Schlagt 6 neue M an (unter dem rechten Arm).

7. Schritt: Strickt die Runde re zu Ende (re Vorderteil).

Jetzt liegen insgesamt 156, 164, 172, **180, 188, 196** M auf der Nadel (Vorder- und Rückenteil, plus die 12 neuen M unter den Ärmeln). Die Ärmelmaschen liegen jetzt auf Hilfsfäden.

Strickt jetzt gerade nach unten, bis der Rumpf, ab dem Ärmelansatz, 24, 26, 28, **30, 32, 34** cm misst. Wechselt auf die Rundstricknadel Nr. 5,5, strickt eine weitere Runde und nehmt gleichmäßig verteilt 20 M ab. Strickt zum Abschluss ein Rippenbündchen (1 M re verschränkt, 1 M li im Wechsel) über 6 cm und kettet im Rippenmuster ab.

ÄRMEL

Jetzt werden die Maschen für den ersten Ärmel, die ihr auf einem Hilfsfaden stillgelegt habt, wieder zurück auf eine Rundstricknadel Nr. 6 (40 cm) gelegt. Zusätzlich werden aus den Maschen, die ihr unter dem Arm neu angeschlagen habt, 6 M aufgefasst und zu den restlichen Ärmelmaschen auf die Nadel gelegt.

Die Ärmel werden in Runden gestrickt. Damit der Rundenbeginn mittig unter dem Arm liegt, werden die neu aufgefassten Maschen auf Rundenbeginn und -ende verteilt, d.h. es kommen je 3 der Maschen an den Beginn und 3 an das Ende der Runde. Die erste Runde beginnt nun in der Mitte zwischen diesen neuen Maschen.

Jetzt liegen 48, 52, 56, **60, 64, 68** M auf der Nadel. Strickt den Ärmel glatt re in Runden, bis er ab dem Ärmelansatz 28, 30, 32, **34, 36, 38** cm misst. Wechselt dann auf das Nadelspiel Nr. 5,5, strickt noch eine Runde re und nehmt dabei gleichmäßig verteilt 6, 8, 12, **14, 18, 20** M ab.

Am Ende des Ärmels liegen 42, 44, 44, **46, 46, 48** M auf der Nadel. Strickt jetzt ein Bündchen (1 M re verschränkt, 1 M li im Wechsel), insgesamt 6 cm lang, und kettet locker im Rippenmuster ab. Strickt den zweiten Ärmel gleich.

ABSCHLUSS

Vernäht alle Enden und schließt die Löcher unter den Armen, wenn vorhanden. Wascht den Pullover entsprechend den Pflegehinweisen auf eurem Garn, zieht ihn auf einem trockenen Handtuch in Form und lasst ihn liegend trocknen.

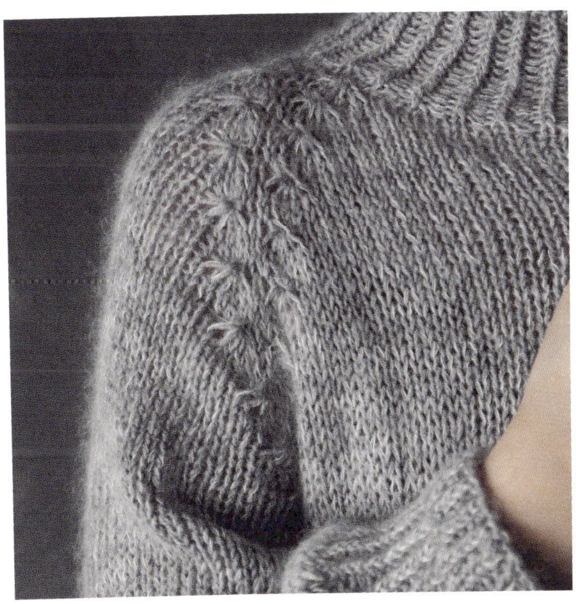

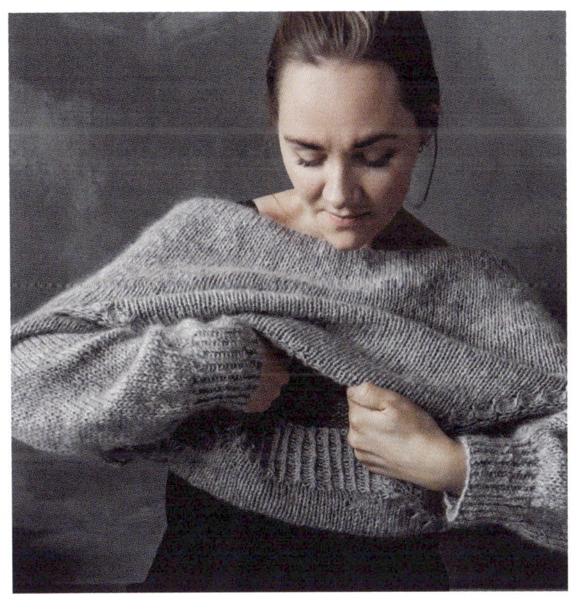

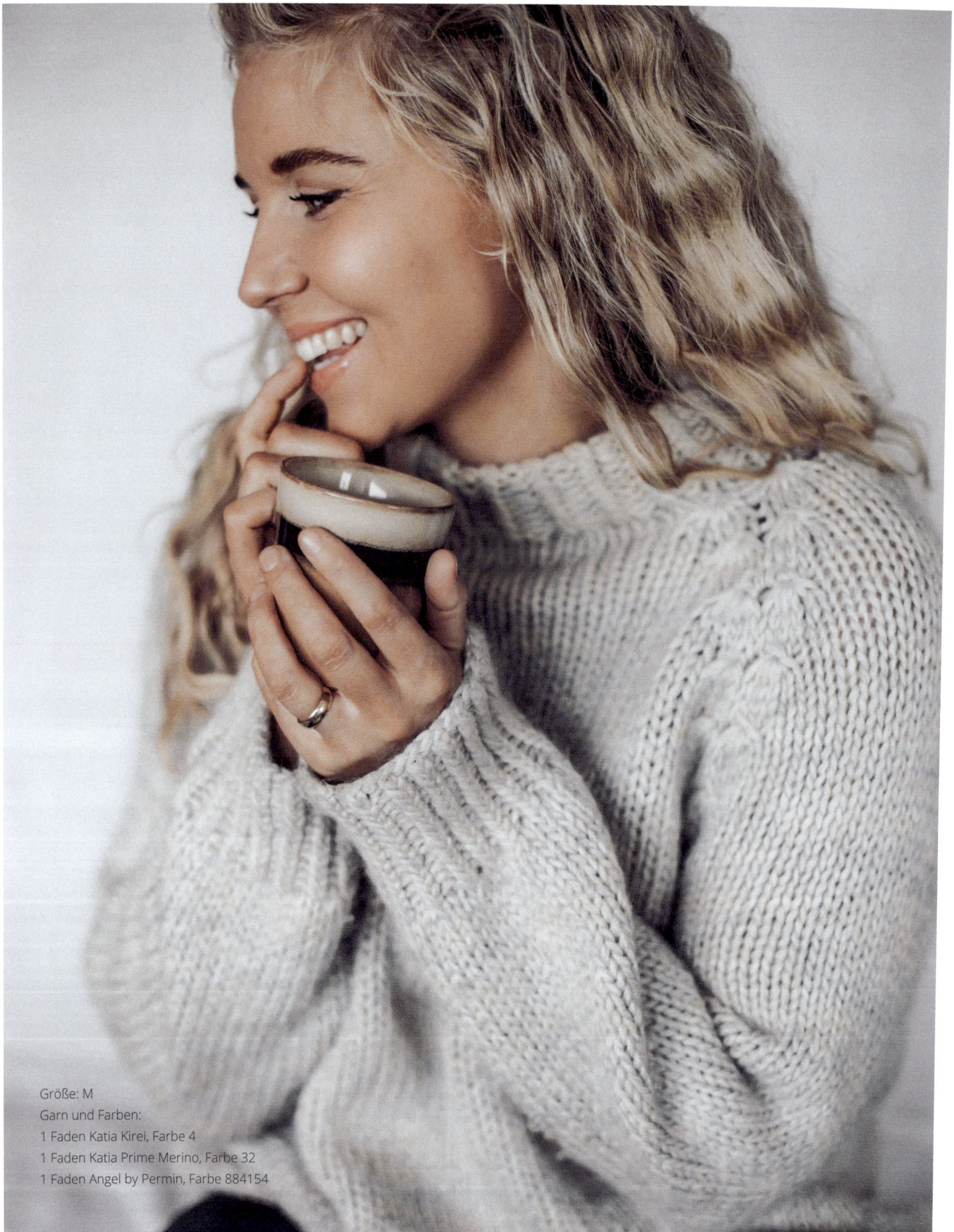

Größe: M
Garn und Farben:
1 Faden Katia Kirei, Farbe 4
1 Faden Katia Prime Merino, Farbe 32
1 Faden Angel by Permin, Farbe 884154

NIKITA CHUNKY

Die kuschelige Winterausgabe unserer Nikita. Hier kommen bis zu drei unterschiedliche Garnqualitäten und Farben zusammen, um das ultimative Wohlfühlstück für kalte Tage zu bilden. Verschiedene Farbtöne verschmelzen zu einem lebendigen Gesamtbild – tobt euch aus!

GRÖSSENANGABEN UND GARNVERBRAUCH

Größe	Brust-umfang	Ärmel-umfang	Rumpflänge ab Ärmelansatz	Ärmellänge ab Ärmelansatz	Garnverbrauch Kirei	Garnverbrauch Prime	Garnverbrauch Mohair
XS	95 cm	30 cm	34 cm	34 cm	500 g (800 m)	300 g (720 m)	75 g (630 m)
S	100 cm	31,5 cm	36 cm	36 cm	500 g (800 m)	300 g (720 m)	100 g (840 m)
M	105 cm	35 cm	38 cm	38 cm	600 g (960 m)	400 g (960 m)	100 g (840 m)
L	**110 cm**	**36,5 cm**	**40 cm**	**40 cm**	**700 g (1120 m)**	**450 g (1080 m)**	**125 g (1050 m)**
XL	**115 cm**	**38 cm**	**42 cm**	**42 cm**	**800 g (1280 m)**	**500 g (1200 m)**	**150 g (1260 m)**
2XL	**121 cm**	**40 cm**	**44 cm**	**44 cm**	**900 g (1440 m)**	**550 g (1320 m)**	**175 g (1470 m)**

Bitte beachtet, dass die angegebenen Garnmengen nur ein Richtwert sind.

Garn

1 Faden dicke Wolle: Kirei (160 m/100 g), Essential Alpaka oder Merino Sport von Katia, Lana Grossa Bingo oder Drops Nepal

1 Faden feinere Wolle: Prime Merino von Katia (120 m/50 g), Cool Wool big oder Ecopuno von Lana Grossa oder Lang Merino 120

1 Faden Mohair: Angel by Permin, Lana Grossa Silkhair oder Drops Kid Silk Mohair

Der Pullover wird mit allen drei Fäden gleichzeitig gestrickt.

Alternativ kann der Pullover auch aus zwei Fäden dickerer Wolle (z. B. Kirei, Essential Alpaka, Merino Sport, Bingo oder Nepal) ohne Mohair gestrickt werden.

Maschenprobe

12 Maschen = 10 cm mit Nadelstärke 8

Das braucht ihr:

Rundstricknadel Nr. 8 (40, 80 und 100/120 cm)
Rundstricknadel Nr. 7 (80/100 cm)
Nadelspiel Nr. 7
Stopfnadel zum Vernähen
Maschenmarkierer

ANLEITUNG

Dieser Pullover wird aus zwei oder drei Fäden von oben nach unten in Runden gearbeitet. Die Raglanzunahmen werden mit der besonderen Sternzunahme gestrickt, bei der ihr in jeder vierten Runde je 16 Maschen zunehmt und gleichzeitig das markante Maschenmuster erhaltet.

Lest euch die Anleitung gut durch, bevor ihr beginnt.

HALSBÜNDCHEN

Schlagt 44, 44, 44, **48, 48, 52** M auf die Rundstricknadel Nr. 8 (40 cm) an. Schließt zur Runde und strickt das Bündchen im Rippenmuster (1 M re verschränkt, 1 M li im Wechsel) insgesamt 12 cm lang. Die Runde beginnt in der hinteren Mitte.

Ihr strickt rechts verschränkte Maschen, indem ihr bei den rechten Maschen in den hinteren Maschenschenkel einstecht, nicht in den vorderen.

Klappt das Bündchen jetzt um, sodass die Anschlagskante innen liegt, und strickt es in der nächsten Runde fest (s. »Doppeltes Bündchen« auf S. 7): Nehmt für jede Masche, die auf der Nadel liegt, die entsprechende Masche aus der Anschlagskante mit auf und strickt beide Maschen zusammen rechts ab. Ab dieser Runde strickt ihr nur noch glatt rechts und ohne verschränkte Maschen.

STERNZUNAHMEN

Für das Muster in den Raglanlinien werden die Raglanzunahmen auf eine besondere Weise gestrickt. Wir nennen sie Sternzunahmen. Ihr nehmt hier nicht wie sonst in jeder zweiten Runde 8 M zu, sondern 16 M in jeder vierten Runde. Hier erklären wir zunächst, wie die Zunahmen selbst gestrickt werden. Im nächsten Kapitel (»Raglanpasse«) wird erklärt, wie ihr nach dem Halsbündchen weiterstrickt.

1. Schritt: Strickt bis 3 M vor MM1. Stecht dann von vorne in alle 3 M ein (als würdet ihr sie rechts zusammenstricken), strickt 1 M re, lasst die M nicht von der Nadel gleiten, sondern macht 1 Umschlag, stecht noch einmal von vorne in die 3 M ein und strickt 1 M re, lasst die M nicht von der Nadel gleiten, macht 1 Umschlag, stecht von vorne ein und strickt 1 M re. Ihr habt so diese 3 M zusammengestrickt, und gleichzeitig 5 neue Maschen aus diesen Maschen rausgestrickt, ihr habt in diesem Schritt also 2 M zugenommen. Hebt MM1 ab.

2. Schritt: Hebt die nächsten 3 M einzeln wie zum re Stricken ab, damit sie sich umdrehen, und schiebt sie in dieser Orientierung wieder auf die linke Nadel. Stecht von hinten in alle 3 M ein und strickt 1 M re, lasst sie nicht von der Nadel gleiten, macht 1 Umschlag, stecht wieder von hinten in sie ein und strickt 1 M re, lasst sie nicht von der Nadel gleiten, macht 1 Umschlag und stecht noch einmal von hinten in sie ein und strickt 1 M re. Damit habt ihr noch einmal 2 M zugenommen.

Wiederholt diese zwei Zunahmen an den weiteren MM in der Runde und nehmt so in der Runde insgesamt 16 M zu. Wiederholt diese Zunahmen in jeder vierten Runde. Dieses Video zeigt, wie die Zunahme gearbeitet wird: www.bit.ly/nikita-zunahme

RAGLANPASSE

Nach dem Bündchen werden die Raglanzunahmen gearbeitet. Strickt zunächst noch eine Runde glatt re und nehmt dabei gleichmäßig über die Runde verteilt 6 M zu. Jetzt liegen 50, 50, 50, **54, 54, 58** M auf der Nadel.

In der **zweiten Runde** platziert ihr die Maschenmarkierer für die Raglanzunahmen:

1. Schritt: Strickt 10, 10, 10, **11, 11, 12** M re (rechtes Rückenteil).

2. Schritt: Hängt MM1 auf die Nadel.

3. Schritt: Strickt 6 M (rechte Schulter).

4. Schritt: Hängt MM2 auf die Nadel.

5. Schritt: Strickt 19, 19, 19, **21, 21, 23** M re (Vorderteil).

6. Schritt: Hängt MM3 auf die Nadel.

7. Schritt: Strickt 6 M re (linke Schulter).

8. Schritt: Hängt MM4 auf die Nadel.

9. Schritt: Strickt 9, 9, 9, **10, 10, 11** M re (linkes Rückenteil).

Jetzt habt ihr wieder den Beginn der Runde in der hinteren Mitte erreicht. Markiert ihn ggf. mit einem weiteren MM. Die vier MM in der Runde markieren die Stellen, an denen ihr ab der nächsten Runde die Raglanzunahmen arbeitet.

Die **dritte Runde** strickt ihr wie folgt: Strickt re bis 3 M vor MM1. Nehmt vor und nach MM1 mit der Sternzunahme (s. das Kapitel **»Sternzunahmen«**) insgesamt 4 M zu. Strickt re weiter und wiederholt diese Zunahmen an den anderen drei MM in der Runde, sodass ihr in dieser Runde insgesamt 16 M zugenommen habt.

Runden 4, 5 und 6: Strickt glatt re, ohne Zunahmen.

Wiederholt **Runden 3, 4, 5 und 6**, bis ihr in insgesamt 7, 8, 9, **9, 10, 10** Runden mit der Sternzunahme zugenommen habt (d.h. ihr nehmt in jeder 4. Runde zu und strickt dazwischen 3 Runden ohne Zunahmen). Wechselt auf eine längere Rundstricknadel, wenn die Runden zu lang für 40 und später 80 cm werden.

Am Ende der Zunahmen liegen 162, 178, 194, **198, 214, 218** M auf der Nadel. Strickt nach der letzten Zunahmerunde eine Runde rechts. Damit ist die Raglanpasse beendet.

RUMPF

Jetzt werden die Maschen, die später die Ärmel bilden, auf jeder Seite auf einem Hilfsfaden stillgelegt. Das ist ein Faden in einer Kontrastfarbe, auf den ihr alle Ärmelmaschen auffädelt, um sie zu sichern, während der Rumpf gestrickt wird. Das geht folgendermaßen:

1. Schritt: Strickt re bis 2 M nach MM1 (rechtes Rückenteil).

2. Schritt: Legt 30, 34, 38, **38, 42, 42** M auf einen Hilfsfaden (rechter Ärmel).

3. Schritt: Schlagt 6, 4, 4, **6, 4, 6** neue M an (unter dem rechten Ärmel).

4. Schritt: Strickt re bis 3 M nach MM3 (Vorderteil).

5. Schritt: Legt 30, 34, 38, **38, 42, 42** M auf einen Hilfsfaden (linker Ärmel).

6. Schritt: Schlagt 6, 4, 4, **6, 4, 6** neue M an (unter dem linken Ärmel).

7. Schritt: Strickt die Runde re zu Ende (linkes Rückenteil).

Jetzt liegen insgesamt 114, 118, 126, **134, 138, 146** M auf der Nadel (Vorder- und Rückenteil, plus die 12, 8, 8, **12, 8, 12** neuen M unter den Ärmeln). Die Ärmelmaschen liegen jetzt auf Hilfsfäden.

Strickt jetzt gerade nach unten, bis der Rumpf, ab dem Ärmelansatz, 27, 29, 31, **33, 37, 39** cm misst. Wechselt auf die Rundstricknadel Nr. 7 (80/100 cm lang) und strickt noch eine Runde re. Strickt dann zum Abschluss ein Rippenbündchen (1 M re verschränkt, 1 M li im Wechsel) über 7 cm und kettet im Rippenmuster ab.

ÄRMEL

Jetzt werden die Maschen für den ersten Ärmel, die ihr auf einem Hilfsfaden stillgelegt habt, wieder zurück auf eine Rundstricknadel Nr. 8 (40 cm) gelegt. Zusätzlich werden aus den Maschen, die ihr unter dem Arm neu angeschlagen habt, 6, 4, 4, **6, 4, 6** M aufgefasst und zu den restlichen Ärmelmaschen auf die Nadel gelegt. Die Ärmel werden in Runden gestrickt. Damit der Rundenbeginn mittig unter dem Arm liegt, werden die neu aufgefassten Maschen auf Rundenbeginn und -ende verteilt, d.h. es kommen je 3, 2, 2, **3, 2, 3** der Maschen an den Beginn und 3, 2, 2, **3, 2, 3** an das Ende der Runde. Die erste

Runde beginnt nun in der Mitte zwischen diesen neuen Maschen.

Jetzt liegen 36, 38, 42, **44, 46, 48** M auf der Nadel. Strickt den Ärmel glatt re in Runden, bis er ab dem Ärmelansatz 32, 34, 36, **38, 40, 42** cm misst. Wechselt dann auf das Nadelspiel Nr. 7, strickt noch eine Runde re und nehmt dabei gleichmäßig verteilt 6, 6, 8, **10, 10, 12** M ab.

Am Ende des Ärmels liegen 30, 32, 34, **34, 36, 36** M auf der Nadel. Strickt jetzt ein Bündchen (1 M re verschränkt, 1 M li im Wechsel), insgesamt 8 cm lang, und kettet im Rippenmuster ab. Achtet darauf, nicht zu fest abzuketten, damit der Pullover nicht zu eng am Handgelenk anliegt.

Strickt den zweiten Ärmel gleich.

ABSCHLUSS

Vernäht alle Enden und schließt die Löcher unter den Armen, wenn vorhanden. Wascht den Pullover entsprechend den Pflegehinweisen auf eurem Garn, zieht ihn auf einem trockenen Handtuch in Form und lasst ihn liegend trocknen.

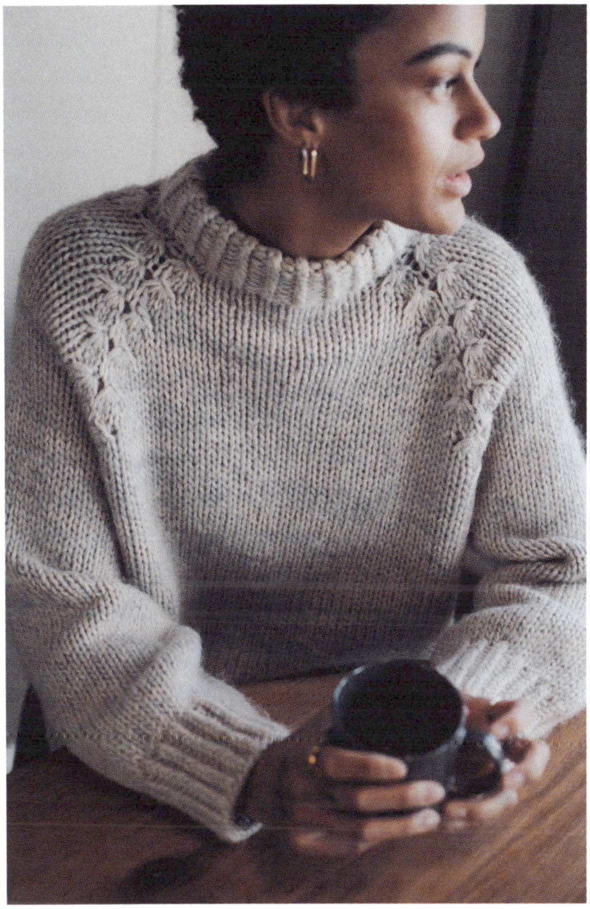

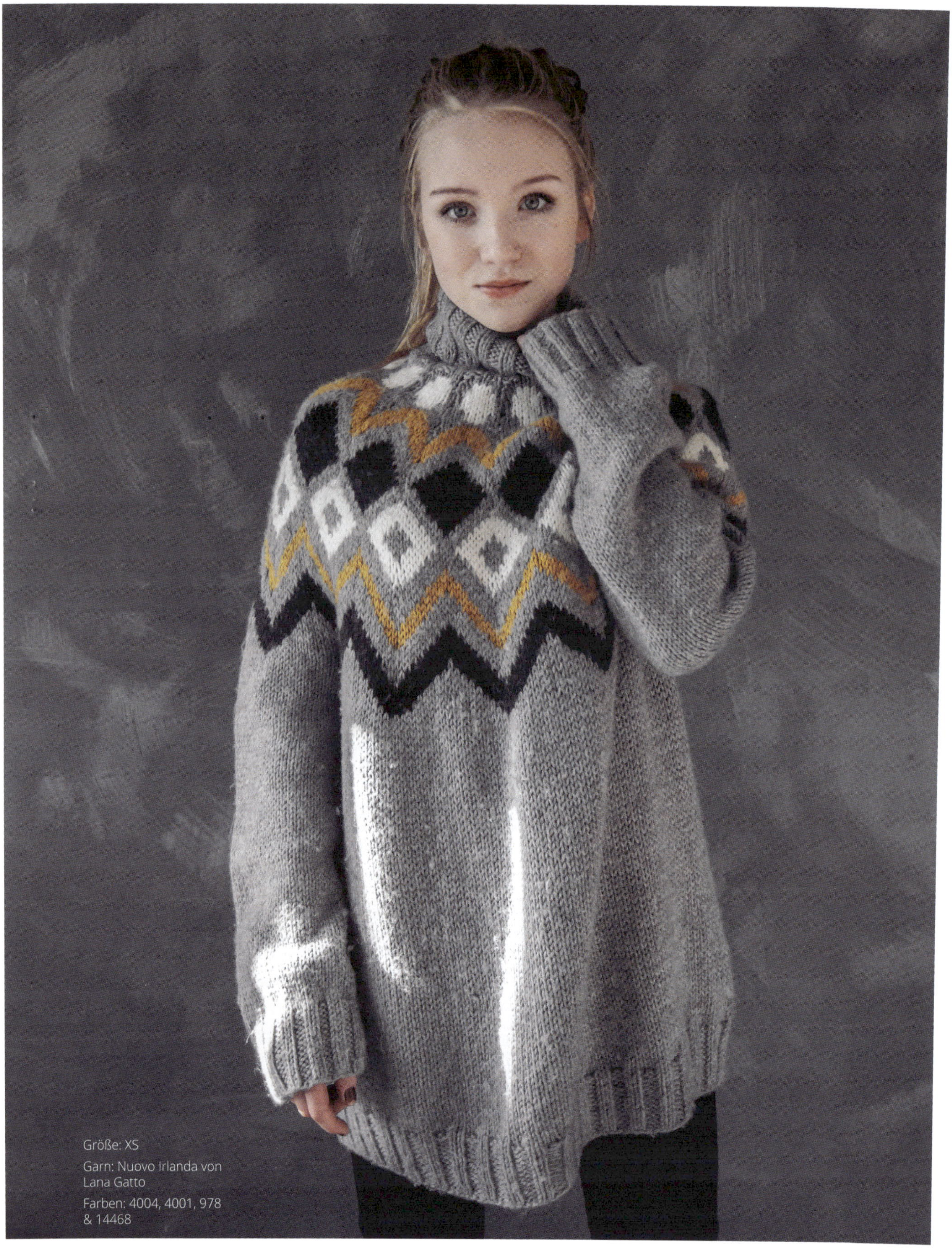

Größe: XS

Garn: Nuovo Irlanda von Lana Gatto

Farben: 4004, 4001, 978 & 14468

FROST – DAMENPULLOVER

Der Name ist Programm: Frost ist ein warmer Kuschelpullover im Stil der klassischen Islandpullover mit großem, geometrischen Muster. Der Rollkragen ersetzt jeden Schal, die farbige Rundpasse hält besonders warm.

GRÖSSENANGABEN UND GARNVERBRAUCH

Größe	Brustumfang	Ärmel-umfang	Rumpflänge ab Ärmelansatz	Ärmellänge ab Ärmelansatz	Garnverbrauch Hauptfarbe	Garnverbrauch Akzentfarbe 1	Garnverbrauch Akzentfarbe 2	Garnverbrauch Akzentfarbe 3
XS	103 cm	30 cm	35 cm	38 cm	500 g (800 m)	50 g (80 m)	50 g (80 m)	50 g (80 m)
S	111 cm	33 cm	37 cm	40 cm	600 g (960 m)	50 g (80 m)	50 g (80 m)	50 g (80 m)
M	118 cm	35 cm	39 cm	42 cm	600 g (960 m)	50 g (80 m)	50 g (80 m)	50 g (80 m)
L	**124 cm**	**38 cm**	**41 cm**	**44 cm**	**650 g (1040 m)**	**50 g (80 m)**	**50 g (80 m)**	**50 g (80 m)**
XL	**129 cm**	**40 cm**	**45 cm**	**46 cm**	**700 g (1120 m)**	**50 g (80 m)**	**50 g (80 m)**	**50 g (80 m)**

Bitte beachtet, dass die angegebenen Garnmengen nur ein Richtwert sind.

Garn

Lana Grossa Bingo (80 m/50 g) oder Country Tweed, Katia Merino Aran, Merino Sport oder Merino Tweed, Stylecraft Special Aran, Drops Nepal, Lang Merino+, Schachenmayr Merino extra fine 85

Oder ähnliche Garne mit derselben Maschenprobe

Maschenprobe

16 Maschen = 10 cm mit Nadelstärke 6

Bei mir wird die farbige Rundpasse oft enger als der einfarbige Rumpf und die Ärmel. Deshalb stricke ich die Rundpasse gerne mit Nadelstärke 7 und Rumpf und Ärmel mit Stärke 6. Probiert es aus, falls es euch genauso geht wie mir.

Das braucht ihr:

Rundstricknadel Nr. 6 (40, 80 und 100 cm lang)
Rundstricknadel Nr. 5 (80 oder 100 cm lang, für das untere Bündchen)
Nadelspiel Nr. 5 (für die Ärmelbündchen)
Stopfnadel zum Vernähen
Maschenmarkierer

ANLEITUNG

Dieser Pullover wird in Runden von oben nach unten gestrickt. In der Rundpasse werden die Zunahmen laut Diagramm direkt in das mehrfarbige Muster eingearbeitet. Lest euch die Anleitung gut durch, bevor ihr beginnt.

HALSBÜNDCHEN

Schlagt 68, 68, 68, **72, 72** M in der Hauptfarbe auf die Rundstricknadel Nr. 6 (40 cm) an. Strickt das Halsbündchen als Rollkragen im 2x2 Rippenmuster (2 M re, 2 M li im Wechsel), insgesamt 18–20 cm lang.

RUNDPASSE

Strickt nach dem Rollkragen eine Runde glatt re und nehmt dabei gleichmäßig über die Runde verteilt 2, 2, 2, **3, 3** M zu. Strickt jetzt das Muster (s. Diagramme auf S. 25 und S. 26). Wir empfehlen, die Zunahmen aus dem Querfaden zu stricken (M1R, siehe S. 6, damit sich keine Löcher bilden.

Nach dem Muster liegen 252, 266, 266, **285, 300** M auf der Nadel. Strickt eine weitere Runde re in der Hauptfarbe und nehmt dabei 0, 0, 12, **9, 10** M zu. Damit habt ihr am Ende insgesamt 252, 266, 278, **294, 310** M auf der Nadel.

RUMPF

Jetzt werden die Maschen, die später die Ärmel bilden, auf jeder Seite auf einem Hilfsfaden stillgelegt. Das ist ein Faden in einer Kontrastfarbe, auf den ihr alle Ärmelmaschen auffädelt, um sie zu sichern, während der Rumpf gestrickt wird. Das geht folgendermaßen:

1. Schritt: Strickt 40, 43, 45, **47, 49** M (rechtes Rückenteil).

2. Schritt: Legt die nächsten 46, 48, 50, **54, 58** M auf einen Hilfsfaden (rechter Ärmel).

3. Schritt: Schlagt 2, 4, 6, **6, 6** neue M an (unter dem rechten Ärmel).

4. Schritt: Strickt 80, 85, 89, **93, 97** M (Vorderteil)

5. Schritt: Legt 46, 48, 50, **54, 58** M auf einen Hilfsfaden (linker Ärmel).

6. Schritt: Schlagt 2, 4, 6, **6, 6** neue M an (unter dem linken Ärmel).

7. Schritt: Strickt 40, 42, 44, **46, 48** M (linkes Rückenteil).

Jetzt liegen insgesamt 164, 178, 190, **198, 206** M auf der Nadel (Vorder- und Rückenteil, plus die neuen M unter den Ärmeln). Die Ärmelmaschen liegen jetzt auf Hilfsfäden.

Strickt jetzt gerade nach unten, bis der Rumpf, ab dem Ärmelansatz, 30, 32, 34, **36, 40** cm misst. Wechselt dann auf Nadelstärke 5,5, strickt eine weitere Runde re und nehmt dabei gleichmäßig verteilt 16, 18, 18, **18, 22** M ab.

Strickt dann ein 2x2 Rippenbündchen (d.h. 2 M re, 2 M li im Wechsel), 5 cm lang, und kettet im Rippenmuster ab.

ÄRMEL

Jetzt werden die Maschen für den ersten Ärmel, die ihr auf einem Hilfsfaden stillgelegt habt, wieder zurück auf die Rundstricknadel Nr. 6 (40 cm) gelegt. Zusätzlich werden aus den Maschen, die ihr unter dem Arm neu angeschlagen habt, 2, 4, 6, **6, 6** M aufgefasst und zu den restlichen Ärmelmaschen auf die Nadel gelegt. Die Ärmel werden in Runden gestrickt.

Damit der Rundenbeginn mittig unter dem Arm liegt, werden die neu aufgefassten Maschen auf Rundenbeginn und -ende verteilt, d.h. es kommen je 1, 2, 3, **3, 3** der Maschen an den Beginn und 1, 2, 3, **3, 3** an das Ende der Runde. Die erste Runde beginnt nun in der Mitte zwischen diesen neuen Maschen.

Jetzt liegen insgesamt 48, 52, 56, **60, 64** M auf der Nadel (mit den neuen M unter den Armen). Strickt zunächst 10, 12, 8, **8, 5** cm lang in Runden. Nehmt dann in der nächsten Runde 2 M ab, indem ihr die ersten 2 und die letzten 2 M der Runde zusammenstrickt. Wiederholt diese Abnahme mit 11, 11, 7, **5, 6** cm Abstand, bis ihr insgesamt 2, 2, 4, **6, 6** Abnahmen gearbeitet oder um 4, 4, 8, **12, 12** M abgenommen habt. Jetzt liegen noch 44, 48, 48, **48, 52** M auf der Nadel. Strickt ohne Abnahmen weiter, bis der Ärmel, ab dem Ärmelansatz, 32, 34, 36, **38, 40** cm lang ist.

Wechselt auf das Nadelspiel Nr. 5,5 und strickt jetzt das 2x2 Rippenbündchen wie im Rumpf (2 m re, 2 m li im Wechsel), insgesamt 6 cm lang. Kettet locker im Rippenmuster ab und strickt den zweiten Ärmel gleich.

ABSCHLUSS

Vernäht alle Enden und schließt die Löcher unter den Armen, wenn vorhanden. Wascht den Pullover entsprechend den Pflegehinweisen auf eurem Garn, zieht ihn auf einem trockenen Handtuch in Form und lasst ihn liegend trocknen.

- ■ Hauptfarbe.
- □ Akzentfarbe 1.
- ■ Akzentfarbe 2.
- ■ Akzentfarbe 3.
- □ Keine Masche (Platzhalter).
- M Zunahme (M1R).

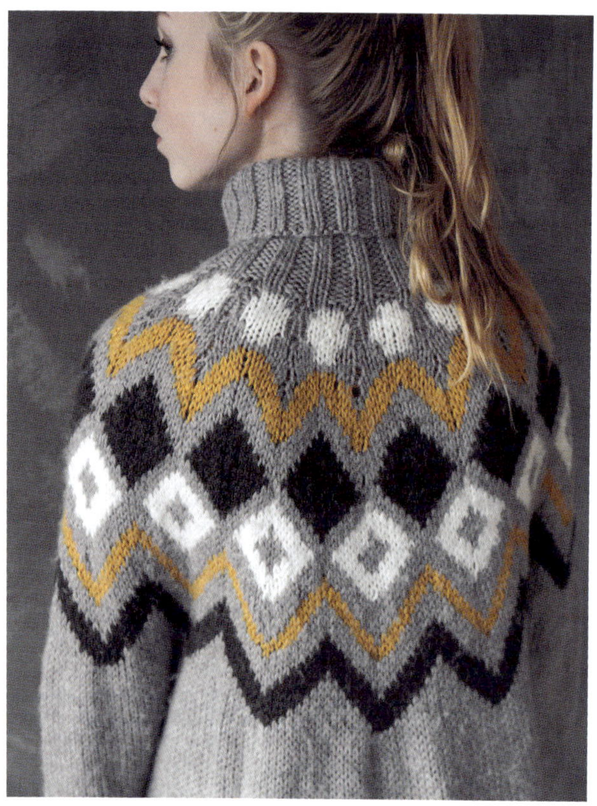

Größe XS
Alle Zunahmen werden in der Hauptfarbe gestrickt, bis auf eine. Diese ist gesondert markiert.

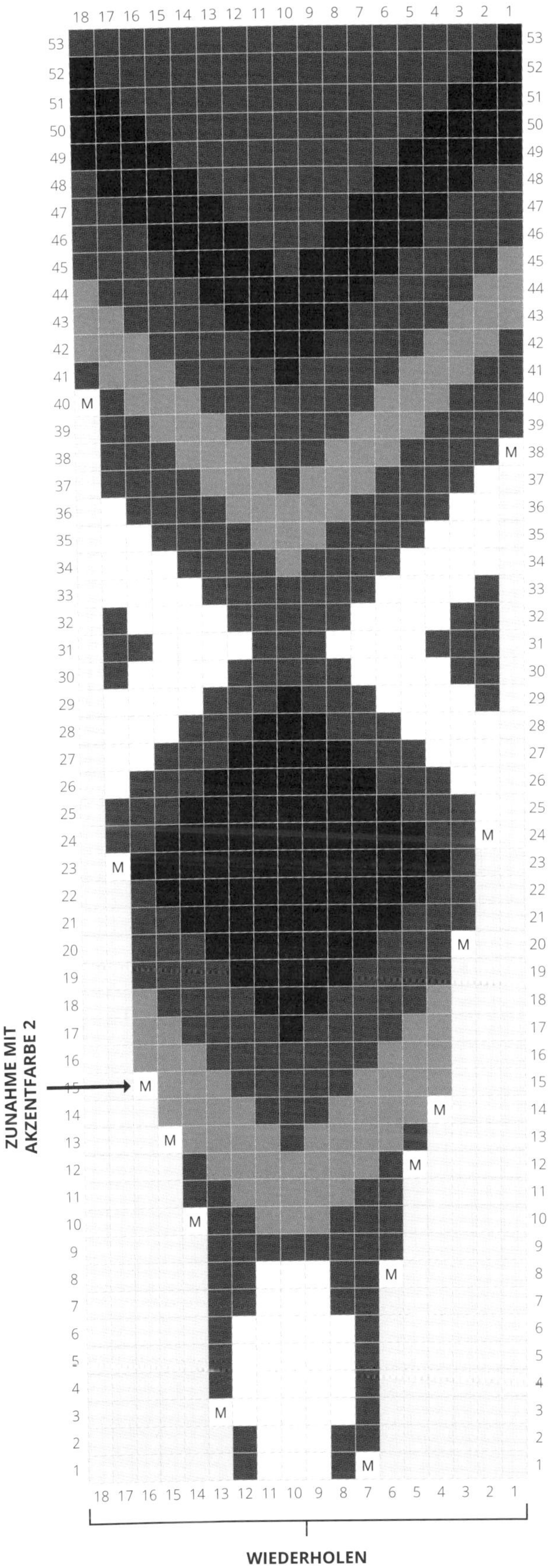

Größen S und M
Alle Zunahmen werden in der Hauptfarbe gestrickt, bis auf eine. Diese ist gesondert markiert.

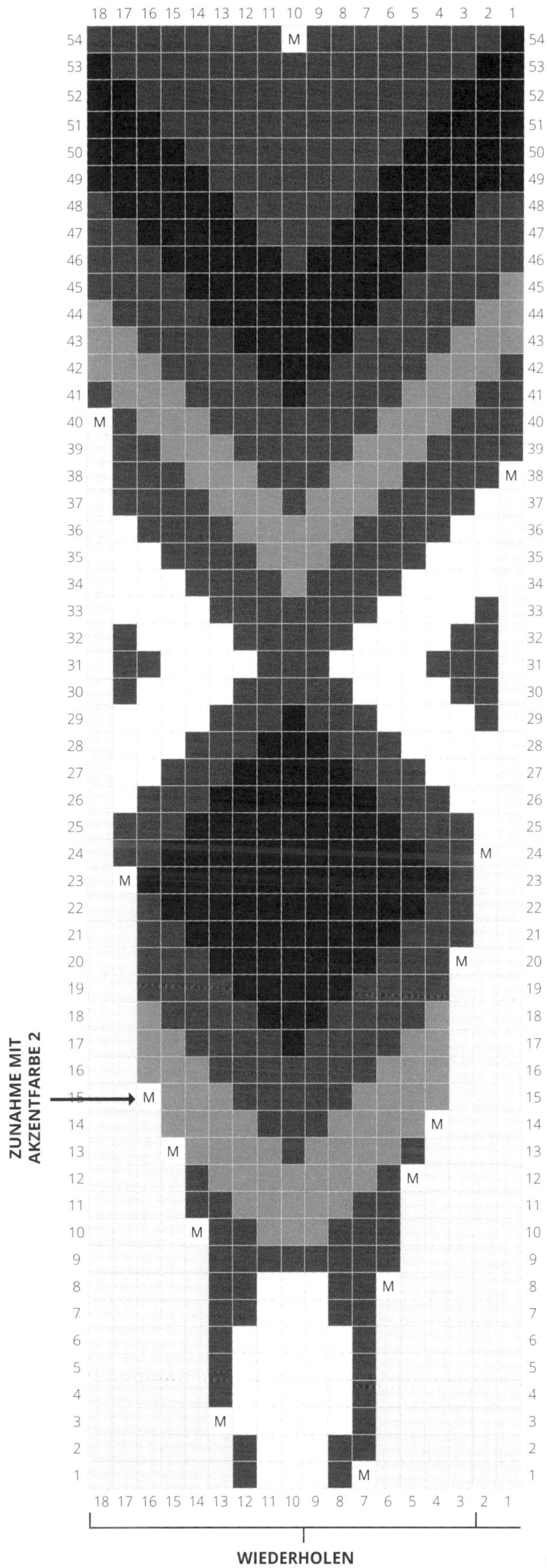

Größen L und XL
Alle Zunahmen werden in der Hauptfarbe gestrickt, bis auf eine. Diese ist gesondert markiert.

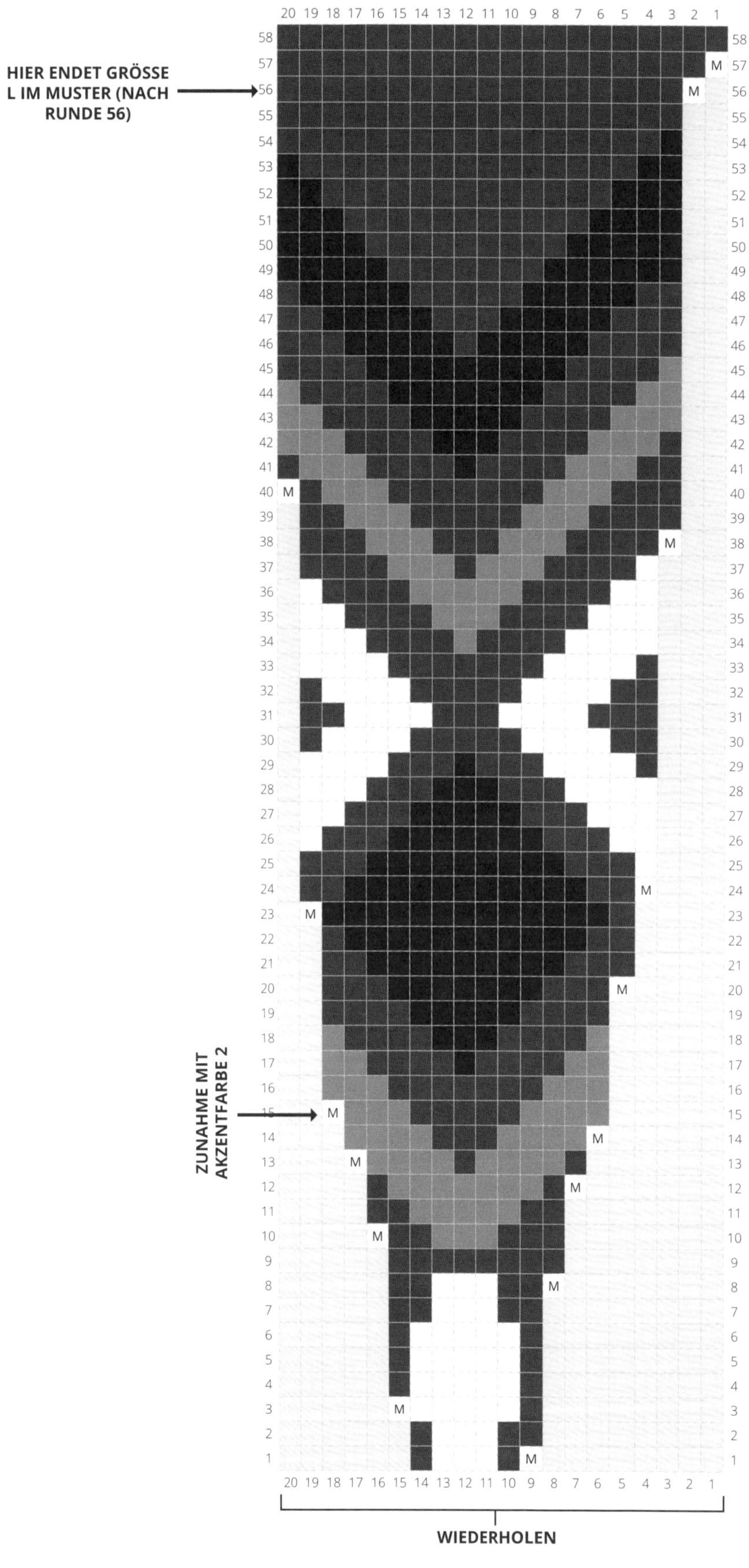

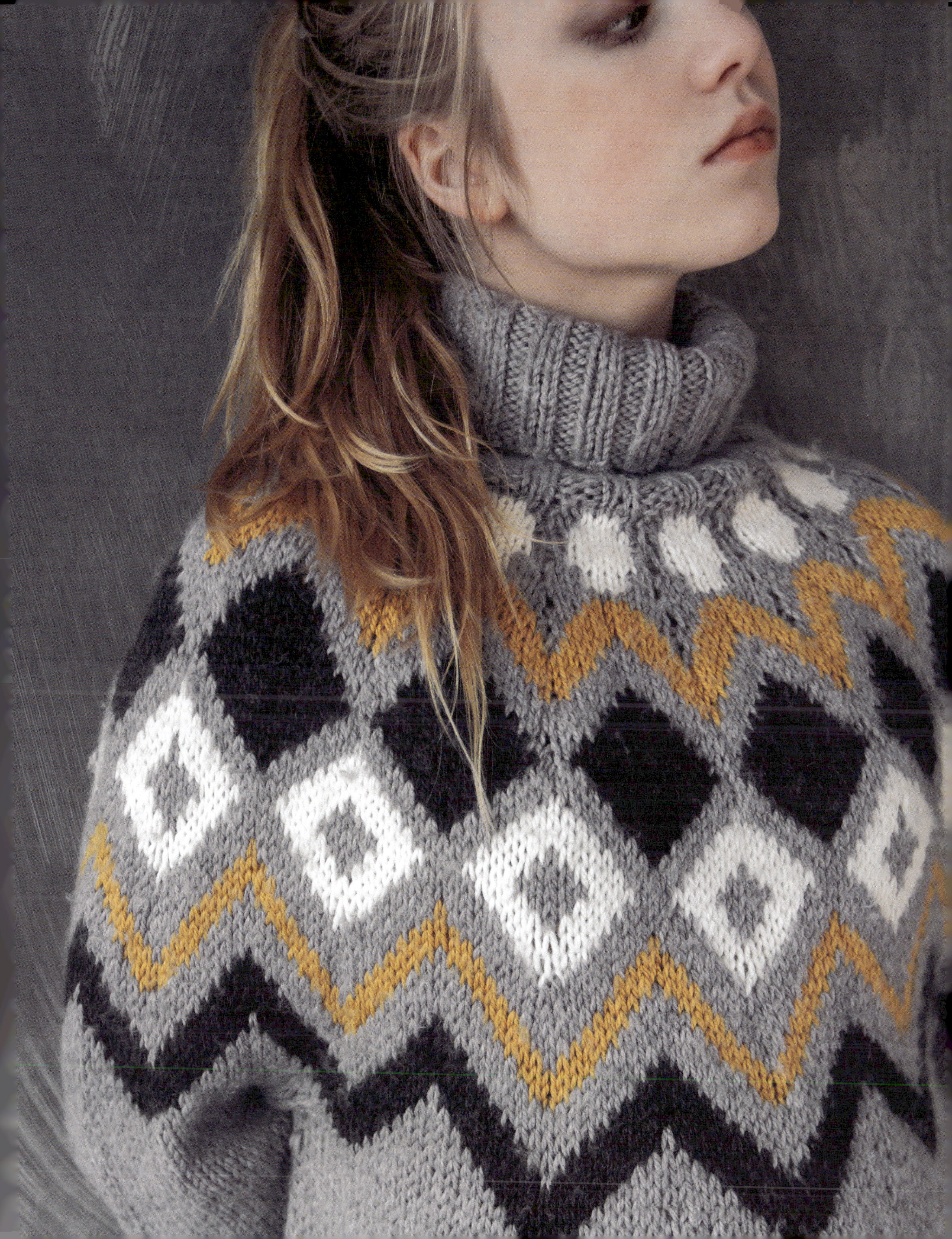

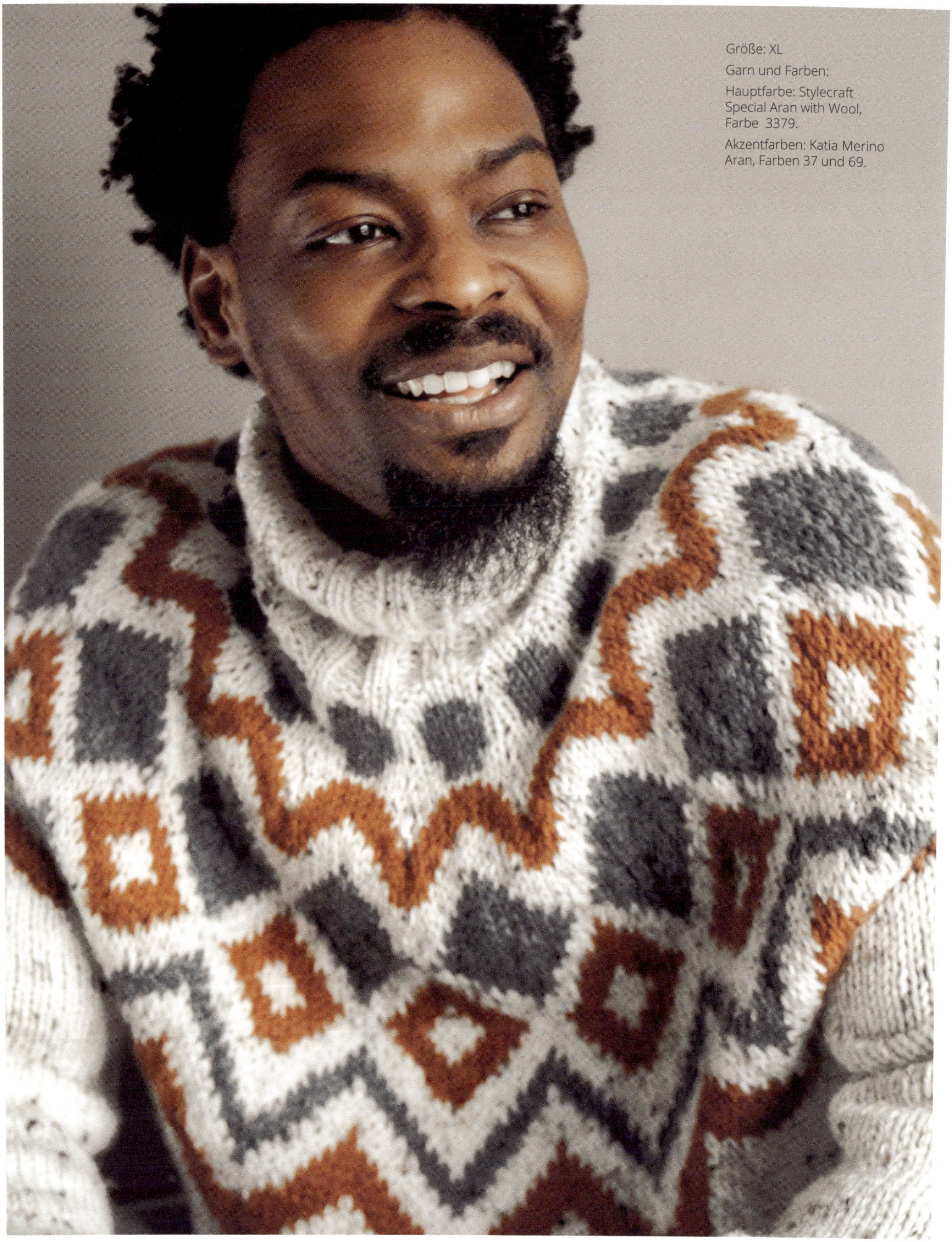

Größe: XL

Garn und Farben:

Hauptfarbe: Stylecraft Special Aran with Wool, Farbe 3379.

Akzentfarben: Katia Merino Aran, Farben 37 und 69.

FROST – HERRENPULLOVER

Auch Herren steht der Frost-Pullover ausnehmend gut! Diese Version ist schmaler geschnitten als der Oversize-Damenpullover, aber genauso kuschelig. Das Muster wird hier in zwei Akzentfarben gezeigt.

GRÖSSENANGABEN UND GARNVERBRAUCH

Größe	Brustumfang	Ärmel-umfang	Rumpflänge ab Ärmelansatz	Ärmellänge ab Ärmelansatz	Garnverbrauch Hauptfarbe	Garnverbrauch Akzentfarbe 1	Garnverbrauch Akzentfarbe 2
S	104 cm	36 cm	38 cm	45 cm	700 g (1120 m)	100 g (160 m)	100 g (160 m)
M	111 cm	39 cm	40 cm	46 cm	700 g (1120 m)	100 g (160 m)	100 g (160 m)
L	**116 cm**	**41 cm**	**42 cm**	**48 cm**	**750 g (1200 m)**	**100 g (160 m)**	**100 g (160 m)**
XL	**120 cm**	**43 cm**	**47 cm**	**51 cm**	**800 g (1280 m)**	**100 g (160 m)**	**100 g (160 m)**

Bitte beachtet, dass die angegebenen Garnmengen nur ein Richtwert sind.

Garn

Lana Grossa Bingo (80 m/50 g) oder Country Tweed, Katia Merino Aran, Merino Sport oder Merino Tweed, Stylecraft Special Aran, Drops Nepal, Lang Merino+, Schachenmayr Merino extra fine 85

Oder ähnliche Garne mit derselben Maschenprobe

Maschenprobe

16 Maschen = 10 cm mit Nadelstärke 6

Bei mir wird die farbige Rundpasse oft enger als der einfarbige Rumpf und die Ärmel. Deshalb stricke ich die Rundpasse gerne mit Nadelstärke 7 und Rumpf und Ärmel mit Stärke 6. Probiert es aus, falls es euch genauso geht wie mir.

Das braucht ihr:

Rundstricknadel Nr. 6 (40, 80 und 100 cm lang)
Rundstricknadel Nr. 5 (80 oder 100 cm lang, für das untere Bündchen)
Nadelspiel Nr. 5 (für die Ärmelbündchen)
Stopfnadel zum Vernähen
Maschenmarkierer

ANLEITUNG

Dieser Pullover wird in Runden von oben nach unten gestrickt. Die Rundpasse wird mehrfarbig gestrickt, Rumpf und Ärmel dann einfarbig. In der Rundpasse werden die Zunahmen nach Musterdiagramm direkt in das mehrfarbige Muster eingearbeitet. Lest euch die Anleitung gut durch, bevor ihr beginnt.

HALSBÜNDCHEN

Schlagt 68, 68, **72, 72** M auf eure Rundstricknadel Nr. 6 (40 cm) an. Strickt das Halsbündchen als Rollkragen im 2x2 Rippenmuster (2 M re, 2 M li im Wechsel), insgesamt 20, 20, **22, 22** cm lang.

RUNDPASSE

Strickt nach dem Rollkragen eine Runde glatt re und nehmt dabei gleichmäßig über die Runde verteilt 2, 2, **3, 3** M zu. Strickt jetzt das Muster (s. Diagramm auf S. 31). Wir empfehlen, die Zunahmen verschränkt aus dem Querfaden zu stricken (M1R, s. Seite 6), damit sich keine Löcher bilden.

Nach dem Muster liegen 266, 266, **285, 300** M auf der Nadel. Strickt eine weitere Runde re in der Hauptfarbe und nehmt dabei 0, 12, **9, 8** M zu. Damit habt ihr am Ende insgesamt 266, 278, **294, 308** M auf der Nadel.

RUMPF

Jetzt werden die Maschen, die später die Ärmel bilden, auf jeder Seite auf einem Hilfsfaden stillgelegt. Das ist ein Faden in einer Kontrastfarbe, auf den ihr alle Ärmelmaschen auffädelt, um sie zu sichern, während der Rumpf gestrickt wird.

1. Schritt: Strickt 40, 42, **44, 45** M (rechtes Rückenteil).

2. Schritt: Legt 54, 56, **60, 64** M auf einen Hilfsfaden (rechter Ärmel).

3. Schritt: Schlagt 4, 6, **6, 6** neue M an (unter dem rechten Ärmel).

4. Schritt: Strickt 79, 83, **87, 90** M (Vorderteil)

5. Schritt: Legt 54, 56, **60, 64** M auf einen Hilfsfaden (linker Ärmel).

6. Schritt: Schlagt 4, 6, **6, 6** neue M an (unter dem linken Ärmel).

7. Schritt: Strickt 39, 41, **43, 45** M (linkes Rückenteil).

Jetzt liegen insgesamt 166, 178, **186, 192** M auf der Nadel (Vorder- und Rückenteil, plus die neuen M unter den Ärmeln). Die Ärmelmaschen liegen jetzt auf Hilfsfäden.

Strickt jetzt gerade nach unten, bis der Rumpf, ab dem Ärmelansatz, 33, 35, **37, 42** cm misst.

Wechselt auf Nadelstärke 5,5, strickt eine weitere Runde re und nehmt dabei gleichmäßig verteilt 18, 18, **18, 16** M ab. Jetzt liegen noch 148, 160, **168, 176** M auf der Nadel. Strickt daraus ein 2x2 Rippenbündchen (2 M re, 2 M li im Wechsel), 5 cm lang, und kettet im Muster ab.

ÄRMEL

Jetzt werden die Maschen für den ersten Ärmel, die ihr auf einem Hilfsfaden stillgelegt habt, wieder zurück auf die Rundstricknadel Nr. 6 (40 cm) gelegt. Zusätzlich werden aus den Maschen, die ihr unter dem Arm neu angeschlagen habt, 4, 6, **6, 6** M aufgefasst und zu den restlichen Ärmelmaschen auf die Nadel gelegt. Die Ärmel werden in Runden gestrickt. Damit der Rundenbeginn mittig unter dem Arm liegt, werden die neu aufgefassten Maschen auf Rundenbeginn und -ende verteilt, d.h. es kommen je 2, 3, **3, 3** der Maschen an den Beginn und 2, 3, **3, 3** an das Ende der Runde. Die erste Runde beginnt nun in der Mitte zwischen diesen neuen Maschen.

Jetzt liegen 58, 62, **66, 70** M auf der Nadel (mit den neuen M unter den Armen). Strickt zunächst 1,5, 5, **4,5, 0,5** cm glatt re in Runden. Nehmt dann in der nächsten Runde 2 M ab, indem ihr die ersten 2 M und die letzten 2 M der Runde zusammenstrickt. Wiederholt diese Abnahme mit 5,5, 4, **3,5, 3,5** cm Abstand, bis ihr insgesamt 7, 9, **11, 13** Abnahmen gearbeitet oder um 14, 18, **22, 26** M abgenommen habt. Jetzt liegen in allen Größen 44 M auf der Nadel. Strickt den Ärmel damit weiter, bis er, ab dem Ärmelansatz, 40, 41, **43, 46** cm lang ist.

Wechselt dann auf das Nadelspiel Nr. 5,5, strickt eine weitere Runde re und nehmt dabei gleichmäßig verteilt 8 M ab. Jetzt liegen noch 36 M auf der Nadel. Strickt daraus ein Rippenbündchen (2 M re, 2 M li im Wechsel) über 5 cm und kettet im Rippenmuster ab. Strickt den zweiten Ärmel gleich.

ABSCHLUSS

Vernäht alle Enden und schließt die Löcher unter den Armen, wenn vorhanden. Wascht den Pullover entsprechend den Pflegehinweisen auf eurem Garn, zieht ihn auf einem trockenen Handtuch in Form und lasst ihn liegend trocknen.

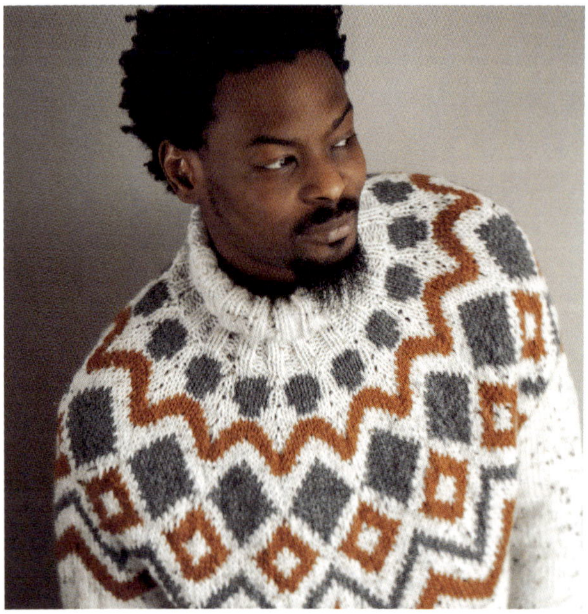

■ Hauptfarbe.

□ Akzentfarbe 1.

■ Akzentfarbe 2.

□ Keine Masche (Platzhalter).

[M] Zunahme (M1R).

Größen S und M
Alle Zunahmen werden in der Hauptfarbe gestrickt, bis auf eine. Diese ist gesondert markiert.

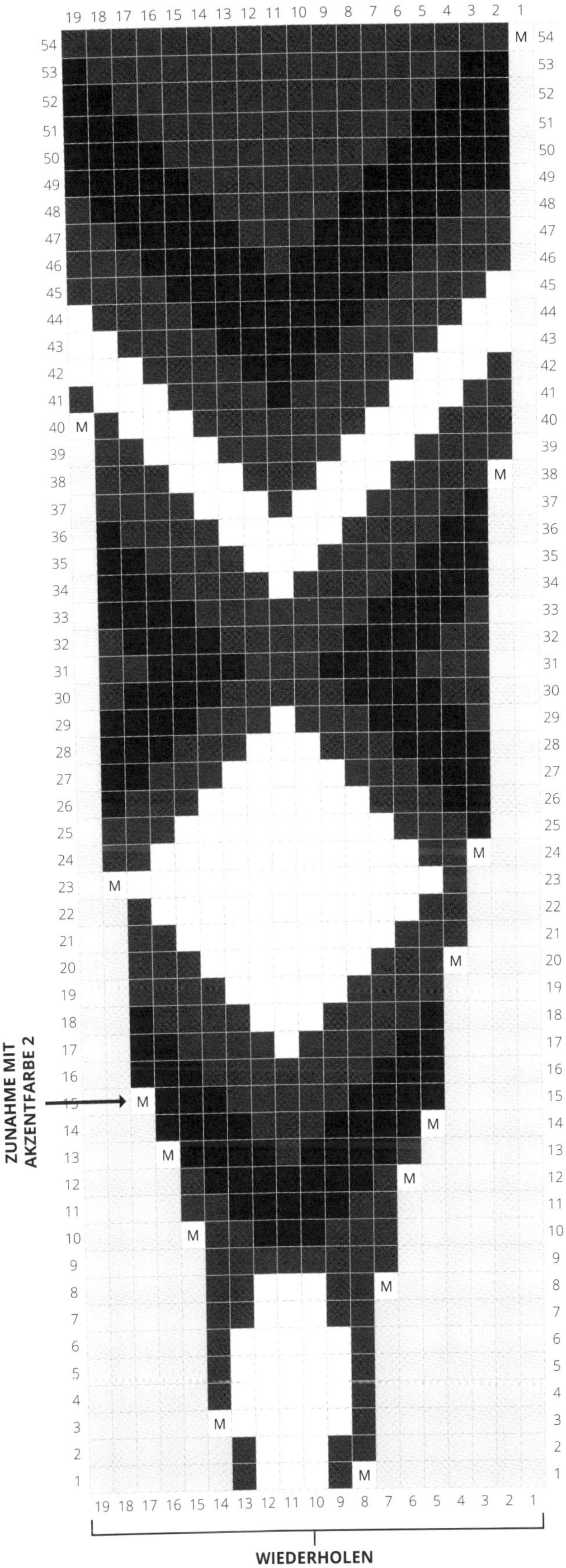

Größe L und XL
Alle Zunahmen werden in der Hauptfarbe gestrickt, bis auf eine. Diese ist gesondert markiert.

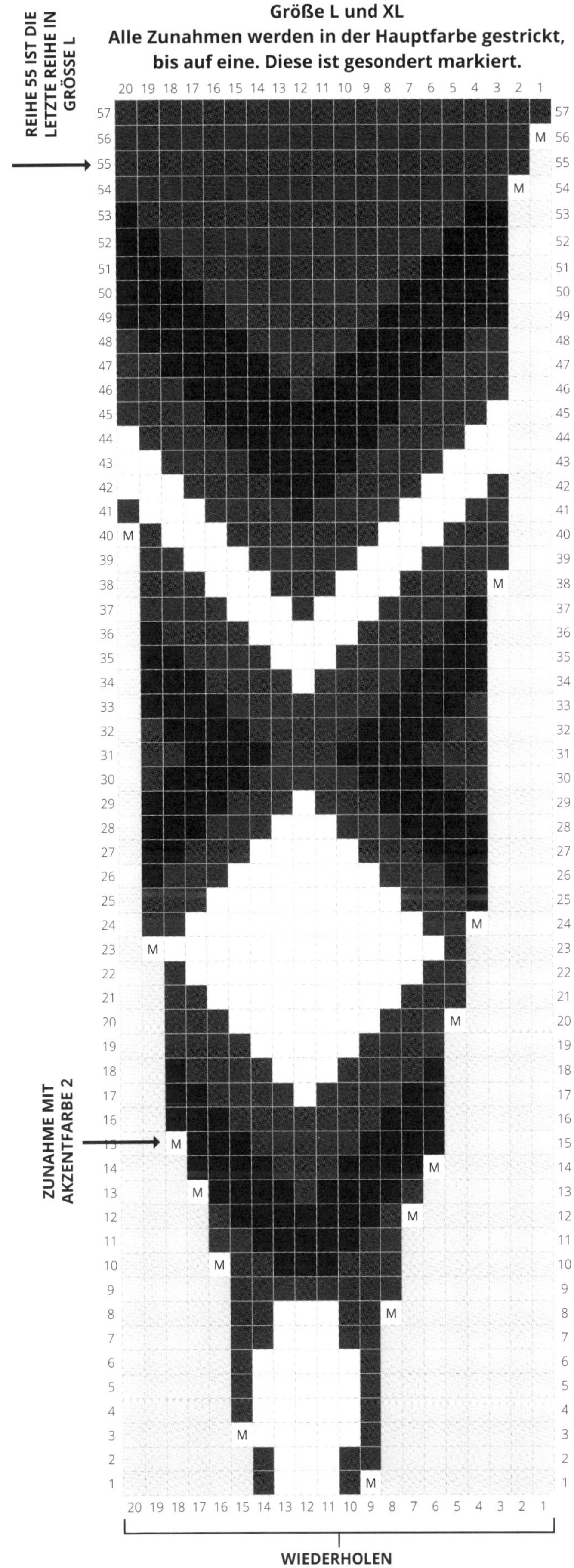

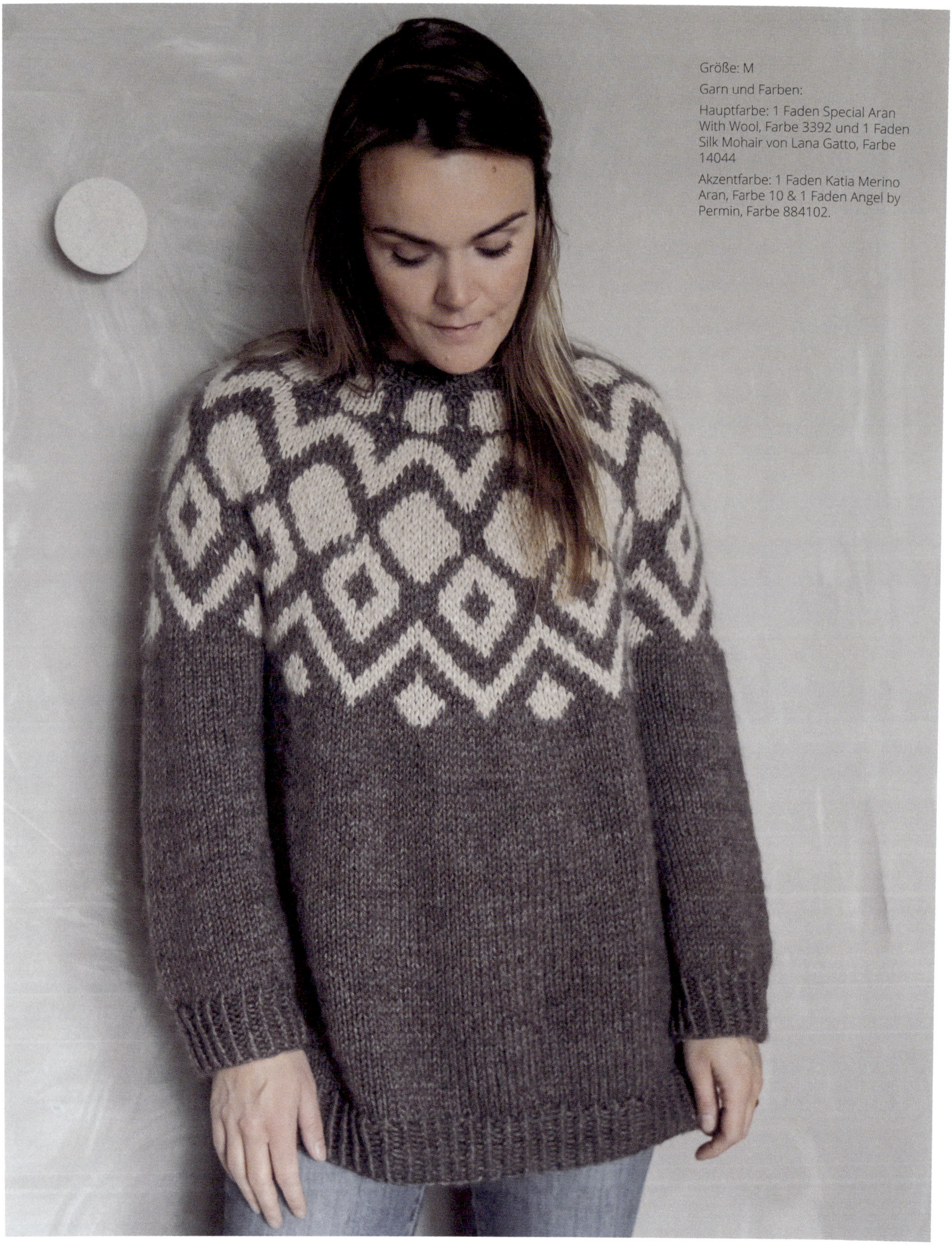

Größe: M

Garn und Farben:

Hauptfarbe: 1 Faden Special Aran With Wool, Farbe 3392 und 1 Faden Silk Mohair von Lana Gatto, Farbe 14044

Akzentfarbe: 1 Faden Katia Merino Aran, Farbe 10 & 1 Faden Angel by Permin, Farbe 884102.

FROST – MOHAIR

Frost Mohair – diesmal ohne Rollkragen, aber mit dem Extrafaden Mohair noch kuscheliger und weicher! Dieser Kuschelpullover darf in keinem Kleiderschrank fehlen, wird dort im Winter allerdings wenig Zeit verbringen, sondern durchgehend getragen werden. Ich spreche aus Erfahrung!

GRÖSSENANGABEN UND GARNVERBRAUCH

Größe	Brustumfang	Ärmel-umfang	Rumpflänge ab Ärmelansatz	Ärmellänge ab Ärmelansatz	Garnverbrauch Bingo (Hauptfarbe)	Garnverbrauch Bingo (Akzentfarbe)	Garnverbrauch Mohair (Hauptfarbe)	Garnverbrauch Mohair (Akzentfarbe)
XXS	100 cm	30 cm	34 cm	35 cm	450 g (720 m)	150 g (240 m)	75 g (630 m)	25 g (210 m)
XS	105 cm	30 cm	36 cm	36 cm	500 g (800 m)	150 g (240 m)	100 g (840 m)	25 g (210 m)
S	110 cm	31 cm	38 cm	37 cm	550 g (880 m)	200 g (320 m)	100 g (840 m)	50 g (420 m)
M	115 cm	34 cm	40 cm	39 cm	550 g (880 m)	200 g (320 m)	100 g (840 m)	50 g (420 m)
L	**123 cm**	**37 cm**	**42 cm**	**41 cm**	**650 g (1040 m)**	**250 g (408 m)**	**125 g (1050 m)**	**50 g (420 m)**
XL	**130 cm**	**40 cm**	**44 cm**	**43 cm**	**800 g (1280 m)**	**250 g (408 m)**	**125 g (1050 m)**	**50 g (420 m)**
XXL	**135 cm**	**44 cm**	**46 cm**	**44 cm**	**900 g (1440 m)**	**250 g (408 m)**	**125 g (1050 m)**	**50 g (420 m)**

Bitte beachtet, dass die angegebenen Garnmengen nur ein Richtwert sind.

Garn

1 Faden Bingo (80 m/50 g) oder Country Tweed von Lana Grossa, Katia Merino Aran, Merino Sport oder Merino Tweed, Stylecraft Special Aran, Drops Nepal, Lang Merino+, Schachenmayr Merino extra fine 85.

1 Faden Mohair (z.B. Lana Grossa Silkhair, Angel by Permin, Drops Kid Silk Mohair)

Maschenprobe

14 Maschen = 10 cm mit Nadelstärke 7

Bei mir wird die mehrfarbige Rundpasse oft enger als der einfarbige Rumpf und die Ärmel. Deshalb stricke ich persönlich die Rundpasse gerne mit Nadelstärke 8 und Rumpf und Ärmel mit Stärke 7. Probiert es aus, falls es euch genauso geht wie mir

Das braucht ihr:

Rundstricknadel Nr. 7 (40, 80 und 100/120 cm)
Stopfnadel zum Vernähen
Maschenmarkierer

ANLEITUNG

Dieser Pullover wird in Runden von oben nach unten gestrickt. In der Rundpasse werden die Zunahmen nach Schema direkt in das Muster eingearbeitet. Hier zeigen wir das Muster einfarbig – eine bunte Rundpasse ist natürlich auch möglich, s. dazu die anderen beiden Frost-Pullover.

Dieser Oversize-Pullover ist besonders groß und weit geschnitten. Seht euch die Maße deshalb genau an, um die richtige Größe zu ermitteln.

HALSBÜNDCHEN

Schlagt mit der Hauptfarbe (Wolle+Mohair gemeinsam) 64, 64, 66, 68, **68, 70, 70** M auf die Rundstricknadel Nr. 7 (40 cm) an. Strickt das kurze Halsbündchen im Rippenmuster (1 M re verschränkt, 1 M li im Wechsel), insgesamt 4 Runden lang. Die Runde beginnt in der hinteren Mitte.

Ihr strickt rechts verschränkte Maschen, indem ihr bei den rechten Maschen nicht wie normal in den vorderen Maschenschenkel einstecht, sondern in den hinteren. Dadurch wird das Rippenmuster etwas markanter und hält seine Form besser.

Strickt dann noch eine Runde glatt re (ab hier strickt ihr die rechten Maschen nicht mehr verschränkt) und nehmt gleichmäßig über die Runde verteilt 1, 1, 4, 2, **2, 5, 5** M zu. Jetzt liegen 65, 65, 70, 70, **70, 75, 75** M auf der Nadel.

VERKÜRZTE REIHEN

Bevor das Muster beginnt, arbeiten wir hier noch einige verkürzte Reihen, damit der Halsausschnitt hinten etwas höher sitzt als vorne. Das sorgt für eine bessere Passform.

Die Runde beginnt weiterhin in der hinteren Mitte.

1. Schritt (Hinreihe): Strickt 10, 10, 10, 11, **11, 11, 11** M re. Wendet die Arbeit mit einer Wendemasche (s. »Verkürzte Reihen« auf S. 7).

2. Schritt (Rückreihe): Strickt 19, 19, 20, 21, **21, 22, 22** M li. Wendet mit einer Wendemasche.

3. Schritt (Hinreihe): Strickt re bis 2 M nach der ersten Wendestelle aus Schritt 1. Wendet mit einer Wendemasche.

4. Schritt (Rückreihe): Strickt li bis 2 M nach der zweiten Wendestelle aus Schritt 2. Wendet mit einer Wendemasche.

Wiederholt Schritte 3 und 4 noch ein Mal und strickt dabei wieder jeweils 2 M weiter als die letzte Wendestelle.

Strickt am Ende wieder eine Hinreihe re über alle Maschen, bis ihr wieder am Rundenanfang in der hinteren Mitte angelangt seid.

RUNDPASSE

Hier beginnt das zweifarbige Muster. Gleichzeitig werden die Zunahmen an den im Diagramm angegebenen Stellen gearbeitet. Wir empfehlen, die neuen M verschränkt aus dem Querfaden aufzunehmen (s. M1R, S. 6), damit sich keine Löcher bilden.

Strickt jetzt das Muster laut Musterdiagramm am Ende der Anleitung. Achtet darauf, das richtige Diagramm für eure gewählte Größe auszuwählen.

Nach dem Muster liegen 195, 195, 210, 224, **252, 270, 285** M auf der Nadel. Strickt eine weitere Runde re in der Hauptfarbe und nehmt dabei 5, 11, 8, 8, **0, 0, 3** M zu. Damit habt ihr am Ende insgesamt 200, 206, 218, 232, **252, 270, 288** M auf der Nadel. Strickt in den Größen XS, XL und XXL noch zwei weitere Runden glatt re in der Hauptfarbe. Geht dann (in allen Größen) zum Kapitel »Rumpf«. Ab hier strickt ihr nur noch mit der Hauptfarbe weiter.

RUMPF

Jetzt werden die Maschen, die später die Ärmel bilden, auf jeder Seite auf einem Hilfsfaden stillgelegt. Das ist ein Faden in einer Kontrastfarbe, auf den ihr alle Ärmelmaschen auffädelt, um sie zu sichern, während der Rumpf gestrickt wird. Das geht folgendermaßen:

Schritt 1: Strickt 32, 33, 35, 37, **40, 42, 44** M (rechtes Rückenteil).

Schritt 2: Legt 36, 36, 38, 42, **46, 50, 56** M auf einen Hilfsfaden (rechter Ärmel).

Schritt 3: Schlagt 6 neue M an (unter dem rechten Ärmel).

Schritt 4: Strickt 64, 67, 71, 74, **80, 85, 88** M (Vorderteil)

Schritt 5: Legt 36, 36, 38, 42, **46, 50, 56** M auf einen Hilfsfaden (linker Ärmel).

Schritt 6: Schlagt 6 neue M an (unter dem linken Ärmel).

Schritt 7: Strickt 32, 34, 36, 37, **40, 43, 44** M (linkes Rückenteil).

Jetzt liegen insgesamt 140, 146, 154, 160, **172, 182, 188** M auf der Nadel (Vorder- und Rückenteil, plus die neuen M unter den Ärmeln). Die Ärmelmaschen liegen jetzt auf Hilfsfäden.

Strickt jetzt gerade nach unten, bis der Rumpf, ab dem Ärmelansatz, 28, 30, 32, 34, **36, 38, 40** cm misst. Nehmt in der letzten Runde gleichmäßig verteilt 10 M ab.

Strickt jetzt ein Rippenbündchen wie im Hals (1 M re verschränkt, 1 M li im Wechsel), 6 cm lang, und kettet im Muster ab.

ÄRMEL

Jetzt werden die Maschen für den ersten Ärmel, die ihr auf einem Hilfsfaden stillgelegt habt, wieder zurück auf die Rundstricknadel Nr. 7 (40 cm) gelegt. Zusätzlich werden aus den Maschen, die ihr unter dem Arm neu angeschlagen habt, 6 M aufgefasst und zu den restlichen Ärmelmaschen auf die Nadel gelegt.

Die Ärmel werden in Runden gestrickt. Damit der Rundenbeginn mittig unter dem Arm liegt, werden die neu aufgefassten Maschen auf Rundenbeginn und -ende verteilt, d.h. es kommen je 3 der Maschen an den Beginn und 3 auf das Ende der Runde. Die erste Runde beginnt nun in der Mitte zwischen diesen neuen Maschen.

Jetzt liegen 42, 42, 44, 48, **52, 56, 62** M auf der Nadel (mit den neuen M unter den Armen). Strickt den Ärmel jetzt glatt re in Runden, bis er ab dem Ärmelansatz 30, 31, 32, 34, **36, 38, 39** cm misst. Nehmt in der letzten Runde noch einmal gleichmäßig verteilt 6, 6, 6, 8, **12, 14, 20** M ab.

Jetzt liegen 36, 36, 38, 40, **40, 42, 42** M auf der Nadel. Daraus strickt ihr das Bündchen im selben Rippenmuster wie in den anderen Bündchen (1 M re verschränkt, 1 M li im Wechsel), insgesamt 5 cm lang. Im Rippenmuster abketten. Achtet darauf, nicht zu fest abzuketten, damit der Pullover nicht zu eng am Handgelenk anliegt.

Strickt den zweiten Ärmel gleich.

ABSCHLUSS

Vernäht alle Enden und schließt ggf. die Löcher unter den Armen, wenn vorhanden. Wascht den Pullover entsprechend den Pflegehinweisen auf eurem Garn, zieht ihn auf einem trockenen Handtuch in Form und lasst ihn liegend trocknen.

Größen 2XS und XS
Alle Zunahmen werden in der Hauptfarbe gestrickt, bis auf zwei. Diese sind gesondert markiert.

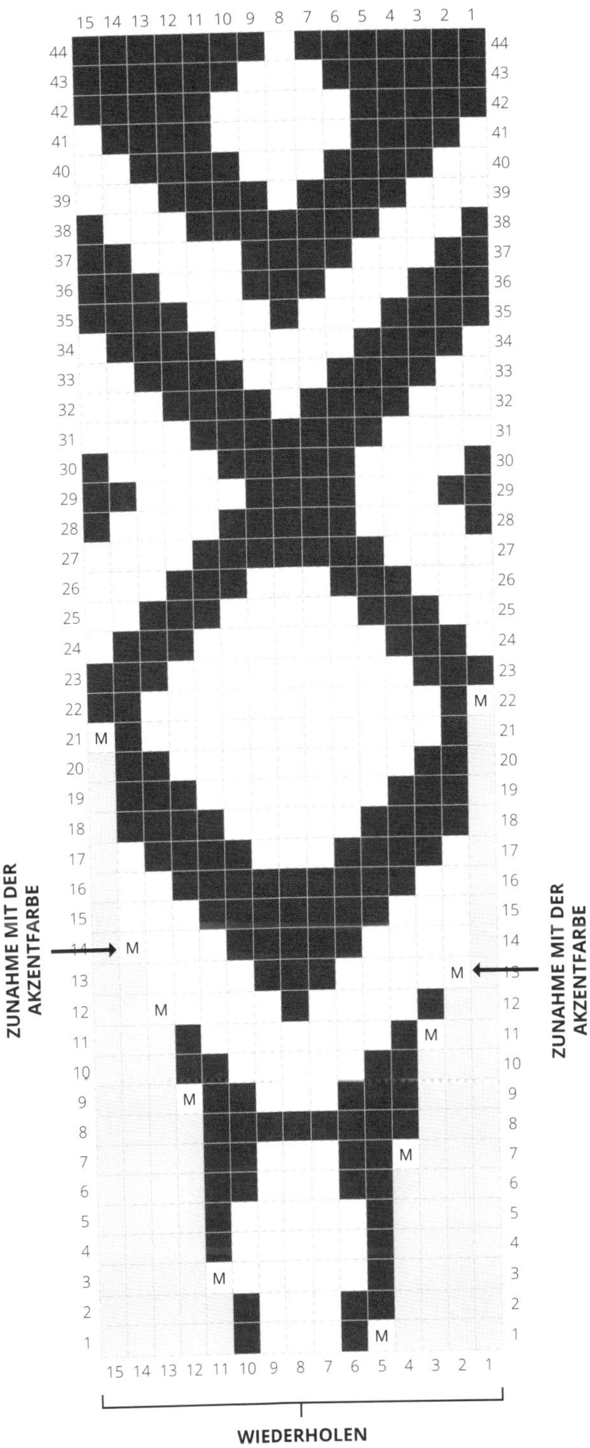

Größe S
Alle Zunahmen werden in der Hauptfarbe gestrickt, bis auf zwei. Diese sind gesondert markiert.

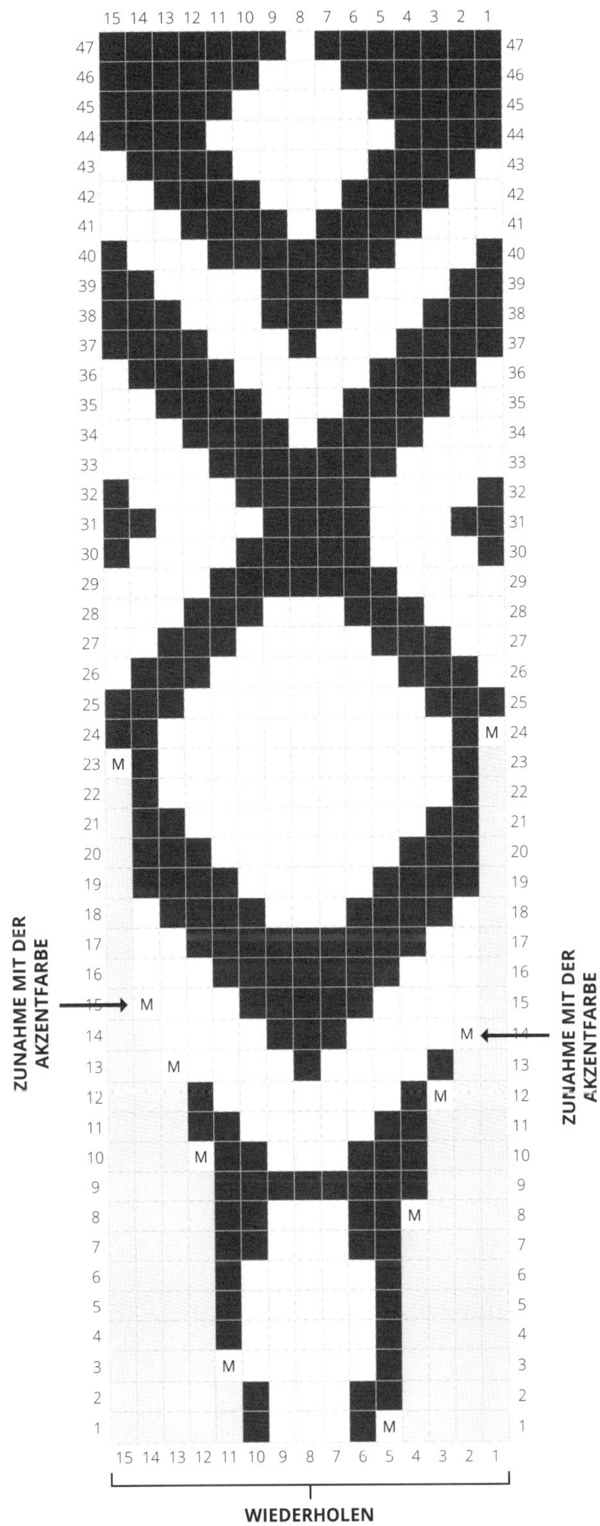

■ Hauptfarbe.

□ Akzentfarbe.

□ Keine Masche (Platzhalter).

M Zunahme (M1R).

Größe M
Alle Zunahmen werden in der Hauptfarbe gestrickt, bis auf zwei. Diese sind gesondert markiert.

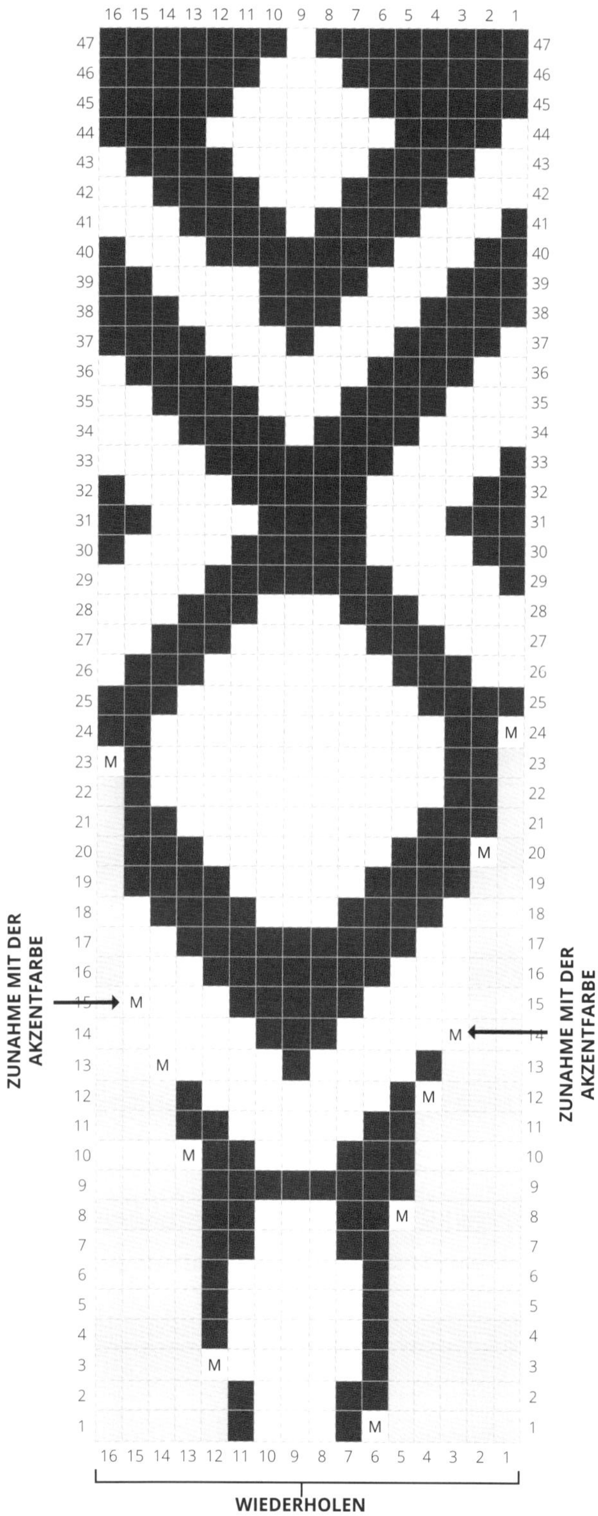

Größen L und XL
Alle Zunahmen werden in der Hauptfarbe gestrickt, bis auf vier. Diese sind gesondert markiert.

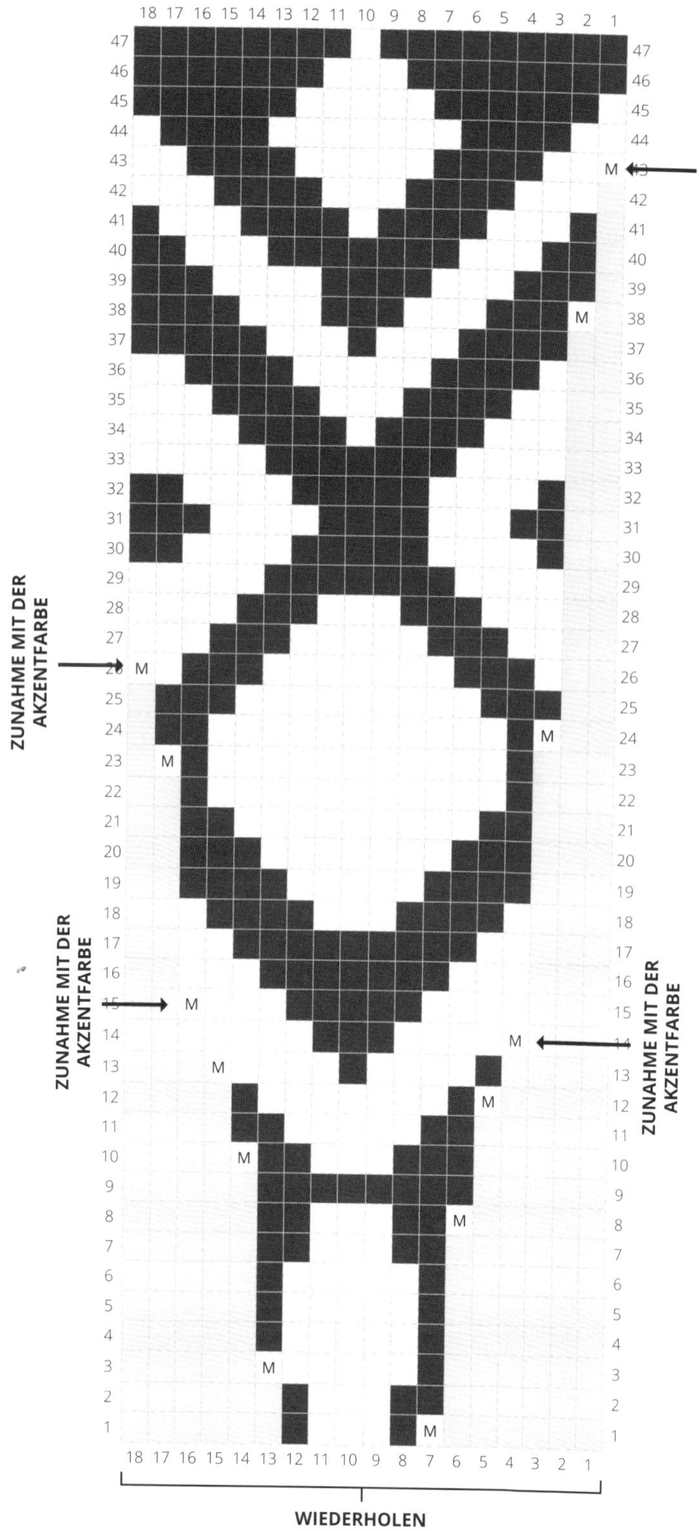

Größe 2XL
Alle Zunahmen werden in der Hauptfarbe gestrickt, bis auf vier. Diese sind gesondert markiert.

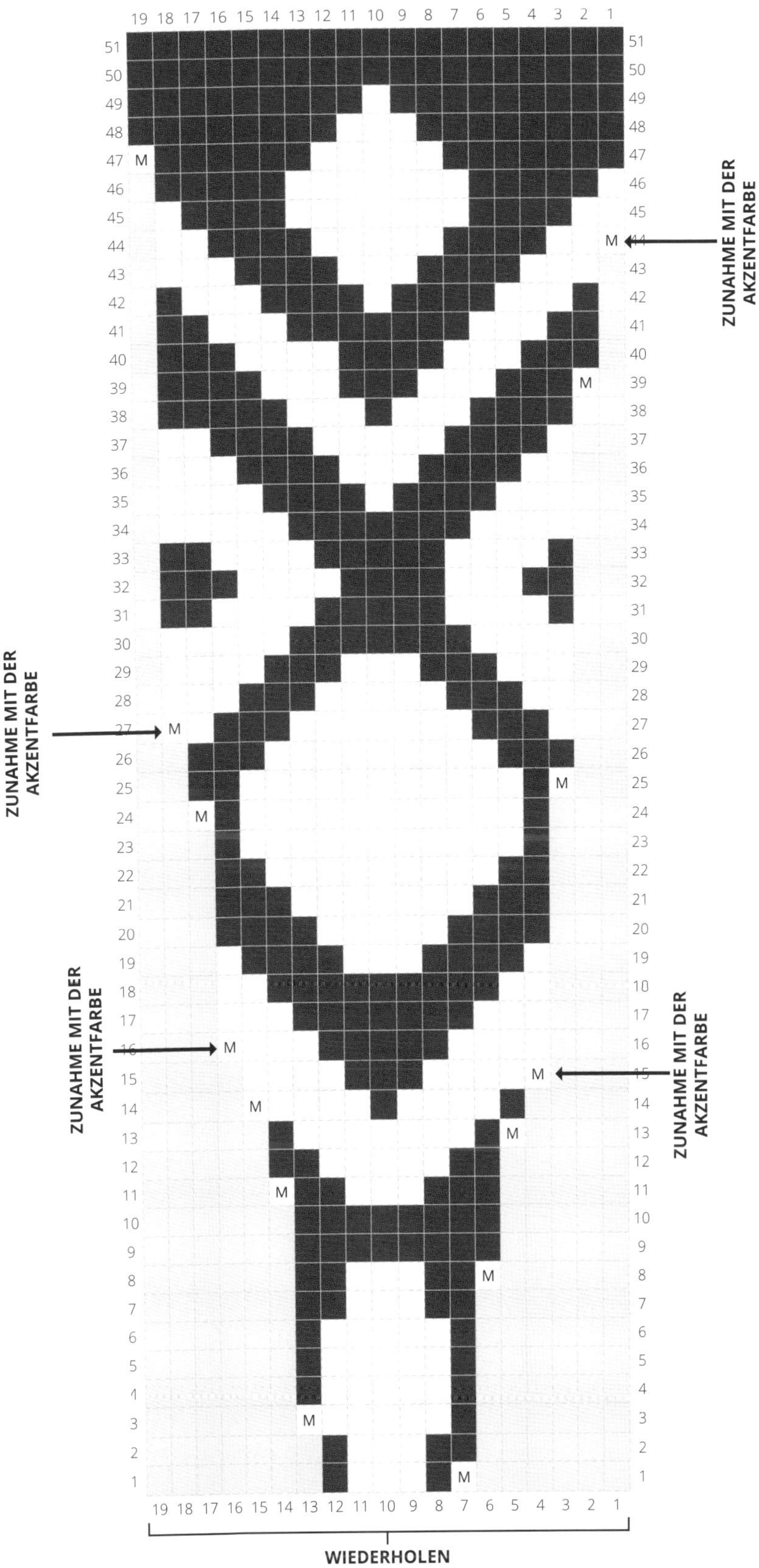

- ■ Hauptfarbe.
- □ Akzentfarbe.
- □ Keine Masche (Platzhalter).
- M Zunahme (M1R).

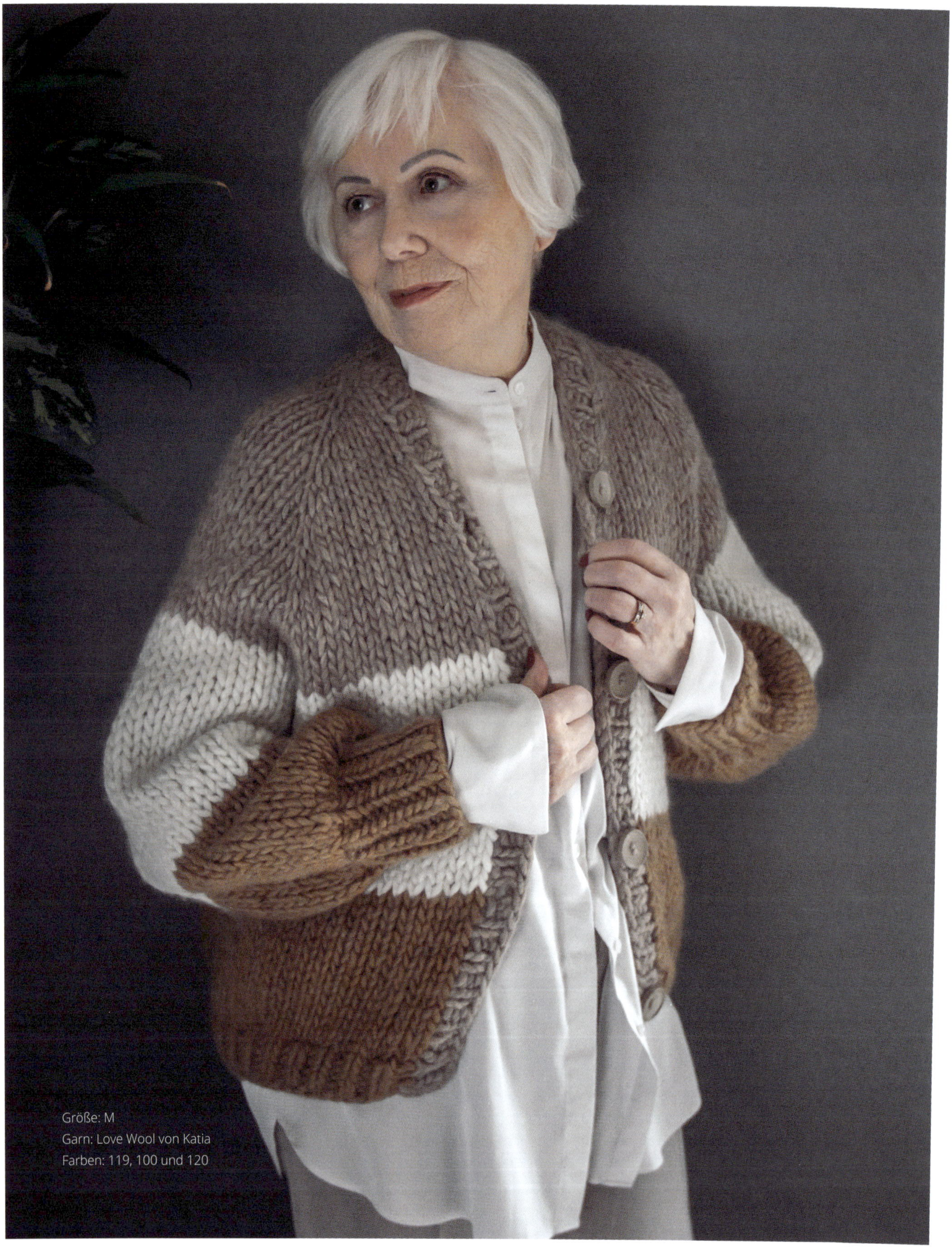

Größe: M
Garn: Love Wool von Katia
Farben: 119, 100 und 120

MONA

Mona: Schnell gestrickt, heiß geliebt und viel getragen. Nadelstärke 15 und extrem dicke, flauschige Wolle, mit diesem Lieblingsstück seid ihr nicht lange beschäftigt. Wie wäre es da direkt mit einem zweiten Cardigan in anderen Farben?

GRÖSSENANGABEN UND GARNVERBRAUCH

Größe	Brustumfang	Ärmelumfang	Rumpflänge ab Ärmelansatz	Ärmellänge ab Ärmelansatz	Garnverbrauch Farbe A	Garnverbrauch Farbe B	Garnverbrauch Farbe C
S	116 cm	45 cm	28 cm	38 cm	300 g (150 m)	400 g (200 m)	300 g (150 m)
M	122 cm	48 cm	30 cm	40 cm	300 g (150 m)	400 g (200 m)	300 g (150 m)
L	**133 cm**	**55 cm**	**32 cm**	**42 cm**	**300 g (150 m)**	**500 g (250 m)**	**400 g (200 m)**
XL	**142 cm**	**57 cm**	**34 cm**	**44 cm**	**400 g (200 m)**	**700 g (350 m)**	**400 g (200 m)**

Bitte beachtet, dass die angegebenen Garnmengen nur ein Richtwert sind.

Garn
Love Wool von Katia (50 m/100 g)

Maschenprobe
7 Maschen = 10 cm mit Nadelstärke 15

Das braucht ihr:
Rundstricknadeln Nr. 12 (40 und 120 cm)
Rundstricknadeln Nr. 15 (40 und 120 cm)
Nadelspiel Nr. 12 und 15 (bei Bedarf, für die Ärmel)
Maschenmarkierer
Stopfnadel zum Vernähen
Knöpfe

ANLEITUNG

Der Cardigan wird glatt rechts von oben nach unten in Reihen gearbeitet. Das Bündchen mit der Knopfleiste wird nachträglich angestrickt.

FARBAUFTEILUNG

Wir stricken den Cardigan in drei Farben und teilen die Farben wie folgt auf:

Farbe A: Das obere Bündchen und die Raglanpasse, bis 2 Zunahmereihen vor Ende der Raglanpasse. Wir stricken auch die Knopfleiste mit dieser Farbe.

Farbe B: Die letzten 2 Zunahmereihen der Raglanpasse, die halbe Rumpflänge und etwas mehr als die Hälfte der Ärmel (wir stricken die Ärmel ca. 3 Runden länger in Farbe B als den Rumpf).

Farbe C: Der Rest von Rumpf und Ärmeln und die Bündchen.

RAGLANPASSE

Schlagt 23, 23, **25, 27** M auf die Rundstricknadel Nr. 15 (100/120 cm lang) an. Die erste und die letzte Masche in jeder Reihe (Hin- und Rückreihe) sind Randmaschen (RM) und werden immer re gestrickt. Dort nehmt ihr am Ende die Maschen für das Bündchen auf. Strickt zunächst eine Reihe li (Rückreihe), strickt die RM dabei re.

In der nächsten Reihe beginnen die Raglanzunahmen. Diese Zunahmen bilden die Linien, die Rumpf und Schultern voneinander trennen. Ihr strickt glatt re, d.h. re in der Hinreihe und li in der Rückreihe. Strickt die Randmaschen dabei weiterhin immer re. Beginnt mit einer Hinreihe.

1. REIHE (HINREIHE):

1. Schritt: Strickt die Randmasche (RM) re.

2. Schritt: Strickt 1, 1, **1, 2** M re (linkes Vorderteil).

3. Schritt: Strickt 1 M re (Raglanmasche) und steckt MM1 in diese Masche.

4. Schritt: Strickt 3 M re (linke Schulter).

5. Schritt: Strickt 1 M re (Raglanmasche) und steckt MM2 in diese Masche.

6. Schritt: Strickt 9, 9, **11, 11** M re (Rückenteil).

7. Schritt: Strickt 1 M re (Raglanmasche) und steckt MM3 in diese Masche.

8. Schritt: Strickt 3 M re (rechte Schulter).

9. Schritt: Strickt 1 M re (Raglanmasche) und steckt MM4 in diese Masche.

10. Schritt: Strickt 1, 1, **1, 2** M re (rechtes Vorderteil).

11. Schritt: Strickt die RM re.

2. Reihe (Rückreihe): Strickt die Rückreihe li zurück. Strickt die Randmaschen re.

3. Reihe (Hinreihe): Strickt re bis zur Masche mit MM1. Nehmt 1 M mit **M1R** (s. Seite 6) zu, strickt die Masche mit MM1 re, nehmt 1 M mit **M1L** zu. Wiederholt diese Zunahme an den anderen MM in dieser Reihe und nehmt so 8 M zu.

Wiederholt **Reihen 2 und 3**, bis ihr in insgesamt 13, 14, **15, 16** Hinreihen zugenommen habt, oder um 104, 112, **120, 128** M. **Gleichzeitig** nehmt ihr in regelmäßigen Abständen an den Randmaschen Maschen zu, um den V-Ausschnitt zu bilden:

V-AUSSCHNITT

Die Zunahmen für den V-Ausschnitt werden in Hinreihen wie folgt gearbeitet: Strickt die Randmasche re, strickt 1 M re, nehmt 1 M mit **M1R** zu, strickt die Reihe re (mit den Raglanzunahmen an den MM) fertig, bis 2 M vor der Randmasche am Ende der Reihe. Strickt 1 M re, nehmt 1 M mit **M1L** zu, strickt die Randmasche re.

Diese Zunahmen arbeitet ihr je nach Größe in den folgenden Reihen:

S: Nehmt in der 2., 5. und 8. Zunahmereihe (Hinreihe) zu.

M: Nehmt in der 3., 6. und 9. Zunahmereihe (Hinreihe) zu.

L: Nehmt in der 4., 7. und 10. Zunahmereihe (Hinreihe) zu.

XL: Nehmt in der 5., 8. und 11. Zunahmereihe (Hinreihe) zu.

Jetzt liegen insgesamt 133, 141, **151, 161** M auf den Nadeln. Strickt die Rückreihe li zurück. An dieser Stelle endet die Raglanpasse.

RUMPF

Wenn ihr alle Zunahmen gearbeitet habt, werden die Maschen, die später die Ärmel bilden, auf jeder Seite auf einem Hilfsfaden stillgelegt. Das ist ein Faden in einer Kontrastfarbe, auf den ihr alle Ärmelmaschen auffädelt, um sie zu sichern, während der Rumpf gestrickt wird.

1. Schritt: Strickt die RM re.

2. Schritt: Strickt 18, 19, **20, 22** M re (linkes Vorderteil).

3. Schritt: Legt die nächsten 29, 31, **33, 35** M auf einem Hilfsfaden still (linker Ärmel).

4. Schritt: Schlagt 3, 3, **5, 5** neue M an (unter dem linken Ärmel).

5. Schritt: Strickt 37, 39, **43, 45** M re (Rückenteil).

6. Schritt: Legt die nächsten 29, 31, **33, 35** M auf einem Hilfsfaden still (rechter Ärmel).

7. Schritt: Schlagt 3, 3, **5, 5** neue M an (unter dem rechten Ärmel).

8. Schritt: Strickt 18, 19, **20, 22** M re (rechtes Vorderteil).

9. Schritt: Strickt die Randmasche re.

Jetzt liegen insgesamt 81, 85, **95, 101** M auf der Nadel (mit den 6, 6, **10, 10** neuen M unter den Ärmeln). Die Ärmelmaschen liegen auf Hilfsfäden.

Strickt jetzt glatt re weiter, bis der Rumpf, ab dem Ärmelansatz, 23, 25, **27, 29** cm lang ist (probiert die Jacke zwischendurch an, um die Länge ggf. an euch anzupassen). Endet mit einer Rückreihe.

Wechselt auf Nadelstärke 12, strickt eine weitere Hinreihe re und nehmt dabei gleichmäßig verteilt 14 M ab. Strickt die Rückreihe li zurück, strickt zum Abschluss noch ein Rippenbündchen (1 M re, 1 M li) über 5 cm und kettet dann im Rippenmuster ab.

ÄRMEL

Jetzt werden die Maschen für den ersten Ärmel, die ihr auf einem Hilfsfaden stillgelegt habt, wieder zurück auf Nadeln (Stärke 15) gelegt. Zusätzlich werden aus den Maschen, die ihr unter dem Arm neu angeschlagen habt, 3, 3, **5, 5** M aufgefasst und zu den restlichen Ärmelmaschen auf die Nadel gelegt.

Die Ärmel werden in Runden gestrickt. Damit der Rundenbeginn mittig unter dem Arm liegt, werden die neu aufgefassten Maschen auf Rundenbeginn und -ende verteilt, d.h. es kommen je 2, 2, **3, 3** der Maschen an den Anfang und 1, 1, **2, 2** M an das Ende der Runde. Die Runde beginnt nun in der Mitte zwischen diesen neuen Maschen. Jetzt liegen 32, 34, **38, 40** M auf der Nadel.

Strickt den Ärmel glatt re in Runden, bis er, ab dem Ärmelansatz, 31, 33, **35, 37** cm lang ist. Probiert den Cardigan zwischendurch an, um die für euch richtige Ärmellänge zu ermitteln.

Wechselt auf Nadelstärke 12, strickt noch eine Runde glatt re und nehmt dabei gleichmäßig verteilt 10, 12, **16, 18** M ab. Jetzt liegen in allen Größen 22 M auf der Nadel. Strickt damit das Bündchen im Rippenmuster (1 M re, 1 M li im Wechsel) über 7 cm und kettet im Rippenmuster ab. Strickt den zweiten Ärmel gleich.

BÜNDCHEN UND KNOPFLEISTEN

Zum Schluss strickt ihr die Knopfleiste an den Cardigan. Beginnt unten am rechten Vorderteil und strickt auf der Vorderseite mit der Rundstricknadel Nr. 12 (100/120 cm) die Randmaschen des rechten Vorderteils, die Anschlagskante ganz oben und die Randmaschen des linken Vorderteils auf. Strickt dabei immer 3 M auf und überspringt dann die vierte. Dadurch solltet ihr eine ordentliche, nicht zu lockere Kante erhalten.

Strickt jetzt eine Rückreihe im Rippenmuster wie in den Bündchen (1 M re, 1 M li im Wechsel). In der nächsten Reihe (eine Hinreihe) strickt ihr die Knopflöcher. Markiert euch die Stellen, an denen ihr den ersten und den letzten Knopf haben wollt (der oberste Knopf darf nicht über der letzten Zunahme für den V-Ausschnitt liegen!), und verteilt die übrigen Knöpfe dazwischen. Ihr strickt dann an den entsprechenden Stellen ein Knopfloch ein, indem ihr 2 M zusammenstrickt und dann einen Umschlag macht.

Strickt nach der Reihe mit den Knopflöchern noch eine Rückreihe im Rippenmuster und kettet in der nächsten Hinreihe glatt re ab.

ABSCHLUSS

Vernäht alle Enden und schließt ggf. die Löcher unter den Armen, wenn vorhanden. Befestigt die Knöpfe. Wascht den Cardigan entsprechend den Pflegehinweisen auf eurem Garn, zieht ihn auf einem trockenen Handtuch in Form und lasst ihn liegend trocknen.

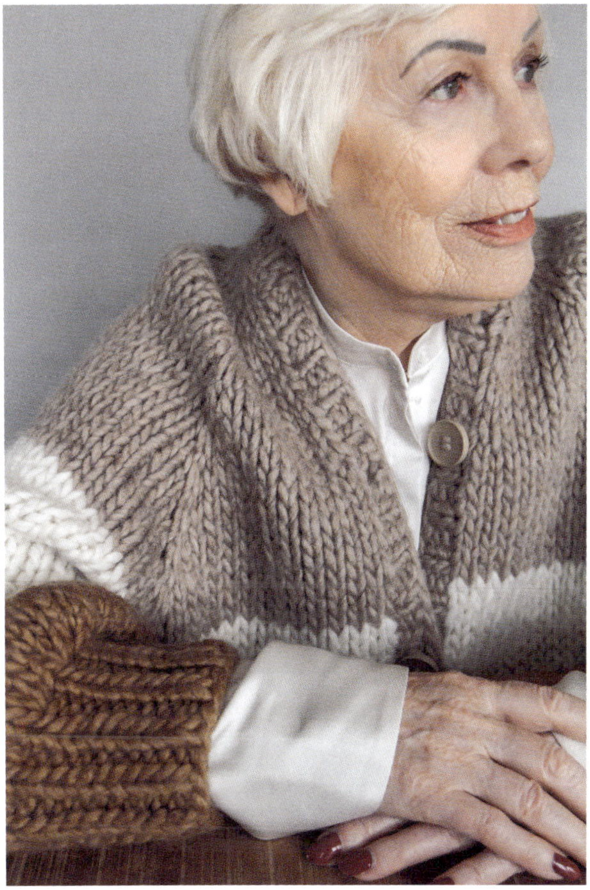

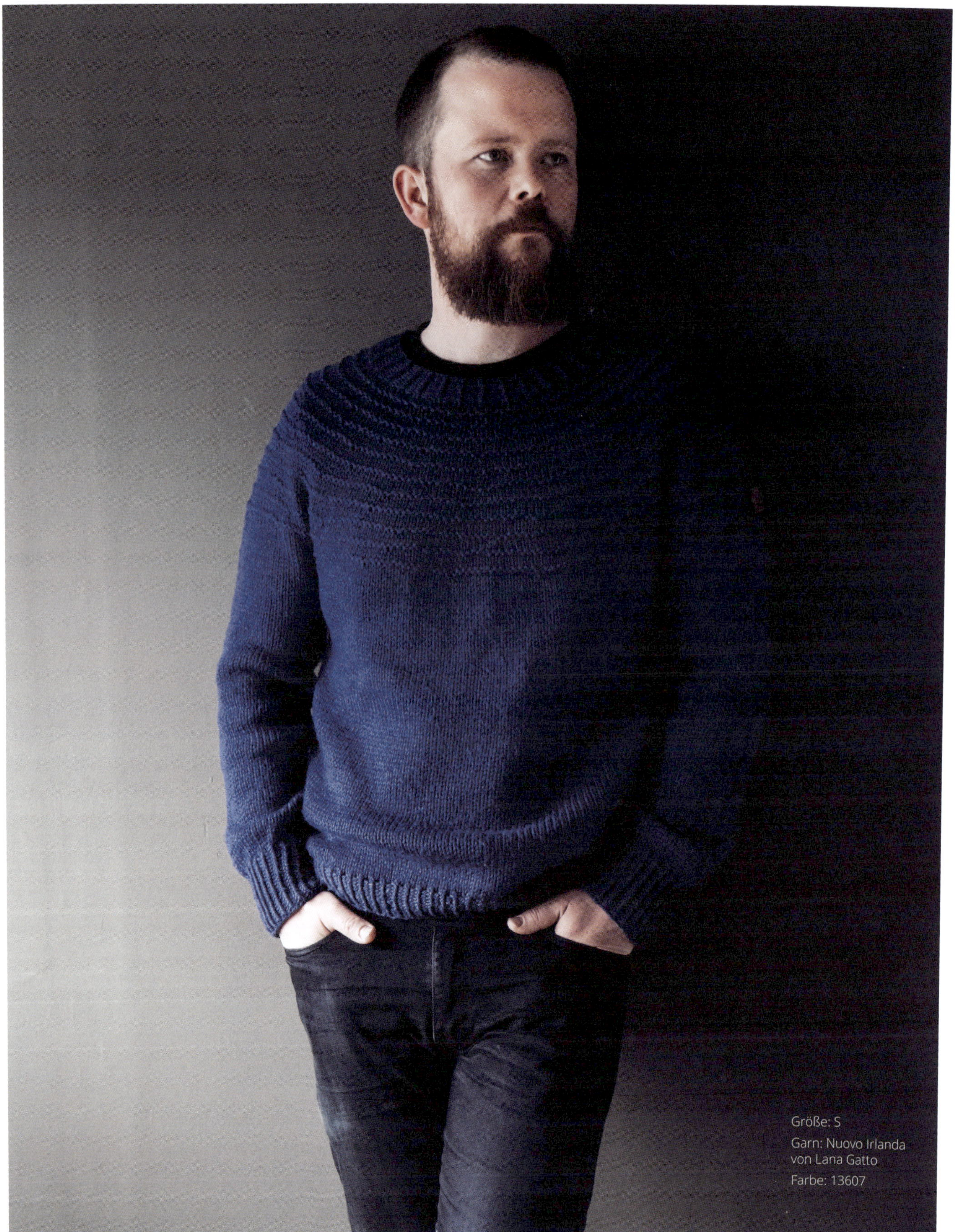

Größe: S

Garn: Nuovo Irlanda von Lana Gatto

Farbe: 13607

BÄRENKLAU

Wasserringe oder Jahresringe in Baumstämmen? Wir legen uns nicht fest. Sicher ist, dass dies einer unserer liebsten Herrenpullover ist. Die Zunahmen in der Rundpasse werden unauffällig zwischen den Krausrippen verteilt, die dem schlichten Pullover das gewisse Extra geben.

GRÖSSENANGABEN UND GARNVERBRAUCH

Größe	Brust-umfang	Ärmel-umfang	Rumpflänge ab Ärmelansatz	Ärmellänge ab Ärmelansatz	Garnverbrauch
XS	100 cm	35 cm	44 cm	48 cm	600 g (960 m)
S	105 cm	38 cm	46 cm	50 cm	650 g (1040 m)
M	110 cm	40 cm	48 cm	52 cm	750 g (1200 m)
L	115 cm	42 cm	50 cm	54 cm	850 g (1360 m)
XL	**120 cm**	**43 cm**	**52 cm**	**56 cm**	**950 g (1520 m)**
2XL	**125 cm**	**44 cm**	**54 cm**	**58 cm**	**1050 g (1680 m)**
3XL	**132 cm**	**45 cm**	**56 cm**	**60 cm**	**1150 g (1840 m)**

Bitte beachtet, dass die angegebenen Garnmengen nur ein Richtwert sind.

Garn

Lana Grossa Bingo (80 m/50 g) oder Country Tweed, Katia Merino Aran, Merino Sport oder Merino Tweed, Stylecraft Special Aran, Drops Nepal, Lang Merino+, Schachenmayr Merino extra fine 85

Oder andere Garne mit passender Maschenprobe

Maschenprobe

16 Maschen = 10 cm mit Nadelstärke 6

Das braucht ihr:

Rundstricknadel Nr. 6 (40, 80 und 100/120 cm)
Rundstricknadel Nr. 5,5 (100 cm)
Nadelspiel Nr. 5,5 (für die Ärmelbündchen)
Stopfnadel zum Vernähen
Maschenmarkierer

ANLEITUNG

Der Pullover wird glatt rechts von oben nach unten in Runden gearbeitet, mit gleichmäßigen Zunahmen und Krausrippen in der Rundpasse.

GLEICHMÄSSIGE ZUNAHMEN BERECHNEN

Die Rundpasse wird geformt, indem ihr in jeder vierten Runde 16 M gleichmäßig über die Runde verteilt zunehmt. Ihr könnt die Zunahmen jeweils selbst berechnen, oder einen Online-Rechner nutzen – wir nutzen selbst den Rechner auf dieser englischsprachigen Seite: www.bit.ly/zunahmen

BÜNDCHEN

Schlagt 68, 68, 68, 72, **72, 72, 76** M auf die Rundstricknadel Nr. 6 (40 cm lang) an und schließt zur Runde. Strickt ein Bündchen im Rippenmuster (1 M re verschränkt, 1 M li im Wechsel) insgesamt 4 cm lang.

Ihr strickt rechts verschränkte Maschen, indem ihr bei den rechten Maschen nicht wie normal in den vorderen Maschenschenkel einstecht, sondern in den hinteren. Dadurch wird das Rippenmuster etwas markanter und hält seine Form besser.

RUNDPASSE

Nach dem Bündchen wird die Rundpasse mit regelmäßigen Zunahmen gearbeitet. Die Zunahmen werden in jede vierte glatt re gestrickte Runde integriert und als verschränkte Zunahmen aus dem Querfaden gearbeitet, damit sich keine Löcher bilden (M1R, s. Seite 6). Für die Krausrippen strickt ihr zusätzlich jede vierte Runde li. Strickt die Rundpasse wie folgt:

1. Runde: Alle Maschen re.

2. Runde: Strickt alle M re und nehmt gleichmäßig über die Runde verteilt 16 M zu.

3. Runde: Alle Maschen re.

4. Runde: Alle Maschen li.

Wiederholt **Runden 1–4**, bis ihr insgesamt 11, 12, 13, 13, **14, 15, 16** Runden mit Zunahmen (Runde 2) gestrickt habt.

Strickt zum Schluss 3 weitere Runden re. In der zweiten dieser Runden nehmt ihr noch einmal gleichmäßig verteilt 4, 4, 4, 12, **8, 4, 0** M zu. Jetzt liegen 248, 264, 280, 292, **304, 316, 332** M auf der Nadel.

Die Tabelle zeigt, wie viele Maschen nach jeder Zunahmerunde auf den Nadeln liegen sollen, und wie oft ihr zugenommen habt.

Zunahmen	XS	S	M	L	XL	2XL	3XL
Anschlagen:	68 M	68 M	68 M	72 M	72 M	72 M	76 M
Nach der 1. Zunahme:	84 M	84 M	84 M	88 M	88 M	88 M	92 M
Nach der 2. Zunahme:	100 M	100 M	100 M	104 M	104 M	104 M	108 M
Nach der 3. Zunahme:	116 M	116 M	116 M	120 M	120 M	120 M	124 M
Nach der 4. Zunahme:	132 M	132 M	132 M	136 M	136 M	136 M	140 M
Nach der 5. Zunahme:	148 M	148 M	148 M	152 M	152 M	152 M	156 M
Nach der 6. Zunahme:	164 M	164 M	164 M	168 M	168 M	168 M	172 M
Nach der 7. Zunahme:	180 M	180 M	180 M	184 M	184 M	184 M	188 M
Nach der 8. Zunahme:	196 M	196 M	196 M	200 M	200 M	200 M	204 M
Nach der 9. Zunahme:	212 M	212 M	212 M	216 M	216 M	216 M	220 M
Nach der 10. Zunahme:	228 M	228 M	228 M	232 M	232 M	232 M	236 M
Nach der 11. Zunahme:	**244 M**	244 M	244 M	248 M	248 M	248 M	252 M
Nach der 12. Zunahme:		**260 M**	260 M	264 M	264 M	264 M	268 M
Nach der 13. Zunahme:			**276 M**	**280 M**	280 M	280 M	284 M
Nach der 14. Zunahme:					**296 M**	296 M	300 M
Nach der 15. Zunahme:						**312 M**	316 M
Nach der 16. Zunahme:							**332 M**

RUMPF

Jetzt werden die Maschen, die später die Ärmel bilden, auf jeder Seite auf einem Hilfsfaden stillgelegt. Das ist ein Faden in einer Kontrastfarbe, auf den ihr alle Ärmelmaschen auffädelt, um sie zu sichern, während der Rumpf gestrickt wird. Ab hier strickt ihr nur noch glatt re, ohne Zunahmen und ohne Krausrippen.

1. Schritt: Legt 50, 54, 58, 60, **62, 64, 66** M auf einen Hilfsfaden (rechter Ärmel).

2. Schritt: Schlagt 6 neue M an (unter dem rechten Arm).

3. Schritt: Strickt 74, 78, 82, 86, **90, 94, 100** M (Vorderteil)

4. Schritt: Legt 50, 54, 58, 60, **62, 64, 66** M auf einen Hilfsfaden (linker Ärmel).

5. Schritt: Schlagt 6 neue M an (unter dem linken Arm).

6. Schritt: Strickt 74, 78, 82, 86, **90, 94, 100** M (Rückenteil).

Jetzt liegen insgesamt 160, 168, 176, 184, **192, 200, 212** M auf der Nadel (Vorder- und Rückenteil, plus die 12 neuen M unter den Ärmeln). Die Ärmelmaschen liegen jetzt auf Hilfsfäden.

Strickt jetzt glatt re weiter, bis der Rumpf, ab dem Ärmelansatz, 36, 38, 40, 42, **44, 46, 48** cm misst. Wechselt dann auf Nadelstärke 5,5 (100 cm), strickt eine weitere Runde glatt re und nehmt dabei 12, 14, 16, 18, **20, 22, 24** M ab. Strickt dann ein Rippenbündchen wie im Halsbündchen (1 M re verschränkt, 1 M li im Wechsel), 8 cm lang, und kettet im Muster ab.

ÄRMEL

Jetzt werden die Maschen für den ersten Ärmel, die ihr auf einem Hilfsfaden stillgelegt habt, wieder zurück auf Nadeln (Stärke 6) gelegt. Zusätzlich werden aus den Maschen, die ihr unter dem Arm neu angeschlagen habt, 6 M aufgefasst und zu den restlichen Ärmelmaschen auf die Nadel gelegt. Die Ärmel werden in Runden gestrickt. Damit der Rundenbeginn mittig unter dem Arm liegt, werden die neu aufgefassten Maschen auf Rundenbeginn und -ende verteilt, d.h. es kommen je 3 der Maschen auf die erste und 3 auf die letzte Nadel. Die erste Runde beginnt nun in der Mitte zwischen diesen neuen Maschen. Jetzt liegen 56, 60, 64, 66, **68, 70, 72** M auf der Nadel.

Strickt zunächst 4, 3,5, 3,5 5,5, **3, 5, 2** cm ohne Abnahmen. Strickt dann in der nächsten Runde die ersten 2 und die letzten 2 M der Runde zusammen, sodass ihr in dieser Runde 2 M abnehmt. Wiederholt diese Abnahme mit 6, 5,5, 4,5, 4,5, **4,5, 4,5, 4,5** cm Abstand, bis ihr insgesamt 6, 7, 9, 9, **10, 10, 11** Abnahmen gearbeitet oder um 12, 14, 18, 18, **20, 20, 22** M abgenommen habt. Strickt weiter, bis der Ärmel ab dem Ärmelansatz 40, 42, 44, 46, **48, 50, 52** cm lang ist. Am Ende liegen noch 44, 46, 46, 48, **48, 50, 50** M auf der Nadel.

Wechselt auf das Nadelspiel Nr. 5,5, strickt eine weitere Runde re und nehmt dabei gleichmäßig verteilt 6 M ab. Jetzt liegen noch 38, 40, 40, 42, **42, 44, 44** M auf der Nadel. Strickt daraus in Bündchen im Rippenmuster wie im Rumpf, insgesamt 8 cm lang. Kettet locker im Muster ab und strickt den zweiten Ärmel gleich.

ABSCHLUSS

Vernäht alle Enden und schließt ggf. die Löcher unter den Armen, wenn vorhanden. Wascht den Pullover entsprechend den Pflegehinweisen auf eurem Garn, zieht ihn auf einem trockenen Handtuch in Form und lasst ihn liegend trocknen.

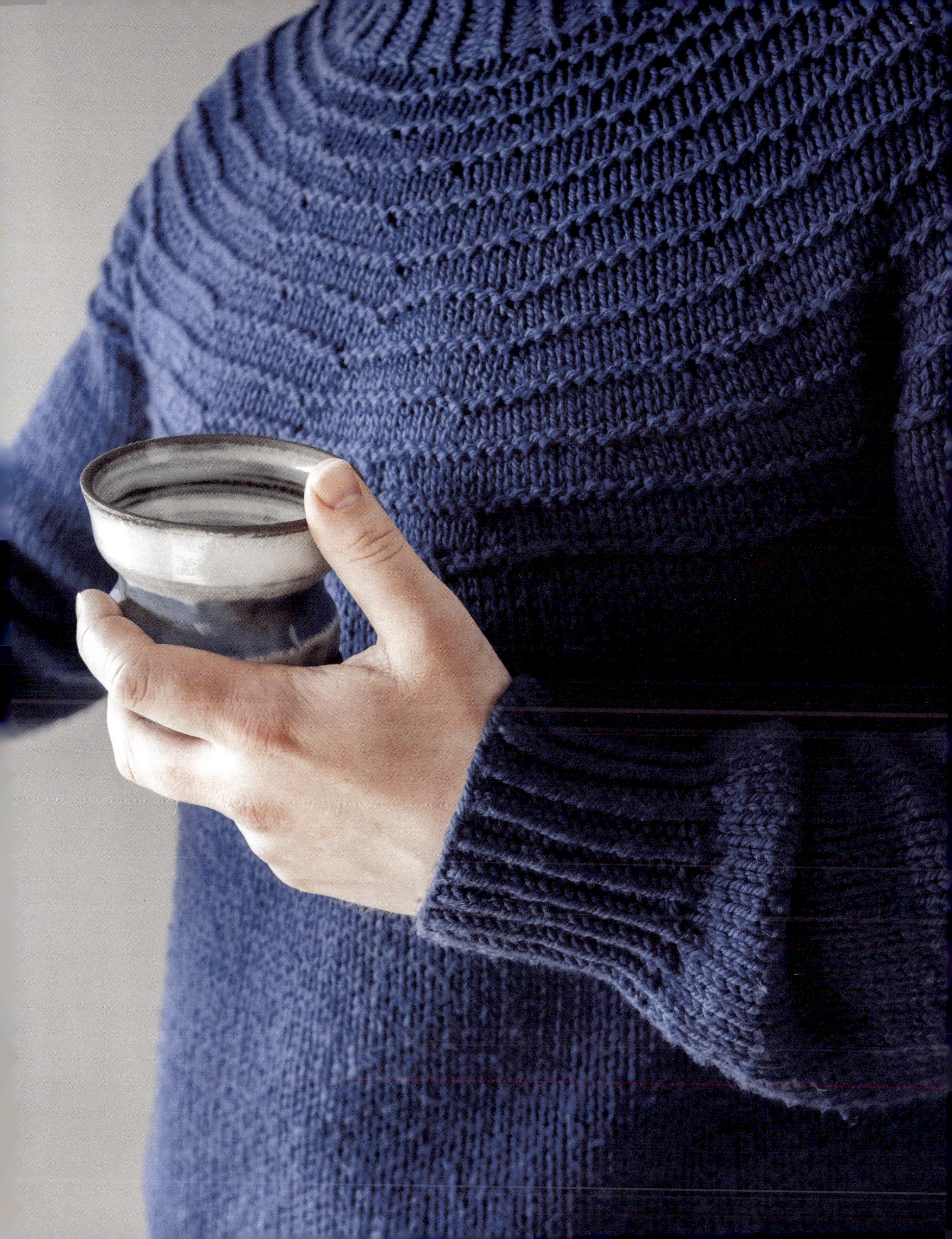

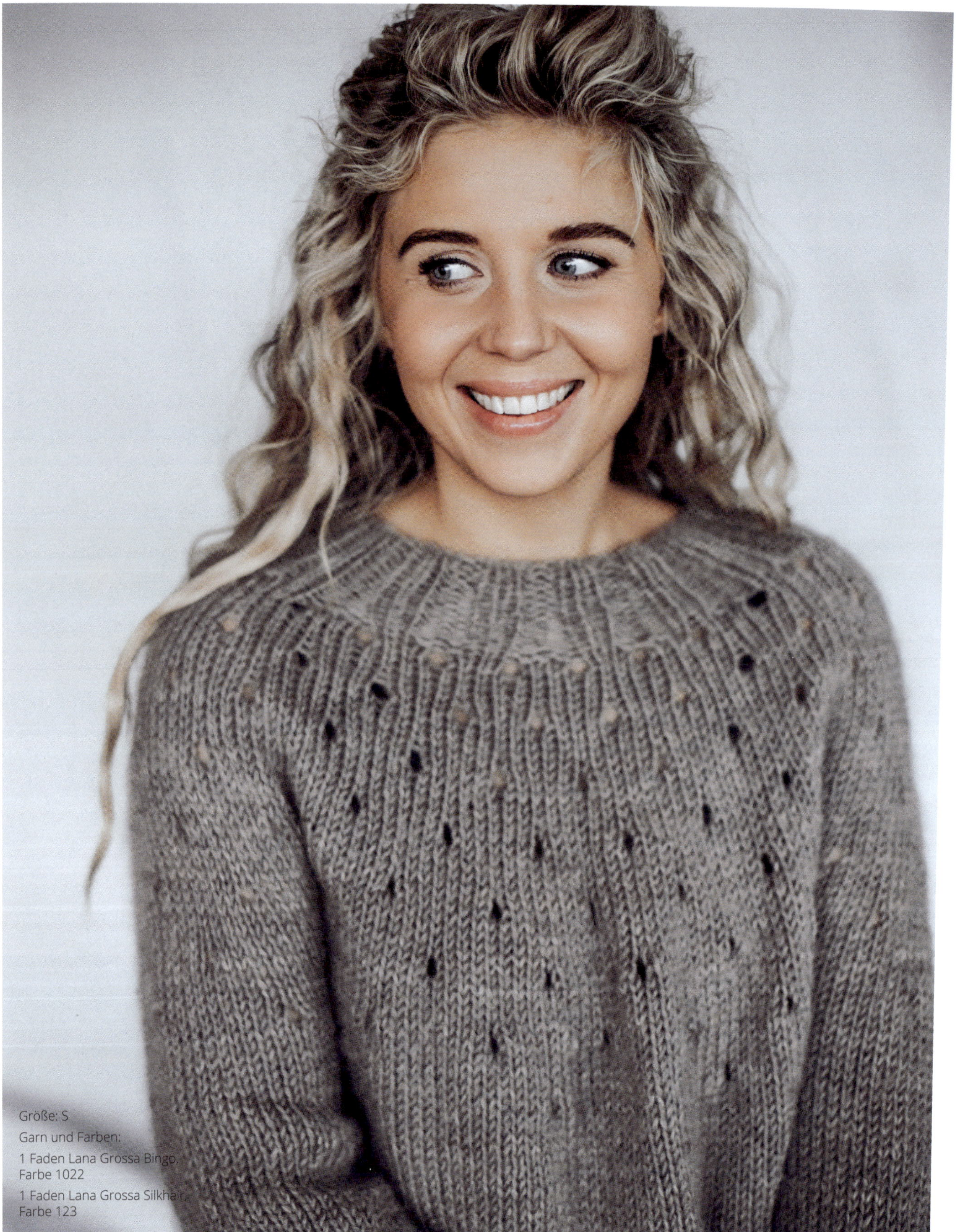

Größe: S

Garn und Farben:

1 Faden Lana Grossa Bingo, Farbe 1022

1 Faden Lana Grossa Silkhair, Farbe 123

GLÜCK – DAMENPULLOVER

Glück: unsere erste große Kollektion. Die locker geschnittenen Modelle zeichnen sich durch das große Lochmuster in der Rundpasse aus, das (in klassischer Stroff-Manier) wieder viel einfacher ist, als es aussieht. Damit entstehen Stücke, die schnell gestrickt sind und immer wieder getragen werden.

GRÖSSENANGABEN UND GARNVERBRAUCH

Größe	Brust-umfang	Ärmel-umfang	Rumpflänge ab Ärmelansatz	Ärmellänge ab Ärmelansatz	Garnverbrauch Bingo	Garnverbrauch Mohair
2XS	105 cm	30 cm	34 cm	30 cm	450 g (720 m)	100 g (840 m)
XS	111 cm	33 cm	37 cm	33 cm	550 g (880 m)	100 g (840 m)
S	115 cm	35 cm	40 cm	36 cm	550 g (880 m)	100 g (840 m)
M	118 cm	37 cm	43 cm	39 cm	650 g (1040 m)	100 g (840 m)
L	**124 cm**	**40 cm**	**45 cm**	**41 cm**	**700 g (1120 m)**	**125 g (1050 m)**
XL	**128 cm**	**42 cm**	**47 cm**	**43 cm**	**700 g (1120 m)**	**150 g (1260 m)**
2XL	**134 cm**	**44 cm**	**48 cm**	**45 cm**	**900 g (1440 m)**	**175 g (1470 m)**

Bitte beachtet, dass die angegebenen Garnmengen nur ein Richtwert sind.

Garn

1 Faden Bingo (80 m/50 g) oder Country Tweed von Lana Grossa, Katia Merino Aran, Merino Sport oder Merino Tweed, Stylecraft Special Aran, Drops Nepal, Lang Merino+, Schachenmayr Merino extra fine 85.

1 Faden Mohair (z.B. Lana Grossa Silkhair, Angel by Permin, Drops Kid Silk Mohair).

Maschenprobe

15 Maschen = 10 cm mit Nadelstärke 7

Das braucht ihr:

Rundstricknadel Nr. 7 (40, 80 und 100/120 cm)
Nadelspiel Nr. 7 (für die Ärmelbündchen)
Stopfnadel zum Vernähen
Maschenmarkierer

ANLEITUNG

Dieser Pullover wird in Runden von oben nach unten gestrickt. Die regelmäßigen Zunahmen in der Rundpasse bilden das charakteristische Lochmuster.

HALSBÜNDCHEN

Schlagt 56, 60, 60 60, **64, 64, 68** M auf die Rundstricknadel Nr. 7 (40 cm) an. Schließt zur Runde und strickt ein 2x2 Rippenbündchen (2 M re, 2 M li im Wechsel) über 7, 8, 9, 9, **9, 10, 10** cm.

RUNDPASSE

Die Rundpasse wird glatt re gestrickt. In jeder sechsten Runde werden Zunahmen durch Umschläge gearbeitet, die so ein Lochmuster bilden.

1. Runde: Strickt glatt re und nehmt gleichmäßig verteilt 4, 0, 0, 0, **5, 5, 1** M verschränkt aus dem Querfaden zu (s. M1R auf Seite 6). Damit wird die Maschenzahl durch 3 teilbar und das Muster geht auf. Jetzt liegen 60, 60, 60, 60, **69, 69, 69** M auf der Nadel.

2. Runde: Glatt re stricken.

3. Runde: *strickt 3 re, Umschlag*. Wiederholt *–* über die gesamte Runde. Damit habt ihr 20, 20, 20, 20, **23, 23, 23** M zugenommen und habt jetzt 80, 80, 80, 80, **92, 92, 92** M auf der Nadel.

4.–8. Runde: Glatt re stricken. Die Umschläge werden immer re abgestrickt, damit sich ein Lochmuster bildet.

9. Runde: Strickt 1 M re, Umschlag. *4 M re, Umschlag*. Wiederholt *–* über die gesamte Runde. Endet mit 3 M re. Damit habt ihr wieder 20, 20, 20, 20, **23, 23, 23** M zugenommen und habt jetzt 100, 100, 100, 100, **115, 115, 115** M auf der Nadel.

10.–14. Runde: Glatt re stricken.

15. Runde: Strickt 4 M re, Umschlag. *5 M re, Umschlag*. Wiederholt *–* über die gesamte Runde. Endet mit 1 M re. Damit habt ihr wieder 20, 20, 20, 20, **23, 23, 23** M zugenommen und habt jetzt 120, 120, 120, 120, **138, 138, 138** M auf der Nadel.

16.–20. Runde: Glatt re stricken.

21. Runde: Strickt 1 M re, Umschlag. *6 M re, Umschlag*. Wiederholt *–* über die gesamte Runde. Endet mit 5 M re. Damit habt ihr wieder 20, 20, 20, 20, **23, 23, 23** M zugenommen und habt jetzt 140, 140, 140, 140, **161, 161, 161** M auf der Nadel.

22.–26. Runde: Glatt re stricken.

27. Runde: Strickt 5 M re, Umschlag. *7 M re, Umschlag*. Wiederholt *–* über die gesamte Runde. Endet mit 2 M re. Damit habt ihr wieder 20, 20, 20, 20, **23, 23, 23** M zugenommen und habt jetzt 160, 160, 160, 160, **184, 184, 184** M auf der Nadel.

28.–32. Runde: Glatt re stricken.

33. Runde: Strickt 1 M re, Umschlag. *8 M re, Umschlag*. Wiederholt *–* über die gesamte Runde. Endet mit 7 M re. Damit habt ihr wieder 20, 20, 20, 20, **23, 23, 23** M zugenommen und habt jetzt 180, 180, 180, 180, **207, 207, 207** M auf der Nadel.

34.–38. Runde: Glatt re stricken.

39. Runde: Strickt 6 M re, Umschlag. *9 M re, Umschlag*. Wiederholt *–* über die gesamte Runde. Endet mit 3 M re. Damit habt ihr wieder 20, 20, 20, 20, **23, 23, 23** M zugenommen und habt jetzt 200, 200, 200, 200, **230, 230, 230** M auf der Nadel.

40.–44. Runde: Glatt re stricken.

45. Runde: Strickt 1 M re, Umschlag. *10 M re, Umschlag*. Wiederholt *–* über die gesamte Runde. Endet mit 9 M re. Damit habt ihr wieder 20, 20, 20, 20, **23, 23, 23** M zugenommen und habt jetzt 220, 220, 220, 220, **253, 253, 253** M auf der Nadel.

46.–50. Runde: Glatt re stricken.

51. Runde: Strickt 7 M re, Umschlag. *11 M re, Umschlag*. Wiederholt *–* über die gesamte Runde. Endet mit 4 M re. Damit habt ihr wieder 20, 20, 20, 20, **23, 23, 23** M zugenommen und habt jetzt 240, 240, 240, 240, **276, 276, 276** M auf der Nadel.

Hier endet die Rundpasse in Größe 2XS. Strickt nur für 2XS eine weitere Runde glatt re und überspringt dann die weiteren Schritte, bis zum Kapitel »Rumpf«.

52.–56. Runde: Glatt re stricken.

57. Runde: Strickt 1 M re, Umschlag. *12 M re, Umschlag*. Wiederholt *–* über die gesamte Runde. Endet mit 11 M re. Damit habt ihr wieder 20, 20, 20, **23, 23, 23** M zugenommen und habt jetzt 260, 260, 260, **299, 299, 299** M auf der Nadel.

Hier endet die Rundpasse in den Größen XS, S, L und XL. Strickt in diesen Größen eine weitere Runde glatt rechts.

In den **Größen S und XL** werden in dieser Runde gleichmäßig verteilt 8 M verschränkt aus dem Querfaden (S. M1R auf S. 6) zugenommen. Geht dann weiter zum Kapitel »Rumpf«.

Größen **M und 2XL** überspringen diesen Schritt und gehen nach Runde 57 direkt weiter zu Runde 58.

58.–62. Runde: Glatt re stricken.

63. Runde: Strickt 8 M re, Umschlag. *13 M re, Umschlag*. Wiederholt *–* über die gesamte Runde. Endet mit 5 M re. Damit habt ihr wieder 20, 23 M zugenommen (beachtet, dass diese Runde nur in M und 2XL gestrickt wird) und habt jetzt in M und 2XL 280, 322 M auf der Nadel.

Hier endet die Rundpasse in Größen M und 2XL. Strickt zum Abschluss eine weitere Runde glatt re.

Alle Größen: Jetzt liegen 240, 260, 268, 280, **299, 307, 322** M auf der Nadel.

RUMPF

Jetzt werden die Maschen, die später die Ärmel bilden, auf jeder Seite auf einem Hilfsfaden stillgelegt. Das ist ein Faden in einer Kontrastfarbe, auf den ihr alle Ärmelmaschen auffädelt, um sie zu sichern, während der Rumpf gestrickt wird. Das geht folgendermaßen:

Schritt 1: Strickt 38, 41, 42, 43, **46, 47, 50** M (rechtes Rückenteil).

Schritt 2: Legt 44, 48, 50, 54, **58, 60, 62** M auf einen Hilfsfaden (rechter Ärmel).

Schritt 3: Schlagt 2 neue M an (unter dem linken Ärmel).

Schritt 4: Strickt 76, 82, 84, 86, **91, 93, 99** M (Vorderteil)

Schritt 5: Legt 44, 48, 50, 54, **58, 60, 62** M auf einen Hilfsfaden (linker Ärmel).

Schritt 6: Schlagt 2 neue M an (unter dem linken Ärmel).

Schritt 7: Strickt 38, 41, 42, 43, **46, 47, 49** M (linkes Rückenteil).

Jetzt liegen insgesamt 156, 168, 172, 176, **187, 191, 202** M auf der Nadel (Vorder- und Rückenteil, plus die 4 neuen M unter den Ärmeln). Die Ärmelmaschen liegen jetzt auf Hilfsfäden.

Strickt jetzt glatt rechts in Runden, bis der Rumpf, ab dem Ärmelansatz, 28, 31, 34, 37, **39, 41, 42** cm misst. Strickt eine zusätzliche Runde re und nehmt 12, 12, 12, 12, **11, 11, 14** M gleichmäßig verteilt ab. Endet so mit 144, 156, 160, 164, **176, 180, 188** M auf der Nadel. Strickt ein 2x2 Rippenbündchen (2 M re, 2 M li im Wechsel), 6 cm lang, und kettet im Muster ab.

ÄRMEL

Jetzt werden die Maschen für den ersten Ärmel, die ihr auf einem Hilfsfaden stillgelegt habt, wieder zurück auf Nadeln gelegt, am besten auf eine 40 cm Rundstricknadel. Zusätzlich werden aus den 2 Maschen, die ihr unter dem Arm neu angeschlagen habt, 2 M aufgefasst und zu den restlichen Ärmelmaschen auf die Nadel gelegt.

Damit der Rundenbeginn mittig unter dem Arm liegt, werden die neu aufgefassten Maschen auf Rundenbeginn und -ende verteilt, d.h. es kommt je 1 M auf die erste und 1 M auf die letzte Nadel.Die erste Runde beginnt nun in der Mitte zwischen diesen neuen Maschen. Jetzt liegen 46, 50, 52, 56, **60, 62, 64** M auf der Nadel.

Strickt zunächst 2 cm lang glatt re in Runden. Strickt dann in der nächsten Runde die ersten 2 M und die letzten 2 M der Runde zusammen und nehmt so 2 M ab. Wiederholt diese Abnahme mit 2,5 cm Abstand, bis ihr insgesamt 9, 11, 10, 12, **14, 13, 14** Abnahmen gearbeitet oder 18, 22, 20, 24, **28, 26, 28** M abgenommen habt. Jetzt liegen noch 28, 28, 32, 32, **32, 36, 36** M auf der Nadel.

Strickt damit den Ärmel weiter bis zu einer Länge von 24, 27, 30, 32, **34, 36, 38** cm.

Strickt jetzt das Bündchen (2 m re, 2 m li im Wechsel), insgesamt 6, 6, 6, 7, **7, 7, 7** cm lang, und kettet locker im Rippenmuster ab.

Strickt den zweiten Ärmel gleich.

ABSCHLUSS

Vernäht alle Enden und schließt die Löcher unter den Armen, wenn vorhanden. Wascht den Pullover entsprechend den Pflegehinweisen auf eurem Garn, zieht ihn auf einem trockenen Handtuch in Form und lasst ihn liegend trocknen.

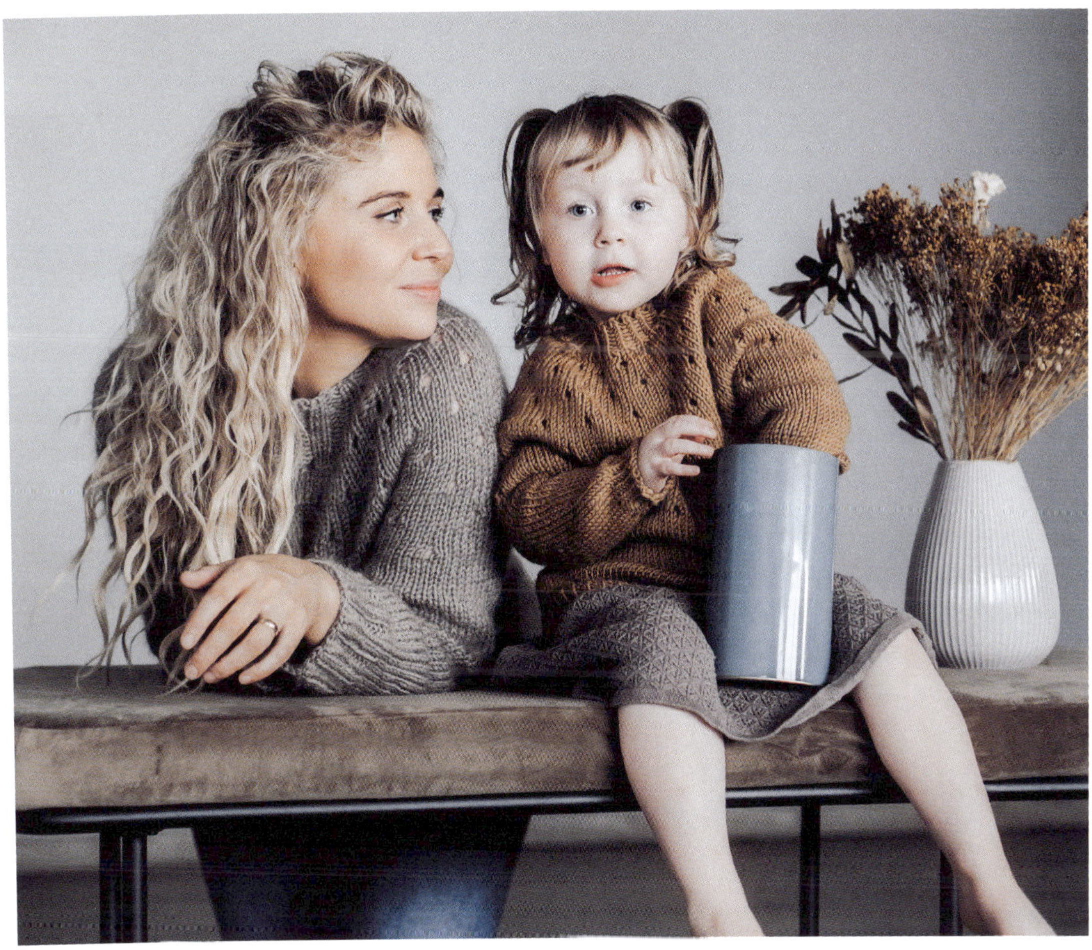

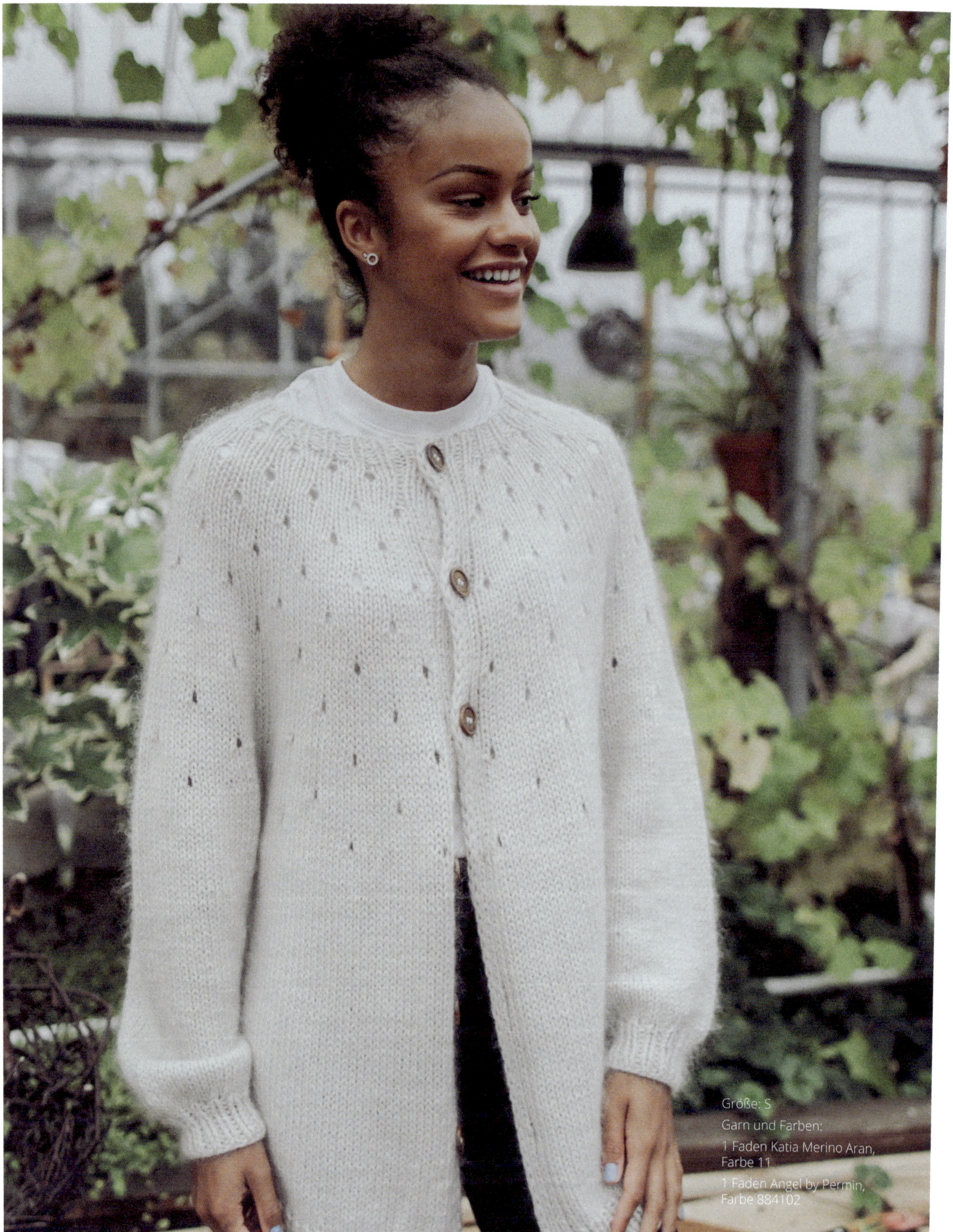

Größe: S
Garn und Farben:
1 Faden Katia Merino Aran, Farbe 11
1 Faden Angel by Permin, Farbe 884102

GLÜCK – CARDIGAN

Dieser Cardigan war unsere allererste Damenjacke und ist bis heute eines unserer beliebtesten Modelle. Lässig-kuschelig, geknöpft oder offen übergeworfen: Diese Jacke macht einfach glücklich!

GRÖSSENANGABEN UND GARNVERBRAUCH

Größe	Brust-umfang	Ärmel-umfang	Rumpflänge ab Ärmelansatz	Ärmellänge ab Ärmelansatz	Garnverbrauch Bingo	Garnverbrauch Mohair
2XS	102 cm	36 cm	32 cm	32 cm	400 g (640 m)	75 g (630 m)
XS	110 cm	40 cm	32 cm	36 cm	500 g (800 m)	100 g (840 m)
S	116 cm	42 cm	35 cm	38 cm	550 g (880 m)	100 g (840 m)
M	**122 cm**	**45 cm**	**38 cm**	**38 cm**	**550 g (880 m)**	**100 g (840 m)**
L	**122 cm**	**45 cm**	**41 cm**	**44 cm**	**650 g (1040 m)**	**125 g (1050 m)**
XL	**128 cm**	**48 cm**	**44 cm**	**46 cm**	**750 g (1200 m)**	**150 g (1260 m)**

Bitte beachtet, dass die angegebenen Garnmengen nur ein Richtwert sind.

Garn

1 Faden Lana Grossa Bingo (80 m/50 g) oder Country Tweed, Katia Merino Aran, Merino Sport oder Merino Tweed, Stylecraft Special Aran, Drops Nepal, Lang Merino+, Schachenmayr Merino extra fine 85.

1 Faden Mohair (z.B. Lana Grossa Silkhair, Angel by Permin, Drops Kid Silk Mohair).

Maschenprobe

14 Maschen = 10 cm mit Nadelstärke 7

Das braucht ihr:

Rundstricknadel Nr. 7 (40, 60 und 100 cm)
Nadelspiel Nr. 7
Stopfnadel zum Vernähen
Maschenmarkierer
Knöpfe (25 mm Durchmesser oder größer)

ANLEITUNG

Diese Jacke wird in Reihen von oben nach unten gestrickt. Die Zunahmen in der Rundpasse werden in jeder sechsten Runde gearbeitet und bilden ein Lochmuster.

HALSBÜNDCHEN

Schlagt 59, 59, 63, **63, 65, 65** M auf die Rundstricknadel Nr. 7–8 an. Strickt ein Rippenbündchen (1 M re, 1 M li im Wechsel) in Reihen, insgesamt 3,5 cm lang, und beachtet dabei die **Randmaschen**, die **I-Cord-Kante** und das erste **Knopfloch** (siehe die nächsten zwei Absätze).

Die erste Reihe, die ihr strickt, ist eine Hinreihe.

Die ersten 7 und die letzten 7 M des Bündchens sind **Randmaschen**, die später die Knopfleiste bilden. Sie werden über die gesamte Länge der Jacke in demselben Rippenmuster gestrickt wie das Halsbündchen. Die ersten zwei Randmaschen am Beginn der Reihe und die letzten zwei Randmaschen am Ende der Reihe werden als **I-Cord-Maschen** (s. Seite 7) gestrickt, die einen schönen und geraden Abschluss bilden.

In diese Randmaschen werden auch direkt die **Knopflöcher** eingestrickt. Wir empfehlen, sie mit einem Abstand von ca. 10 cm zu arbeiten. Das erste Loch wird direkt in der 5. Reihe gestrickt. Hier strickt ihr sie immer am Anfang einer Hinreihe: Strickt 4 M, 1 Umschlag, strickt 2 M re zusammen und strickt dann normal weiter.

Da die Jacke recht weit und und grob gestrickt wird, empfehlen wir große Knöpfe mit einem Durchmesser von mindestens 25 mm.

RUNDPASSE

Nach dem Bündchen strickt ihr glatt re weiter, d.h. re in der Hinreihe und li in der Rückreihe, mit den Randmaschen wie gehabt im Rippenmuster mit I-Cord-Abschlüssen. Strickt zunächst eine Hinreihe re und nehmt dabei gleichmäßig verteilt 16, 16, 12, **12, 10, 10** M verschränkt aus dem Querfaden (s. **M1R**, S. 6) zu, aber nicht dort, wo die Randmaschen sind. Jetzt liegen in allen Größen 75 M auf der Nadel. Markiert die 7 Randmaschen auf beiden Seiten mit einem MM, damit ihr bei den Zunahmen nicht den Überblick verliert, und denkt an die Knopflöcher. Strickt eine Rückreihe li zurück.

In der **dritten Reihe (Hinreihe)** beginnt das Lochmuster:

3. Reihe (Hinreihe): Strickt die Randmaschen (RM). Strickt 2 M re, Umschlag, *strickt 3 M re, 1 Umschlag*. Wiederholt *–* über die gesamte Runde. Strickt 2 M re, strickt die RM. Jetzt habt ihr 20 M zugenommen und habt 95 M auf der Nadel.

4.–8. Reihe: Strickt die Hinreihen re und die Rückreihen li.

9. Reihe: Strickt die RM. Strickt 1 M re, Umschlag, *strickt 4 M re, 1 Umschlag*. Wiederholt *–* über die gesamte Runde. Nehmt nach dem letzten Umschlag 1 M verschränkt aus dem Querfaden zu, strickt die RM. Jetzt habt ihr 22 M zugenommen und habt 117 M auf der Nadel.

10.–14. Reihe: Strickt die Hinreihen re und die Rückreihen li.

15. Reihe: Strickt die RM. Strickt 4 M re, Umschlag, *strickt 5 M re, 1 Umschlag*. Wiederholt *–* über die gesamte Runde. Strickt 4 M re, strickt die RM. Jetzt habt ihr 20 M zugenommen und habt 137 M auf der Nadel.

16.–20. Reihe: Strickt die Hinreihen re und die Rückreihen li.

21. Reihe: Strickt die RM. Strickt 1 M re, Umschlag, *strickt 6 M re, 1 Umschlag*. Wiederholt *–* über die gesamte Runde. Strickt 2 M re zusammen, strickt die RM. Jetzt habt ihr 20 M zugenommen und habt 157 M auf der Nadel.

22.–26. Reihe: Strickt die Hinreihen re und die Rückreihen li.

27. Reihe: Strickt die RM. Strickt 5 M re, Umschlag, *strickt 7 M re, 1 Umschlag*. Wiederholt *–* über die gesamte Runde. Strickt 5 M re, strickt die RM. Jetzt habt ihr 20 M zugenommen und habt 177 M auf der Nadel.

28.–32. Reihe: Strickt die Hinreihen re und die Rückreihen li.

33. Reihe: Strickt die RM. Strickt 1 M re, Umschlag, *strickt 8 M re, 1 Umschlag*. Wiederholt *–* über die gesamte Runde. Strickt 2 M zusammen, strickt die RM. Jetzt habt ihr 20 M zugenommen und habt 197 M auf der Nadel.

34.–38. Reihe: Strickt die Hinreihen re und die Rückreihen li.

39. Reihe: Strickt die RM. Strickt 6 M re, Umschlag, *strickt 9 M re, 1 Umschlag*. Wiederholt *–* über die gesamte Runde. Strickt 6 M re, strickt die RM. Jetzt habt ihr 20 M zugenommen und habt 217 M auf der Nadel.

40.–44. Reihe: Strickt die Hinreihen re und die Rückreihen li.

45. Reihe: Strickt die RM. Strickt 1 M re, Umschlag, *strickt 10 M re, 1 Umschlag*. Wiederholt *–* über die gesamte Runde. Strickt 2 M zusammen, strickt die RM. Jetzt habt ihr 20 M zugenommen und habt 237 M auf der Nadel.

Hier endet die Rundpasse in Größe 2XS. Strickt in dieser Größe eine Rückreihe li zurück und nehmt dabei noch einmal gleichmäßig über die Reihe verteilt (aber nicht in den Randmaschen!) 4 M mit M1R zu. Geht dann direkt weiter zu Kapitel **»Rumpf«**. Überspringt diese Schritte in den größeren Größen und macht bei Reihe 46 weiter.

46.–50. Reihe: Strickt die Hinreihen re und die Rückreihen li.

51. Reihe: Strickt die RM. Strickt 7 M re, Umschlag, *strickt 11 M re, 1 Umschlag*. Wiederholt *–* über die gesamte Runde. Strickt 7 M re, strickt die RM. Jetzt habt ihr 20 M zugenommen und habt 257 M auf der Nadel.

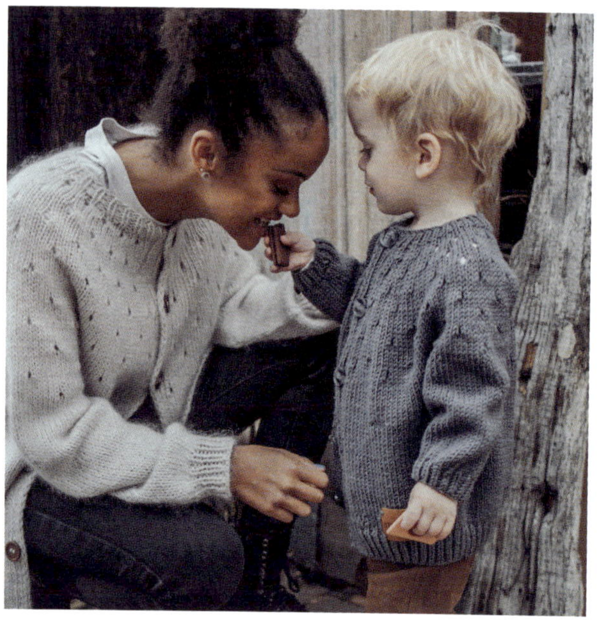

Hier endet die Rundpasse in Größe XS. Strickt in dieser Größe eine Rückreihe li zurück und nehmt dabei noch einmal gleichmäßig über die Reihe verteilt (aber nicht in den Randmaschen!) 10 M mit M1R zu. Geht dann direkt weiter zu Kapitel **»Rumpf«**. Überspringt diese Schritte in den größeren Größen und macht bei Reihe 52 weiter.

52.–56. Reihe: Strickt die Hinreihen re und die Rückreihen li.

57. Reihe: Strickt die RM. Strickt 1 M re, Umschlag, *strickt 12 M re, 1 Umschlag*. Wiederholt *–* über die gesamte Runde. Strickt 2 M zusammen, strickt die RM. Jetzt habt ihr 20 M zugenommen und habt 277 M auf der Nadel.

Hier endet die Rundpasse in Größe S. Strickt in dieser Größe eine Rückreihe li zurück und nehmt dabei noch einmal gleichmäßig über die Reihe verteilt (nicht in den RM!) 2 M mit M1R zu. Geht dann direkt weiter zu Kapitel **»Rumpf«**. Überspringt diese Schritte in den größeren Größen und macht bei Reihe 58 weiter.

58.–62. Reihe: Strickt die Hinreihen re und die Rückreihen li.

63. Reihe: Strickt die RM. Strickt 8 M re, Umschlag, *strickt 13 M re, 1 Umschlag*. Wiederholt *–* über die gesamte Runde. Strickt 8 M re, strickt die RM. Jetzt habt ihr 20 M zugenommen und habt 297 M auf der Nadel.

Hier endet die Rundpasse in Größe M und L. Strickt in diesen Größen eine Rückreihe li zurück und nehmt dabei noch einmal gleichmäßig über die Reihe verteilt (aber nicht in den Randmaschen!) 2 M mit M1R zu. Geht dann direkt weiter zu Kapitel **»Rumpf«**. Überspringt diese Schritte in den größeren Größen und macht bei Reihe 64 weiter.

64.–68. Reihe: Strickt die Hinreihen re und die Rückreihen li.

69. Reihe: Strickt die RM. Strickt 1 M re, Umschlag, *strickt 14 M re, 1 Umschlag*. Wiederholt *–* über die gesamte Runde. Strickt 2 M zusammen, strickt die RM. Jetzt habt ihr 20 M zugenommen und habt 317 M auf der Nadel.

Hier endet die Rundpasse in Größe XL. Strickt in dieser Größe eine Rückreihe li zurück und nehmt dabei noch einmal gleichmäßig über die Reihe verteilt (aber nicht in den Randmaschen!) 2 M mit M1R zu.

Alle Größen: Jetzt liegen 241, 267, 279, **299, 299, 319** M auf der Nadel.

RUMPF

Ab hier wird nur noch glatt re, ohne Lochmuster gestrickt. Die Randmaschen werden weiterhin im Rippenmuster mit Knopflöchern gearbeitet.

Jetzt werden die Maschen, die später die Ärmel bilden, auf jeder Seite auf einem Hilfsfaden stillgelegt. Das ist ein Faden in einer Kontrastfarbe, auf den ihr alle Ärmelmaschen auffädelt, um sie zu sichern, während der Rumpf gestrickt wird. Das geht folgendermaßen:

1. Schritt: Strickt die 7 Randmaschen.

2. Schritt: Strickt 31, 35, 37, **40, 40, 42** M (li Vorderteil).

3. Schritt: Legt die nächsten 48, 54, 56, **60, 60, 66** M auf einen Hilfsfaden (linker Ärmel).

4. Schritt: Schlagt 2 neue Maschen an (unter dem Arm).

5. Schritt: Strickt 69, 75, 79, **85, 85, 89** M (Rückenteil).

6. Schritt: Legt die nächsten 48, 54, 56, **60, 60, 66** M auf einen Hilfsfaden (rechter Ärmel).

7. Schritt: Schlagt 2 neue Maschen an (unter dem Arm).

8. Schritt: Strickt 31, 35, 37, **40, 40, 42** M (re Vorderteil).

9. Schritt: Strickt die 7 Randmaschen.

Jetzt liegen insgesamt 149, 163, 171, **183, 183, 191** M auf der Nadel. Die Ärmelmaschen liegen auf Hilfsfäden.

Strickt jetzt gerade nach unten, bis der Rumpf, ab dem Ärmelansatz, 26, 28, 30, **33, 36, 39** cm misst. Strickt ein Rippenbündchen (1 M re, 1 M li im Wechsel), 5 cm lang, und kettet im Muster ab.

ÄRMEL

Jetzt werden die M für den ersten Ärmel, die ihr auf einem Hilfsfaden stillgelegt habt, wieder auf eine Rundstricknadel (40 cm) gelegt. Zusätzlich werden aus den 2 M, die ihr unter dem Arm neu angeschlagen habt, 2 M aufgefasst und zu den restlichen Ärmelmaschen auf die Nadel gelegt.

Damit der Rundenbeginn mittig unter dem Arm liegt, werden die neu aufgefassten Maschen auf Rundenbeginn und -ende verteilt, d.h. es kommt je 1 M auf die erste und 1 M auf die letzte Nadel. Die erste Runde beginnt nun in der Mitte zwischen diesen neuen Maschen. Jetzt liegen 50, 56, 58, **62, 62, 68** M auf der Nadel.

Strickt den Ärmel zunächst 2 cm lang glatt re in Runden. Strickt dann in der nächsten Runde die ersten 2 M und die letzten 2 M zusammen und nehmt so 2 M ab. Wiederholt diese Abnahme mit 5, 4, 5, **5, 6, 4,5** cm Abstand, bis ihr insgesamt 5, 7, 6, **6, 6, 9** Abnahmen gearbeitet habt, und reduziert die Maschenzahl so nach und nach um insgesamt 10, 14, 12, **12, 12, 18** M.

Jetzt liegen 40, 42, 46, **50, 50, 50** M auf der Nadel.

Strickt den Ärmel ohne weitere Abnahmen bis zu einer Länge von 27, 31, 33, **33, 39, 41** cm.

Wenn der Ärmel die gewünschte Länge erreicht hat, nehmt ihr in der letzten Runde noch einmal gleichmäßig verteilt 14, 14, 18, **20, 20, 18** M ab. Am Ende des Ärmels liegen noch 26, 28, 28, **30, 30, 32** M auf der Nadel.

Strickt jetzt das Bündchen (1 m re, 1 m li im Wechsel), insgesamt 5 cm lang. Kettet im Rippenmuster ab und strickt den zweiten Ärmel gleich.

ABSCHLUSS

Vernäht alle Enden. Wascht die Jacke entsprechend den Pflegehinweisen auf eurem Garn, zieht sie auf einem trockenen Handtuch in Form und lasst sie liegend trocknen. Befestigt zum Schluss noch die Knöpfe.

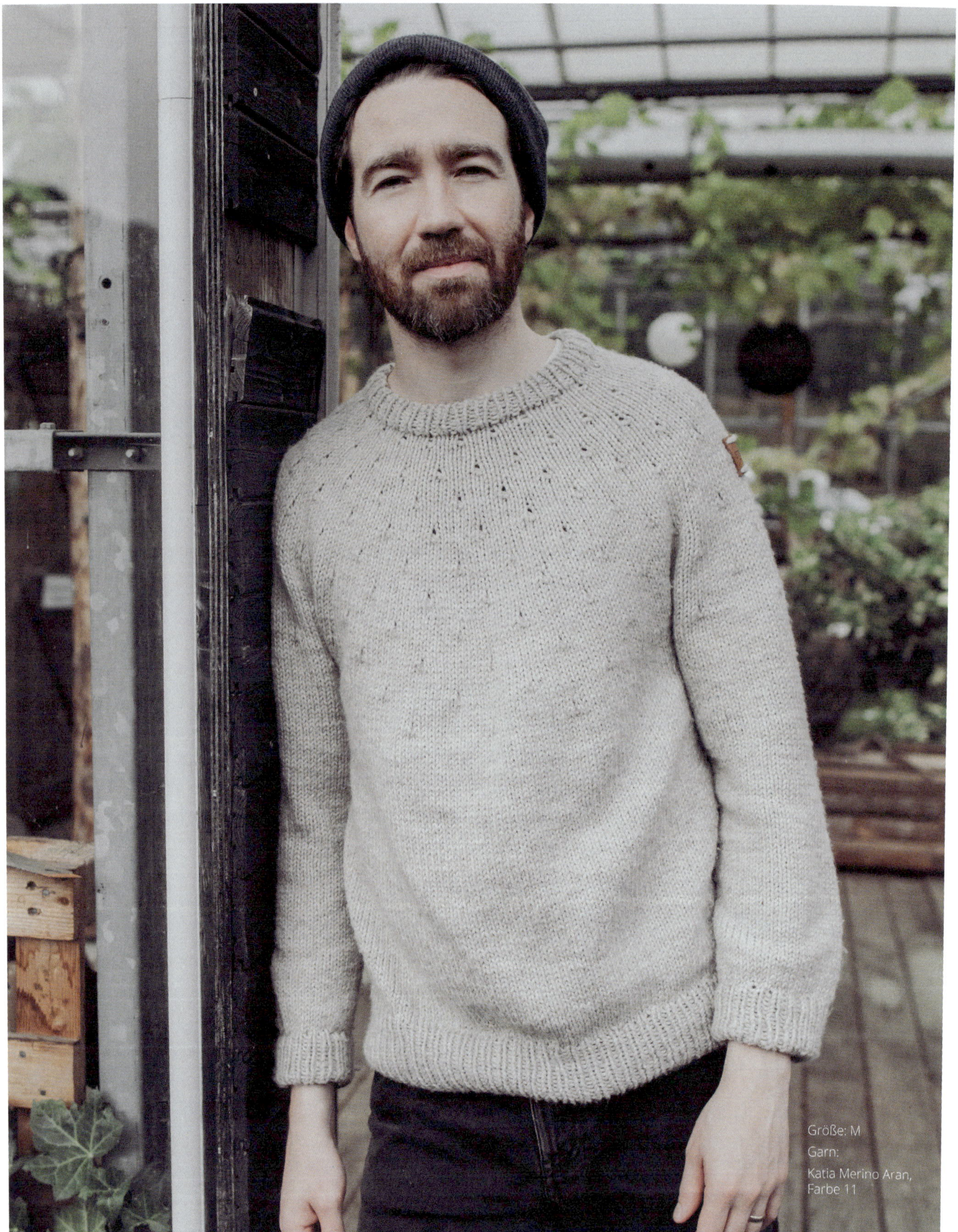

Größe: M
Garn:
Katia Merino Aran,
Farbe 11

GLÜCK – HERRENPULLOVER

Natürlich sollen auch unsere Herren Glück haben. Dieser Herrenpullover ist etwas schmaler im Schnitt, wird ohne Mohair gestrickt und hat ein dezenteres Lochmuster, gehört damit aber eindeutig zu unserer geliebten Glück-Kollektion.

GRÖSSENANGABEN UND GARNVERBRAUCH

Größe	Brust-umfang	Ärmel-umfang	Rumpflänge ab Ärmelansatz	Ärmellänge ab Ärmelansatz	Garnverbrauch Bingo
S	105 cm	35 cm	37 cm	46 cm	600 g (960 m)
M	114 cm	37 cm	39 cm	48 cm	600 g (960 m)
L	120 cm	40 cm	41 cm	50 cm	700 g (1120 m)
XL	**127 cm**	**42 cm**	**43 cm**	**52 cm**	**800 g (1280 m)**
2XL	**133 cm**	**43 cm**	**45 cm**	**54 cm**	**900 g (1440 m)**

Bitte beachtet, dass die angegebenen Garnmengen nur ein Richtwert sind.

Garn
Lana Grossa Bingo (80 m/50 g) oder Country Tweed, Katia Merino Aran, Merino Sport oder Merino Tweed, Drops Nepal, Lang Merino+, Schachenmayr Merino extra fine 85.

Maschenprobe
16 Maschen = 10 cm mit Nadelstärke 6

Das braucht ihr:
Rundstricknadel Nr. 6 (40 und 80 cm)
Rundstricknadel Nr. 5 (80 cm)
Nadelspiel Nr. 6
Nadelspiel Nr. 5 (für die Ärmelbündchen)
Stopfnadel zum Vernähen
Maschenmarkierer

ANLEITUNG

Dieser Pullover wird in Runden von oben nach unten gestrickt. Die Zunahmen in der Rundpasse werden in jeder sechsten Runde mit Umschlägen gearbeitet.

Diese Umschläge werden in der nächsten Runde nicht wie sonst rechts gestrickt, sondern als verschränkte linke Maschen. Dafür stecht ihr in den hinteren Maschenschenkel ein und strickt den Umschlag links ab. Dadurch werden die Löcher, die durch die Umschläge entstehen, deutlich kleiner. Die linken Maschen darunter geben dem Pullover zusätzlich ein ganz feines Strukturmuster.

HALSBÜNDCHEN

Schlagt 64, 64, 68, **68, 68** M auf die Rundstricknadel Nr. 6 (40 cm) an. Schließt zur Runde und strickt ein Rippenbündchen (1 M re, 1 M li im Wechsel) über 6 cm.

Klappt das Bündchen jetzt um, sodass die Anschlagskante innen liegt, und strickt es in der nächsten Runde fest (s. »Doppeltes Bündchen« auf S. 7): Nehmt für jede Masche, die auf der Nadel liegt, die entsprechende Masche aus der Anschlagskante mit auf und strickt beide Maschen zusammen rechts ab.

Alternativ könnt ihr den Pullover auch mit Rollkragen stricken. Strickt dafür den Kragen insgesamt 22–25 cm lang und strickt ihn nicht umgeklappt zusammen, sondern macht direkt mit der Rundpasse weiter. Kalkukiert dafür ca. 50 g mehr Wolle ein.

RUNDPASSE

Die Rundpasse wird glatt re gestrickt. In jeder sechsten Runde werden Zunahmen durch Umschläge gearbeitet, die dann in der nächsten Runde verschränkt links abgestrickt werden und so ein dezentes Lochmuster ergeben. Wenn die Runden länger werden, empfehlen wir, auf längere Rundstricknadeln zu wechseln.

1. Runde: Strickt re und nehmt gleichmäßig verteilt 2, 2, 1, **1, 1** M verschränkt aus dem Querfaden zu (s. M1R auf Seite 6).

2. Runde: Strickt alle M re.

3. Runde: *strickt 3 M re, Umschlag*. Wiederholt *–* über die gesamte Runde. Damit habt ihr 22, 22, 23, **23, 23** M zugenommen und habt jetzt 88, 88, 92, **92, 92** M auf der Nadel.

4.–8. Runde: Strickt alle M re. Die Umschläge werden immer li verschränkt abgestrickt.

9. Runde: Strickt 1 M re, Umschlag. *strickt 4 M re, Umschlag*. Wiederholt *–* über die gesamte Runde. Endet mit 3 M re. Damit habt ihr wieder 22, 22, 23, **23, 23** M zugenommen und habt jetzt 110, 110, 115, **115, 115** M auf der Nadel.

10.–14. Runde: Strickt alle M re.

15. Runde: Strickt 4 M re, Umschlag. *strickt 5 M re, Umschlag*. Wiederholt *–* über die gesamte Runde. Endet mit 1 M re. Damit habt ihr wieder 22, 22, 23, **23, 23** M zugenommen und habt jetzt 132, 132, 138, **138, 138** M auf der Nadel.

16.–20. Runde: Strickt alle M re.

21. Runde: Strickt 1 M re, Umschlag. *strickt 6 M re, Umschlag*. Wiederholt *–* über die gesamte Runde. Endet mit 5 M re. Damit habt ihr wieder 22, 22, 23, **23, 23** M zugenommen und habt jetzt 154, 154, 161, **161, 161** M auf der Nadel.

22.–26. Runde: Strickt alle M re.

27. Runde: Strickt 5 M re, Umschlag. *strickt 7 M re, Umschlag*. Wiederholt *–* über die gesamte Runde. Endet mit 2 M re. Damit habt ihr wieder 22, 22, 23, **23, 23** M zugenommen und habt jetzt 176, 176, 184, **184, 184** M auf der Nadel.

28.–32. Runde: Strickt alle M re.

33. Runde: Strickt 1 M re, Umschlag. *strickt 8 M re, Umschlag*. Wiederholt *–* über die gesamte Runde. Endet mit 7 M re. Damit habt ihr wieder 22, 22, 23, **23, 23** M zugenommen und habt jetzt 198, 198, 207, **207, 207** M auf der Nadel.

34.–38. Runde: Strickt alle M re.

39. Runde: Strickt 6 M re, Umschlag. *strickt 9 M re, Umschlag*. Wiederholt *–* über die gesamte Runde. Endet mit 3 M re. Damit habt ihr wieder 22, 22, 23, **23, 23** M zugenommen und habt jetzt 220, 220, 230, **230, 230** M auf der Nadel.

40.–44. Runde: Strickt alle M re.

45. Runde: Strickt 1 M re, Umschlag. *strickt 10 M re, Umschlag*. Wiederholt *–* über die gesamte Runde. Endet mit 9 M re. Damit habt ihr wieder 22, 22, 23, **23, 23** M zugenommen und habt jetzt 242, 242, 253, **253, 253** M auf der Nadel.

46.–50. Runde: Strickt alle M re.

51. Runde: Strickt 7 M re, Umschlag. *strickt 11 M re, Umschlag*. Wiederholt *–* über die gesamte Runde. Endet mit 4 M re. Damit habt ihr wieder 22, 22, 23, **23, 23** M zugenommen und habt jetzt 264, 264, 276, **276, 276** M auf der Nadel.

Hier endet die Rundpasse in Größe S. Strickt nur in dieser Größe eine weitere Runde glatt re und geht dann direkt weiter zum Kapitel **»Rumpf«**. Alle anderen Größen überspringen diese Anweisung und gehen zu Runde 52.

52.–56. Runde: Strickt alle M re.

57. Runde: Strickt 1 M re, Umschlag. *strickt 12 M re, Umschlag*. Wiederholt *–* über die gesamte Runde. Endet mit 11 M re. Damit habt ihr wieder 22, 23, **23, 23** M zugenommen und habt jetzt 286, 299, **299, 299** M auf der Nadel.

Hier endet die Rundpasse in den Größen M und L.

Größe M: Strickt eine weitere Runde re und geht dann direkt zum Kapitel **»Rumpf«**.

Größe L: Strickt 5 Runden re, nehmt dabei in der ersten Runde noch 1 M zu und geht dann weiter zum Kapitel **»Rumpf«**.

Alle größeren Größen überspringen diese Anweisung und gehen weiter zu Runde 58.

58.–62. Runde: Strickt alle M re.

63. Runde: Strickt 8 M re, Umschlag. *strickt 13 M re, Umschlag*. Wiederholt *–* über die gesamte Runde. Endet mit 5 M re. Damit habt ihr wieder **23, 23** M zugenommen und habt jetzt **322, 322** M auf der Nadel.

Hier endet die Rundpasse in den Größen XL und XXL.

XL: Strickt zum Abschluss 5 weitere Runden glatt re und geht dann weiter zum Rumpf.

XXL: Strickt zum Abschluss 8 weitere Runden glatt re. In der ersten Runde nehmt ihr gleichmäßig über die Runde verteilt 10 M verschränkt aus dem Querfaden zu. Geht dann weiter zum Rumpf.

Alle Größen: Nun liegen 264, 286, 300, **322, 332** M auf der Nadel.

RUMPF

Jetzt werden die Maschen, die später die Ärmel bilden, auf jeder Seite auf einem Hilfsfaden stillgelegt. Das ist ein Faden in einer Kontrastfarbe, auf den ihr alle Ärmelmaschen auffädelt, um sie zu sichern, während der Rumpf gestrickt wird. Das geht folgendermaßen:

1. Schritt: Strickt 39, 42, 44, **48, 50** M (rechtes Rückenteil).

2. Schritt: Legt 54, 58, 62, **64, 66** M auf einen Hilfsfaden (rechter Ärmel).

3. Schritt: Schlagt 6 neue M an (unter dem Ärmel).

4. Schritt: Strickt 78, 85, 88, **97, 100** M (Vorderteil)

5. Schritt: Legt 54, 58, 62, **64, 66** M auf einen Hilfsfaden (linker Ärmel).

6. Schritt: Schlagt 6 neue M an (unter dem Ärmel).

7. Schritt: Strickt 39, 43, 44, **49, 50** M (linkes Rückenteil).

Jetzt liegen insgesamt 168, 182, 188, **206, 212** M auf der Nadel (Vorder- und Rückenteil, plus die 12 neuen M unter den Ärmeln). Die Ärmelmaschen liegen auf Hilfsfäden.

Strickt jetzt gerade nach unten, bis der Rumpf, ab dem Ärmelansatz, 30, 32, 34, **36, 39** cm misst. Wechselt auf die Rundstricknadel Nr. 5, strickt eine zusätzliche Runde re und nehmt dabei 16, 18, 20, **20, 20** M gleichmäßig verteilt ab. Endet so mit 152, 164, 172, **186, 192** M auf der Nadel. Strickt ein Rippenbündchen (1 M re, 1 M li im Wechsel), 7 cm lang, und kettet im Muster ab.

ÄRMEL

Jetzt werden die Maschen für den ersten Ärmel, die ihr auf einem Hilfsfaden stillgelegt habt, auf die Rundstricknadel Nr. 6 (40 cm lang) gelegt. Zusätzlich werden aus den 6 Maschen, die ihr unter dem Arm neu angeschlagen habt, 6 M aufgefasst und zu den restlichen Ärmelmaschen auf die Nadel gelegt.

Damit der Rundenbeginn mittig unter dem Arm liegt, werden die neu aufgefassten Maschen auf Rundenbeginn und -ende verteilt, d.h. es kommen je 3 M auf die erste und 3 M auf die letzte Nadel. Die erste Runde beginnt nun in der Mitte zwischen diesen neuen Maschen. Jetzt liegen 60, 64, 66, **70, 72** M auf der Nadel.

Strickt den Ärmel zunächst 2 cm lang glatt re in Runden. Strickt dann in der nächsten Runde die ersten 2 M und die letzten 2 M zusammen und nehmt so 2 M ab. Wiederholt diese Abnahme mit 6, 6, 5,5, **5, 5** cm Abstand, bis ihr insgesamt 6, 7, 8, **9, 10** Abnahmen gearbeitet habt, und reduziert die Maschenzahl so nach und nach um insgesamt 12, 14, 16, **18, 20** M. Jetzt liegen 48, 50, 50, **52, 52** M auf der Nadel.

Strickt den Ärmel ohne weitere Abnahmen bis zu einer Länge von 43, 45, 47, **49, 51** cm.

Wechselt dann auf das Nadelspiel Nr. 5, strickt noch eine zusätzliche Runde re und nehmt dabei gleichmäßig verteilt 10 M ab. Strickt jetzt das Bündchen im Rippenmuster (1 M re, 1 M li im Wechsel), insgesamt 6 cm lang, und kettet locker im Rippenmuster ab.

Strickt den zweiten Ärmel gleich.

ABSCHLUSS

Vernäht alle Enden und schließt die Löcher unter den Armen, wenn vorhanden. Wascht den Pullover entsprechend den Pflegehinweisen auf eurem Garn, zieht ihn auf einem trockenen Handtuch in Form und lasst ihn liegend trocknen.

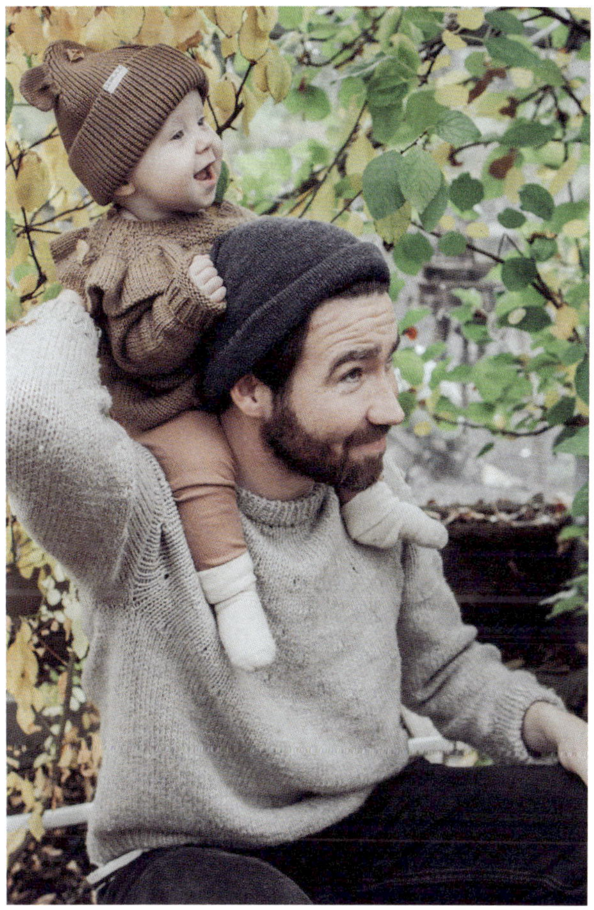

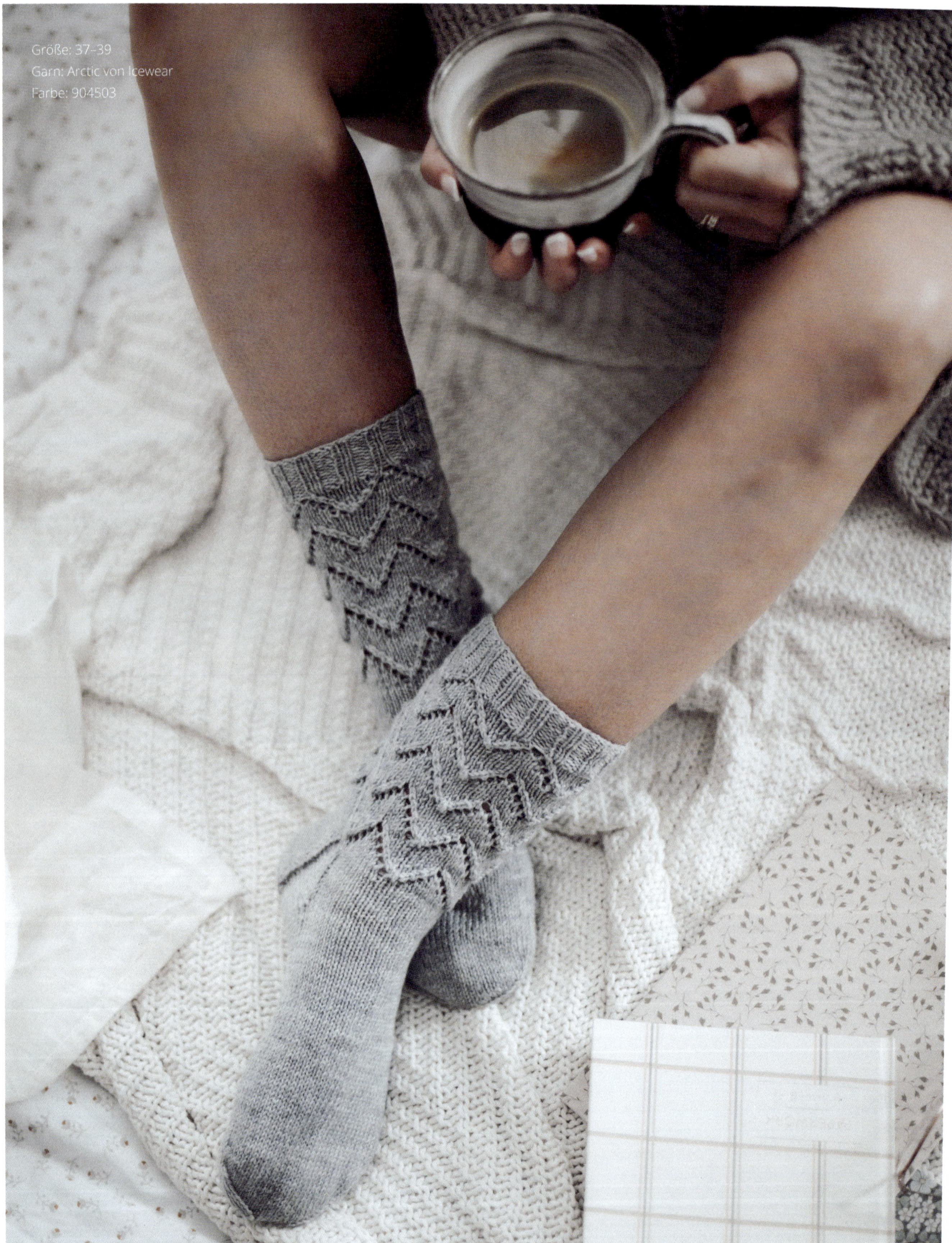

Größe: 37–39
Garn: Arctic von Icewear
Farbe: 904503

FEDER – SOCKEN

Auch wir sind inzwischen im Sockenfieber, und diese filigranen Socken haben wir besonders lieb. Der Schaft wird im charakteristischen Feder-Lochmuster gestrickt, was die Arbeit besonders kurzweilig macht. Der Rest geht dann ganz schnell, und wir versprechen euch, diese Socken machen süchtig!

GRÖSSENANGABEN UND GARNVERBRAUCH

Schuhgröße	Umfang	Garnverbrauch
34–36	20 cm	100 g (400 m)
37–39	20 cm	100 g (400 m)
40–42	**20 cm**	**100 g (400 m)**
43–46	**20 cm**	**100 g (400 m)**

Bitte beachtet, dass die angegebenen Garnmengen nur ein Richtwert sind.

Garn:
Vierfädige Sockenwolle mit einer Maschenprobe von ca. 30 Maschen auf 10 cm. Wir empfehlen hier z.B. Merino Yak, Cashmere oder Bamboo von Regia Premium.

Maschenprobe
30 Maschen = 10 cm

Das braucht ihr:
Nadelspiel Nr. 3
Stopfnadel zum Vernähen

Wir tragen die Socken als lockere Kuschelsocken. Wer sie lieber eng anliegend mag, wechselt auf Nadelstärke 2,5, mit einer Maschenprobe von 32 M auf 10 cm.

ANLEITUNG

Diese Socken werden in Runden von oben nach unten mit einer klassischen Herzchenferse gearbeitet. Der Schaft wird mit dem Lochmuster aus unserer Feder-Kollektion gestrickt. Ferse und Fuß werden dann glatt re gestrickt.

Schlagt 60 M auf das Nadelspiel Nr. 3 an. Verteilt die Maschen so auf drei Nadeln, dass auf jeder Nadel 20 Maschen liegen. Schließt zur Runde und strickt ein Rippenbündchen (2 M re, 2 M li im Wechsel) über 3 cm.

Strickt jetzt das Lochmuster (s. Diagramm). Strickt 5, 5, **6, 6** Rapporte, oder nach Geschmack – ihr könnt das Muster beliebig oft wiederholen, bis ihr die gewünschte Länge erreicht habt.

VERSCHIEBEN DES RUNDENBEGINNS

Zwischen Reihe 6 und 7 des Lochmusters muss der Rundenbeginn um eine Masche verschoben werden. Dafür strickt ihr Reihe 6 normal fertig, nehmt den MM, der den Rundenwechsel markiert, ab, strickt eine weitere Masche (= bisher die erste Masche der nächsten Runde) re und hängt den MM wieder auf die Nadel. Jetzt beginnt die Runde eine Masche weiter.

- rechte Maschen
- SSK (s. Seite 7)
- 2 M re zusammenstricken
- 1 M ungestrickt abheben, die nächsten 2 M zusammenstricken, die ungestrickte M darüberziehen
- Umschlag

Musterdiagramm

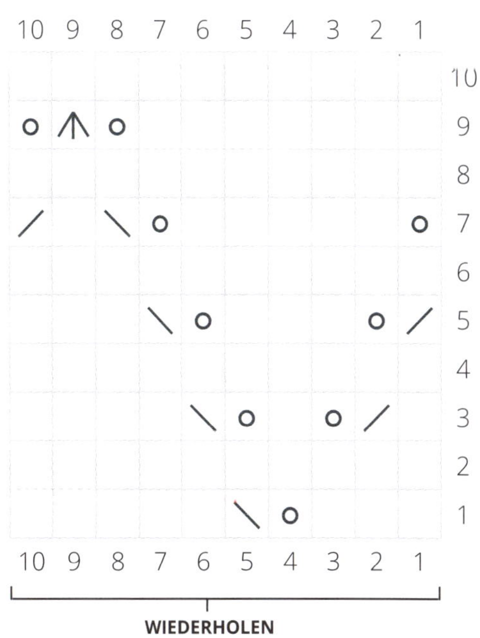

FERSE

Verteilt die Maschen jetzt wie folgt um:

1. Nadel (Ferse/Sohle): 30 Maschen.

2. Nadel (Spann): 15 Maschen

3. Nadel (Spann): 15 Maschen

Strickt jetzt die Fersenwand nur mit den Maschen der ersten Nadel in Hin- und Rückreihen.

1. Reihe (Hinreihe): Hebt 1 M ungestrickt wie zum re Stricken, mit dem Faden hinter der Arbeit ab. Strickt die Reihe re fertig.

2. Reihe (Rückreihe): Hebt 1 M ungestrickt wie zum li Stricken, mit dem Faden vor der Arbeit ab. Strickt die Reihe li fertig.

Wiederholt Reihen 1 und 2, bis ihr insgesamt 30 Reihen (je 15 Hin- und Rückreihen) gearbeitet habt.

KÄPPCHEN

Jetzt bilden wir durch Abnahmen das Fersenkäppchen.

1. Reihe (Hinreihe): Strickt 20 M re. Wendet die Arbeit.

2. Reihe (Rückreihe): Hebt die erste M ungestrickt, wie zum li Stricken, mit dem Faden vor der Arbeit ab. Strickt 9 M li und wendet die Arbeit.

3. Reihe (Hinreihe): Hebt die erste M ungestrickt, wie zum re Stricken, mit dem Faden hinter der Arbeit ab. Strickt bis 1 M vor der letzten Wendestelle. Strickt die nächsten zwei M mit SSK zusammen. Strickt eine M re und wendet die Arbeit.

4. Reihe (Rückreihe): Hebt die erste M ungestrickt, wie zum li Stricken, mit dem Faden vor der Arbeit ab. Strickt weiter bis 1 M vor der letzten Wendestelle und strickt die nächsten 2 M li zusammen. Strickt 1 M li und wendet die Arbeit.

Wiederholt Reihen 3 und 4, bis nur noch 20 M auf der Nadel liegen (das Käppchen). Endet mit einer Rückreihe.

ZWICKEL

Jetzt fasst ihr an den Seiten der Fersenwand neue Maschen auf, um die Socke wieder zur Runde zu schließen:

1. Schritt: Strickt die 10 M (Käppchen) re.

2. Schritt: Fasst an der Seite der Fersenwand ca. 15 M aus den Randmaschen auf und strickt sie re. Falls ihr an dieser Stelle mehr Maschen aufnehmen müsst, um Löcher zu vermeiden, müssen die Maschen in der nächsten Runde durch Zusammenstricken wieder reduziert werden, damit ihr die richtige Maschenzahl erhaltet.

3. Schritt: Strickt die 30 M, die auf Nadel 1 und 2 stillgelegt waren, rechts (das Lochmuster ist hier beendet).

4. Schritt: Fasst an der anderen Seite der Fersenwand ca. 15 M aus den Randmaschen auf (bzw. dieselbe Anzahl wie im 2. Schritt) und strickt sie re.

Jetzt liegen insgesamt ca. 70 Maschen auf der Nadel. Die Runde beginnt jetzt in der Mitte der 10 Käppchenmaschen. Strickt also die ersten 5 Maschen des Käppchens re und teilt die Maschen dann wie folgt auf:

Nadel 1: Die 5 Maschen des Käppchens und die ca. 15 Maschen der Fersenwand (insgesamt ca. 20 M)

Nadel 2: Die 30 Maschen des Spanns

Nadel 3: Die ca. 15 Maschen der Fersenwand und die 5 Maschen des Käppchens (insgesamt ca. 20 M)

Um wieder auf die ursprünglichen 60 Maschen zu kommen, aus denen der Fuß gestrickt wird, nehmt ihr jetzt an beiden Seiten der Sohle ab. Strickt die Maschen von Nadel 1 re bis 2 M vor Ende der Nadel. Strickt diese zwei M re zusammen, strickt die 30 Maschen auf Nadel 2 re und strickt die ersten 2 M von Nadel 3 mit SSK zusammen. Strickt die Runde re zu Ende. Wiederholt diese Abnahmen in jeder Runde, bis ihr wieder 15/30/15 Maschen auf den Nadeln habt.

Strickt jetzt glatt rechts in Runden, bis der Fuß ab der Fersenwand 14, 15,5, **17, 18** cm lang ist (s. Bild).

ABNAHMEN

Wenn die Socke die richtige Länge erreicht hat, beginnen die Abnahmen.

In der **ersten Runde** nehmt ihr Maschen ab:

1. Nadel (Sohle): Strickt re bis 3 M vor Ende der Nadel, strickt die nächsten 2 M re zusammen und strickt die letzte M re.

2. Nadel (Spann): Strickt 1 M re, strickt 2 M mit SSK zusammen, strickt re bis 3 M vor Ende der Nadel, strickt die nächsten 2 M re zusammen, strickt die letzte M re.

3. Nadel (Sohle): Strickt 1 M re. Strickt 2 M mit SSK zusammen und strickt alle weiteren M re.

Die **zweite Runde** strickt ihr re ohne Abnahmen.

Strickt noch einmal eine Runde mit und eine Runde ohne Abnahmen. Strickt danach **jede Runde** mit Abnahmen, bis ihr nur noch 16 M auf der Nadel habt.

Schneidet den Faden ab und näht die übrigen Maschen mit dem Maschenstich zusammen – siehe dazu auch dieses Video: www.bit.ly/stroff-maschenstich.

Strickt die zweite Socke gleich.

ABSCHLUSS

Vernäht alle Enden und wascht die Socken entsprechend den Angaben des Garnherstellers. Kleine Stücke wie diese kann man einfach unter kaltem Wasser ausspülen, leicht auswringen und in Form gelegt trocknen lassen.

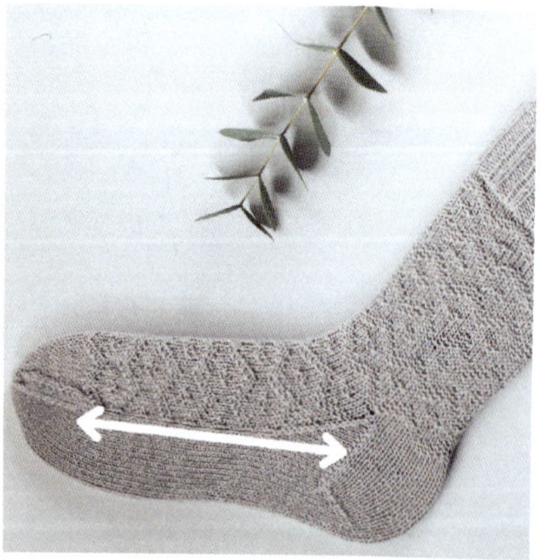

So wird die Fußlänge gemessen.

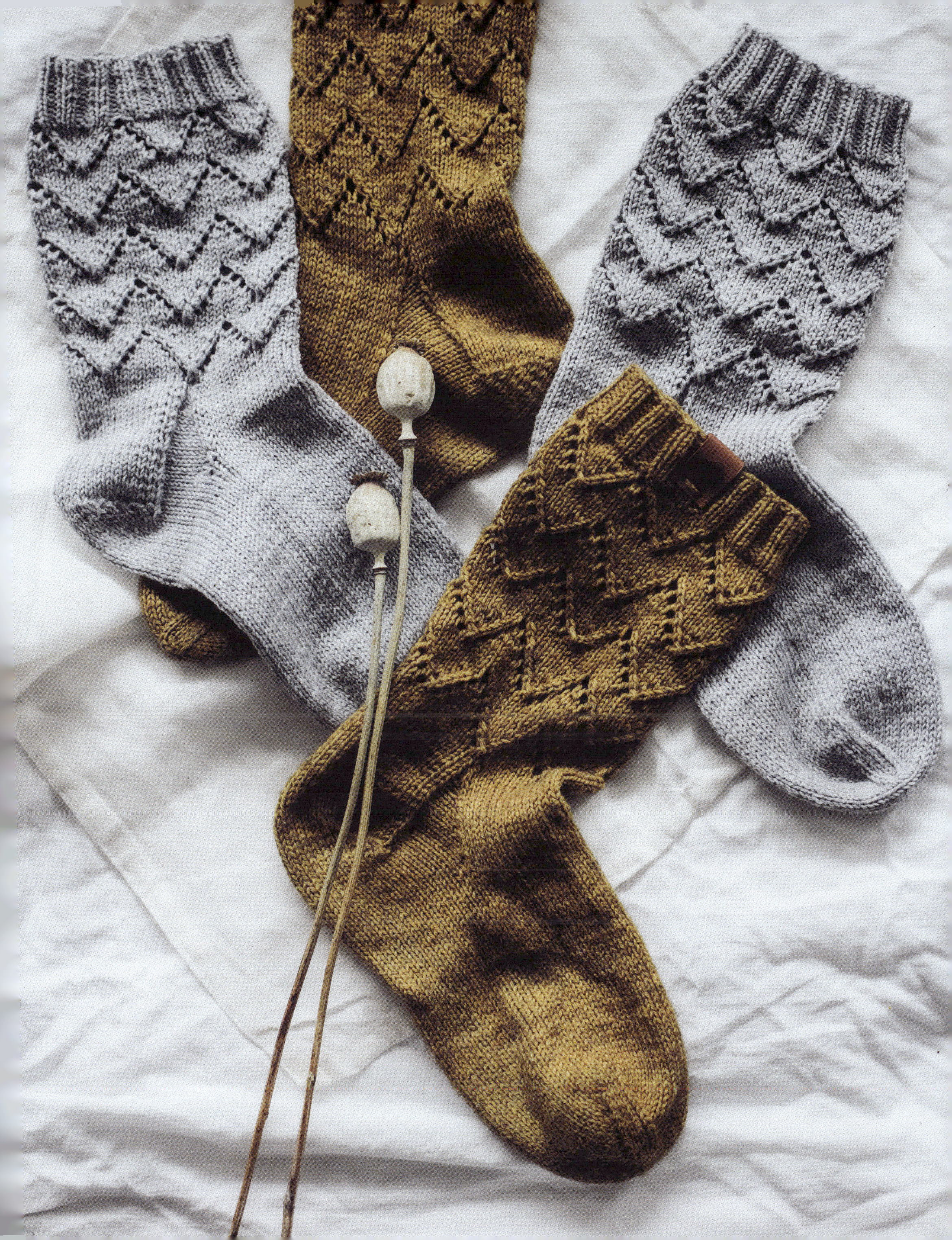

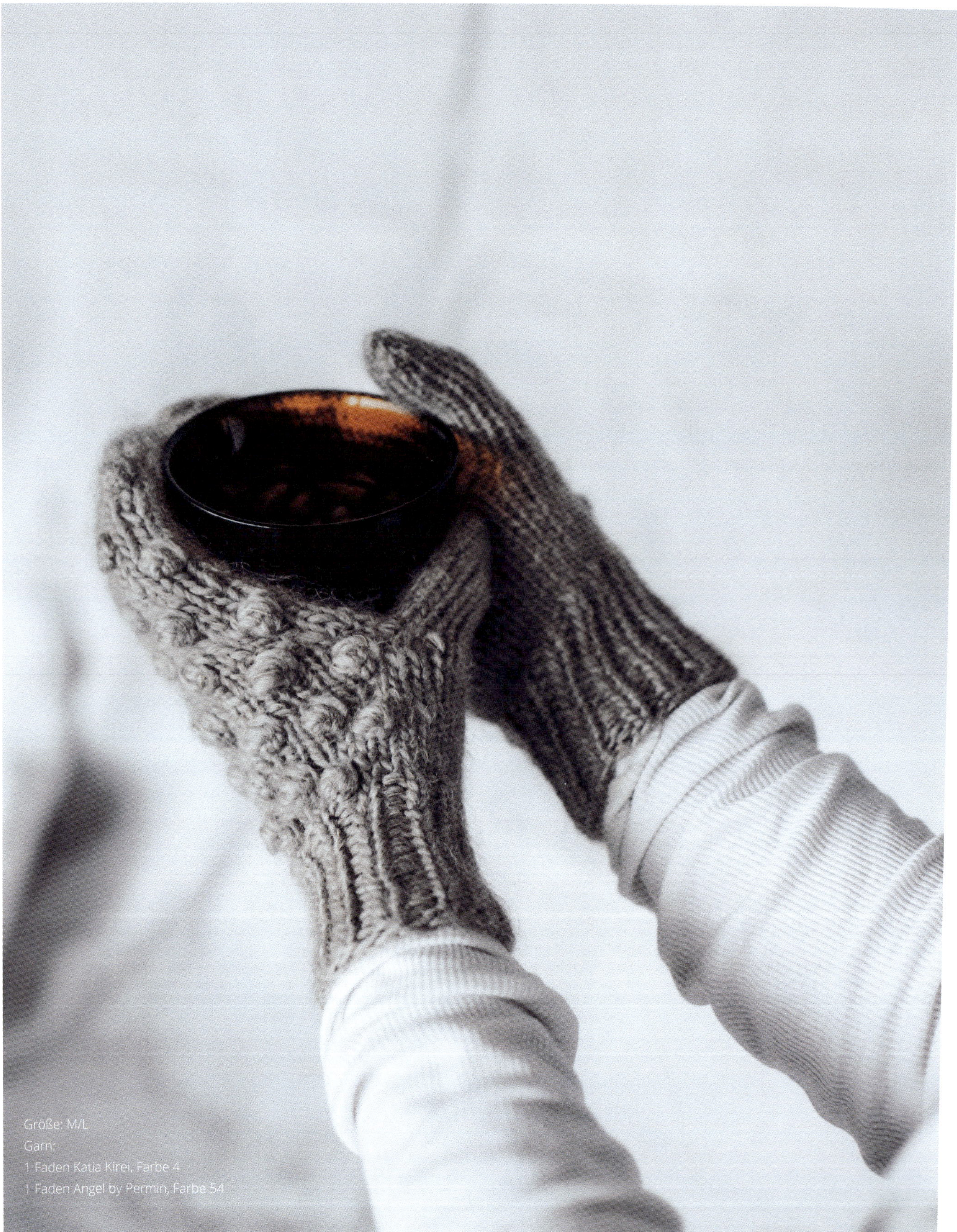

Größe: M/L
Garn:
1 Faden Katia Kirei, Farbe 4
1 Faden Angel by Permin, Farbe 54

ISAFOLD – HANDSCHUHE

Wir kriegen nicht genug von diesen Noppen! Hier stricken wir sie über den gesamten Handrücken dieser ansonsten schlichten Handschuhe. Ein Faden Mohair macht sie ganz besonders kuschelig.

GRÖSSENANGABEN UND GARNVERBRAUCH

Größe	Umfang	Länge	Garnverbrauch Kirei	Garnverbrauch Mohair
S/M	19 cm	22,5 cm	100 g (160 m)	25 g (210 m)
M/L	19 cm	25 cm	100 g (160 m)	25 g (210 m)

Bitte beachtet, dass die angegebenen Garnmengen nur ein Richtwert sind.

Garn:
Kirei (160 m/100 g), Merino Sport oder Merino Aran von Katia, Lana Grossa Bingo, Lang Merino+, Schachenmayr Merino extrafine 85, Drops Nepal

oder andere Garne mit passender Maschenprobe.

Maschenprobe
15 Maschen = 10 cm mit Nadelstärke 6

Das braucht ihr:
Nadelspiel Nr. 6
Stopfnadel zum Vernähen der Fäden
Ein kurzes Stück Garn in Kontrastfarbe für den Daumen (Hilfsfaden)

HANDSCHUHE

Das Muster bei diesen Handschuhen ist dasselbe Noppenmuster wie bei dem gleichnamigen Damenpullover. Hier empfehle ich, mit 3 Nadeln des Nadelspiels zu arbeiten und mit der 4. Nadel zu stricken.

NOPPEN

Die Noppen werden wie folgt gestrickt: Strickt sechsmal in dieselbe Masche – immer abwechselnd in den vorderen und den hinteren Maschenschenkel. Hebt dann immer die zweite Masche auf der Nadel über die erste, bis am Ende nur noch eine Masche auf der Nadel liegt. Eine genauere Erklärung und einen Tipp, wie ihr die Löcher vermeidet, die dabei oft entstehen, findet ihr in der Anleitung zum Pullover Isafold auf S. 13.

BÜNDCHEN

Schlagt **26, 26** M auf das Nadelspiel Nr. 6 an. Schließt zur Runde und strickt ein Rippenbündchen (1 M re, 1 M li im Wechsel), insgesamt **5, 5,5** cm lang.

Strickt eine weitere Runde glatt re und nehmt dabei gleichmäßig über die Runde verteilt 4 M zu. Teilt die Maschen dann in der nächsten Runde wie folgt auf:

1. Nadel: 7 Maschen (Handfläche)

2. Nadel: 15 Maschen (Handrücken)

3. Nadel: 8 Maschen (Handfläche)

HAUPTTEIL MIT MUSTER

Strickt jetzt glatt rechts in Runden weiter und strickt dabei über die 15 M des Handrückens das Noppenmuster laut Diagramm auf S. 64, bis der Handschuh, ab der ersten glatt re gestrickten Runde, ca. 4,5 cm misst.

HILFSFADEN FÜR DEN DAUMEN

Jetzt strickt ihr einen Hilfsfaden für den Daumen ein: Beim ersten Handschuh strickt ihr direkt am Anfang der ersten Nadel 5 M auf einen Hilfsfaden (ein möglichst glattes Garn in einer Kontrastfarbe), schiebt diese M zurück auf die linke Nadel und strickt sie noch einmal mit eurem normalen Arbeitsfaden. Strickt die Runde fertig. Beim zweiten Handschuh strickt ihr bis zur dritten Nadel. Strickt von der

Musterdiagramm für das Noppenmuster

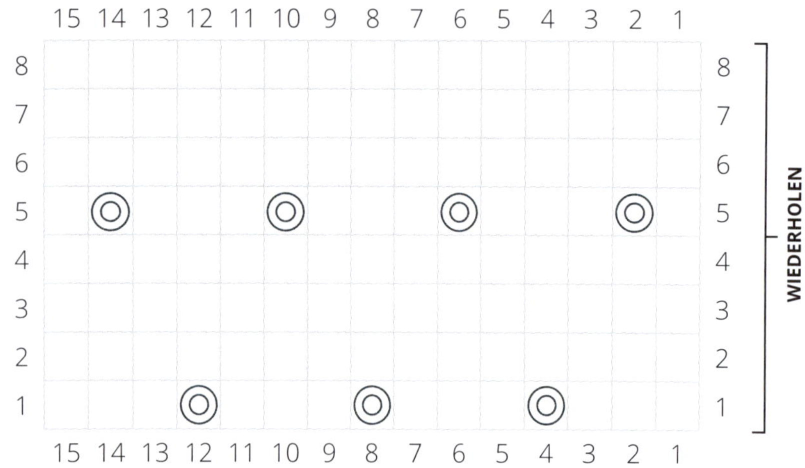

Rechte Maschen.

Noppe.

dritten Nadel 2 M re, strickt die nächsten 5 M auf einen Hilfsfaden, schiebt sie zurück auf die linke Nadel, strickt sie noch einmal mit dem normalen Arbeitsfaden, und strickt die Runde fertig.

Wie der Hilfsfaden eingestrickt wird, könnt ihr in diesem Video gut sehen: www.bit.ly/stroff-daumen

Strickt den Handschuh im Muster weiter, bis er (ohne Bündchen) **16, 18** cm lang ist. Beginnt jetzt mit den Abnahmen.

ABNAHMEN

Die Maschen liegen weiterhin so auf den Nadeln, dass die Hälfte der Maschen, die den Handrücken bildet, auf Nadel 2 liegt und die andere Hälfte (die Handfläche) auf Nadeln 1 und 3. Wenn ihr noch Platz für eine Noppe habt, könnt ihr sie einstricken, ansonsten strickt ihr die Spitze nur noch rechts, ohne Muster.

1. Nadel: Strickt bis 3 M vor Ende der Nadel. Strickt 2 M re zusammen und strickt dann 1 M re.

2. Nadel: Strickt 1 M re, strickt dann 2 M mit SSK (s. Seite 7) zusammen, strickt bis 3 M vor Ende der Nadel, strickt 2 M re zusammen und strickt zum Schluss 1 M re.

3. Nadel: Strickt 1 M re, strickt dann 2 M mit SSK zusammen, strickt bis zum Ende der Runde.

Wiederholt diese Abnahmen in jeder Runde, bis ihr nur noch 6–8 M auf der Nadel habt. Schneidet den Faden ab, zieht das Ende durch die übrigen Maschen und schließt so den Handschuh.

Strickt den zweiten Handschuh gleich, denkt aber daran, den Hilfsfaden für den Daumen auf der anderen Seite zu platzieren.

DAUMEN

Entfernt den Hilfsfaden und legt die offenen Maschen auf beiden Seiten auf zwei Nadeln (NS 6). Nehmt auf jeder Seite noch je 2 M extra auf, damit das Daumenloch etwas breiter wird und sich keine Löcher an den Seiten bilden. Strickt eine Runde glatt re und strickt dabei die zusätzlich aufgenommenen Maschen wieder mit den Maschen daneben zusammen. Jetzt habt ihr 10 M auf der Nadel. Strickt glatt re in Runden, bis der Daumen **5, 5,5** cm lang ist. Strickt dann über die ganze Runde immer 2 M re zusammen, sodass nur noch 5 M auf der Nadel liegen. Schneidet den Faden ab, zieht ihn durch diese Maschen und schließt so den Daumen. Strickt den zweiten Daumen gleich.

ABSCHLUSS

Vernäht alle Fäden. Wascht die Handschuhe anhand der Angaben des Wollherstellers, zieht sie auf einem trockenen Handtuch in Form und lasst sie trocknen.

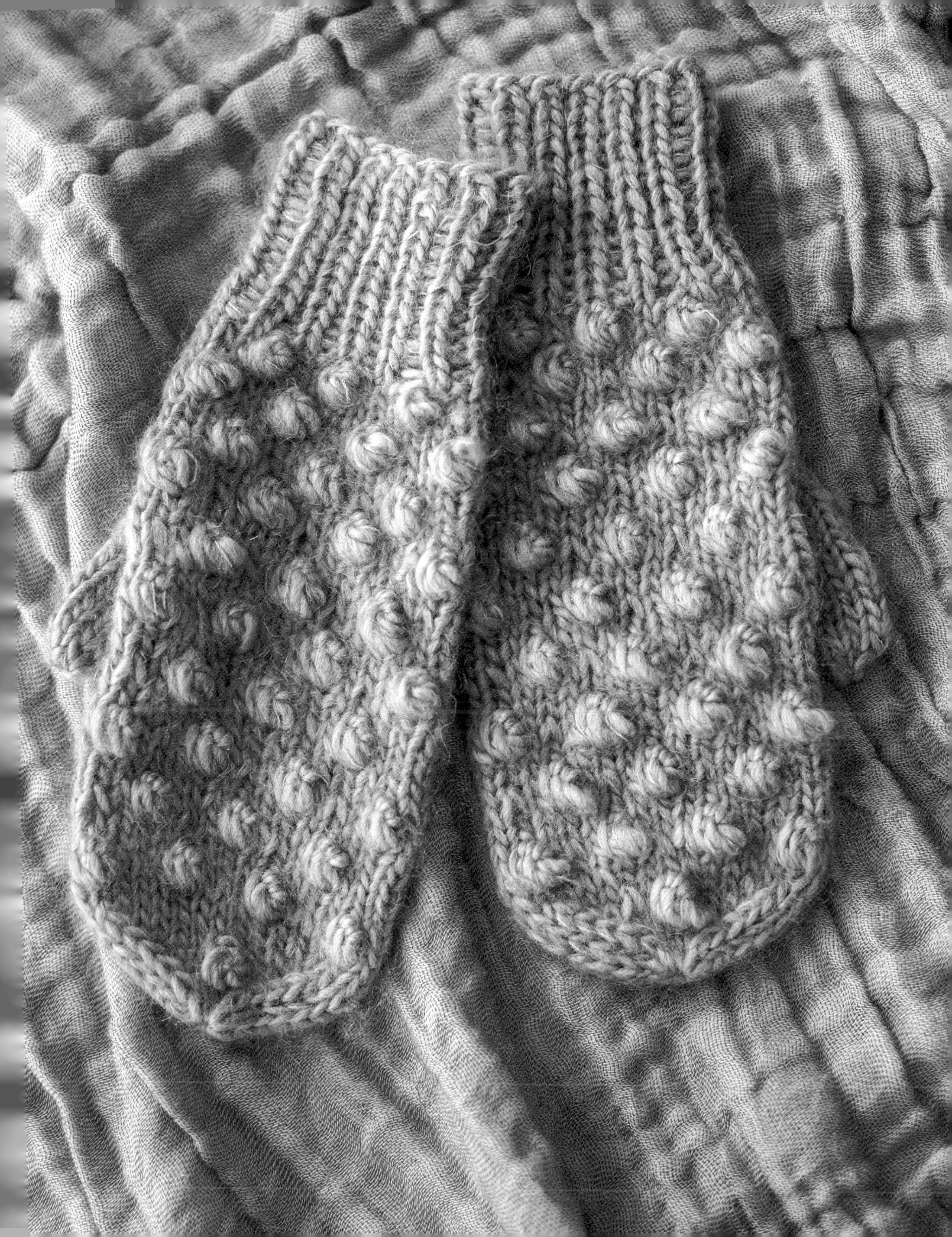

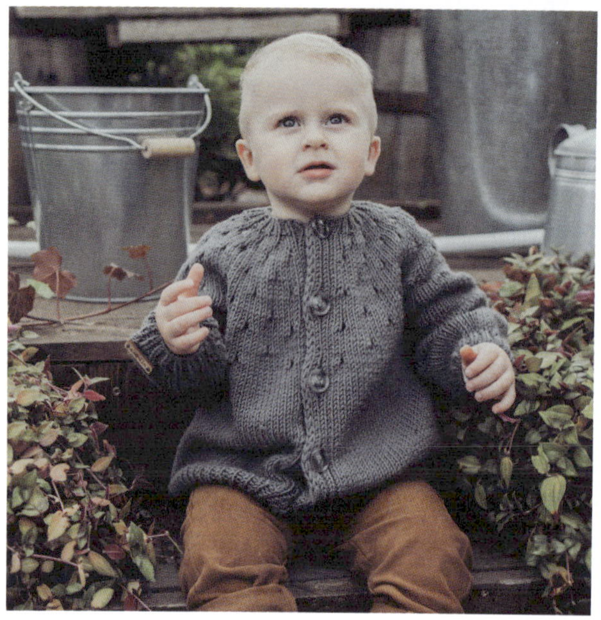

PULLOVER UND JACKEN FÜR BABYS UND KINDER

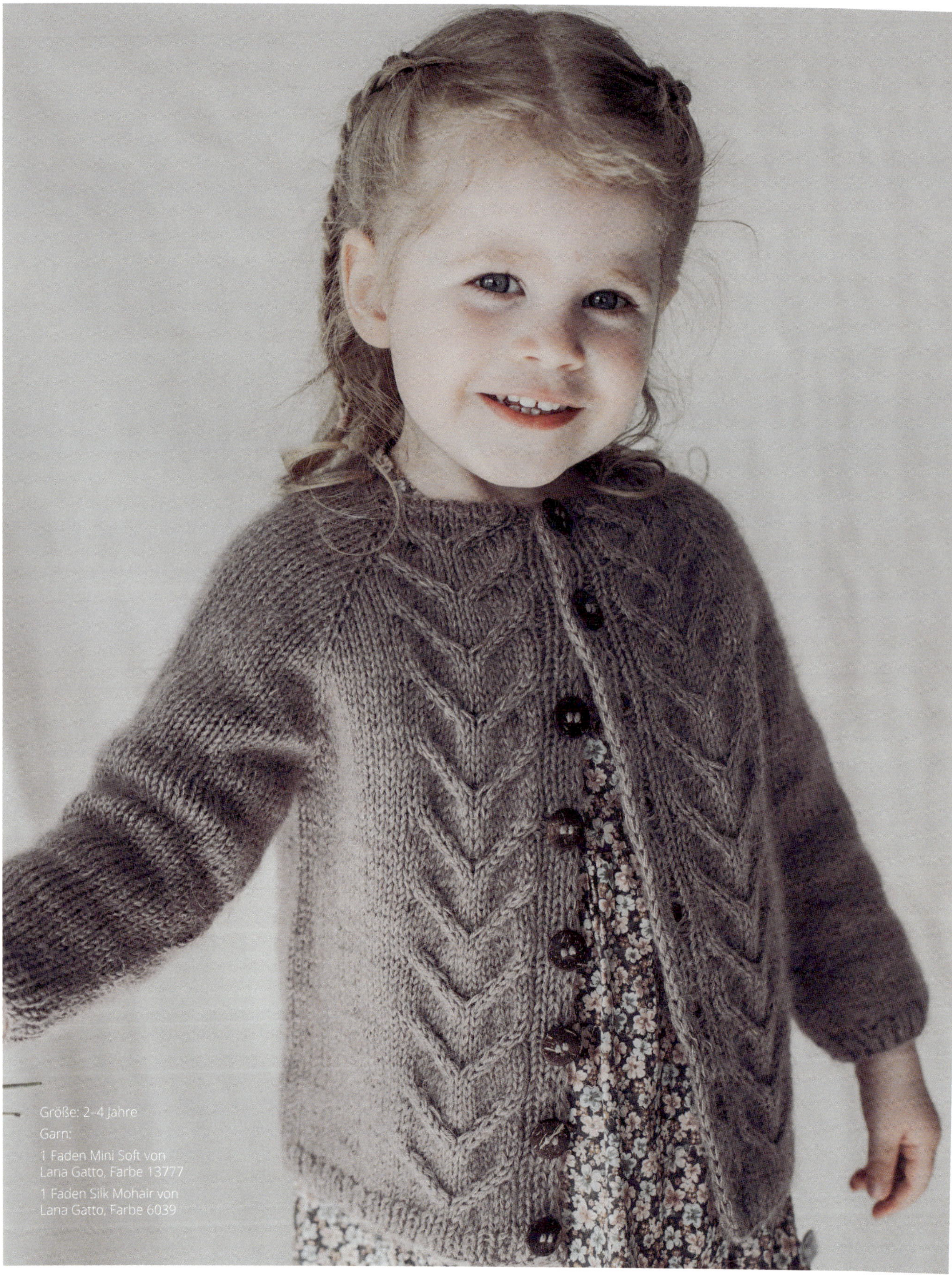

Größe: 2–4 Jahre

Garn:

1 Faden Mini Soft von Lana Gatto, Farbe 13777

1 Faden Silk Mohair von Lana Gatto, Farbe 6039

BJÖRK

Björk, die Birke: Diese zarte Jacke mit dem verästelten Zopfmuster ist eines unserer allerersten Modelle. Sie passt Babys wie größeren Kindern und macht sich aus dünner Wolle mit Mohair besonders über Kleidchen ausnehmend gut. Wilde Kinder tragen sie aus robuster Wolle ohne Mohair auf dem Spielplatz.

GRÖSSENANGABEN UND GARNVERBRAUCH

Größe	Brustumfang	Ärmelumfang	Rumpflänge ab Ärmelansatz	Ärmellänge ab Ärmelansatz	Garnverbrauch Merino (einfädig)	Garnverbrauch Merino (zweifädig)	Garnverbrauch Mohair
6–12 Monate	57,5 cm	17,5 cm	18 cm	19 cm	150 g (360 m)	150 g (480 m)	50 g (420 m)
1–2 Jahre	62,5 cm	20,5 cm	20 cm	21 cm	200 g (480 m)	150 g (480 m)	50 g (420 m)
2–4 Jahre	66,5 cm	22 cm	24 cm	25 cm	250 g (600 m)	200 g (640 m)	75 g (630 m)
4–6 Jahre	71 cm	23,5 cm	27 cm	28 cm	300 g (720 m)	250 g (800 m)	100 g (840 m)
6–8 Jahre	**75,5 cm**	**26 cm**	**30 cm**	**31 cm**	**350 g (840 m)**	**300 g (960 m)**	**100 g (840 m)**
8–10 Jahre	**80 cm**	**28,5 cm**	**32 cm**	**33 cm**	**350 g (840 m)**	**300 g (960 m)**	**100 g (840 m)**
10–12 Jahre	**86,5 cm**	**30,5 cm**	**34 cm**	**35 cm**	**400 g (960 m)**	**350 g (1120 m)**	**125 g (1050 m)**

Bitte beachtet, dass die angegebenen Garnmengen nur ein Richtwert sind.

Garn:

Zweifädig: 1 Faden Lana Grossa Cool Wool (160 m/50 g), Katia Merino Baby, Lang Merino 150, Drops Baby Merino

+ 1 Faden Mohair, z.B. Angel by Permin (210 m/25 g), Lana Grossa Silk Hair oder Drops Kid Silk

Einfädig: Lana Grossa Cool Wool big (120 m/50 g), Katia Merino 100%, Drops Merino extra fine, Lang Merino 120

oder ein anderes Garn mit passender Maschenprobe

Maschenprobe

24 Maschen = 10 cm mit Nadelstärke 4

Das braucht ihr:

Rundstricknadel Nr. 3,5 und 4 (60/80 cm)
Nadelspiel Nr. 3,5 und 4
Stopfnadel zum Vernähen der Fäden
Zopfnadel
Maschenmarkierer
Knöpfe (15–20 mm Durchmesser, je nach Größe des Cardigans und Geschmack)

ANLEITUNG

Diese Jacke wird glatt rechts von oben nach unten in Hin- und Rückreihen gestrickt. Die Ärmel werden in Runden gestrickt. Die Knopfleisten werden direkt mitgestrickt und müssen nicht nachträglich angestrickt werden. Auf der Vorderseite wird beidseitig der Knopfleiste ein Zopfmuster eingestrickt.

Ihr habt die Wahl, ob ihr die Jacke einfädig aus einem Faden dickerer Merinowolle stricken wollt oder zweifädig mit einem Faden dünner Merinowolle und einem Faden Mohair.

Den Garnverbrauch für die einfädige Jacke findet ihr in der ersten Spalte (»Garnverbrauch Merino (einfädig)«; für die zweifädige Version in der zweiten und dritten Spalte: »Garnverbrauch Merino (zweifädig)« und »Garnverbrauch Mohair«.

HALSBÜNDCHEN

Schlagt 71, 77, 81, 83, **85, 87, 89** M auf die Rundstricknadel Nr. 3,5 (60/80 cm) an. Strickt ein Bündchen im Rippenmuster (1 M re und 1 M li im Wechsel) insgesamt 2, 2, 2, 3, **3, 3, 3** cm lang, und beachtet dabei die **Randmaschen**, die **I-Cord-Kante** und das erste **Knopfloch** (siehe die nächsten zwei Absätze). Die erste Reihe, die ihr strickt, ist eine Hinreihe.

Die ersten 7, 7, 7, 9, **9, 9, 9** und die letzten 7, 7, 7, 9, **9, 9, 9** M des Bündchens sind **Randmaschen**, die später die Knopfleiste bilden. Sie werden über die gesamte Länge der Jacke im selben Rippenmuster gestrickt wie das Halsbündchen. Die ersten 2 Randmaschen am Beginn jeder

Musterdiagramm für die Zöpfe:

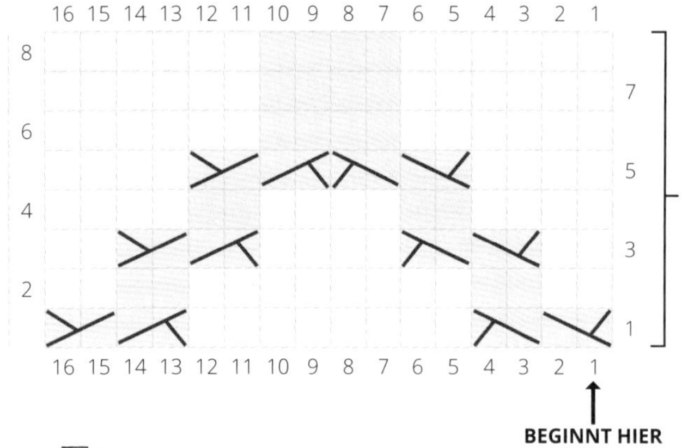

- Re in der Hinreihe, li in der Rückreihe.
- Legt 2 Maschen auf die Zopfnadel vor die Arbeit, strickt die nächsten 2 Maschen re, strickt die Maschen von der Zopfnadel rechts.
- Legt 2 Maschen auf die Zopfnadel hinter die Arbeit, strickt die nächsten 2 Maschen re, strickt die Maschen von der Zopfnadel rechts.
- Diese Maschen bilden den plastischen Zopf. Sie sind grau gefärbt, um das Muster deutlicher zu zeigen, werden aber wie im Diagramm gezeigt ganz normal rechts gestrickt oder verzopft.

Achtung: Das Zopfmuster geht über 16 Maschen. Ihr beginnt es in Reihe 3 der Raglanblende. Da ihr in dieser Reihe pro Vorderteil nur 13–15 Maschen habt, müsst ihr hier jeweils einen Teil des Zopfmusters weglassen:

Beim **linken Vorderteil** (zu Beginn der Reihe) strickt ihr Maschen 1–12 des Zopfmusters laut Diagramm (d.h. ihr verzopft die ersten 4 Maschen und strickt dann re weiter), und strickt dann die letzten 1–3 Maschen des Vorderteils einfach rechts, ohne sie zu verzopfen.

Beim **rechten Vorderteil** (am Ende der Reihe) strickt ihr ohne Zopfmuster bis 4 M vor den Randmaschen und verzopft nur Maschen 13–16 des Diagramms direkt vor der Knopfleiste.

In Reihe 5 habt ihr in den ersten 5 Größen pro Vorderteil 14 M auf der Nadel, in Reihe 7 dann 15. Das reicht nicht, um das vollständige Musterdiagramm zu stricken, ab hier habt ihr aber genug Maschen, um die Verzopfungen laut Diagramm zu stricken. Achtet beim rechten Vorderteil (am Ende der Reihe) darauf, das Muster so zu beginnen, dass es am Ende der Reihe, vor den Randmaschen, korrekt mit Masche 16 abschließt. Ab Reihe 9 habt ihr dann in allen Größen genug Maschen auf der Nadel, um das Zopfmuster vollständig zu stricken.

Reihe und die letzten 2 Randmaschen am Ende jeder Reihe werden dabei als **I-Cord-Kante** gestrickt, die einen schönen und geraden Abschluss bildet. Hier wird sie so gearbeitet, dass die ersten 2 M in jeder Reihe (= die ersten 2 Randmaschen) immer rechts gestrickt werden. Die letzten 2 M in jeder Reihe (= die letzten 2 Randmaschen) werden mit dem Faden vor der Arbeit ungestrickt abgehoben.

In diese Randmaschen werden auch direkt die **Knopflöcher** eingestrickt. Wir empfehlen, sie mit einem Abstand von ca. 3–4 cm, oder nach Geschmack und Knopfgröße, zu arbeiten. Das erste Loch wird direkt in Reihe 3 im Halsbündchen gestrickt. Hier strickt ihr die Knopflöcher immer am Anfang einer Hinreihe: Strickt 4 M (2 I-Cord-Maschen re und 2 M im Rippenmuster), 1 Umschlag, strickt 2 M re zusammen und strickt im Muster weiter. In der nächsten Rückreihe strickt ihr den Umschlag links ab, sodass sich ein Loch bildet.

Strickt als letzte Reihe des Bündchens eine Hinreihe. Wechselt dann auf Nadelstärke 4, strickt die Rückreihe li zurück (die Randmaschen im Rippenmuster mit I-Cord) und nehmt dabei gleichmäßig verteilt 14, 8, 4, 6, **4, 10, 8** M zu. Achtet darauf, nicht in den Randmaschen zuzunehmen. Jetzt liegen 85, 85, 85, 89, **89, 97, 97** M auf der Nadel.

RAGLANBLENDE

Ab hier wird glatt re gestrickt, d.h. re in der Hinreihe, li in der Rückreihe. Die Randmaschen strickt ihr weiterhin im Rippenmuster mit I-Cord. Ihr beginnt in der ersten Reihe direkt mit den Raglanzunahmen. Die MM werden hier immer zwischen 2 Maschen auf die Nadel gehängt und nicht direkt in den Maschen angebracht.

1. REIHE (HINREIHE)

1. Schritt: Strickt die Randmaschen (RM) im Rippenmuster mit I-Cord. Hängt einen MM auf die Nadel, um die Randmaschen zu markieren.

2. Schritt: Strickt 12, 12, 12, 12, **12, 14, 14** M rechts (linkes Vorderteil).

3. Schritt: Nehmt 1 M mit **M1R** (siehe S. 6) zu. Hängt MM1 auf die Nadel, strickt 1 M re (Raglanmasche), hängt MM2 auf die Nadel und nehmt 1 M mit M1L zu.

4. Schritt: Strickt 7 M re (linke Schulter).

5. Schritt: Nehmt 1 M mit M1R zu. Hängt MM3 auf die Nadel, strickt 1 M re (Raglanmasche), hängt MM4 auf die Nadel und nehmt 1 M mit M1L zu.

6. Schritt: Strickt 29, 29, 29, 29, **29, 33, 33** M re (Rücken).

7. Schritt: Nehmt 1 M mit M1R zu. Hängt MM5 auf die Nadel, strickt 1 M re (Raglanmasche), hängt MM6 auf die Nadel und nehmt 1 M mit M1L zu.

8. Schritt: Strickt 7 M re (rechte Schulter).

9. Schritt: Nehmt 1 M mit M1R zu. Hängt MM7 auf die Nadel, strickt 1 M re (Raglanmasche), hängt MM8 auf die Nadel und nehmt 1 M mit M1L zu.

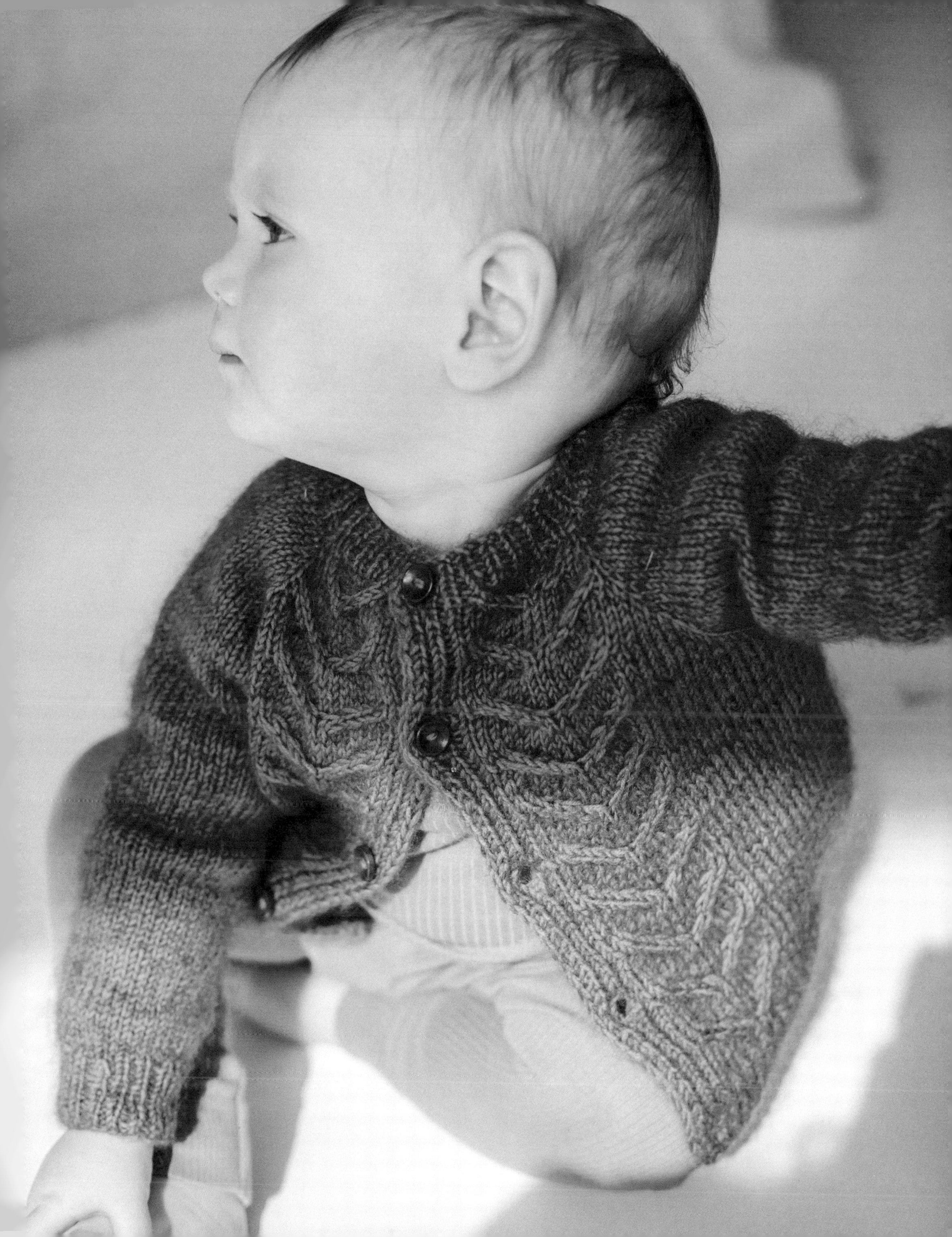

10. Schritt: Strickt 12, 12, 12, 12, **12, 14, 14** M re (rechtes Vorderteil).

11. Schritt: Hängt einen MM auf die Nadel, um die Randmaschen (RM) zu markieren. Strickt die RM im Rippenmuster mit I-Cord.

Damit habt ihr wieder das Ende der Reihe erreicht, MM1–8 an den richtigen Stellen angebracht und habt an den vier Raglanmaschen insgesamt 8 Maschen zugenommen.

2. REIHE (RÜCKREIHE):

Strickt li ohne Zunahmen zurück, mit Randmaschen und I-Cord wie gehabt.

3. REIHE (HINREIHE):

Hier beginnt das Zopfmuster. Strickt zunächst die RM im Rippenmuster mit I-Cord. Strickt dann das linke Vorderteil mit Zopfmuster (1. Reihe im Musterdiagramm auf S. 70), lasst dabei die zweite Verzopfung (Maschen 13–16 im Diagramm) weg und strickt stattdessen re weiter bis zu MM1. Nehmt 1 M mit M1R zu, hebt MM1 ab, strickt 1 M re, hebt MM2 ab, nehmt 1 M mit M1L zu. Strickt re weiter und wiederholt diese Zunahmen an den anderen drei Raglanlinien. Strickt das rechte Vorderteil mit Zopfmuster – lasst hier aber den ersten Teil (Maschen 1–4 des Diagramms) weg, strickt das Vorderteil re bis 4 M vor den RM und verzopft diese Maschen laut Diagramm (Maschen 13–16).

4. REIHE (RÜCKREIHE):

Strickt li zurück, die RM wie immer im Rippenmuster mit I-Cord.

5. REIHE (HINREIHE):

Strickt die Reihe re, mit Raglanzunahmen an MM1–4. Strickt das Zopfmuster weiter nach Musterdiagramm. Ab hier lasst ihr keine Verzopfung mehr weg. Strickt die RM wie immer im Rippenmuster mit I-Cord.

Wiederholt Reihen 4 und 5, bis ihr in insgesamt 16, 19, 21, 23, **26, 28, 31** Hinreihen zugenommen habt. Wenn ihr mehr als 16 Maschen pro Vorderteil erreicht habt, empfehlen wir euch, das Zopfmuster für einen besseren Überblick mit einem zusätzlichen MM abzugrenzen. Am Ende der Zunahmen liegen 213, 237, 253, 273, **297, 321, 345** M auf der Nadel. Strickt nach der letzten Zuahmereihe noch eine Rückreihe.

RUMPF

Jetzt werden die Maschen, die später die Ärmel bilden, beidseitig auf einem Hilfsfaden stillgelegt. Das ist ein Faden in einer Kontrastfarbe, auf dem ihr die Ärmelmaschen sichert, während ihr den Rumpf strickt.

1. Schritt: Strickt die RM und das linke Vorderteil mit Zopfmuster bis zu MM2.

2. Schritt: Legt die nächsten 39, 45, 49, 53, **59, 63, 69** M auf einen Hilfsfaden (linker Ärmel).

3. Schritt: Schlagt 5 neue M unter dem linken Ärmel an.

4. Schritt: Strickt re weiter bis zu MM6 (Rückenteil).

5. Schritt: Legt die nächsten 39, 45, 49, 53, **59, 63, 69** M auf einen Hilfsfaden (rechter Ärmel).

6. Schritt: Schlagt 5 neue M unter dem rechten Ärmel an.

7. Schritt: Strickt das rechte Vorderteil mit Zopfmuster laut Diagramm. Strickt die RM.

Jetzt habt ihr wieder das Ende der Reihe erreicht und habt insgesamt 145, 157, 165, 177, **189, 205, 217** M auf der Nadel (mit den 10 neuen Maschen unter den Ärmeln). Die Ärmelmaschen liegen auf Hilfsfäden.

Strickt jetzt den Rumpf glatt re, mit Zopfmuster auf den Vorderteilen, ohne Zunahmen weiter, bis er ab dem Ärmelansatz 15, 17, 21, 24, **26, 28, 30** cm misst. Endet

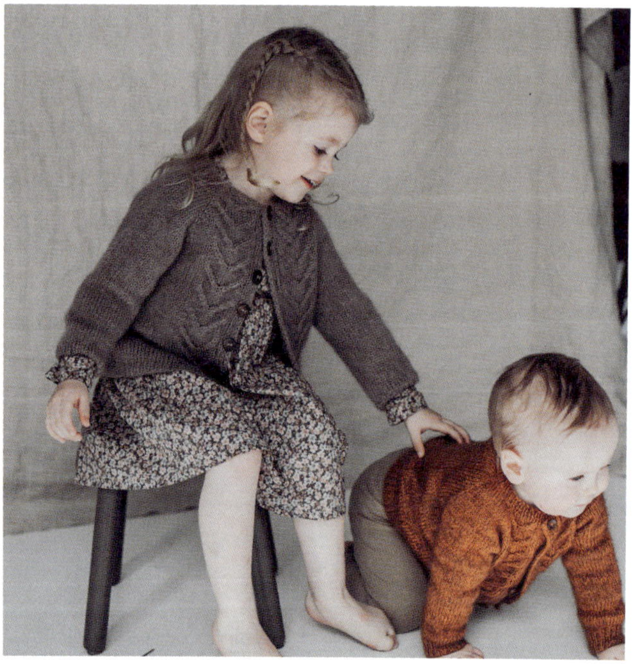

mit einer Hinreihe. Wechselt auf Nadelstärke 3,5, strickt eine Rückreihe li zurück und strickt zum Abschluss das Bündchen im Rippenmuster mit I-Cord wie im Halsbündchen 3, 3, 3, 3, **4, 4, 4** cm lang. Kettet im Rippenmuster ab.

ÄRMEL

Jetzt werden die Maschen für den ersten Ärmel, die ihr auf einem Hilfsfaden stillgelegt habt, auf das Nadelspiel oder die kurze Rundstricknadel Nr. 4 gelegt. Zusätzlich werden aus den Maschen, die ihr unter dem Arm neu angeschlagen habt, 5 M aufgefasst und zu den restlichen Ärmelmaschen auf die Nadel gelegt.

Damit der Rundenbeginn mittig unter dem Arm liegt, werden die neu aufgefassten Maschen auf Rundenbeginn und -ende verteilt, d.h. es kommen je 2 Maschen auf die erste und 3 Maschen auf die letzte Nadel. Die erste Runde beginnt nun in der Mitte zwischen diesen neuen Maschen. Jetzt liegen 44, 50, 54, 58, **64, 68, 74** M auf der Nadel.

Strickt zunächst 2, 2, 2, 1, **1, 1, 3** cm glatt rechts ohne Abnahmen in Runden und nehmt dann in der nächsten Runde 2 M ab, indem ihr die ersten 2 M und die letzten 2 M der Runde zusammenstrickt. Arbeitet diese Abnahmen insgesamt 2, 4, 5, 6, **9, 8, 11** Mal mit 5, 4, 4, 4, **2,5, 3,5, 2,5** cm Abstand und nehmt so insgesamt 4, 8, 10, 12, **18, 16, 22** M ab. Jetzt liegen 40, 42, 44, 46, **46, 52, 52** M auf der Nadel. Strickt den Ärmel ohne Abnahmen weiter bis zu einer Länge von 16, 18, 22, 25, **27, 29, 31** cm.

Wechselt auf Nadelstärke 3,5 und strickt noch eine weitere Runde re. Nehmt dabei noch einmal gleichmäßig über die Runde verteilt 4, 4, 4, 4, **4, 8, 8** M ab. Strickt zum Schluss noch ein Rippenbündchen (1 M re, 1 M li im Wechsel), 3, 3, 3, 3, **4, 4, 4** cm lang, und kettet locker im Rippenmuster ab. Strickt den zweiten Ärmel gleich.

ABSCHLUSS

Vernäht alle Enden und schließt ggf. die Löcher unter den Armen, wenn vorhanden. Befestigt die Knöpfe. Wascht die Jacke entsprechend den Pflegehinweisen auf eurem Garn, zieht sie auf einem trockenen Handtuch in Form und lasst sie liegend trocknen.

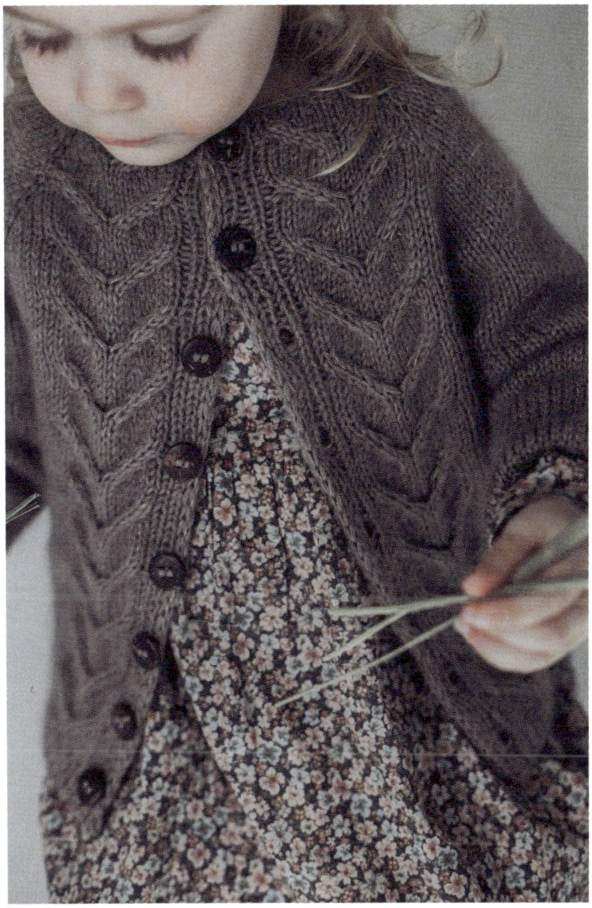

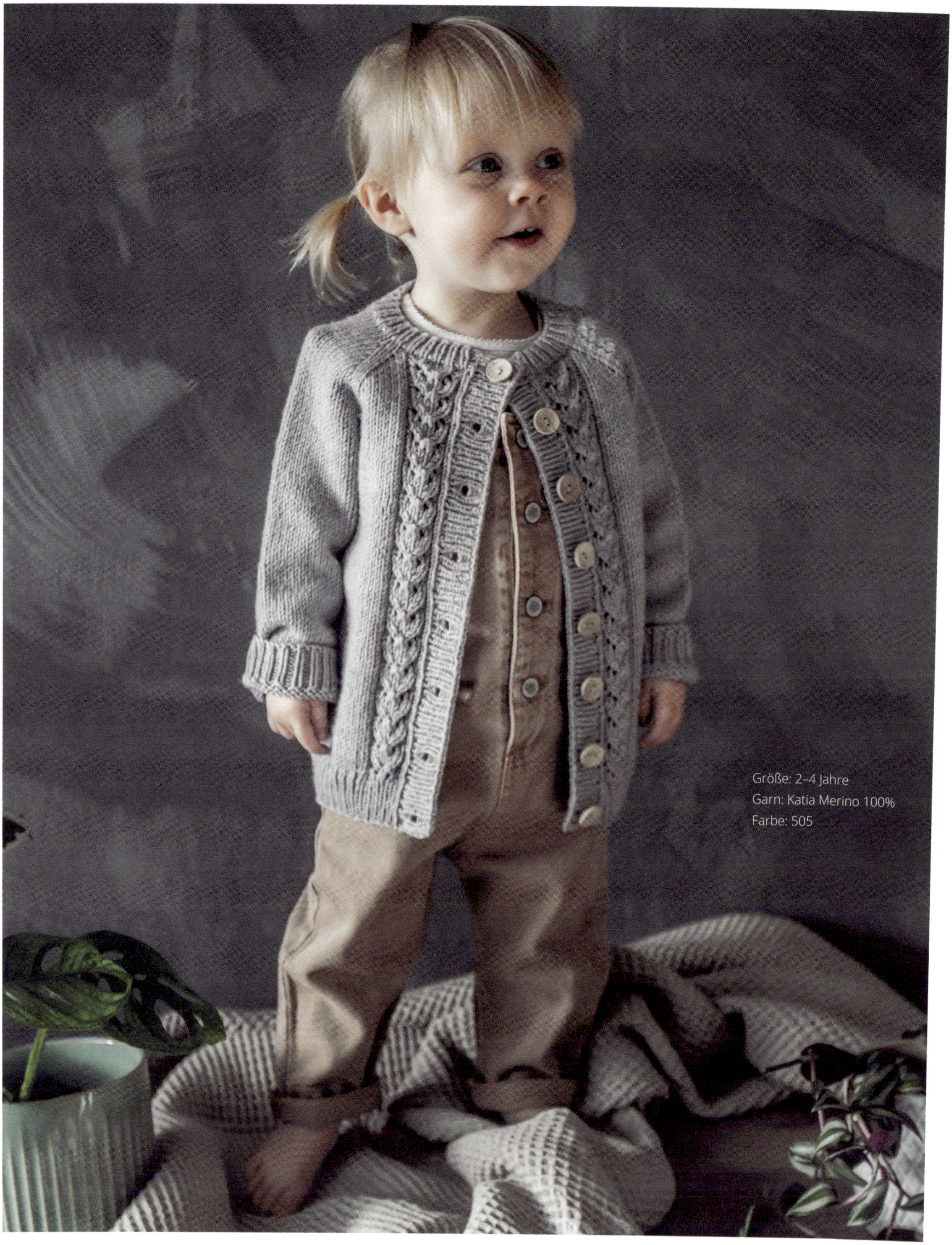

Größe: 2–4 Jahre
Garn: Katia Merino 100%
Farbe: 505

RABE

Nachdem unser »Willkommen Daheim«-Babyset erschien, fanden wir, dass auch große Kinder dieses wunderschöne Lochmuster bekommen sollten. So entstand diese Jacke mit dem Muster, das an Herzchen oder Tulpen erinnert.

GRÖSSENANGABEN UND GARNVERBRAUCH

Größe	Brust-umfang	Ärmel-umfang	Rumpflänge ab Ärmelansatz	Ärmellänge ab Ärmelansatz	Garnverbrauch
6–12 Monate	59 cm	20 cm	19 cm	18 cm	200 g (408 m)
1–2 Jahre	65 cm	21,5 cm	22 cm	20 cm	250 g (510 m)
2–4 Jahre	68 cm	22,5 cm	25 cm	23 cm	300 g (612 m)
4–6 Jahre	**75 cm**	**24 cm**	**29 cm**	**27 cm**	**350 g (714 m)**
6–8 Jahre	**80 cm**	**25,5 cm**	**33 cm**	**32 cm**	**400 g (816 m)**
8–10 Jahre	**85 cm**	**26,5 cm**	**36 cm**	**36 cm**	**500 g (1020 m)**

Bitte beachtet, dass die angegebenen Garnmengen nur ein Richtwert sind.

Garn
Katia Merino 100% (102 m/50 g), Lana Grossa Cool Wool big, Lang Merino 120, Drops Merino extra fine, Sandnes Smart

Maschenprobe
23 Maschen = 10 cm mit Nadelstärke 4.

Das braucht ihr:
Rundstricknadel Nr. 4 (60/80 cm)
Rundstricknadel Nr. 3,5 (60 oder 80 cm, für die Knopfleiste)
Nadelspiel Nr. 4
Stopfnadel zum Vernähen
Maschenmarkierer
Knöpfe

ANLEITUNG

Diese Jacke wird glatt rechts von oben nach unten gestrickt. Ihr beginnt am Halsbündchen und strickt dann zunächst die Raglanpasse und den Rumpf in Hin- und Rückreihen und dann die Ärmel in Runden. An beiden Seiten der Knopfleiste wird ein Lochmuster gestrickt. Die Knopfleisten werden am Ende an den fertigen Pullover angestrickt.

Wer die Knopfleiste direkt mitstricken will, kann sich die Technik bei der Jacke »Abendsonne« (s. Seite 103) ansehen. Statt der einzelnen Randmasche werden dann 7/9 Randmaschen mit I-Cord gestrickt, wie dort erklärt.

HALSBÜNDCHEN

Schlagt 68, 72, 76, **80, 84, 88** M auf die Rundstricknadel Nr. 4 an. Strickt das Bündchen im Rippenmuster (1 M re und 1 M li im Wechsel) insgesamt 1,5, 2, 2, **2, 2,5, 2,5** cm lang.

Die erste und die letzte Masche in jeder Reihe sind **Randmaschen (RM)** und werden immer als rechte Maschen gestrickt, in der Hin- wie in der Rückreihe, vom Halsbündchen bis zur letzten Reihe am unteren Bund. An diesen Randmaschen werden am Ende die Maschen für die Knopfleisten aufgenommen.

RAGLANPASSE

Ab hier wird glatt rechts gestrickt, d.h. re in der Hinreihe und li in der Rückreihe. Die Randmaschen werden weiterhin immer re gestrickt. Beginnt mit einer Hinreihe.

In dieser ersten Reihe platziert ihr die Markierer für die Raglanzunahmen, strickt aber noch kein Lochmuster.

1. Schritt: Strickt die RM. Strickt 11, 12, 13, **13, 14, 15** M re (linkes Vorderteil). Hängt MM1 auf die Nadel.

2. Schritt: Strickt 7 M re (linke Schulter), hängt MM2 auf die Nadel.

3. Schritt: Strickt 30, 32, 34, **38, 40, 42** M re (Rückenteil), hängt MM3 auf die Nadel.

4. Schritt: Strickt 7 M re (rechte Schulter), hängt MM4 auf die Nadel.

5. Schritt: Strickt 11, 12, 13, **13, 14, 15** M re und strickt dann die RM (rechtes Vorderteil).

Jetzt habt ihr das Ende der Reihe erreicht.

Strickt die **zweite Reihe (Rückreihe)** li zurück. Strickt die Randmaschen wie immer re.

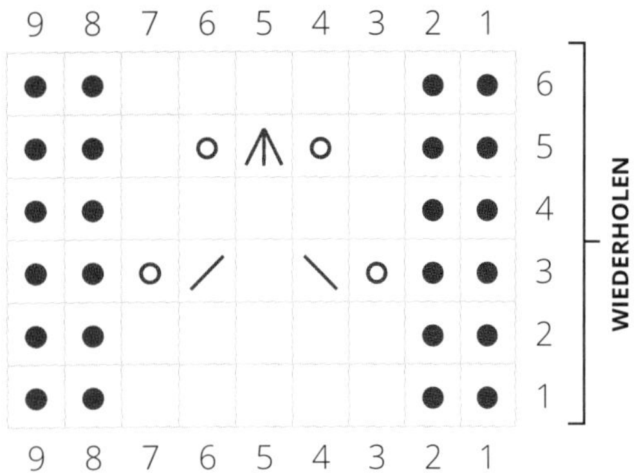

- Re in der Hinreihe, li in der Rückreihe.
- Li in der Hinreihe, re in der Rückreihe.
- SSK (Slip, Slip, Knit – s. Seite 7).
- 2 M re zusammenstricken.
- 1 M ungestrickt abheben, 2 M re zusammenstricken, die ungestrickte M darüberziehen.
- Umschlag.

MUSTER – AUSGESCHRIEBENE ERKLÄRUNG

Das Muster wird wie folgt über 9 Maschen gestrickt:

1. Reihe (Hinreihe): Strickt 2 Maschen links, 5 Maschen rechts, 2 Maschen links.

2. Reihe (Rückreihe): Strickt die Maschen, wie sie erscheinen – 2 Maschen rechts, 5 Maschen links, 2 Maschen rechts.

3. Reihe (Hinreihe): Strickt 2 Maschen links, Umschlag, SSK (s. Seite 7), strickt 1 Masche rechts, strickt 2 Maschen rechts zusammen, Umschlag. Strickt 2 Maschen links.

4. Reihe (Rückreihe): Strickt die Maschen, wie sie erscheinen – 2 Maschen rechts, 5 Maschen links, 2 Maschen rechts.

5. Reihe (Hinreihe): Strickt 2 Maschen links, strickt 1 Masche rechts, Umschlag, hebt 1 Masche ungestrickt ab, strickt 2 Maschen rechts zusammen, zieht die abgehobene Maschen darüber, Umschlag, strickt 1 Masche rechts, strickt 2 Maschen links.

6. Reihe (Rückreihe): Strickt die Maschen, wie sie erscheinen – 2 Maschen rechts, 5 Maschen links, 2 Maschen rechts.

In der **dritten Reihe (Hinreihe)** beginnen die Raglanzunahmen und das Lochmuster. Besonders am Anfang kann es hilfreich sein, die 9 Maschen des Lochmusters auf beiden Seiten des Vorderteils noch einmal mit MM zu markieren. Achtet aber darauf, diese MM nicht mit MM1–4 zu verwechseln, die die Stellen für die Raglanzunahmen markieren. Ihr beginnt das Lochmuster in Reihe 1 des Musterdiagramms.

1. Schritt: Strickt die RM re.

2. Schritt: Strickt 1 M re, strickt 9 M im Lochmuster (s. Diagramm).

3. Schritt: Strickt re weiter bis 1 M vor MM1. Nehmt 1 M mit **M1R** (s. Seite 6) zu, strickt 1 M re, hebt den MM ab, strickt 1 M re, nehmt 1 M mit **M1L** zu.

4. Schritt: Strickt die Schultermaschen re, bis 1 M vor MM2. Nehmt 1 M mit M1R zu, strickt 1 M re, hebt den MM ab, strickt 1 M re, nehmt 1 M mit M1L zu.

5. Schritt: Strickt die Rückenmaschen re bis 1 M vor MM3. Nehmt 1 M mit M1R zu, strickt 1 M re, hebt den MM ab, strickt 1 M re, nehmt 1 M mit M1L zu.

6. Schritt: Strickt die Schultermaschen re bis 1 M vor MM4. Nehmt 1 M mit M1R zu, strickt 1 M re, hebt den MM ab, strickt 1 M re, nehmt 1 M mit M1L zu.

7. Schritt: Strickt das rechte Vorderteil bis 11 M vor Ende der Reihe. Strickt 9 M im Lochmuster und strickt dann 1 M re.

8. Schritt: Strickt die RM re.

Durch die Zunahmen an den Maschenmarkierern entstehen die Raglanlinien, die Hauptteil und Ärmel voneinander trennen.

Wiederholt **Reihen 2 und 3**, bis ihr in insgesamt 17, 19, 20, **22, 24, 25** Hinreihen zugenommen habt. Am Ende der Zunahmen liegen 204, 224, 236, **256, 276, 288** M auf der Nadel (mit den Randmaschen). Strickt gleichzeitig das Lochmuster auf beiden Seiten über die gesamte Länge der Raglanpasse:

RUMPF

Wenn ihr alle Raglanzunahmen gearbeitet habt, legt ihr die Maschen, aus denen später die Ärmel entstehen, auf beiden Seiten auf einem Hilfsfaden still. Das ist ein Faden in einer Kontrastfarbe, auf den ihr die Ärmelmaschen auffädelt, während ihr den Rumpf strickt. Das geschieht in der nächsten Hinreihe:

1. Schritt: Strickt bis zu MM1.

2. Schritt: Legt die nächsten 41, 45, 47, **51, 55, 57** M auf einem Hilfsfaden still (linker Ärmel).

3. Schritt: Schlagt 7 neue M an (unter dem linken Ärmel).

4. Schritt: Strickt bis zu MM3 (Rückenteil).

5. Schritt: Legt die nächsten 41, 45, 47, **51, 55, 57** M auf einem Hilfsfaden still (rechter Ärmel).

6. Schritt: Schlagt 7 neue M an (unter dem rechten Ärmel).

7. Schritt: Strickt die Reihe zu Ende.

Damit habt ihr das Ende der Reihe erreicht und die Maschen für die Ärmel auf beiden Seiten stillgelegt. Jetzt liegen, mit den neu aufgenommenen Maschen unter den Armen, 136, 148, 156, **168, 180, 188** M auf der Nadel.

Strickt jetzt den Rumpf gerade nach unten, bis er, ab dem Ärmelansatz, 16, 19, 22, **25, 29, 32** cm lang ist. Führt das Lochmuster dabei auf beiden Seiten durchgehend weiter. Strickt zum Schluss ein Rippenbündchen wie am Hals (1 M re, 1 M li im Wechsel), insgesamt 3, 3, 3, **4, 4, 4** cm lang. Kettet im Rippenmuster ab.

ÄRMEL

Jetzt werden die Maschen für den ersten Ärmel, die ihr auf einem Hilfsfaden stillgelegt habt, wieder zurück auf Nadeln gelegt. Zusätzlich werden aus den Maschen, die ihr unter dem Arm neu angeschlagen habt, 7 Maschen aufgefasst und zu den restlichen Ärmelmaschen auf die Nadel gelegt. Ihr verteilt sie auf Rundenbeginn und -ende, d.h. es kommen je 3 der Maschen auf die erste und 4 auf die letzte Nadel. Die erste Runde beginnt nun in der Mitte zwischen diesen neuen Maschen. Jetzt liegen 48, 52, 54, **58, 62, 64** M auf der Nadel.

Strickt zunächst 1, 1, 2,5, **4, 2, 1,5** cm re in Runden. Strickt dann in der nächsten Runde die ersten zwei M und die letzten zwei M der Runde zusammen und nehmt so 2 M ab. Nehmt auf diese Weise mit 3,5, 4, 3,5, **4, 4,5, 4,5** cm Abstand insgesamt 4, 4, 5, **5, 6, 7** Mal ab und reduziert die Maschenzahl so nach und nach um insgesamt 8, 8, 10, **10, 12, 14** M. Jetzt liegen noch 40, 44, 44, **48, 50, 50** M auf der Nadel. Strickt den Ärmel ohne Abnahmen weiter, bis er, ab dem Ärmelansatz, 15, 17, 20, **24, 29, 33** cm lang ist.

Strickt eine zusätzliche Runde re und nehmt dabei noch einmal gleichmäßig verteilt 8 M ab. Endet so mit 32, 36, 36, **40, 42, 42** M. Strickt jetzt das Bündchen im Rippenmuster (1 m re, 1 m li im Wechsel) insgesamt 3 cm lang. Kettet im Rippenmuster ab und strickt den zweiten Ärmel gleich.

KNOPFLEISTEN

Jetzt werden vorne an beiden Seiten der Jacke die Maschen für die Knopfleisten aufgefasst. Ich nehme dafür gerne eine etwas dünnere Nadel, hier NS 3,5. Nehmt die Maschen aus allen Randmaschen über die gesamte Länge der Jacke auf und überspringt dabei jede dritte bis vierte Masche. Strickt über diese Maschen dasselbe Muster wie in den Bündchen (1 M re, 1 M li im Wechsel), insgesamt 8, 10, 10, **12, 12, 14** Reihen (die Breite der Knopfleiste orientiert sich auch an der Größe der Knöpfe – je größer die Knöpfe, desto breiter muss die Knopfleiste sein). In einer Hinreihe im Rippenmuster abketten. Die zweite Leiste gleich stricken. In einer der beiden Leisten werden auch die Knopflöcher eingestrickt: Dabei in Reihe 4, 5, 5, **6, 6, 7** die gewünschte Anzahl an Knopflöchern stricken, indem man an den entsprechenden Stellen je 2 M zusammenstrickt und 1 Umschlag macht.

Ich empfehle, zuerst die Knopfleiste ohne Knöpfe zu stricken und die Position der Knöpfe dort zu markieren, indem ihr an die entsprechenden Stellen einen Maschenmarkierer in die Maschen hängt.

ABSCHLUSS

Vernäht alle Fäden und befestigt die Knöpfe. Wascht die Jacke entsprechend den Pflegehinweisen auf eurem Garn, zieht sie auf einem trockenen Handtuch in Form und lasst sie liegend trocknen.

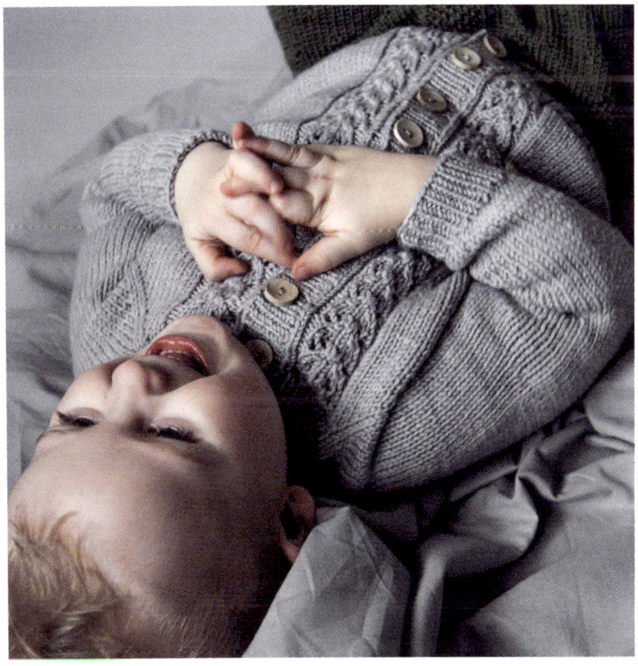

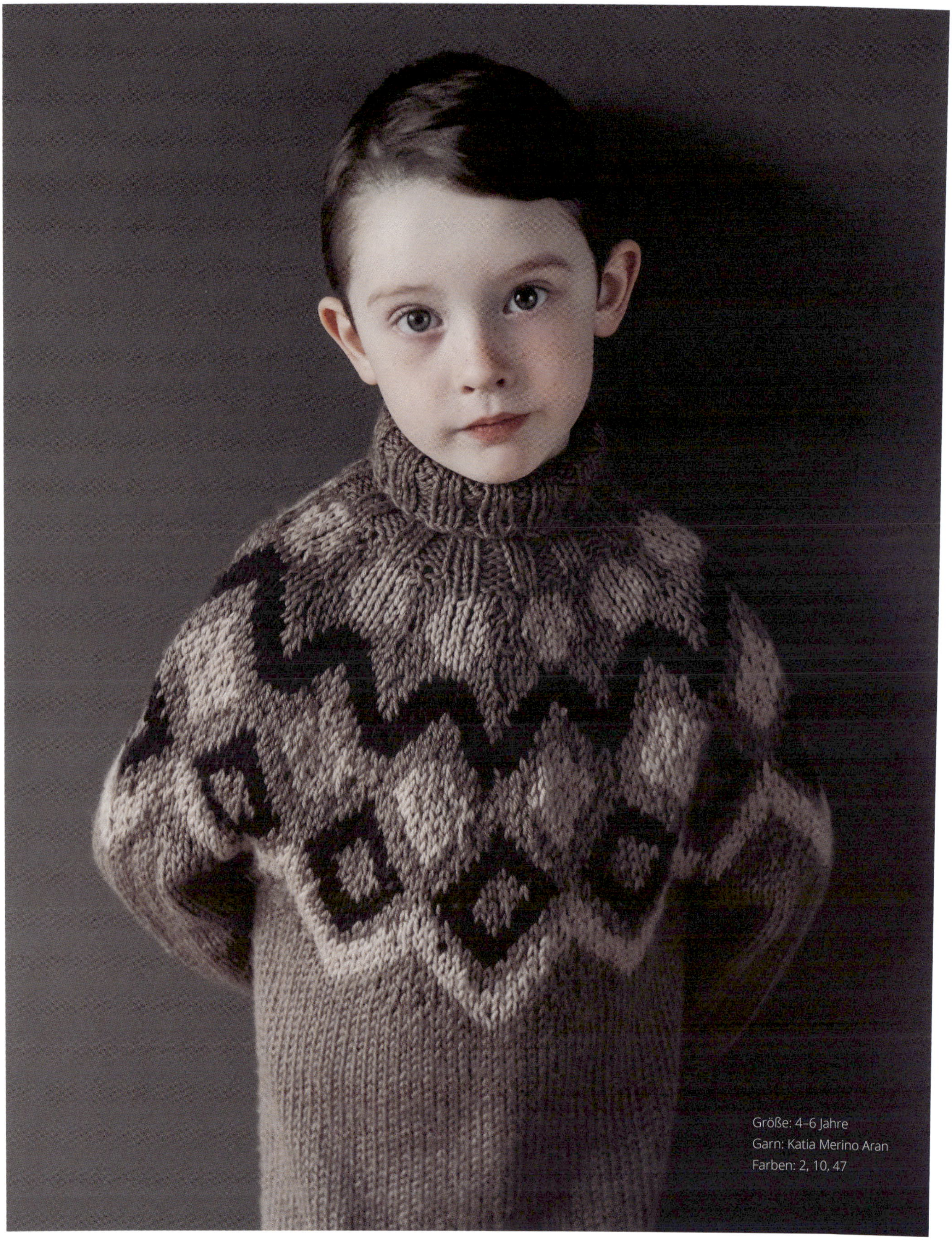

Größe: 4–6 Jahre
Garn: Katia Merino Aran
Farben: 2, 10, 47

FROST – KINDERPULLOVER

Natürlich gibt es unseren Frost Pullover auch für Kinder! Damit ist die ganze Familie für den nächsten Winterausflug gerüstet. Nach isländischer Tradition bekommt hier jeder dasselbe Muster, aber immer in ganz eigenen Farben.

GRÖSSENANGABEN UND GARNVERBRAUCH

Größe	Brust-umfang	Ärmel-umfang	Rumpflänge ab Ärmelansatz	Ärmellänge ab Ärmelansatz	Garnverbrauch Hauptfarbe	Garnverbrauch Akzentfarbe 1	Garnverbrauch Akzentfarbe 2
1–2 Jahre	67,5 cm	24 cm	23 cm	20 cm	250 g (400 m)	50 g (80 m)	50 g (80 m)
2–4 Jahre	72,5 cm	26 cm	27 cm	22 cm	300 g (480 m)	50 g (80 m)	50 g (80 m)
4–6 Jahre	77,5 cm	27,5 cm	29 cm	26 cm	350 g (560 m)	50 g (80 m)	50 g (80 m)
6–8 Jahre	**84 cm**	**30 cm**	**31 cm**	**28 cm**	**400 g (640 m)**	**50 g (80 m)**	**50 g (80 m)**
8–10 Jahre	**90 cm**	**31 cm**	**33 cm**	**30 cm**	**450 g (720 m)**	**100 g (160 m)**	**100 g (160 m)**

Bitte beachtet, dass die angegebenen Garnmengen nur ein Richtwert sind.

Garn:
Lana Grossa Bingo (80 m/50 g), Katia Merino Aran, Merino Sport oder Merino Tweed, Drops Nepal, Lang Merino+

Oder ähnliche Garne mit derselben Maschenprobe

Maschenprobe
16 Maschen = 10 cm mit Nadelstärke 6

Bei mir wird die farbige Rundpasse oft enger als der einfarbige Rumpf und die Ärmel. Deshalb stricke ich die Rundpasse gerne mit Nadelstärke 7 und Rumpf und Ärmel mit Stärke 6. Probiert es aus, falls es euch genauso geht.

Das braucht ihr:
Rundstricknadel Nr. 6 (40 und 60/80 cm lang)
Rundstricknadel Nr. 5,5 (60/80 cm lang)
Nadelspiel Nr. 6 (für die Ärmel)
Nadelspiel Nr. 5,5 (für die Ärmelbündchen)
Stopfnadel zum Vernähen
Maschenmarkierer

ANLEITUNG

Dieser Pullover wird in Runden von oben nach unten gestrickt. In der Rundpasse werden die Zunahmen nach Schema direkt in das Muster eingearbeitet.

HALSBÜNDCHEN

Schlagt 52, 56, 56, **60, 64** M auf eure Rundstricknadel Nr. 6 (40 cm) an. Strickt das Halsbündchen als Rollkragen im 2x2 Rippenmuster (2 M re, 2 M li im Wechsel), insgesamt 11, 12, 12, **14, 16** cm lang.

RUNDPASSE

Hier beginnt das Muster, gleichzeitig werden die Zunahmen an den angegebenen Stellen gearbeitet. Wir empfehlen, die neuen M aus dem Querfaden aufzunehmen (s. **M1R** auf S. 6), damit sich keine Löcher bilden.

Strickt nach dem Rollkragen eine Runde glatt re und nehmt dabei gleichmäßig über die Runde verteilt 3, 4, 4, **5, 1** M zu. Jetzt liegen 55, 60, 60, **65, 65** M auf der Nadel. Strickt damit das Muster (s. Diagramme auf S. 80 und 81).

Nach dem Muster liegen 176, 192, 204, **221, 234** M auf der Nadel. Strickt eine weitere Runde re in der Hauptfarbe und nehmt dabei 0, 0, 0, **1, 0** M zu. Damit habt ihr am Ende insgesamt 176, 192, 204, **222, 234** M auf der Nadel.

RUMPF

Jetzt werden die Maschen, die später die Ärmel bilden, auf jeder Seite auf einem Hilfsfaden stillgelegt. Das ist ein Faden in einer Kontrastfarbe, auf den ihr alle Ärmelmaschen auffädelt, um sie zu sichern, während der Rumpf gestrickt wird.

1. Schritt: Strickt 26, 28, 30, **33, 35** M (rechtes Rückenteil).

2. Schritt: Legt 36, 40, 42, **46, 48** M auf einen Hilfsfaden (rechter Ärmel).

3. Schritt: Schlagt 2 neue M an (unter dem rechten Ärmel).

4. Schritt: Strickt 52, 56, 60, **65, 69** M (Vorderteil)

5. Schritt: Legt 36, 40, 42, **46, 48** M auf einen Hilfsfaden (linker Ärmel).

6. Schritt: Schlagt 2 neue M an (unter dem linken Ärmel).

7. Schritt: Strickt 26, 28, 30, **32, 34** M (linkes Rückenteil).

Jetzt liegen insgesamt 108, 116, 124, **134, 142** M auf der Nadel (Vorder- und Rückenteil, plus die neuen M unter den Ärmeln). Die Ärmelmaschen liegen jetzt auf Hilfsfäden. Strickt jetzt gerade nach unten, bis der Rumpf, ab dem Ärmelansatz, 19, 23, 24, **26, 28** cm misst. Nehmt in der letzten Runde gleichmäßig verteilt 8, 8, 8, **10, 10** M ab.

Wechselt auf die Rundstricknadel Nr. 5,5 und strickt ein 2x2 Rippenbündchen (2 M re, 2 M li im Wechsel), 4, 4, 5, **5, 5** cm lang, und kettet im Muster ab.

ÄRMEL

Jetzt werden die Maschen für den ersten Ärmel, die ihr auf einem Hilfsfaden stillgelegt habt, auf das Nadelspiel Nr. 6 (40 cm) gelegt. Zusätzlich werden aus den Maschen, die ihr unter dem Arm neu angeschlagen habt, 2 M aufgefasst und zu den restlichen Ärmelmaschen auf die Nadel gelegt. Damit der Rundenbeginn mittig unter dem Arm liegt, werden die neu aufgefassten Maschen auf Rundenbeginn und -ende verteilt. Die erste Runde beginnt nun in der Mitte zwischen diesen neuen Maschen.

Jetzt liegen 38, 42, 44, **48, 50** M auf der Nadel. Strickt zunächst 2 cm glatt re in Runden. Strickt in der nächsten Runde die ersten 2 M und die letzten 2 M der Runde zusammen und nehmt so um 2 M ab. Wiederholt diese Abnahme mit 4 cm Abstand, bis ihr insgesamt 3, 3, 4, **4, 5** Abnahmen gearbeitet oder um 6, 6, 8, **8, 10** M abgenommen habt. Jetzt liegen 32, 36, 36, **40, 40** M auf der Nadel. Strickt den Ärmel ohne Abnahmen weiter, bis er ab dem Ärmelansatz 16, 18, 21, **23, 25** cm misst.

Wechselt auf das Nadelspiel Nr. 5,5, strickt eine weitere Runde re und strickt dann das Bündchen (2 M re, 2 M li im Wechsel), insgesamt 4, 4, 5, **5, 5** cm lang. Kettet locker im Rippenmuster ab und strickt den zweiten Ärmel gleich.

ABSCHLUSS

Vernäht alle Enden und schließt die Löcher unter den Armen, wenn vorhanden. Wascht den Pullover entsprechend den Pflegehinweisen auf eurem Garn, zieht ihn auf einem trockenen Handtuch in Form und lasst ihn liegend trocknen.

Größen 1–2 und 2–4 Jahre
Alle Zunahmen werden in der Hauptfarbe gestrickt, bis auf eine. Diese ist gesondert markiert.

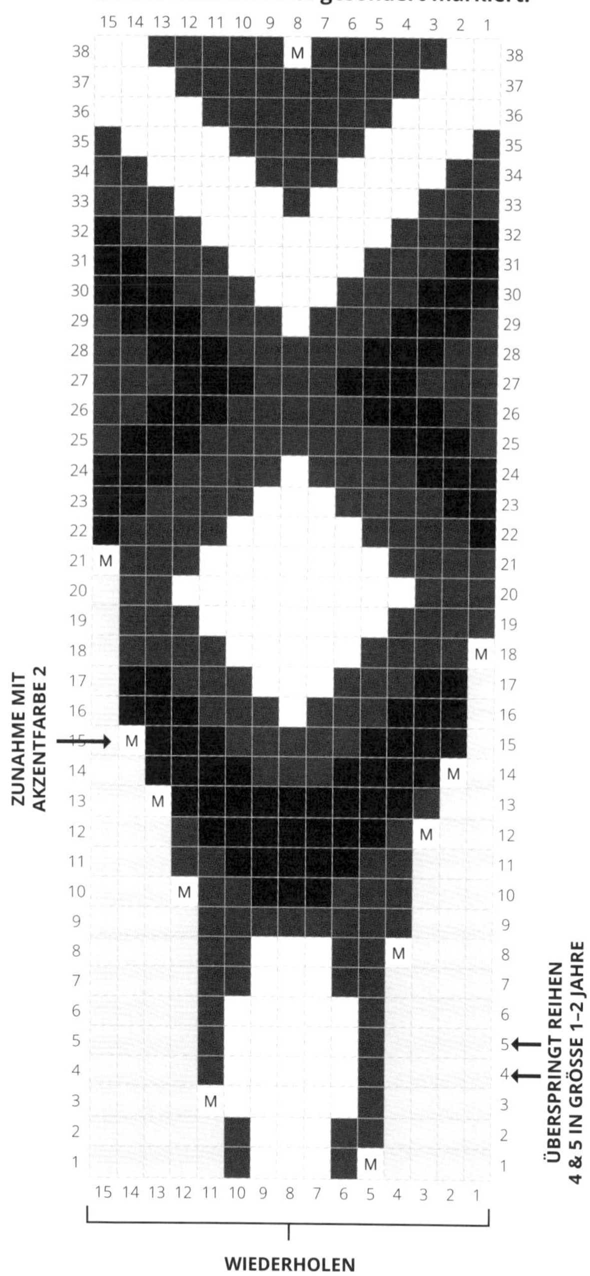

■ Hauptfarbe.

□ Akzentfarbe 1.

■ Akzentfarbe 2.

□ Keine Masche (Platzhalter).

[M] Zunahme (M1R).

Größen 4–6 und 6–8 Jahre
Alle Zunahmen werden in der Hauptfarbe gestrickt, bis auf eine. Diese ist gesondert markiert.

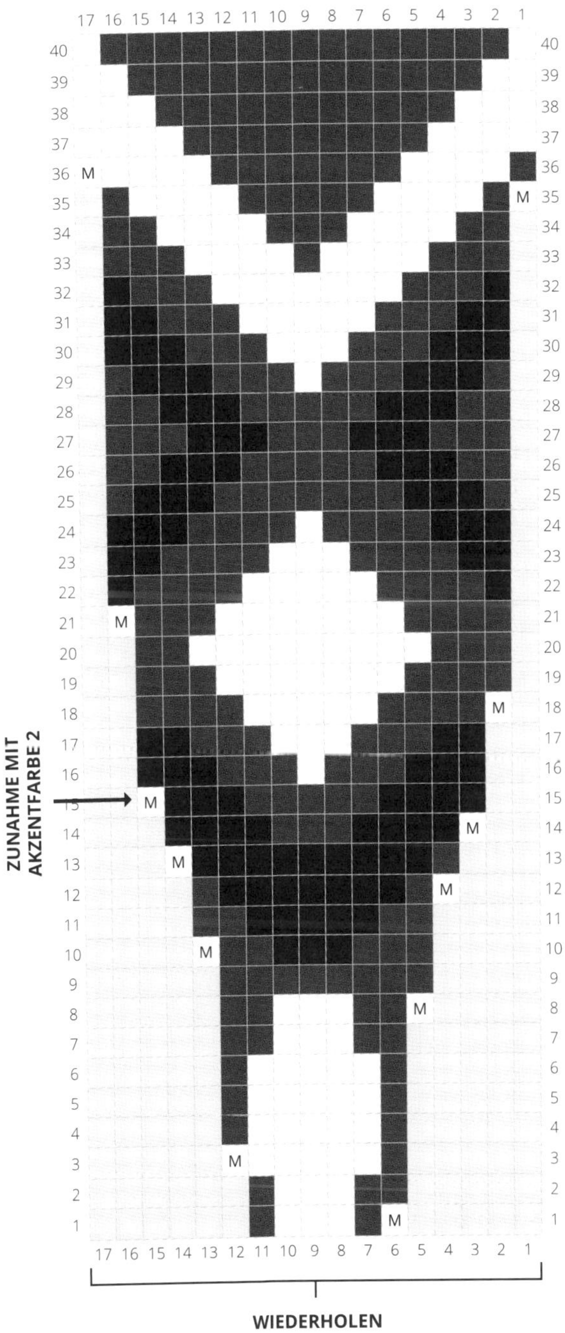

Größen 4–6 und 6–8 Jahre
Alle Zunahmen werden in der Hauptfarbe gestrickt, bis auf eine. Diese ist gesondert markiert.

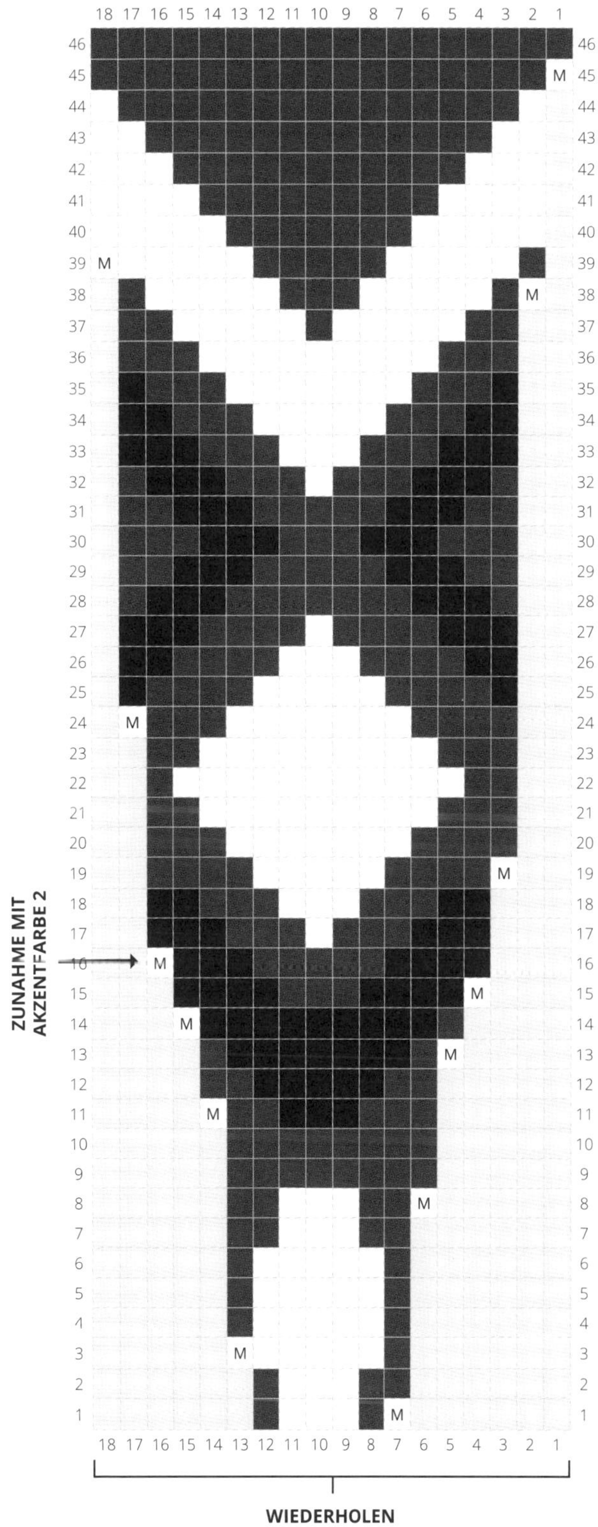

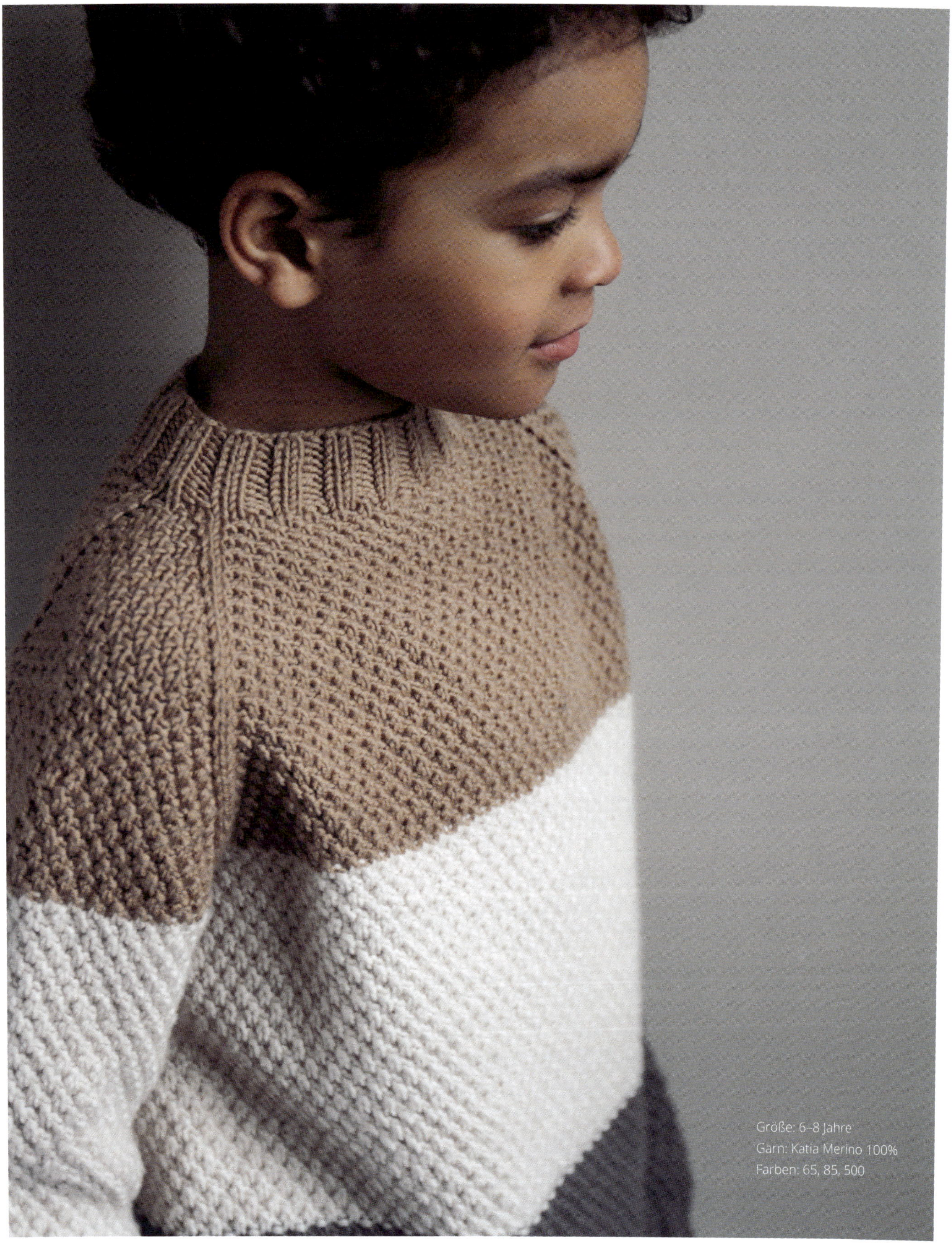

Größe: 6–8 Jahre
Garn: Katia Merino 100%
Farben: 65, 85, 500

FLAMME

Ein Retro-Pullover im Stil der 1970er. Schlicht, hübsch und praktisch, und ein guter Einstieg ins Perlmuster. Ein Lieblingsstück für Abenteurer – und Zeitreisende.

GRÖSSENANGABEN UND GARNVERBRAUCH

Größe	Brust-umfang	Ärmel-umfang	Rumpflänge ab Ärmelansatz	Ärmellänge ab Ärmelansatz	Garnverbrauch Farbe 1	Garnverbrauch Farbe 2	Garnverbrauch Farbe 3
6–12 Monate	57 cm	19 cm	19 cm	18 cm	50 g (102 m)	150 g (306 m)	100 g (204 m)
1–2 Jahre	61 cm	20 cm	22 cm	21 cm	50 g (102 m)	150 g (306 m)	100 g (204 m)
2–4 Jahre	65 cm	21 cm	25 cm	23 cm	50 g (102 m)	200 g (408 m)	100 g (204 m)
4–6 Jahre	**70 cm**	**22 cm**	**30 cm**	**29 cm**	**50 g (102 m)**	**250 g (510 m)**	**150 g (306 m)**
6–8 Jahre	**73 cm**	**23 cm**	**35 cm**	**34 cm**	**100 g (204 m)**	**300 g (612 m)**	**150 g (306 m)**
8–10 Jahre	**78 cm**	**25 cm**	**38 cm**	**37 cm**	**100 g (204 m)**	**350 g (714 m)**	**200 g (408 m)**

Bitte beachtet, dass die angegebenen Garnmengen nur ein Richtwert sind.

Garn:
Katia Merino 100% (102 m/50 g), Lana Grossa Cool Wool big, Lang Merino 120, Drops Merino Extra Fine.

Oder andere Garne mit passender Maschenprobe.

Maschenprobe
23 Maschen = 10 cm mit Nadelstärke 4

Das braucht ihr:
Rundstricknadel Nr. 4 (40 cm und 60/80 cm)
Nadelspiel Nr. 4 (für die Ärmel)
Nadelspiel Nr. 3,5 (für die Ärmelbündchen)
Stopfnadel zum Vernähen
Maschenmarkierer

ANLEITUNG

Der Pullover wird im Perlmuster von oben nach unten in Runden gearbeitet.

FARBWECHSEL

Die Farben sind bei uns wie folgt aufgeteilt: Beginnt mit Farbe 1 und strickt damit ca. 11, 12, 13, **13,5, 17, 18,5** cm. Wechselt dann zu Farbe 2 und strickt damit noch einmal 12,5, 14,5, 16,5, **19,5, 23, 25** cm. Strickt den Rumpf dann mit der dritten Farbe fertig. Die Ärmel werden bei uns im gleichen Verhältnis gestrickt, aber natürlich kann man das auch variieren.

BÜNDCHEN

Schlagt 64, 68, 72, **72, 72, 76** M auf die Rundstricknadel Nr. 4 (40 cm lang) an und schließt zur Runde. Strickt das Halsbündchen im Rippenmuster (1 M re, 1 M li im Wechsel oder 2 M re, 2 M li im Wechsel, je nach Geschmack) insgesamt 2,5, 3, 3, **3, 3,5, 3,5** cm lang.

Strickt zum Schluss noch eine Runde glatt re und nehmt gleichmäßig verteilt 4, 0, 0, **4, 4, 4** M zu. Jetzt liegen 68, 68, 72, **76, 76, 80** M auf der Nadel.

RAGLANBLENDE

Nach dem Bündchen werden die Raglanzunahmen gearbeitet. Diese Zunahmen bilden die Linien, die Rumpf und Schultern voneinander trennen. Die Runde beginnt in der hinteren Mitte. Ab hier strickt ihr den gesamten Pullover, bis auf die Bündchen, im **Perlmuster** (s. Diagramm auf S. 84). Beginnt in der ersten Runde jeden neuen Abschnitt (Schritte 1–5) mit einer rechten Masche, sodass an diesen Stellen immer zwei rechte Maschen aufeinandertreffen.

Musterdiagramm:

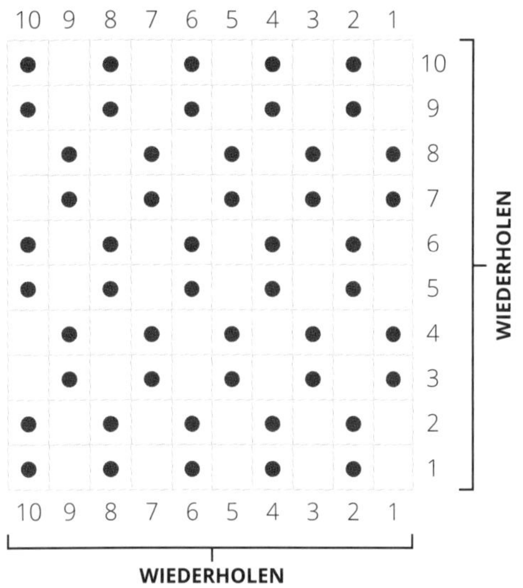

☐ Rechte Maschen

⊡ Linke Maschen

ERSTE RUNDE:

1. Schritt: Strickt 15, 15, 15, **17, 17, 17** M (rechtes Rückenteil). Beginnt und endet mit einer rechten Masche. MM platzieren.

2. Schritt: Strickt 5 M (rechte Schulter). Beginnt und endet mit einer rechten Masche. MM platzieren.

3. Schritt: Strickt 29, 29, 31, **33, 33, 35** M (Vorderteil). Beginnt und endet mit einer rechten Masche. MM platzieren.

4. Schritt: Strickt 5 M (linke Schulter).

5. Schritt: Strickt 14, 14, 16, **16, 16, 18** M (linkes Rückenteil). Beginnt mit einer rechten und endet mit einer linken Masche.

Jetzt habt ihr wieder den Beginn der Runde in der hinteren Mitte erreicht. Markiert ihn ggf. mit einem weiteren MM. Die zwei rechten Maschen beidseitig der 4 MM in der Runde sind die Raglanmaschen, an denen ihr ab der nächsten Runde die Raglanzunahmen arbeitet.

ZWEITE RUNDE:

Strickt bis zur ersten Raglanmasche (1 M vor dem ersten MM). Nehmt 1 M mit **M1R** (s. Seite 6) zu, strickt die erste Raglanmasche rechts, hebt den MM ab, strickt die zweite Raglanmasche re und nehmt 1 M mit **M1L** zu. Wiederholt diese Zunahme an den anderen drei MM in der Runde und nehmt so an vier Stellen in der Runde insgesamt 8 M zu.

DRITTE RUNDE:

Strickt im Perlmuster ohne Zunahmen. Die Raglanmaschen strickt ihr weiterhin immer re. Die Maschen, die ihr in der vorigen Runde zugenommen habt, werden ab jetzt ins Muster integriert und je nachdem, wo ihr euch befindet, im Perlmuster re oder li gestrickt.

Wiederholt **Runden 2 und 3**, bis ihr in insgesamt 17, 18, 19, **21, 23, 25** Runden zugenommen habt. Wechselt auf eine längere Rundstricknadel, wenn die Runden zu lang für 40 cm werden.

Am Ende der Zunahmen liegen 204, 212, 224, **244, 260, 280** M auf der Nadel.

RUMPF

Jetzt werden die Maschen, die später die Ärmel bilden, auf jeder Seite auf einem Hilfsfaden stillgelegt. Das ist ein Faden in einer Kontrastfarbe, auf den ihr alle Ärmelmaschen auffädelt, um sie zu sichern, während der Rumpf gestrickt wird.

1. Schritt: Strickt 31, 32, 33, **37, 39, 41** M (Rückenteil).

2. Schritt: Legt 41, 43, 45, **49, 53, 57** M auf einen Hilfsfaden (rechter Ärmel).

3. Schritt: Schlagt 5, 7, 7, **7, 7, 7** neue M an (unter dem rechten Ärmel).

4. Schritt: Strickt 61, 63, 67, **73, 77, 83** M (Vorderteil)

5. Schritt: Legt 41, 43, 45, **49, 53, 57** M auf einen Hilfsfaden (linker Ärmel).

6. Schritt: Schlagt 5, 7, 7, **7, 7, 7** neue M an (unter dem linken Ärmel).

7. Schritt: Strickt 30, 31, 34, **36, 38, 42** M (Rückenteil).

Jetzt liegen insgesamt 132, 140, 148, **160, 168, 180** M auf der Nadel (Vorder- und Rückenteil, plus die neuen M unter den Ärmeln). Die Ärmelmaschen liegen jetzt auf Hilfsfäden.

Strickt jetzt gerade nach unten, bis der Rumpf, ab dem Ärmelansatz, 16, 18,5, 21,5, **26, 31, 33,5** cm misst. Strickt eine weitere Runde glatt re und nehmt dabei gleichmäßig verteilt 2, 0, 0, **0, 2, 2** M ab.

Strickt dann ein Rippenbündchen wie im Halsbündchen (1 M re, 1 M li im Wechsel oder 2 M re, 2 M li im Wechsel), 3, 3,5, 3,5, **4, 4, 4,5** cm lang, und kettet locker im Rippenmuster ab.

ÄRMEL

Jetzt werden die Maschen für den ersten Ärmel, die ihr auf einem Hilfsfaden stillgelegt habt, wieder zurück auf Nadeln (Stärke 4) gelegt. Zusätzlich werden aus den Maschen, die ihr unter dem Arm neu angeschlagen habt, 5, 7, 7, **7, 7, 7** M aufgefasst und zu den restlichen Ärmelmaschen auf die Nadel gelegt. Die Ärmel werden in Runden gestrickt. Damit der Rundenbeginn mittig unter dem Arm liegt, werden die neu aufgefassten Maschen auf Rundenbeginn und -ende verteilt, d.h. es kommen je 2–3 der Maschen auf die erste und 3–4 auf die letzte Nadel. Die erste Runde beginnt nun in der Mitte zwischen diesen neuen Maschen. Jetzt liegen 46, 50, 52, **56, 60, 64** M auf der Nadel.

Strickt den Ärmel im Perlmuster in Runden. Ab hier werden auch die Raglanmaschen, die bisher re gestrickt wurden, als Teil des Ärmels im Perlmuster gestrickt.

Nach und nach werden die Maschen im Ärmel reduziert: Strickt die ersten 2 cm des Ärmels im Perlmuster. Strickt in der nächsten Runde die ersten 2 M und die letzten 2 M des Ärmels zusammen und reduziert die Maschenzahl so um 2 M. Arbeitet diese Abnahmen mit 3, 3, 3,5, **3,5, 4, 4** cm Abstand insgesamt 4, 5, 5, **6, 7, 8** Mal und nehmt so nach und nach insgesamt 8, 10, 10, **12, 14, 16** M ab.

Strickt den Ärmel weiter bis zu einer Länge von 15, 17,5, 19,5, **25, 30, 32,5** cm. Jetzt liegen noch 38, 40, 42, **44, 46, 48** M auf der Nadel. Strickt daraus ein Bündchen im Rippenmuster wie im Rumpf, insgesamt 3, 3,5, 3,5, **4, 4, 4,5** cm lang. Kettet locker im Rippenmuster ab.

Strickt den zweiten Ärmel gleich.

ABSCHLUSS

Vernäht alle Enden und schließt ggf. die Löcher unter den Armen, wenn vorhanden. Wascht den Pullover entsprechend den Pflegehinweisen auf eurem Garn, zieht ihn auf einem trockenen Handtuch in Form und lasst ihn liegend trocknen.

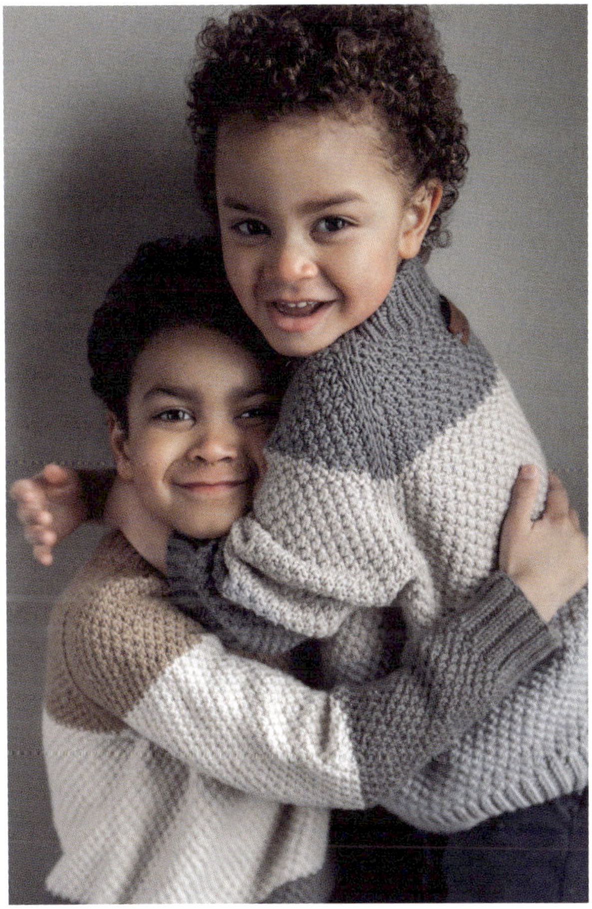

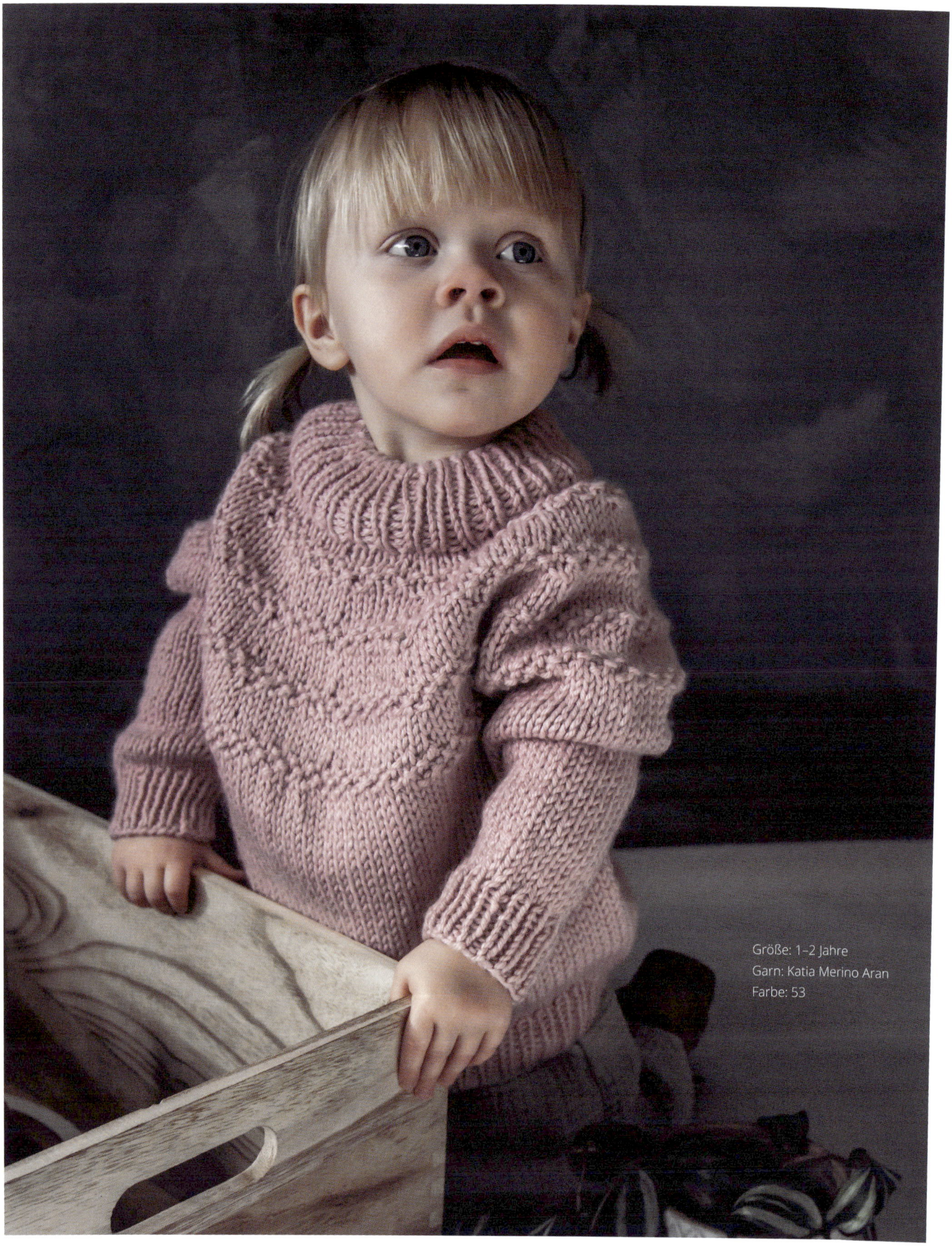
Größe: 1–2 Jahre
Garn: Katia Merino Aran
Farbe: 53

SCHATTEN

Das perfekte Anfängerstück für die erste Rundpasse! Keine Raglanlinien, nur ganz einfache Zunahmen und ein bisschen Strukturmuster dazwischen. Für Anfänger geeignet, aber auch für Fortgeschrittene nicht langweilig. Ein kuscheliges Modell für den Kindergarten, unter der Regenkleidung oder beim Herbstspaziergang.

GRÖSSENANGABEN UND GARNVERBRAUCH

Größe	Brustumfang	Ärmelumfang	Rumpflänge ab Ärmelansatz	Ärmellänge ab Ärmelansatz	Garnverbrauch
6–12 Monate	64 cm	21 cm	19 cm	18 cm	200 g (320 m)
1–2 Jahre	69 cm	23 cm	22 cm	22 cm	250 g (400 m)
2–4 Jahre	73 cm	25 cm	26 cm	27 cm	300 g (480 m)
4–6 Jahre	**80 cm**	**28 cm**	**29 cm**	**30 cm**	**400 g (640 m)**
6–8 Jahre	**85 cm**	**29 cm**	**35 cm**	**33 cm**	**500 g (800 m)**
8–10 Jahre	**93 cm**	**31 cm**	**38 cm**	**37 cm**	**600 g (960 m)**

Bitte beachtet, dass die angegebenen Garnmengen nur ein Richtwert sind.

Garn:
Lana Grossa Bingo (80 m/50 g) oder Country Tweed, Katia Merino Aran, Merino Tweed oder Merino Sport, Lang Merino+, Schachenmayr Merino extra fine 85, Drops Nepal

oder andere Garne mit passender Maschenprobe.

Maschenprobe
16 Maschen = 10 cm mit Nadelstärke 6

Das braucht ihr:
Rundstricknadel Nr. 6 (40 und 60/80 cm lang)
Rundstricknadel Nr. 5,5 (60/80 cm für das untere Bündchen)
Nadelspiel Nr. 6 (für die Ärmel, bei Bedarf)
Nadelspiel Nr. 5,5 (für die Ärmelbündchen)
Stopfnadel zum Vernähen
Maschenmarkierer

ANLEITUNG

Der Pullover wird glatt rechts von oben nach unten in Runden gearbeitet, mit kleinen Musterreihen im Perlmuster. Die Zunahmen in der Rundpasse werden in den glatt re gestrickten Abschnitten gestrickt.

BÜNDCHEN

Schlagt 56, 60, 60, **64, 64, 68** M auf die Rundstricknadel Nr. 6 (40 cm lang) an und schließt zur Runde. Strickt das Bündchen im Rippenmuster (1 M re, 1 M li im Wechsel) insgesamt 13, 13, 14, **15, 15, 17** cm lang. Im Anschluss klappt ihr das Bündchen nach innen um und strickt es in der nächsten Reihe direkt fest, damit es umgeklappt fixiert ist, s. »Doppeltes Bündchen« auf S. 7.

RUNDPASSE

Nach dem Bündchen wird die Rundpasse mit regelmäßigen Zunahmen gearbeitet. Ab hier werden immer 5 Runden glatt re und 3 Runden Perlmuster im Wechsel gestrickt. Die Zunahmen werden jeweils vor und nach dem Perlmuster in eine glatt re gestrickte Runde integriert und als verschränkte Zunahmen aus dem Querfaden gearbeitet, damit sich keine Löcher bilden (**M1R**, s. Seite 6). Strickt die Rundpasse wie folgt:

1.+2. Runde: Glatt re.

3. Runde: *strickt 4 M re, nehmt 1 M zu*, wiederholt *–* über die ganze Runde. Ihr habt so 14, 15, 15, **16, 16, 17** M zugenommen und habt jetzt 70, 75, 75, **80, 80, 85** M auf der Nadel.

4.–6. Runde: Perlmuster (s. Diagramm auf S. 88).

Musterdiagramm:

8	7	6	5	4	3	2	1	
	●		●		●		●	3
●		●		●		●		2
	●		●		●		●	1
8	7	6	5	4	3	2	1	

☐ Rechte Maschen.

⊡ Linke Maschen.

7. Runde: *strickt 5 M re, nehmt 1 M zu*, wiederholt *–* über die ganze Runde. Ihr habt so 14, 15, 15, **16, 16, 17** M zugenommen und habt jetzt 84, 90, 90, **96, 96, 102** M auf der Nadel.

8.–10. Runde: Glatt re.

11. Runde: *strickt 6 M re, nehmt 1 M zu*, wiederholt *–* über die ganze Runde. Ihr habt so 14, 15, 15, **16, 16, 17** M zugenommen und habt jetzt 98, 105, 105, **112, 112, 119** M auf der Nadel.

12.–14. Runde: Perlmuster.

15. Runde: *strickt 7 M re, nehmt 1 M zu*, wiederholt *–* über die ganze Runde. Ihr habt so 14, 15, 15, **16, 16, 17** M zugenommen und habt jetzt 112, 120, 120, **128, 128, 136** M auf der Nadel.

16.–18. Runde: Glatt re.

19. Runde: *strickt 8 M re, nehmt 1 M zu*, wiederholt *–* über die ganze Runde. Ihr habt so 14, 15, 15, **16, 16, 17** M zugenommen und habt jetzt 126, 135, 135, **144, 144, 153** M auf der Nadel.

20.–22. Runde: Perlmuster.

23. Runde: *strickt 9 M re, nehmt 1 M zu*, wiederholt *–* über die ganze Runde. Ihr habt so 14, 15, 15, **16, 16, 17** M zugenommen und habt jetzt 140, 150, 150, **160, 160, 170** M auf der Nadel.

24.–26. Runde: Glatt re.

27. Runde: *strickt 10 M re, nehmt 1 M zu*, wiederholt *–* über die ganze Runde. Ihr habt so 14, 15, 15, **16, 16, 17** M zugenommen und habt jetzt 154, 165, 165, **176, 176, 187** M auf der Nadel.

28.–30. Runde: Perlmuster.

Hier endet die Rundpasse in den Größen 6–12 Monate und 1–2 Jahre.

Strickt in **Größe 6–12 Monate** noch eine weitere Runde glatt re und nehmt 1 M zu. Geht dann direkt weiter zum Kapitel »Rumpf«.

In **Größe 1–2 Jahre** strickt ihr noch 3 Runden glatt re und nehmt in der ersten Runde 1 M zu. Geht dann direkt weiter zum Kapitel »Rumpf«.

Alle anderen Größen machen nach Runde 30 direkt mit Runde 31 weiter.

31. Runde: *strickt 11 M re, nehmt 1 M zu*, wiederholt *–* über die ganze Runde. Ihr habt so 15, **16, 16, 17** M zugenommen und habt jetzt 180, **192, 192, 204** M auf der Nadel.

32.–34. Runde: Glatt re.

Hier endet die Rundpasse in Größe 2–4 Jahre. Geht in dieser Größe direkt weiter zum Kapitel »Rumpf«.

35. Runde: *strickt **24, 12, 12** M re, nehmt 1 M zu*, wiederholt *–* über die ganze Runde. Ihr habt so **8, 16, 17** M zugenommen und habt jetzt **200, 208, 221** M auf der Nadel.

36.–38. Runde: Perlmuster.

Hier endet die Rundpasse in Größe 4–6 Jahre. Geht in dieser Größe direkt weiter zum Kapitel »Rumpf«.

39. Runde: *strickt **52, 22** M re, nehmt 1 M zu*, wiederholt *–* über die ganze Runde. Ihr habt so **4, 10** M zugenommen und habt jetzt **212, 231** M auf der Nadel.

40.–42. Runde: Glatt re.

Hier endet die Rundpasse in den Größen 6–8 und 8–12 Jahre.

Geht in **Größe 6–8** direkt weiter zum Kapitel »Rumpf«.

In **Größe 8–12 Jahre** strickt ihr noch 4 Runden glatt re und nehmt dabei in der ersten Runde 1 M zu.

RUMPF

Jetzt liegen 154, 166, 180, **200, 212, 232** M auf der Nadel. In der nächsten Runde werden die Maschen, die später die Ärmel bilden, auf jeder Seite auf einem Hilfsfaden stillgelegt. Das ist ein Faden in einer Kontrastfarbe, auf den ihr alle Ärmelmaschen auffädelt, um sie zu sichern, während der Rumpf gestrickt wird.

1. Schritt: Legt 30, 32, 36, **40, 42, 46** M auf einen Hilfsfaden (rechter Ärmel).

2. Schritt: Schlagt 4 neue M an (unter dem rechten Arm).

3. Schritt: Strickt 47, 51, 54, **60, 64, 70** M (Vorderteil)

4. Schritt: Legt 30, 32, 36, **40, 42, 46** M auf einen Hilfsfaden (linker Ärmel).

5. Schritt: Schlagt 4 neue M an (unter dem linken Arm).

6. Schritt: Strickt 47, 51, 54, **60, 64, 70** M (Rückenteil).

Jetzt liegen insgesamt 102, 110, 116, **128, 136, 148** M auf der Nadel (Vorder- und Rückenteil, plus die 8 neuen M unter den Ärmeln). Die Ärmelmaschen liegen jetzt auf Hilfsfäden.

Strickt jetzt glatt re gerade nach unten, bis der Rumpf, ab dem Ärmelansatz, 15, 16, 21, **24, 29, 32** cm misst. Wechselt dann auf Nadelstärke 5,5 (60 oder 80 cm), strickt eine weitere Runde glatt re und nehmt dabei 8, 10, 10, **10, 12, 12** M ab. Strickt dann ein Rippenbündchen wie im Halsbündchen (1 M re, 1 M li im Wechsel), 4, 4, 5, **5, 6, 6** cm lang, und kettet im Muster ab.

ÄRMEL

Jetzt werden die Maschen für den ersten Ärmel, die ihr auf einem Hilfsfaden stillgelegt habt, wieder zurück auf Nadeln (Stärke 6) gelegt. Zusätzlich werden aus den Maschen, die ihr unter dem Arm neu angeschlagen habt, 4 M aufgefasst und zu den restlichen Ärmelmaschen auf die Nadel gelegt. Damit der Rundenbeginn mittig unter dem Arm liegt, werden die neu aufgefassten Maschen auf Rundenbeginn und -ende verteilt, d.h. es kommen je 2 der Maschen auf die erste und 2 auf die letzte Nadel. Die erste Runde beginnt nun in der Mitte zwischen diesen neuen Maschen. Jetzt liegen 34, 36, 40, **44, 46, 50** M auf der Nadel.

Strickt zunächst 5, 5, 4, **5, 4, 5** cm lang glatt re in Runden. In der nächsten Runde strickt ihr die ersten 2 M und die letzten 2 M der Runde zusammen und nehmt so 2 M ab. Wiederholt diese Abnahme mit 4,5, 4, 4, **3, 3, 3,5** cm Abstand, bis ihr insgesamt 2, 3, 4, **6, 6, 7** Abnahmen gearbeitet oder um 4, 6, 8, **12, 12, 14** M abgenommen habt. Jetzt liegen 30, 30, 32, **32, 34, 36** M auf der Nadel. Strickt den Ärmel dann ohne Abnahmen weiter, bis er ab dem Ärmelansatz 14, 17, 22, **25, 27, 31** cm lang ist.

Wechselt auf das Nadelspiel Nr. 5,5 und strickt eine weitere Runde re. Strickt dann in Bündchen im Rippenmuster wie im Rumpf, insgesamt 4, 4, 5, **5, 6, 6** cm lang. Kettet locker im Rippenmuster ab und strickt den zweiten Ärmel gleich.

ABSCHLUSS

Vernäht alle Enden und schließt ggf. die Löcher unter den Armen, wenn vorhanden. Wascht den Pullover entsprechend den Pflegehinweisen auf eurem Garn, zieht ihn auf einem trockenen Handtuch in Form und lasst ihn liegend trocknen.

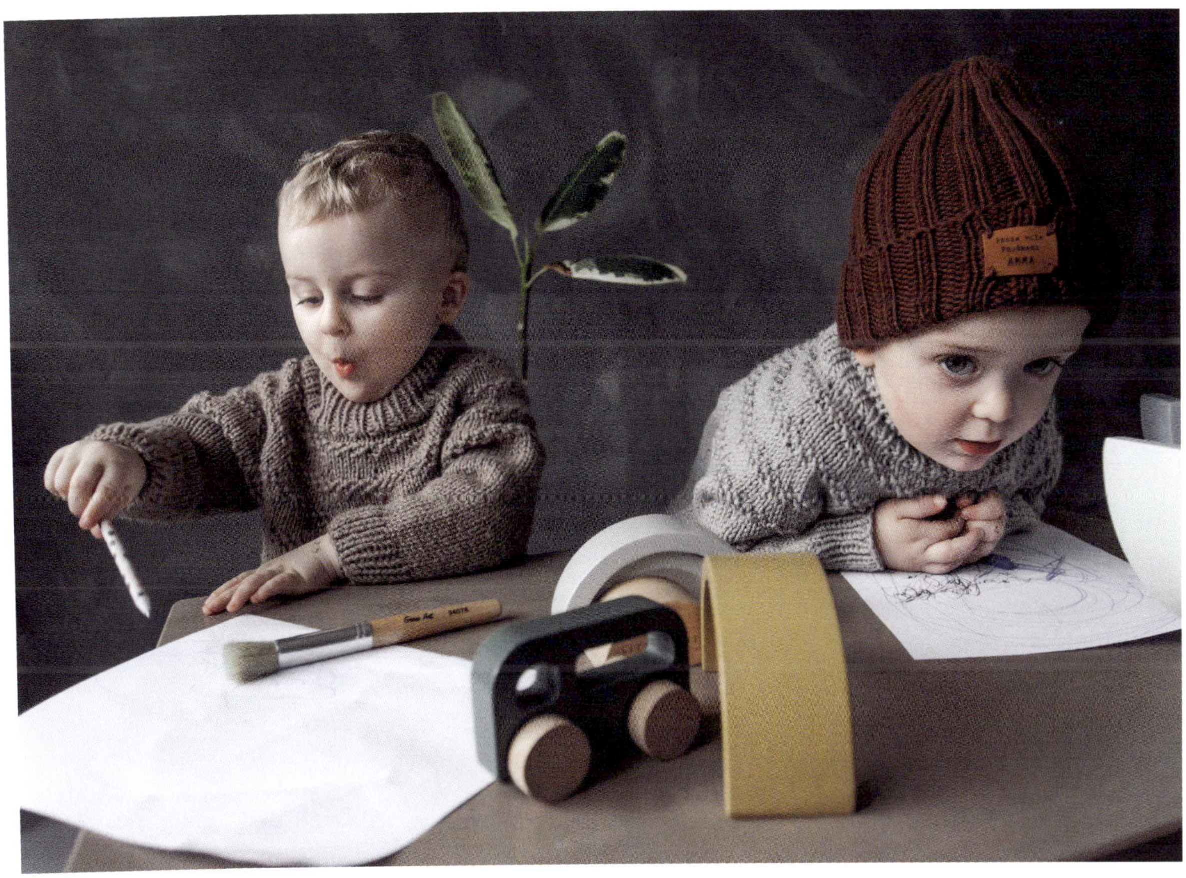

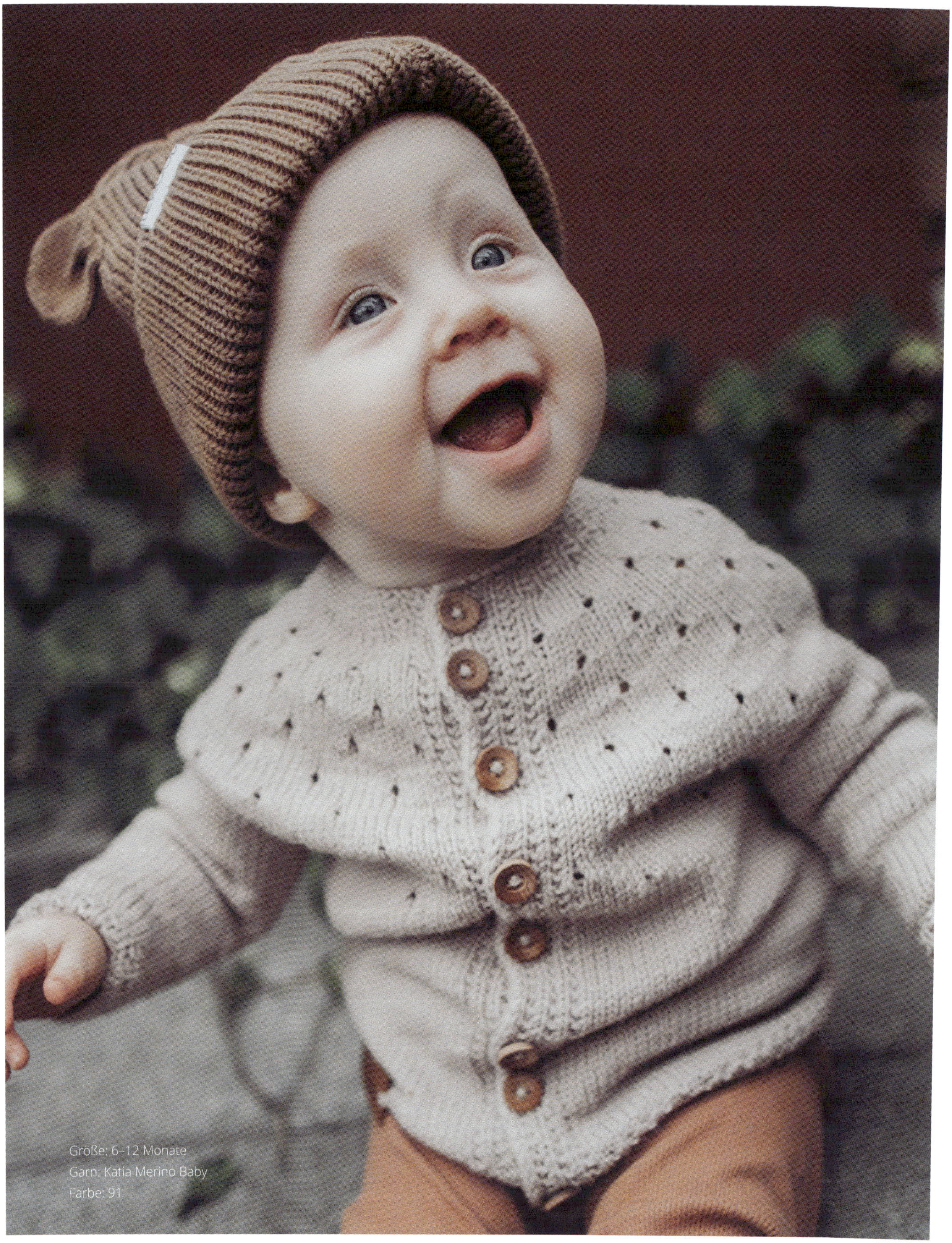

Größe: 6–12 Monate
Garn: Katia Merino Baby
Farbe: 91

GLÜCK – BABYJACKE

Unser beliebtestes Modell für kleine Babys, keine Frage! Das zarte Jäckchen wird in einem Stück gestrickt und ist überraschend kurzweilig. Das Ergebnis ist so zauberhaft, dass wir die Jacke sofort auch für größere Kinder aus dicker Wolle nachreichen mussten.

GRÖSSENANGABEN UND GARNVERBRAUCH

Größe	Brustumfang	Ärmelumfang	Rumpflänge ab Ärmelansatz	Ärmellänge ab Ärmelansatz	Garnverbrauch
0–3 Monate	49 cm	17 cm	16 cm	16 cm	100 g (320 m)
3–6 Monate	52 cm	18 cm	18 cm	17 cm	150 g (480 m)
6–12 Monate	**60 cm**	**20 cm**	**19 cm**	**18 cm**	**150 g (480 m)**
1–2 Jahre	**66 cm**	**22 cm**	**23 cm**	**24 cm**	**200 g (640 m)**

Bitte beachtet, dass die angegebenen Garnmengen nur ein Richtwert sind.

Garn:
Cool Wool (160 m/50 g) von Lana Grossa, Katia Merino Baby, Drops Baby Merino, Lang Merino 150, Sandnes Tynn Merinoull

oder andere Garne mit passender Maschenprobe

Maschenprobe
26 Maschen = 10 cm mit Nadelstärke 3,5

Das braucht ihr:
Rundstricknadel Nr. 3,5 (60 cm)
Nadelspiel Nr. 3,5
Stopfnadel zum Vernähen der Fäden
Maschenmarkierer
Knöpfe (12–15 mm Durchmesser)

ANLEITUNG

Diese Jacke wird in Reihen von oben nach unten gestrickt. Die Zunahmen werden als Lochmuster gearbeitet.

HALSBÜNDCHEN

Schlagt 65, 67, **75, 81** M auf die Rundstricknadel Nr. 3,5 an. Strickt ein Bündchen im gebrochenen Rippenmuster (die Hinreihe nur re, die Rückreihe 1 M re, 1 M li im Wechsel) in Reihen, insgesamt 2, 2, **2,5, 2,5** cm lang, und beachtet dabei die **Randmaschen**, die **I-Cord-Kante** und das erste **Knopfloch** (siehe die nächsten drei Absätze). Die erste Reihe, die ihr strickt, ist eine Hinreihe.

Die ersten 8, 8, **10, 10** und die letzten 8, 8, **10, 10** M des Bündchens sind **Randmaschen**, die später die Knopfleiste bilden. Sie werden über die gesamte Länge der Jacke in demselben gebrochenen Rippenmuster gestrickt wie das Halsbündchen.

Die Knopfleisten werden an beiden Seiten mit einer **I-Cord-Kante** (s. Seite 7) abgeschlossen. Hier wird die Kante so gearbeitet, dass die ersten 3 M (die ersten 3 Randmaschen) in jeder Reihe immer re gestrickt werden. Die letzten 3 M in jeder Reihe (d.h. die letzten drei Randmaschen) werden mit dem Faden vor der Arbeit ungestrickt abgehoben.

In diese Randmaschen werden auch direkt die **Knopflöcher** eingestrickt. Wir empfehlen, sie mit einem Abstand von ca. 3, 4, **5, 6** cm zu arbeiten. Das erste Loch wird direkt in der 5. Reihe gestrickt. Hier strickt ihr sie immer am Anfang einer Hinreihe: Strickt 4, 4, **5, 5** M, 1 Umschlag, strickt 2 M re zusammen und strickt normal weiter.

RUNDPASSE

Ab hier strickt ihr glatt re weiter, d.h. re in der Hinreihe und li in der Rückreihe, mit den Randmaschen wie gehabt im gebrochenen Rippenmuster. Strickt 1 Hinreihe und nehmt dabei gleichmäßig verteilt insgesamt 3, 1, **0, 0** M zu, aber nicht dort, wo die Randmaschen sind. Strickt diese Zunahmen am besten verschränkt aus dem Querfaden, damit sich hier keine Löcher bilden (M1R, s. Seite 6).

Strickt die Rückreihe li zurück.

Markiert die 8, 8, **10, 10** Randmaschen auf beiden Seiten mit einem MM, damit ihr bei den Zunahmen nicht den Überblick verliert, und denkt an die Knopflöcher. Jetzt habt ihr 68, 68, **75, 81** M auf der Nadel und beginnt mit dem Lochmuster.

Ab der nächsten Reihe (3. Reihe) beginnt das Lochmuster:

3. Reihe (Hinreihe): Strickt die Randmaschen (RM). Strickt 2 M, Umschlag, *strickt 3 M, 1 Umschlag*. Wiederholt *–* über die gesamte Runde. Strickt 2 M, strickt die RM. Jetzt habt ihr 17, 17, **18, 20** M zugenommen und habt 85, 85, **93, 101** M auf der Nadel.

4.–8. Reihe: Strickt die Hinreihen re und die Rückreihen li.

9. Reihe: Strickt die RM. Strickt 1 M, Umschlag, *strickt 4 M, 1 Umschlag*. Wiederholt *–* über die gesamte Runde. Nehmt nach dem letzten Umschlag 1 M verschränkt aus dem Querfaden zu, strickt die RM. Jetzt habt ihr 19, 19, **20, 22** M zugenommen und habt 104, 104, **113, 123** M auf der Nadel.

10.–14. Reihe: Strickt die Hinreihen re und die Rückreihen li.

15. Reihe: Strickt die RM. Strickt 4 M, Umschlag, *strickt 5 M, 1 Umschlag*. Wiederholt *–* über die gesamte Runde. Strickt 4 M, strickt die RM. Jetzt habt ihr 17, 17, **18, 20** M zugenommen und habt 121, 121, **131, 143** M auf der Nadel.

16.–20. Reihe: Strickt die Hinreihen re und die Rückreihen li.

21. Reihe: Strickt die RM. Strickt 1 M, Umschlag, *strickt 6 M, 1 Umschlag*. Wiederholt *–* über die gesamte Runde. Strickt 2 M zusammen, strickt die RM. Jetzt habt ihr 17, 17, **18, 20** M zugenommen und habt 138, 138, **149, 163** M auf der Nadel.

22.–26. Reihe: Strickt die Hinreihen re und die Rückreihen li.

27. Reihe: Strickt die RM. Strickt 5 M, Umschlag, *strickt 7 M, 1 Umschlag*. Wiederholt *–* über die gesamte Runde. Strickt 5 M, strickt die RM. Jetzt habt ihr 17, 17, **18, 20** M zugenommen und habt 155, 155, **167, 183** M auf der Nadel.

28.–32. Reihe: Strickt die Hinreihen re und die Rückreihen li.

33. Reihe: Strickt die RM. Strickt 1 M, Umschlag, *strickt 8 M, 1 Umschlag*. Wiederholt *–* über die gesamte Runde. Strickt 2 M zusammen, strickt die RM. Jetzt habt ihr 17, 17, **18, 20** M zugenommen und habt 172, 172 **185, 203** M auf der Nadel.

34.–38. Reihe: Strickt die Hinreihen re und die Rückreihen li.

39. Reihe: Strickt die RM. Strickt 6 M, Umschlag, *strickt 9 M, 1 Umschlag*. Wiederholt *–* über die gesamte Runde. Strickt 6 M, strickt die RM. Jetzt habt ihr 17, 17, **18, 20** M zugenommen und habt 189, 189, **203, 223** M auf der Nadel.

40.–44. Reihe: Strickt die Hinreihen re und die Rückreihen li.

45. Reihe: Strickt die RM. Strickt 1 M, Umschlag, *strickt 10 M, 1 Umschlag*. Wiederholt *–* über die gesamte Runde. Strickt 2 M zusammen, strickt die RM. Jetzt habt ihr 17, 17, **18, 20** M zugenommen und habt 206, 206, **221, 243** M auf der Nadel.

Hier endet die Rundpasse in Größe 0–3 Monate. Strickt in dieser Größe eine Rückreihe li zurück und nehmt dabei noch einmal 1 M zu (z.B. neben den Randmaschen). Geht dann direkt weiter zu Kapitel »Rumpf«.

Überspringt diesen Schritt in den größeren Größen und macht bei Reihe 46 weiter.

46.–50. Reihe: Strickt die Hinreihen re und die Rückreihen li.

51. Reihe: Strickt die RM. Strickt 7 M, Umschlag, *strickt 11 M, 1 Umschlag*. Wiederholt *–* über die gesamte Runde. Strickt 7 M, strickt die RM. Jetzt habt ihr 17, **18, 20** M zugenommen und habt 223, **239, 263** M auf der Nadel.

Hier endet die Rundpasse in Größe 3–6 Monate. Strickt in dieser Größe eine Rückreihe li zurück. Geht dann direkt weiter zu Kapitel »Rumpf«.

Überspringt diesen Schritt in den größeren Größen und macht bei Reihe 52 weiter.

52.–56. Reihe: Strickt die Hinreihen re und die Rückreihen li.

57. Reihe: Strickt die RM. Strickt 1 M, Umschlag, *strickt 12 M, 1 Umschlag*. Wiederholt *–* über die gesamte Runde. Strickt 2 M zusammen, strickt die RM. Jetzt habt ihr **18, 20** M zugenommen und habt **257, 283** M auf der Nadel.

Hier endet die Rundpasse in den Größen 6–12 Monate und 1–2 Jahre. Strickt eine Rückreihe li zurück.

Alle Größen: Jetzt liegen 207, 223, **257, 283** M auf der Nadel.

RUMPF

Ab hier wird nur noch glatt re, ohne Lochmuster gestrickt. Die Randmaschen werden weiterhin im Rippenmuster mit Knopflöchern gearbeitet.

Jetzt werden die Maschen, die später die Ärmel bilden, auf jeder Seite auf einem Hilfsfaden stillgelegt. Das ist ein Faden in einer Kontrastfarbe, auf den ihr alle Ärmelmaschen auffädelt, um sie zu sichern, während der Rumpf gestrickt wird. Das geht folgendermaßen:

1. Schritt: Strickt die 8, 8, **10, 10** RM.

2. Schritt: Strickt 25, 28, **33, 36** M (linkes Vorderteil).

3. Schritt: Legt die nächsten 42, 44, **48, 54** M auf einen Hilfsfaden (linker Ärmel).

4. Schritt: Schlagt 4 neue Maschen an (unter dem Arm).

5. Schritt: Strickt 57, 63, **75, 83** M (Rückenteil).

6. Schritt: Legt die nächsten 42, 44, **48, 54** M auf einen Hilfsfaden (rechter Ärmel).

7. Schritt: Schlagt 4 neue Maschen an (unter dem Arm).

8. Schritt: Strickt 25, 28, **33, 36** M (rechtes Vorderteil).

9. Schritt: Strickt die 8, 8, **10, 10** RM.

Jetzt liegen insgesamt 131, 143, **169, 183** M auf der Nadel. Die Ärmelmaschen liegen jetzt auf Hilfsfäden.

Strickt jetzt gerade nach unten, bis der Rumpf, ab dem Ärmelansatz, 13, 15, **15, 19** cm misst. Strickt ein Bündchen im gebrochenen Rippenmuster (Hinreihe nur re, Rückreihe 1 M re, 1 M li im Wechsel), 3, 3, **4, 4** cm lang, und kettet re in einer Hinreihe ab.

ÄRMEL

Jetzt werden die Maschen für den ersten Ärmel, die ihr auf einem Hilfsfaden stillgelegt habt, auf ein Nadelspiel gelegt. Zusätzlich werden aus den 4 Maschen, die ihr unter dem Arm neu angeschlagen habt, 4 M aufgefasst und zu den restlichen Ärmelmaschen auf die Nadel gelegt. Damit der Rundenbeginn mittig unter dem Arm liegt, werden die neu aufgefassten Maschen auf Rundenbeginn und -ende verteilt, d.h. es kommen je 2 M auf die erste und 2 M auf die letzte Nadel. Die erste Runde beginnt nun in der Mitte zwischen diesen neuen Maschen. Jetzt sollten 46, 48, **52, 58** M auf der Nadel liegen.

Es gibt zwei Möglichkeiten, den Ärmel zu stricken: Entweder nehmt ihr über die ganze Länge in regelmäßigen Abständen 2 M ab, um den Ärmelumfang nach und nach zu verringern, oder ihr strickt ohne Abnahmen bis zum unteren Bündchen und nehmt dort alle Maschen in einer Runde ab. Die zweite Methode passt besonders gut in den zwei kleinen Größen.

1. Möglichkeit: Für die regelmäßigen Abnahmen strickt ihr nach den ersten 2 cm des Ärmels die ersten zwei und die letzten zwei M des Ärmels zusammen und verringert so die Maschenzahl um 2. Wiederholt diese Abnahmen alle 2, 2,5, **2, 2,5** cm, insgesamt 6, 5, **7, 8** Mal, und nehmt so insgesamt 12, 10, **14, 16** M ab. Wenn der Ärmel 14, 15, **15,5, 21** cm misst, nehmt ihr in der letzten Runde noch einmal gleichmäßig verteilt 8 M ab.

2. Möglichkeit: Strickt den Ärmel glatt re in Runden ohne Abnahmen, bis er 14, 15, **15,5, 20** cm lang ist. Nehmt dann in der letzten Runde gleichmäßig verteilt 20, 18, **22, 24** M ab.

Am Ende des Ärmels liegen noch 26, 30, **30, 34** M auf der Nadel. Strickt jetzt das Bündchen im gebrochenen Rippenmuster (eine Reihe re, eine Reihe 1 m re, 1 m li im Wechsel), insgesamt 2, 2,5, **2,5, 3** cm lang. Kettet locker ab und strickt den zweiten Ärmel gleich.

ABSCHLUSS

Vernäht alle Enden und schließt die Löcher unter den Armen, wenn vorhanden. Wascht die Jacke entsprechend den Pflegehinweisen auf eurem Garn, zieht sie auf einem trockenen Handtuch in Form und lasst sie liegend trocknen. Befestigt zum Schluss noch die Knöpfe.

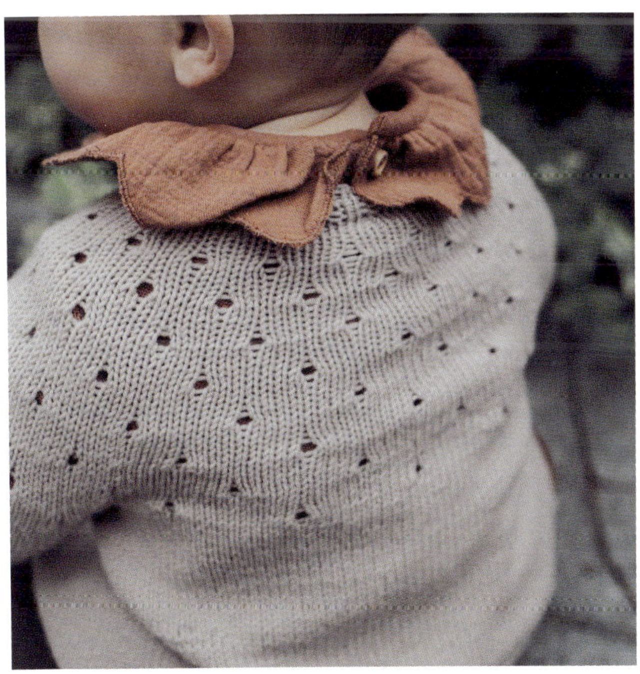

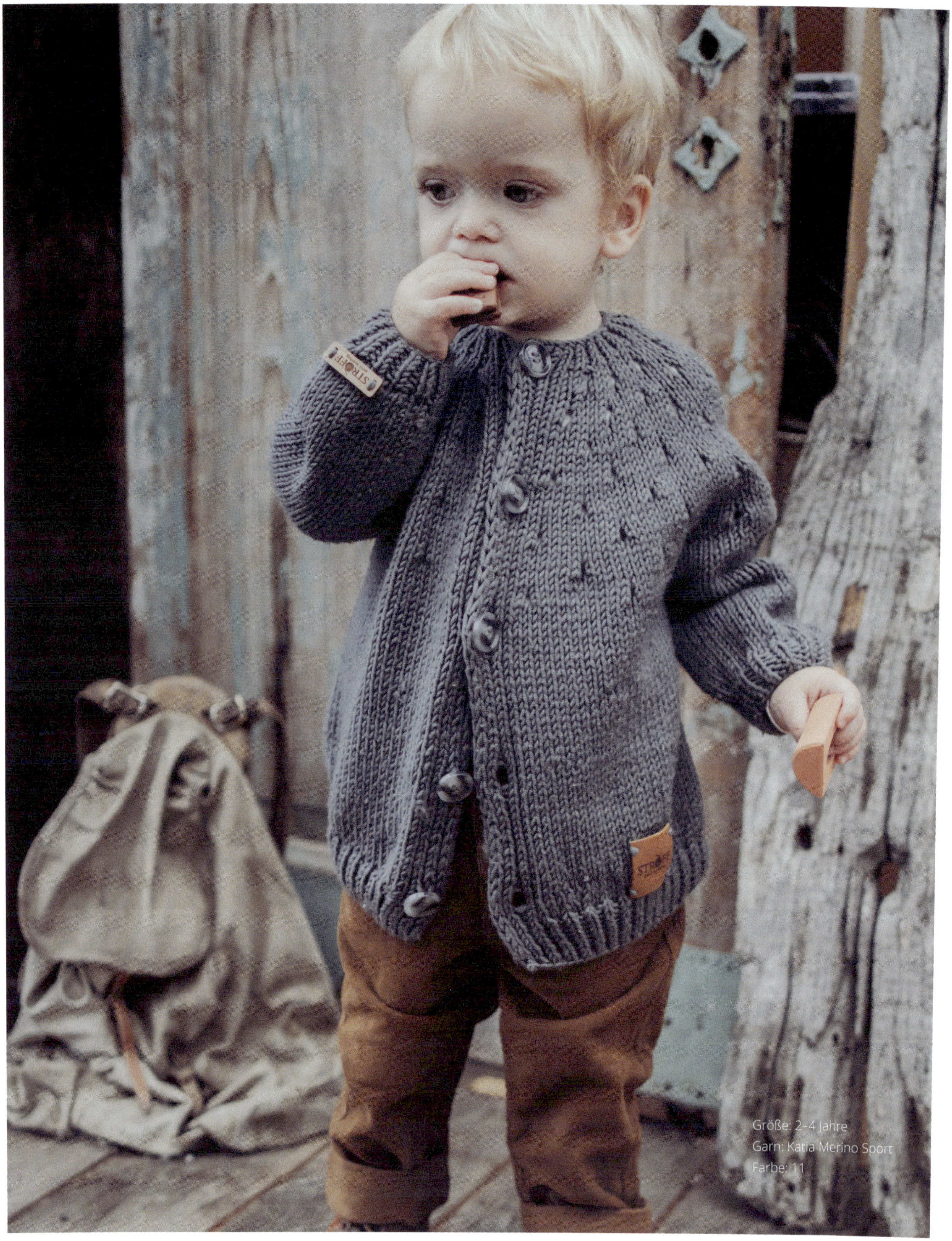

Größe: 2–4 Jahre
Garn: Katia Merino Sport
Farbe: 11

GLÜCK – KINDERJACKE

Die lockere Jacke für aktive Kinder. Kuschelig-oversize im Schnitt, aus robuster Wolle und auf dicken Nadeln gestrickt wird sie der perfekte Begleiter auf dem Spielplatz und im Kindergarten.

GRÖSSENANGABEN UND GARNVERBRAUCH

Größe	Brustumfang	Ärmelumfang	Rumpflänge ab Ärmelansatz	Ärmellänge ab Ärmelansatz	Garnverbrauch
2–4 Jahre	70 cm	23 cm	23 cm	23 cm	300 g (480 m)
4–6 Jahre	72 cm	25 cm	27 cm	27 cm	350 g (560 m)
6–8 Jahre	75 cm	26 cm	30 cm	30 cm	400 g (640 m)
8–10 Jahre	**82 cm**	**28 cm**	**33 cm**	**37 cm**	**450 g (720 m)**
10–12 Jahre	**87 cm**	**30 cm**	**36 cm**	**40 cm**	**500 g (800 m)**

Bitte beachtet, dass die angegebenen Garnmengen nur ein Richtwert sind.

Garn:
Lana Grossa Bingo (80 m/50 g), Merino Sport oder Merino Aran von Katia, Lang Merino+, Schachenmayr Merino extrafine 85, Drops Nepal

oder andere Garne mit passender Maschenprobe.

Maschenprobe
18 Maschen = 10 cm mit Nadelstärke 5,5

Das braucht ihr:
Rundstricknadel Nr. 5,5 (40 und 80 cm)
Nadelspiel Nr. 5,5
Stopfnadel zum Vernähen der Fäden
Maschenmarkierer
Knöpfe (ca. 20 mm Durchmesser)

ANLEITUNG

Diese Jacke wird in Reihen von oben nach unten gestrickt. Die Zunahmen werden als Lochmuster in jeder sechsten Runde gearbeitet.

HALSBÜNDCHEN

Schlagt 57, 61, 63, **63, 65** M auf die Rundstricknadel Nr. 5,5 an. Strickt ein Bündchen im Rippenmuster (1 M re, 1 M li im Wechsel) in Reihen, insgesamt 2,5–3 cm lang, und beachtet dabei die **Randmaschen**, die **I-Cord-Kante** und das erste **Knopfloch** (siehe die nächsten zwei Absätze). Die erste Reihe, die ihr strickt, ist eine Hinreihe.

Die ersten 8 und die letzten 8 M des Bündchens sind **Randmaschen**, die später die Knopfleiste bilden. Sie werden über die gesamte Länge der Jacke in demselben Rippenmuster gestrickt wie das Halsbündchen.

Die Knopfleisten werden an beiden Seiten mit einer **I-Cord-Kante** (s. Seite 7) abgeschlossen. Hier wird die Kante so gearbeitet, dass die ersten 3 M (die ersten 3 Randmaschen) in jeder Reihe immer re gestrickt werden. Die letzten 3 M in jeder Reihe (d.h. die letzten drei Randmaschen) werden mit dem Faden vor der Arbeit ungestrickt abgehoben.

In diese Randmaschen werden auch direkt die **Knopflöcher** eingestrickt. Wir empfehlen, sie mit einem Abstand von ca. 6–8 cm zu arbeiten. Das erste Loch wird direkt in der 5. Reihe gestrickt. Hier strickt ihr sie immer am Anfang einer Hinreihe: Strickt 5 M, 1 Umschlag, strickt 2 M re zusammen und strickt normal weiter.

RUNDPASSE

Ab hier strickt ihr glatt re weiter, d.h. re in der Hinreihe und li in der Rückreihe, mit den Randmaschen wie gehabt im Rippenmuster. Strickt 1 Hinreihe und nehmt dabei gleichmäßig verteilt insgesamt 11, 10, 11, **11, 9** M zu, aber nicht dort, wo die Randmaschen sind. Strickt diese Zunahmen am besten verschränkt aus dem Querfaden, damit sich hier keine Löcher bilden (**M1R**, s. Seite 6).

Strickt die Rückreihe li zurück. Markiert die 8 Randmaschen auf beiden Seiten mit einem MM, damit ihr bei den Zunahmen nicht den Überblick verliert, und denkt an die Knopflöcher. Jetzt habt ihr 68, 71, 74, **74, 74** M auf der Nadel.

Ab der nächsten Reihe (3. Reihe) beginnt das Lochmuster:

3. Reihe (Hinreihe): Strickt die Randmaschen (RM). Strickt 2 M, Umschlag, *strickt 3 M, 1 Umschlag*. Wiederholt *–* über die gesamte Runde. Strickt 2 M, strickt die RM. Jetzt habt ihr 17, 18, 19, **19, 19** M zugenommen und habt 85, 89, 93, **93, 93** M auf der Nadel.

4.–8. Reihe: Strickt die Hinreihen re und die Rückreihen li.

9. Reihe: Strickt die RM. Strickt 1 M, Umschlag, *strickt 4 M, 1 Umschlag*. Wiederholt *–* über die gesamte Runde. Nehmt nach dem letzten Umschlag 1 M verschränkt aus dem Querfaden zu, strickt die RM. Jetzt habt ihr 19, 20, 21, **21, 21** M zugenommen und habt 104, 109, 114, **114, 114** M auf der Nadel.

10.–14. Reihe: Strickt die Hinreihen re und die Rückreihen li.

15. Reihe: Strickt die RM. Strickt 4 M, Umschlag, *strickt 5 M, 1 Umschlag*. Wiederholt *–* über die gesamte Runde. Strickt 4 M, strickt die RM. Jetzt habt ihr 17, 18, 19, **19, 19** M zugenommen und habt 121, 127, 133, **133, 133** M auf der Nadel.

16.–20. Reihe: Strickt die Hinreihen re und die Rückreihen li.

21. Reihe: Strickt die RM. Strickt 1 M, Umschlag, *strickt 6 M, 1 Umschlag*. Wiederholt *–* über die gesamte Runde. Strickt 2 M zusammen, strickt die RM. Jetzt habt ihr 17, 18, 19, **19, 19** M zugenommen und habt 138, 145, 152, **152, 152** M auf der Nadel.

22.–26. Reihe: Strickt die Hinreihen re und die Rückreihen li.

27. Reihe: Strickt die RM. Strickt 5 M, Umschlag, *strickt 7 M, 1 Umschlag*. Wiederholt *–* über die gesamte Runde. Strickt 5 M, strickt die RM. Jetzt habt ihr 17, 18, 19, **19, 19** M zugenommen und habt 155, 163, 171, **171, 171** M auf der Nadel.

28.–32. Reihe: Strickt die Hinreihen re und die Rückreihen li.

33. Reihe: Strickt die RM. Strickt 1 M, Umschlag, *strickt 8 M, 1 Umschlag*. Wiederholt *–* über die gesamte Runde. Strickt 2 M zusammen, strickt die RM. Jetzt habt ihr 17, 18, 19, **19, 19** M zugenommen und habt 172, 181, 190, **190, 190** M auf der Nadel.

34.–38. Reihe: Strickt die Hinreihen re und die Rückreihen li.

39. Reihe: Strickt die RM. Strickt 6 M, Umschlag, *strickt 9 M, 1 Umschlag*. Wiederholt *–* über die gesamte Runde. Strickt 6 M, strickt die RM. Jetzt habt ihr 17, 18, 19, **19, 19** M zugenommen und habt 189, 199, 209, **209, 209** M auf der Nadel.

40.–44. Reihe: Strickt die Hinreihen re und die Rückreihen li.

45. Reihe: Strickt die RM. Strickt 1 M, Umschlag, *strickt 10 M, 1 Umschlag*. Wiederholt *–* über die gesamte Runde. Strickt 2 M zusammen, strickt die RM. Jetzt habt ihr 17, 18, 19, **19, 19** M zugenommen und habt 206, 217, 228, **228, 228** M auf der Nadel.

Hier endet die Rundpasse in den Größen 2–4, 4–6 und 6–8 Jahre. Strickt in diesen Größen noch 1, **3, 5** Reihen (beginnt mit einer Rückreihe) ohne Zunahmen. Geht dann direkt weiter zu Kapitel »Rumpf«. Überspringt diese Schritte in den größeren Größen und macht bei Reihe 46 weiter.

46.–50. Reihe: Strickt die Hinreihen re und die Rückreihen li.

51. Reihe: Strickt die RM. Strickt 7 M, Umschlag, *strickt 11 M, 1 Umschlag*. Wiederholt *–* über die gesamte Runde. Strickt 7 M, strickt die RM. Jetzt habt ihr **19, 19** M zugenommen und habt **247, 247** M auf der Nadel.

Hier endet die Rundpasse in Größe 8–10 Jahre. Strickt in dieser Größe noch fünf Reihen ohne Zunahmen. Geht dann direkt weiter zu Kapitel »Rumpf«. Überspringt diese Schritte in der größten Größe und macht bei Reihe 52 weiter.

52.–56. Reihe: Strickt die Hinreihen re und die Rückreihen li.

57. Reihe: Strickt die RM. Strickt 1 M, Umschlag, *strickt 12 M, 1 Umschlag*. Wiederholt *–* über die gesamte Runde. Strickt 2 M zusammen, strickt die RM. Jetzt habt ihr 19 M zugenommen und habt **266** M auf der Nadel.

Hier endet die Rundpasse in Größe 10–12 Jahre. Strickt jetzt in dieser Größe noch fünf Reihen ohne Zunahmen.

Alle Größen: Jetzt liegen 206, 217, 228, **247, 266** M auf der Nadel.

RUMPF

Ab hier wird nur noch glatt re, ohne Lochmuster gestrickt. Die Randmaschen werden weiterhin im Rippenmuster mit Knopflöchern gearbeitet. Jetzt werden die Maschen, die später die Ärmel bilden, auf jeder Seite auf einem Hilfsfaden stillgelegt. Das ist ein Faden in einer Kontrastfarbe, auf den ihr alle Ärmelmaschen auffädelt, um sie zu sichern, während der Rumpf gestrickt wird. Das geht folgendermaßen:

1. Schritt: Strickt die 8 Randmaschen.

2. Schritt: Strickt 27, 28, 30, **33, 36** M (linkes Vorderteil).

3. Schritt: Legt die nächsten 36, 40, 42, **46, 50** M auf einen Hilfsfaden (linker Ärmel).

4. Schritt: Schlagt 4 neue Maschen an (unter dem Arm).

5. Schritt: Strickt 64, 65, 68, **73, 78** M (Rückenteil).

6. Schritt: Legt die nächsten 36, 40, 42, **46, 50** M auf einen Hilfsfaden (rechter Ärmel).

7. Schritt: Schlagt 4 neue Maschen an (unter dem Arm).

8. Schritt: Strickt 27, 28, 30, **33, 36** M (rechtes Vorderteil).

9. Schritt: Strickt die 8 Randmaschen.

Jetzt liegen insgesamt 142, 145, 152, **163, 174** M auf der Nadel. Die Ärmelmaschen liegen jetzt auf Hilfsfäden.

In der nächsten Reihe wird in den Größen 4–6 und 8–10 Jahre noch 1 M zugenommen. Strickt jetzt gerade nach unten, bis der Rumpf, ab dem Ärmelansatz, 19, 23, 26, **29, 32** cm misst (oder nach Geschmack). Strickt ein Bündchen im Rippenmuster (1 M re, 1 M li im Wechsel), 4 cm lang, und kettet im Rippenmuster ab.

ÄRMEL

Jetzt werden die Maschen für den ersten Ärmel, die ihr auf einem Hilfsfaden stillgelegt habt, auf ein Nadelspiel gelegt. Zusätzlich werden aus den 4 Maschen, die ihr unter dem Arm neu angeschlagen habt, 4 M aufgefasst und zu den restlichen Ärmelmaschen auf die Nadel gelegt.

Damit der Rundenbeginn mittig unter dem Arm liegt, werden die neu aufgefassten Maschen auf Rundenbeginn und -ende verteilt, d.h. es kommen je 2 M auf die erste und 2 M auf die letzte Nadel. Die erste Runde beginnt nun in der Mitte zwischen diesen neuen Maschen. Jetzt sollten 40, 44, 46, **50, 54** M auf der Nadel liegen.

Es gibt zwei Möglichkeiten, den Ärmel zu stricken: Entweder nehmt ihr über die ganze Länge in regelmäßigen Abständen 2 M ab, um den Ärmelumfang nach und nach zu verringern, oder ihr strickt ohne Abnahmen bis zum unteren Bündchen und nehmt dort alle Maschen in einer Runde ab: Die zweite Möglichkeit empfehlen wir besonders in den kleinsten Größen.

1. Möglichkeit: Für die regelmäßigen Abnahmen strickt ihr nach den ersten 2 cm des Ärmels die ersten zwei und die letzten zwei M des Ärmels zusammen und verringert so die Maschenzahl um 2. Wiederholt diese Abnahmen alle 4, 4, 4,5, **4,5, 4,5** cm, insgesamt 4, 5, 5, **6, 7** Mal, und nehmt so insgesamt 8, 10, 10, **12, 14** M ab. Wenn der Ärmel 19, 23, 26, **32, 35** cm misst, nehmt ihr in der letzten Runde noch einmal gleichmäßig verteilt 4 M ab.

2. Möglichkeit: Strickt den Ärmel glatt re in Runden ohne Abnahmen, bis er 19, 23, 26, **32, 35** cm lang ist. Nehmt dann in der letzten Runde gleichmäßig verteilt 12, 14, 14, **16, 18** M ab.

Am Ende des Ärmels liegen noch 28, 30, 32, **34, 36** M auf der Nadel. Strickt jetzt das Bündchen im Rippenmuster (1 m re, 1 m li im Wechsel), insgesamt 4, 4, 4, **5, 5** cm lang, und kettet im Rippenmuster ab. Strickt den zweiten Ärmel gleich.

ABSCHLUSS

Vernäht alle Enden und schließt die Löcher unter den Armen, wenn vorhanden. Wascht die Jacke entsprechend den Pflegehinweisen auf eurem Garn, zieht sie auf einem trockenen Handtuch in Form und lasst sie liegend trocknen. Befestigt zum Schluss noch die Knöpfe.

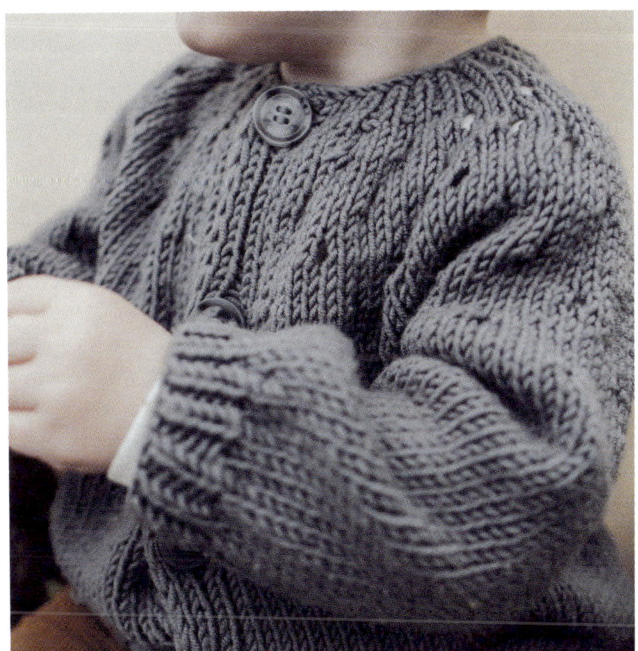

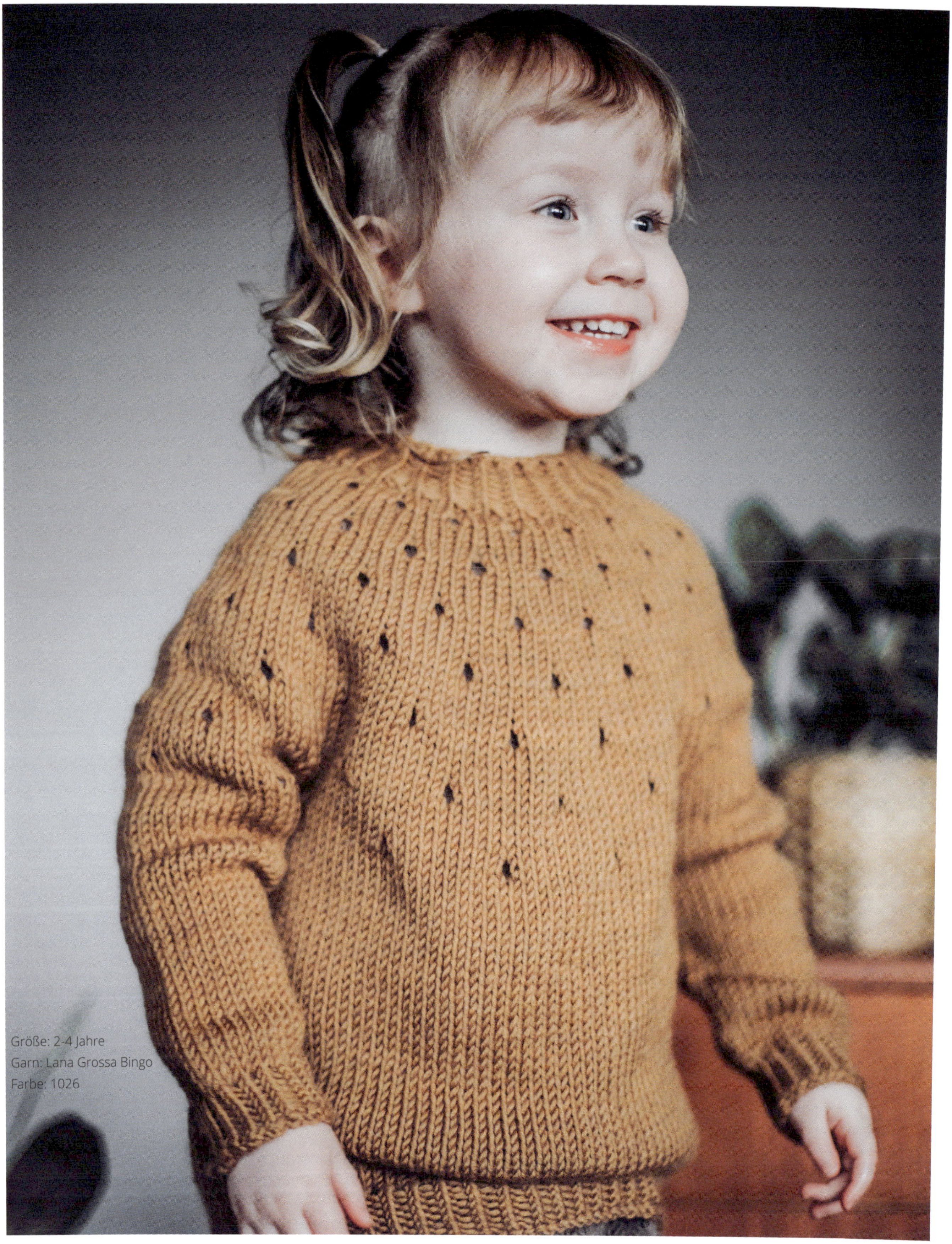
Größe: 2-4 Jahre
Garn: Lana Grossa Bingo
Farbe: 1026

GLÜCK – KINDERPULLOVER

Der Neuzugang in unserer Glücks-Kollektion: Der Kinderpullover mit dem beliebten Lochmuster in der Rundpasse. Falls ihr ein schnell gestricktes Kuschelteil für Anfänger sucht, seid ihr hier richtig.

GRÖSSENANGABEN UND GARNVERBRAUCH

Größe	Brust-umfang	Ärmel-umfang	Rumpflänge ab Ärmel-ansatz	Ärmellänge ab Ärmelansatz	Garnverbrauch
6–12 Monate	61 cm	23 cm	18 cm	17 cm	200 g (320 m)
1–2 Jahre	66 cm	24 cm	20 cm	19 cm	250 g (400 g)
2–4 Jahre	72 cm	25 cm	23 cm	22 cm	300 g (480 m)
4–6 Jahre	76 cm	26 cm	25 cm	25 cm	350 g (560 m)
6–8 Jahre	**81 cm**	**27,5 cm**	**28 cm**	**28 cm**	**400 g (640 m)**
8–10 Jahre	**87 cm**	**30 cm**	**31 cm**	**32 cm**	**450 g (720 m)**
10–12 Jahre	**92 cm**	**32,5 cm**	**37 cm**	**38 cm**	**500 g (800 m)**

Bitte beachtet, dass die angegebenen Garnmengen nur ein Richtwert sind.

Garn
Lana Grossa Bingo (80 m/50 g), Merino Sport oder Merino Aran von Katia, Lang Merino+, Schachenmayr Merino extrafine 85, Drops Nepal

Maschenprobe
16 Maschen = 10 cm mit Nadelstärke 6

Das braucht ihr:
Rundstricknadel Nr. 6 (40 und 60/80 cm)
Rundstricknadel Nr. 5,5 (40 und 60/80 cm)
Nadelspiel Nr. 6
Nadelspiel Nr. 5,5 (für die Ärmelbündchen
Stopfnadel zum Vernähen
Maschenmarkierer

ANLEITUNG

Dieser Pullover wird in Runden von oben nach unten gestrickt. Die Zunahmen in der Rundpasse werden in jeder sechsten Runde mit Umschlägen gearbeitet und bilden ein Lochmuster. Danach werden Ärmel und Rumpf getrennt glatt rechts in Runden fertig gestrickt.

HALSBÜNDCHEN

Schlagt 48, 52, 52, 56, **56, 58, 62** M auf die Rundstricknadel Nr. 5,5 (40 cm) an. Schließt zur Runde und strickt ein Rippenbündchen (1 M re verschränkt, 1 M li im Wechsel) über 3, 3, 3,5, 3,5, **4, 4, 4** cm.

Ihr strickt rechts verschränkte Maschen, indem ihr bei den rechten Maschen nicht wie normal in den vorderen Maschenschenkel einstecht, sondern in den hinteren. Dadurch wird das Rippenmuster etwas markanter und hält seine Form besser.

RUNDPASSE

Wechselt jetzt auf die Rundstricknadel Nr. 6 (40 cm). Die Rundpasse wird glatt re gestrickt. In jeder sechsten Runden werden Zunahmen durch Umschlage gearbeitet, die so ein Lochmuster bilden. Wenn die Runden länger werden, empfehlen wir, auf längere Rundstricknadeln zu wechseln.

1. Runde: Strickt glatt re und nehmt gleichmäßig über die Runde verteilt 3, 2, 2, 1, **1, 2, 1** M aus dem Querfaden zu und strickt sie verschränkt ab, damit keine Löcher entstehen (s. **M1R** auf S. 6). Damit wird die Maschenzahl durch 3 teilbar und das Muster geht auf. Jetzt liegen 51, 54, 54, 57, **57, 60, 63** M auf der Nadel.

2. Runde: Strickt alle M re.

3. Runde: *strickt 3 re, Umschlag*. Wiederholt *–* über die gesamte Runde. Damit habt ihr 17, 18, 18, 19, **19, 20, 21** M zugenommen und habt jetzt 68, 72, 72, 76, **76, 80, 84** M auf der Nadel.

4.–8. Runde: Strickt alle Maschen re. Die Umschläge werden immer re abgestrickt, damit sich ein Lochmuster bildet.

9. Runde: Strickt 1 M re, Umschlag. *Strickt 4 M re, Umschlag*. Wiederholt *–* über die gesamte Runde. Endet mit 3 M re. Damit habt ihr 17, 18, 18, 19, **19, 20, 21** M zugenommen und habt jetzt 85, 90, 90, 95, **95, 100, 105** M auf der Nadel.

10.–14. Runde: Strickt alle Maschen re.

15. Runde: Strickt 4 M re, Umschlag. *Strickt 5 M re, Umschlag*. Wiederholt *–* über die gesamte Runde. Endet mit 1 M re. Damit habt ihr 17, 18, 18, 19, **19, 20, 21** M zugenommen und habt jetzt 102, 108, 108, 114, **114, 120, 126** M auf der Nadel.

16.–20. Runde: Strickt alle Maschen re.

21. Runde: Strickt 1 M re, Umschlag. *Strickt 6 M re, Umschlag*. Wiederholt *–* über die gesamte Runde. Endet mit 5 M re. Damit habt ihr 17, 18, 18, 19, **19, 20, 21** M zugenommen und habt jetzt 119, 126, 126, 133, **133, 140, 147** M auf der Nadel.

22.–26. Runde: Strickt alle Maschen re.

27. Runde: Strickt 5 M re, Umschlag. *Strickt 7 M re, Umschlag*. Wiederholt *–* über die gesamte Runde. Endet mit 2 M re. Jetzt habt ihr 17, 18, 18, 19, **19, 20, 21** M zugenommen und habt 136, 144, 144, 152, **152, 160, 168** M auf der Nadel.

28.–32. Runde: Strickt alle Maschen re.

33. Runde: Strickt 1 M re, Umschlag. *Strickt 8 M re, Umschlag*. Wiederholt *–* über die gesamte Runde. Endet mit 7 M re. Damit habt ihr 17, 18, 18, 19, **19, 20, 21** M zugenommen und habt 153, 162, 162, 171, **171, 180, 189** M auf der Nadel.

Hier endet die Rundpasse in den Größen 6–12 Monate und 1–2 Jahre.

6–12 Monate: Strickt 1 weitere Runde re und nehmt dabei 1 M mit M1R zu. Geht dann zum Kapitel »Rumpf«.

1–2 Jahre: Strickt 3 Runden re. In der zweiten Runde nehmt ihr noch einmal 4 M mit M1R zu. Geht dann zu Kapitel »Rumpf«.

Die **Größen 2–4 bis 10–12** Jahre gehen nach Runde 33 direkt weiter zu Runde 34.

34.–38. Runde: Strickt alle Maschen re.

39. Runde: Strickt 6 M re, Umschlag. *Strickt 9 M re, Umschlag*. Wiederholt *–* über die gesamte Runde. Endet mit 3 M re. Damit habt ihr 18, 19, **19, 20, 21** M zugenommen und habt jetzt 180, 190, **190, 200, 210** M auf der Nadel.

Hier endet die Rundpasse in den Größen 2–4 Jahre, 4–6 Jahre und 6–8 Jahre.

2–4 Jahre: Geht zum Kapitel »Rumpf«.

4–6 Jahre: Strickt 3 Runden re und geht dann weiter zum Kapitel »Rumpf«.

6–8 Jahre: Strickt 5 Runden re. In der dritten Runde nehmt ihr noch einmal gleichmäßig verteilt 12 M mit M1R zu. Geht dann zum Kapitel »Rumpf«.

Größen 8–10 und 10–12 Jahre gehen nach Runde 39 direkt weiter zu Runde 40.

40.–44. Runde.: Strickt alle Maschen re.

45. Runde: Strickt 1 M re, Umschlag. *Strickt 10 M re, Umschlag*. Wiederholt *–* über die gesamte Runde. Endet mit 9 M re. Damit habt ihr **20, 21** M zugenommen und habt **220, 231** M auf der Nadel.

Hier endet die Rundpasse in den Größen 8–10 und 10–12 Jahre.

8–10 Jahre: Strickt noch 3 Runden re. In der ersten Runde nehmt ihr gleichmäßig verteilt 4 M mit M1R zu.

10–12 Jahre: Strickt noch 5 Runden re. In der dritten Runde nehmt ihr gleichmäßig verteilt 9 M mit M1R zu.

RUMPF

Jetzt liegen 154, 166, 180, 190, **202, 224, 240** M auf der Nadel. Im nächsten Schritt werden die Maschen, die später die Ärmel bilden, auf jeder Seite auf einem Hilfsfaden stillgelegt. Das ist ein Faden in einer Kontrastfarbe, auf den ihr alle Ärmelmaschen auffädelt, um sie zu sichern, während der Rumpf gestrickt wird. Das geht folgendermaßen:

1. Schritt: Strickt 22, 24, 27, 29, **31, 33, 35** M re (rechtes Rückenteil).

2. Schritt: Legt 32, 34, 36, 38, **40, 46, 50** M auf einen Hilfsfaden (rechter Ärmel).

3. Schritt: Schlagt 4 neue M an (unter dem linken Ärmel).

4. Schritt: Strickt 45, 49, 54, 57, **61, 66, 70** M (Vorderteil)

5. Schritt: Legt 32, 34, 36, 38, **40, 46, 50** M auf einen Hilfsfaden (linker Ärmel).

6. Schritt: Schlagt 4 neue M an (unter dem linken Ärmel).

7. Schritt: Strickt 23, 25, 27, 28, **30, 33, 35** M (linkes Rückenteil).

Jetzt liegen insgesamt 98, 106, 116, 122, **130, 140, 148** M auf der Nadel. Die Ärmelmaschen liegen auf Hilfsfäden.

Strickt jetzt gerade nach unten, bis der Rumpf, ab dem Ärmelansatz, 15, 17, 19, 21, **24, 26, 32** cm misst. Wechselt auf Nadelstärke 5,5, strickt eine zusätzliche Runde re und nehmt 10 M gleichmäßig über die Runde verteilt ab. Strickt ein Rippenbündchen wie im Halsbündchen (1 M re verschränkt, 1 M li), 3, 3, 4, 4, **4, 5, 5** cm lang, und kettet im Rippenmuster ab.

ÄRMEL

Jetzt werden die Maschen für den ersten Ärmel, die ihr auf einem Hilfsfaden stillgelegt habt, wieder zurück auf die Rundstricknadel Nr. 6 (40 cm) gelegt. Zusätzlich werden aus den 4 Maschen, die ihr unter dem Arm neu angeschlagen habt, 4 M aufgefasst und zu den restlichen Ärmelmaschen auf die Nadel gelegt. Die erste Runde beginnt nun in der Mitte zwischen diesen neuen Maschen. Jetzt liegen 36, 38, 40, 42, **44, 50, 54** M auf der Nadel.

Strickt zunächst 2, 2, 2, 1, **4, 3, 3** cm re in Runden und nehmt in der nächsten Runde 2 M ab, indem ihr die ersten 2 und die letzten 2 M der Runde zusammenstrickt. Wiederholt diese Abnahme mit 4, 3,5, 4, 4, **4, 4, 4** cm Abstand, bis ihr insgesamt 3, 4, 4, 5, **5, 6, 7** Abnahmen gearbeitet habt und um 6, 8, 8, 10, **10, 12, 14** M abgenommen habt. Strickt ohne Abnahmen weiter, bis der Ärmel, ab den Ärmelansatz, 14, 16, 18, 21, **24, 27, 33** cm lang ist.

Jetzt liegen noch 30, 30, 32, 32, **34, 38, 40** M auf der Nadel. Wechselt auf das Nadelspiel Nr. 5,5, strickt 1 Runde re und strickt dann ein Rippenbündchen (1 M re verschränkt, 1 M li im Wechsel) über 3, 3, 4, 4, **4, 5, 5** cm. Kettet im Rippenmuster ab und strickt den zweiten Ärmel gleich.

ABSCHLUSS

Vernäht alle Enden. Wascht den Pullover entsprechend den Pflegehinweisen auf eurem Garn, zieht ihn auf einem trockenen Handtuch in Form und lasst ihn liegend trocknen. Das Lochmuster glättet sich in der Wäsche.

Größe: 4–6 Jahre
Garn: Lana Grossa Bingo
Farbe: 1027

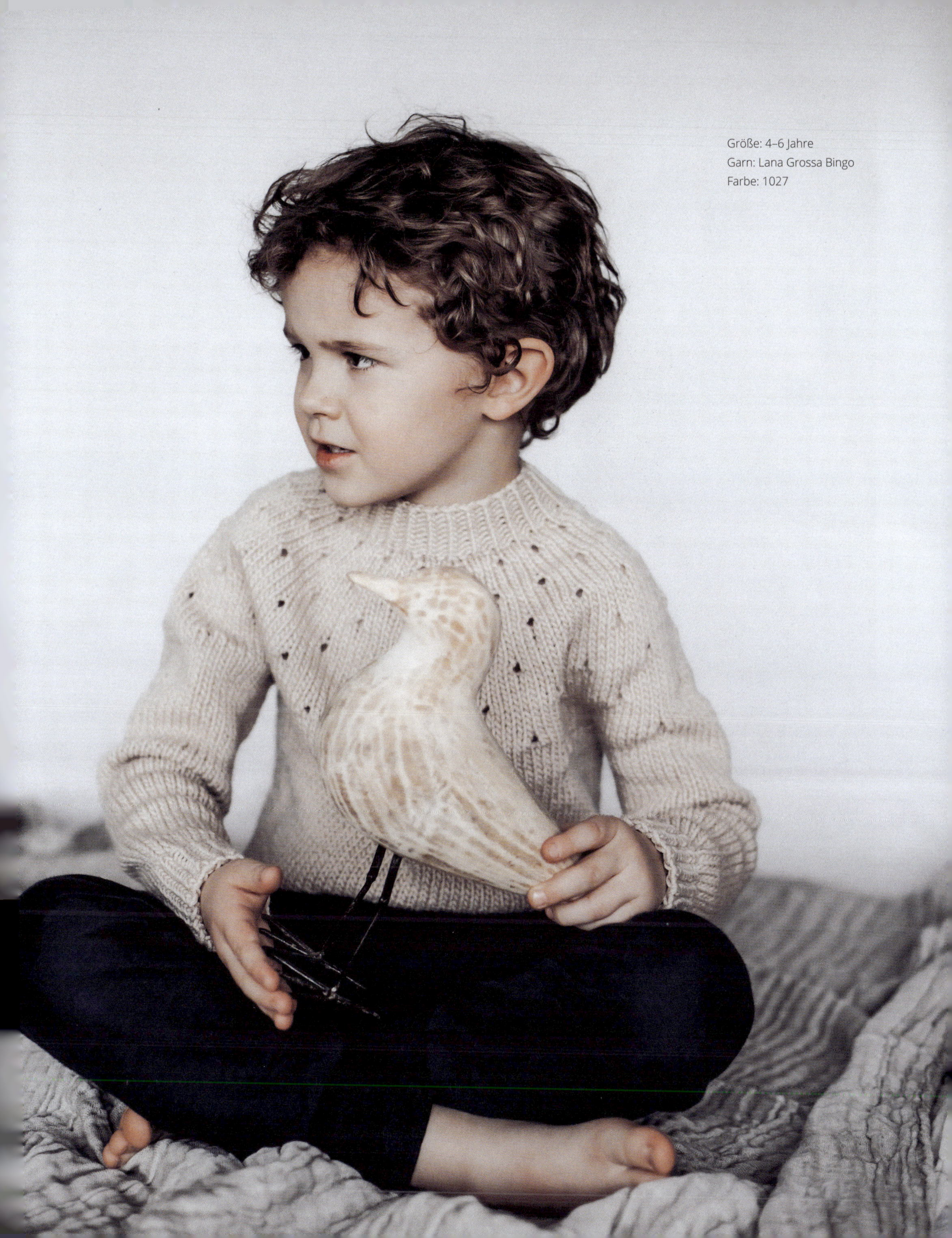

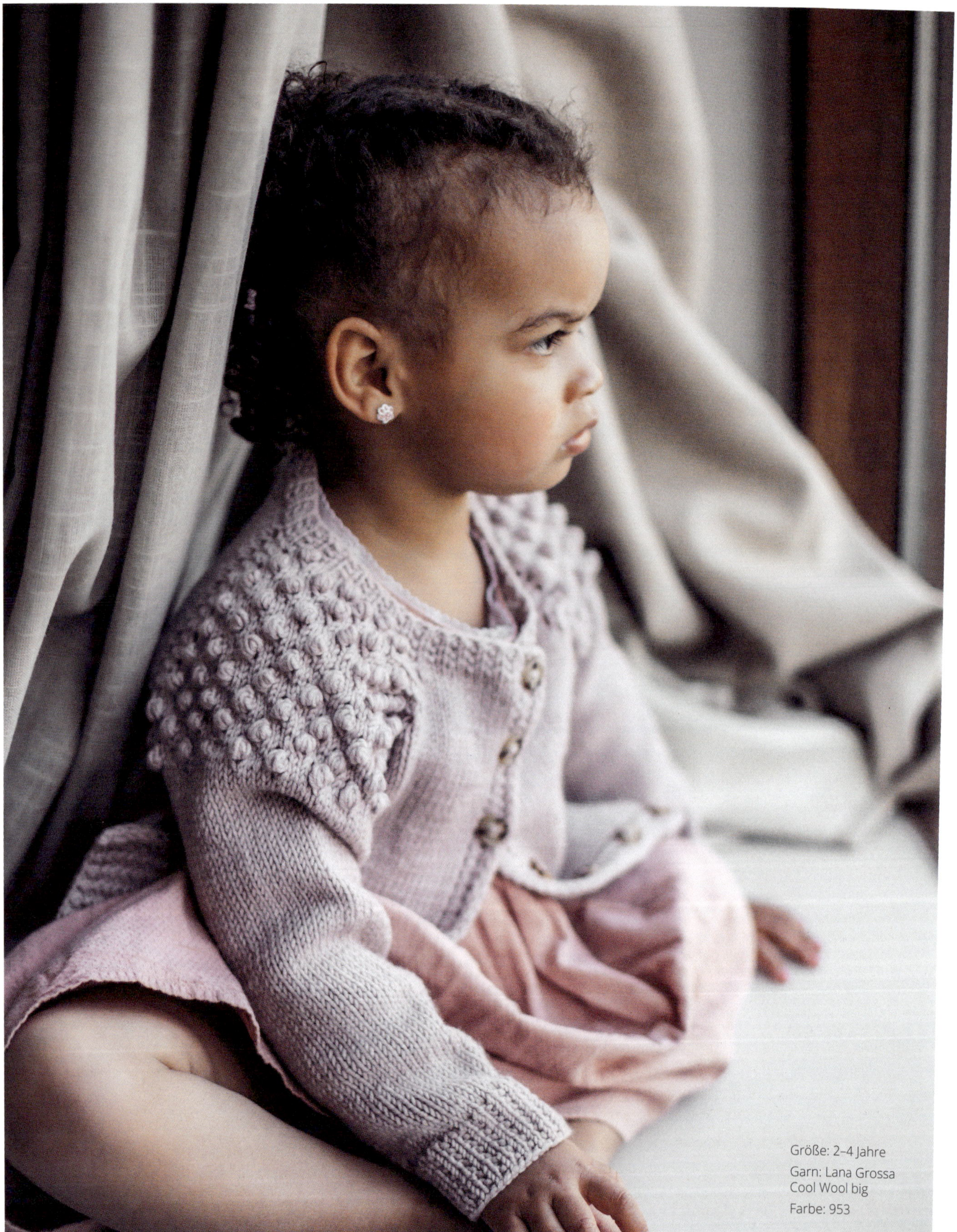

Größe: 2–4 Jahre

Garn: Lana Grossa
Cool Wool big

Farbe: 953

ABENDSONNE

Wie so viele unserer Kinderjacken entstand auch Abendsonne, als Sjöfns Sohn Ari gerade angefangen hatte zu laufen. Das ist jetzt schon einige Jahre her. Die Anleitung wurde jetzt einmal von Grund auf überarbeitet und ist bereit für neue Spielplatzabenteurer.

GRÖSSENANGABEN UND GARNVERBRAUCH

Größe	Brustumfang	Ärmelumfang	Rumpflänge ab Ärmelansatz	Ärmellänge ab Ärmelansatz	Garnverbrauch
0–6 Monate	55 cm	17 cm	18 cm	16 cm	150 g (360 m)
6–12 Monate	59 cm	18,5 cm	20 cm	18 cm	200 g (480 m)
1–2 Jahre	64 cm	21 cm	24 cm	21 cm	200 g (480 m)
2–4 Jahre	68,5 cm	21,5 cm	27 cm	25 cm	250 g (600 m)
4–6 Jahre	**73,5 cm**	**24 cm**	**30 cm**	**29 cm**	**300 g (720 m)**
6–8 Jahre	**76 cm**	**25 cm**	**32 cm**	**34 cm**	**350 g (840 m)**
8–10 Jahre	**80 cm**	**26,5 cm**	**34 cm**	**38 cm**	**400 g (960 m)**

Bitte beachtet, dass die angegebenen Garnmengen nur ein Richtwert sind.

Garn:
Cool Wool big (120 m/50 g) von Lana Grossa, Katia Merino 100%, Lang Merino 120, Drops Merino Extra Fine.

Oder andere Garne mit passender Maschenprobe.

Maschenprobe
24 Maschen = 10 cm mit Nadelstärke 4

Das braucht ihr:
Rundstricknadel Nr. 3,5 (60 cm lang)
Rundstricknadel Nr. 4 (60/80 cm lang)
Nadelspiel Nr. 4
Stopfnadel zum Vernähen
Maschenmarkierer
Knöpfe (15 mm, ca. 5–7 Stück)

ANLEITUNG

Diese Jacke wird von oben nach unten in Reihen gestrickt, mit einem Noppenmuster in den Schultern.

HALSBÜNDCHEN

Schlagt 71, 77, 81, 85, **85, 87, 89** M auf die Rundstricknadel Nr. 3,5 (60/80 cm) an. Strickt ein Bündchen über 2, 2, 2, 3, **3, 3, 3** cm im sogenannten »gebrochenen Rippenmuster«, d.h. glatt re in der Hinreihe und *1 M re, 1 M li* im Wechsel in der Rückreihe. Beachtet dabei die Randmaschen, die I-Cord-Kante und das erste Knopfloch (s. die nächsten 2 Absätze).

Die ersten 7, 7, 7, 9, **9, 9, 9** und die letzten 7, 7, 7, 9, **9, 9, 9** M des Bündchens sind **Randmaschen**, die später die Knopfleiste bilden. Sie werden über die gesamte Länge der Jacke im selben gebrochenen Rippenmuster gestrickt wie das Halsbündchen. Die ersten 2 Randmaschen am Beginn jeder Reihe und die letzten 2 Randmaschen am Ende jeder Reihe werden dabei als **I-Cord-Kante** gestrickt, die einen schönen und geraden Abschluss bildet. Hier wird sie so gearbeitet, dass die ersten 2 M in jeder Reihe (= die ersten 2 Randmaschen) immer rechts gestrickt werden. Die letzten 2 M in jeder Reihe (= die letzten 2 Randmaschen) werden mit dem Faden vor der Arbeit ungestrickt abgehoben. Hier findet ihr eine genaue Erklärung dieser Technik mit Video: www.bit.ly/strofficord

In diese Randmaschen werden auch direkt die **Knopflöcher** eingestrickt. Wir empfehlen, sie mit einem Abstand von ca. 3–4 cm, oder nach Geschmack und Knopfgröße, zu arbeiten. Das erste Loch wird direkt in Reihe 3 im Halsbündchen gestrickt. Hier strickt ihr die Knopflöcher immer am Anfang einer Hinreihe: Strickt 3, 3, 3, 5, **5, 5, 5** M (2 I-Cord-Maschen re und 1, 1, 1, 3, **3, 3,**

Musterdiagramm für die Schultern:

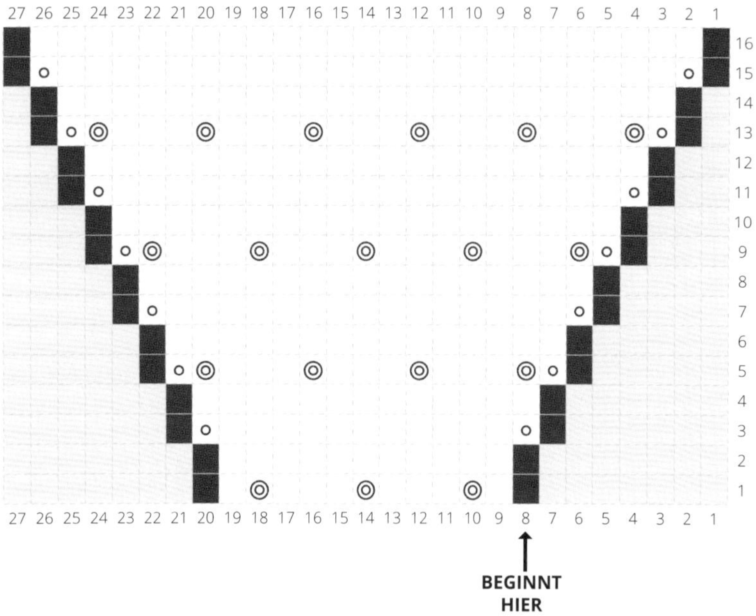

- Re in der Hinreihe, li in der Rückreihe.
- Noppe. Auf S. 13 (Pullover Isafold) wird genau gezeigt, wie die Noppen gearbeitet werden.
- Raglanmasche. Sie wird in jeder Reihe (Hin- und Rückreihe) re gestrickt.
- Zunahme (Umschlag).
- Keine Masche (Platzhalter).

3 M im Rippenmuster), 1 Umschlag, strickt 2 M re zusammen und strickt dann im Muster weiter. In der nächsten Rückreihe strickt ihr den Umschlag links ab, sodass sich ein Loch bildet.

Strickt als letzte Reihe im Bündchen eine Hinreihe. Wechselt dann auf Nadelstärke 4, strickt eine Rückreihe li zurück (d.h. nicht mehr im Rippenmuster) und nehmt dabei gleichmäßig über die Reihe verteilt (aber nicht in den Randmaschen) 12 M zu. Jetzt liegen 83, 89, 93, 97, **97, 99, 101** M auf der Nadel.

RAGLANBLENDE

Nach dem Bündchen wird glatt rechts gestrickt, d.h. re in der Hinreihe und li in der Rückreihe. Die Randmaschen werden weiterhin immer im Rippenmuster mit I-Cord gestrickt. Beginnt mit einer Hinreihe. Jetzt platziert ihr die Marker für die Raglanzunahmen:

1. Schritt: Strickt die 7, 7, 7, 9, **9, 9, 9** Randmaschen (RM). Hängt einen MM auf die Nadel.

2. Schritt: Strickt 9, 10, 11, 11, **11, 11, 12** M re (linkes Vorderteil). Hängt MM1 auf die Nadel.

3. Schritt: Strickt 13 M laut Musterdiagramm re mit Noppenmuster (linke Schulter). Hängt MM2 auf die Nadel.

4. Schritt: Strickt 25, 29, 31, 31, **31, 33, 33** M re (Rückenteil). Hängt MM3 auf die Nadel.

5. Schritt: Strickt 13 M laut Musterdiagramm re mit Noppenmuster (rechte Schulter), hängt MM4 auf die Nadel.

6. Schritt: Strickt 9, 10, 11, 11, **11, 11, 12** M re (rechtes Vorderteil). Hängt einen MM auf die Nadel.

11. Schritt: Strickt die 7, 7, 7, 9, **9, 9, 9** RM.

MM1–4 markieren die Raglanlinien, die Rumpf und Schultern trennen. Die Maschen unmittelbar davor und danach (je 1 M vor und nach dem MM, insgesamt 8 M in der Reihe) sind die Raglanmaschen und werden in jeder Reihe (Hin- und Rückreihe) re gestrickt.

Strickt die **zweite Reihe (Rückreihe)** li zurück, bis auf die Randmaschen im Rippenmuster und die Raglanmaschen, die auch auf der Rückreihe immer re gestrickt werden.

In der dritten Reihe (Hinreihe) wird auf beiden Seiten der Raglanmaschen zugenommen. Strickt re bis 1 M vor MM1. Macht einen Umschlag, strickt die erste Raglanmasche re, hebt MM1 ab, strickt die zweite Raglanmasche re, macht einen Umschlag. Jetzt habt ihr an MM1 2 M zugenommen. Wiederholt diese Zunahme an MM2–4 und strickt die Reihe ansonsten wie gehabt re, die Schultern laut Musterdiagramm.

Strickt die **4. Reihe (Rückreihe)** wieder li zurück. Strickt die Randmaschen im Rippenmuster mit I-Cord und die Raglanmaschen re. Strickt die Umschläge aus der letzten Reihe li ab, sodass sich hier ein Lochmuster bildet.

Wiederholt Reihen 3 und 4, bis ihr insgesamt 15, 16, 18, 20, **23, 24, 26** Zunahmereihen gearbeitet habt. Strickt dabei das Noppenmuster in den Schulterteilen, wie im Diagramm angegeben. Das Musterdiagramm zeigt nur die ersten 7 Zunahmen. Führt das Muster danach im selben Takt über die gesamte Raglanpasse weiter. Denkt daran, in den Randmaschen in regelmäßigen Abständen ein Knopfloch einzustricken.

Nach den letzten Zunahmen liegen 203, 217, 237, 257, **281, 291, 309** M auf der Nadel. Endet mit einer Rückreihe.

RUMPF

Wenn ihr alle Raglanzunahmen gearbeitet habt, legt ihr die Maschen, aus denen später die Ärmel entstehen, auf beiden Seiten still. Das geschieht in der nächsten Hinreihe:

1. Schritt: Strickt die Randmaschen.

2. Schritt: Strickt re bis 3 M über MM1 hinaus (linkes Vorderteil).

3. Schritt: Legt die nächsten 37, 39, 43, 47, **53, 55, 59** M auf einen Hilfsfaden (aus diesen Maschen entsteht der linke Ärmel).

4. Schritt: Schlagt 5 neue M unter dem Arm an.

5. Schritt: Strickt re bis 3 M über MM3 hinaus (Rückenteil).

6. Schritt: Legt die nächsten 37, 39, 43, 47, **53, 55, 59** M auf einen Hilfsfaden still (rechter Ärmel).

7. Schritt: Schlagt 5 neue M unter dem Arm an.

8. Schritt: Strickt re bis zu den Randmaschen (rechtes Vorderteil).

9. Schritt: Strickt die Randmaschen.

Damit habt ihr das Ende der Reihe erreicht und die Maschen für die Ärmel auf beiden Seiten stillgelegt. Jetzt liegen, mit den neu aufgenommenen Maschen unter den Armen, 139, 149, 161, 173, **185, 191, 201** M auf der Nadel.

Strickt jetzt den Rumpf glatt re weiter, bis er, ab dem Ärmelansatz, 15, 17, 21, 24, **26, 28, 30** cm lang ist. Denkt an die Knopflöcher. Strickt als letzte Reihe eine Hinreihe. Wechselt dann auf Nadelstärke 3,5, strickt die Rückreihe li zurück und strickt dann das Bündchen wie am Hals (die Hinreihe re, die Rückreihe 1 M re, 1 M li im Wechsel), mit I-Cord-Abschlüssen, insgesamt 3, 3, 3, 3, **4, 4, 4** cm lang. Kettet re ab.

ÄRMEL

Jetzt werden die Maschen für den ersten Ärmel, die ihr auf einem Hilfsfaden stillgelegt habt, wieder zurück auf Nadeln (NS 4) gelegt. Zusätzlich werden aus den Maschen, die ihr unter dem Arm neu angeschlagen habt, 5 Maschen aufgefasst und zu den restlichen Ärmelmaschen auf die Nadel gelegt. Die Ärmel werden in Runden gestrickt. Damit der Rundenbeginn mittig unter dem Arm liegt, werden die neu aufgefassten Maschen auf Rundenbeginn und -ende verteilt, d.h. es kommen 3 Maschen auf die erste und 2 auf die letzte Nadel. Die erste Runde beginnt nun in der Mitte zwischen diesen neuen Maschen. Jetzt liegen 42, 44, 48, 52, **58, 60, 64** M auf der Nadel.

Strickt zunächst 1, 1, 2, 2, **1, 2, 4** cm re in Runden und nehmt in der nächsten Runde 2 M ab, indem ihr die ersten 2 und die letzten 2 M der Runde zusammenstrickt. Wiederholt diese Abnahme mit 4, 4,5, 4, 4, **3, 3,5, 3** cm Abstand, bis ihr insgesamt 3, 3, 4, 5, **8, 8, 10** Abnahmen gearbeitet und um 6, 6, 8, 10, **16, 16, 20** M abgenommen habt. Jetzt liegen 36, 38, 40, 42, **42, 44, 44** M auf der Nadel.

Strickt ohne Abnahmen weiter, bis der Ärmel, ab den Ärmelansatz, 13, 15, 18, 22, **25, 30, 34** cm lang ist (ich empfehle hier, die Armlänge des Empfängers von Achsel zu Handgelenk zu messen, um die Länge ggf. anzupassen).

Strickt jetzt das Bündchen im gebrochenen Rippenmuster (immer eine Runde re, eine Runde 1 m re, 1 m li im Wechsel), insgesamt 3, 3, 3, 3, **4, 4, 4** cm lang. Endet mit einer rechts gestrickten Runde, kettet locker im Rippenmuster ab und strickt den zweiten Ärmel gleich.

ABSCHLUSS

Vernäht alle Enden und schließt ggf. die Löcher unter den Armen, wenn vorhanden. Wascht die Jacke entsprechend den Pflegehinweisen auf eurem Garn, zieht sie auf einem trockenen Handtuch in Form und lasst sie liegend trocknen. Befestigt zum Schluss noch die Knöpfe.

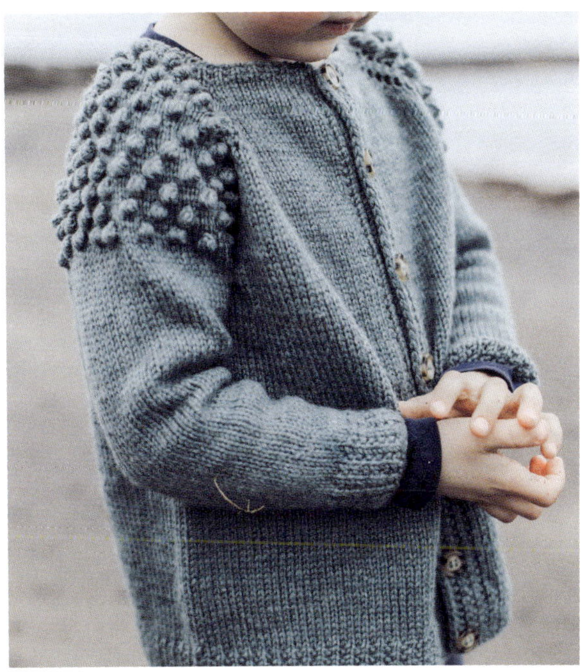

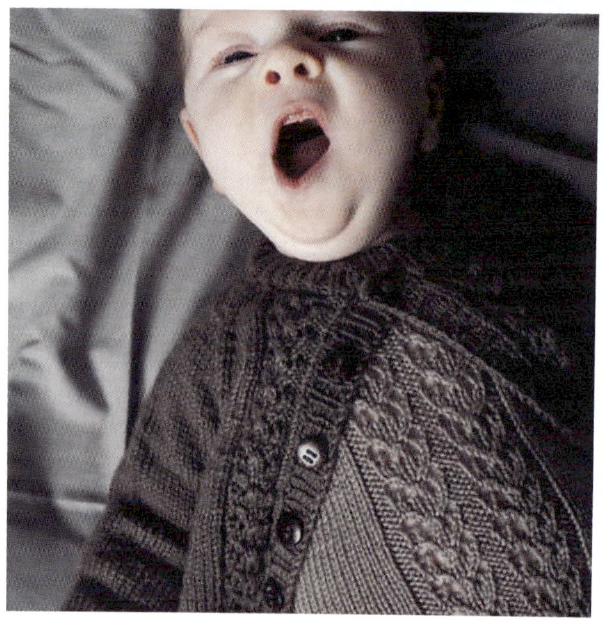

SETS FÜR BABYS UND KINDER

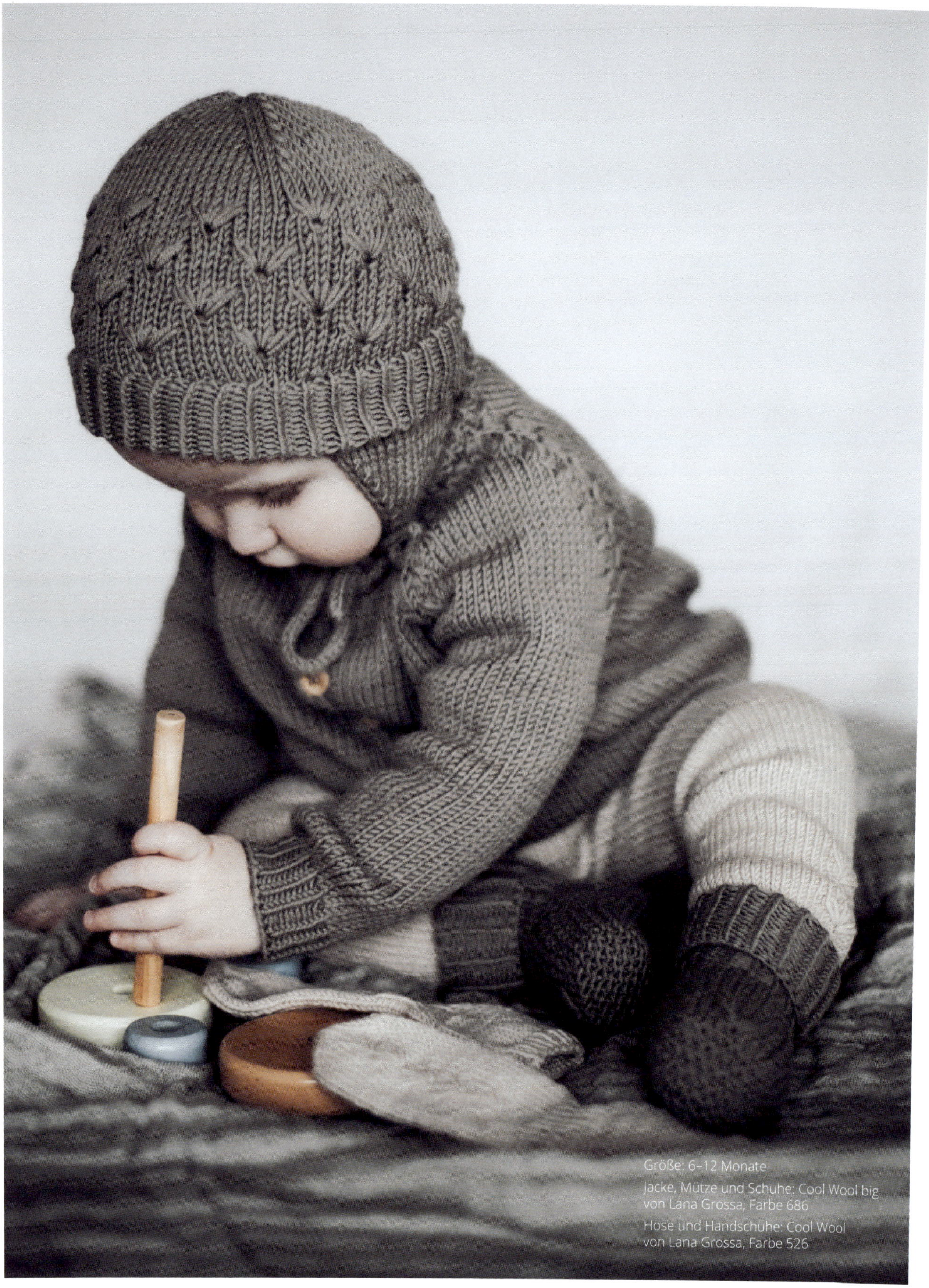

Größe: 6–12 Monate

Jacke, Mütze und Schuhe: Cool Wool big von Lana Grossa, Farbe 686

Hose und Handschuhe: Cool Wool von Lana Grossa, Farbe 526

NIKITA – KINDERSET

Nikita: Hier treffen Gegensätze aufeinander. Alle Teile dieses Sets sind minimalistisch-klar im Schnitt, ohne Schnickschnack und mit den besonders markanten verschränkten Rippenbündchen – und werden dann über und über mit Blumen und Sternmustern übersät, für die verspielten Akzente. Ein Lieblingsstück der letzten Jahre.

JACKE

GRÖSSENANGABEN UND GARNVERBRAUCH

Größe	Brust-umfang	Ärmel-umfang	Rumpflänge ab Ärmelansatz	Ärmellänge ab Ärmelansatz	Garnverbrauch
0–3 Monate	48 cm	16,5 cm	16 cm	14 cm	150 g (360 m)
3–6 Monate	55 cm	19 cm	18 cm	17 cm	150 g (360 m)
6–12 Monate	60 cm	20 cm	19 cm	19 cm	200 g (480 m)
1–2 Jahre	65 cm	21,5 cm	22 cm	21 cm	250 g (600 m)
2–4 Jahre	**68 cm**	**23,5 cm**	**25 cm**	**24 cm**	**250 g (600 m)**
4–6 Jahre	**75 cm**	**25 cm**	**29 cm**	**29 cm**	**300 g (720 m)**
6–8 Jahre	**80 cm**	**27 cm**	**33 cm**	**34 cm**	**350 g (840 m)**

Bitte beachtet, dass die angegebenen Garnmengen nur ein Richtwert sind.

Garn:
Lana Grossa Cool Wool big (120 m/50 g), Katia Merino 100%, Lang Merino 120, Drops Merino extra fine, Sandnes Smart

oder andere Garne mit passender Maschenprobe.

Maschenprobe
23 Maschen = 10 cm mit Nadelstärke 4.

Das braucht ihr:
Rundstricknadel Nr. 4 (60/80 cm)
Nadelspiel Nr. 3,5 und 4
Stopfnadel zum Vernähen
Maschenmarkierer
Knöpfe (15–18 mm Durchmesser)

ANLEITUNG

Diese Jacke wird von oben nach unten glatt rechts in Reihen gestrickt, mit kleinem Maschenmuster in den Raglanlinien. Die Knopfleiste wird direkt mitgestrickt und an den Enden mit I-Cord-Kanten abgeschlossen.

BÜNDCHEN

Schlagt 65, 67, 71, 77, **81, 83, 87** M auf die Rundstricknadel Nr. 4 (60/80 cm lang) an. Strickt das Halsbündchen im verschränkten Rippenmuster: In der Hinreihe strickt ihr 1 M re verschränkt, 1 M li im Wechsel, in der Rückreihe strickt ihr dann 1 M li verschränkt, 1 M re im Wechsel. Beachtet dabei die **Randmaschen**, die **I-Cord-Maschen** und das erste **Knopfloch** (s. die nächsten drei Abschnitte). Die erste Reihe, die ihr strickt, ist eine Hinreihe.

Strickt das Bündchen über eine Länge von 1,5, 2, 2, 2, **2, 2,5, 2,5** cm und strickt als letzte Reihe eine Rückreihe.

Die ersten 6, 6, 6, 8, **8, 8, 8** und die letzten 6, 6, 6, 8, **8, 8, 8** M der Reihe sind **Randmaschen**, die die Knopfleisten bilden. Markiert diese Randmaschen auf beiden Seiten mit einem MM und strickt sie über die gesamte Länge der Jacke im selben Rippenmuster wie das Halsbündchen.

Die äußersten zwei Randmaschen (d.h. die zwei ersten und die zwei letzten Maschen jeder Reihe) werden als **I-Cord-Maschen** (s. »I-Cord-Kante« auf Seite 7) gestrickt:

Ihr strickt die ersten 2 M in jeder Reihe (Hin- und Rückreihe) immer re und hebt die letzten 2 M in jeder Reihe ungestrickt wie zum links Stricken, mit dem Faden vor der Arbeit, ab. Dadurch entsteht eine feste und saubere Kante, die die Knopfleisten abschließt. Ihr beginnt die I-Cord-Kante in der allerersten Reihe des Halsbündchens und strickt sie über die komplette Länge der Jacke bis zur letzten Reihe des unteren Bündchens mit.

Da die Knopfleiste hier direkt mitgestrickt wird, müsst ihr daran denken, in regelmäßigen Abständen ein **Knopfloch** einzustricken. In dieser Jacke stricken wir sie immer am Anfang einer Hinreihe: Strickt 4 M (2 I-Cord-Maschen und 2 M im Rippenmuster), macht einen Umschlag, strickt die nächsten 2 M re zusammen und strickt dann normal im Muster weiter. In der Rückreihe wird der Umschlag im Takt mit dem Rippenmuster abgestrickt, sodass sich ein Loch bildet.

Wir stricken die Knopflöcher mit ca. 14–16 Reihen Abstand. Das erste Knopfloch strickt ihr direkt im Halsbündchen in der dritten Reihe.

RAGLANBLENDE

Nach dem Bündchen wird glatt rechts weitergestrickt, d.h. rechts in der Hinreihe, links in der Rückreihe. Bis auf die Randmaschen, die weiterhin im verschränkten Rippenmuster gestrickt werden, strickt ihr ab jetzt keine verschränkten Maschen mehr.

STERNZUNAHME

Um das Muster in den Raglanlinien zu stricken, werden die Raglanzunahmen auf eine besondere Weise gestrickt. Wir nennen sie hier »Sternzunahme«. Ihr nehmt hier nicht wie sonst in jeder zweiten Runde 8 M zu, sondern 16 M in jeder vierten Runde. Das geht wie folgt:

1. Schritt: Strickt bis 3 M vor MM1.

2. Schritt: Stecht in alle 3 M ein, als würdet ihr sie rechts zusammenstricken, strickt 1 M re, lasst die M nicht von der Nadel gleiten sondern macht 1 Umschlag, stecht wieder in die 3 M ein, strickt 1 M re, lasst die M nicht von der Nadel gleiten, macht 1 Umschlag, stecht noch einmal in die 3 M ein und strickt 1 M re. Ihr habt so diese 3 M zusammengestrickt, und gleichzeitig 5 neue Maschen aus diesen Maschen gestrickt, ihr habt in diesem Schritt also 2 M zugenommen. Hebt MM1 ab.

3. Schritt: Hebt die nächsten 3 M einzeln ungestrickt wie zum re Stricken ab, damit sie sich umdrehen. Schiebt sie wieder zurück auf die linke Nadel und stecht dann mit der rechten Nadel in die hinteren Maschenschenkel dieser drei M ein, als wolltet ihr sie verschränkt zusammenstricken. Strickt 1 M re, lasst sie nicht von der Nadel gleiten, macht 1 Umschlag, stecht wieder in die 3 M ein und strickt 1 M re, lasst sie nicht von der Nadel gleiten, macht 1 Umschlag und stecht noch einmal in die 3 M ein ein und strickt 1 M re. Damit habt ihr noch einmal 2 M zugenommen.

Wiederholt diese zwei Zunahmen an den weiteren MM in der Runde und nehmt so in der Runde insgesamt 16 M zu. Strickt diese Zunahmen in jeder vierten Runde. Dieses Video zeigt, wie die Zunahme gearbeitet wird: www.bit.ly/nikita-zunahme

Die **erste Reihe (Hinreihe)** strickt ihr wie folgt:

1. Schritt: Strickt die Randmaschen im Rippenmuster und mit I-Cord.

2. Schritt: Strickt 9, 9, 10, 10, **11, 12, 13** M re (linkes Vorderteil). Hängt MM1 auf die Nadel.

3. Schritt: Strickt 6 M re (linke Schulter). Hängt MM2 auf die Nadel.

4. Schritt: Strickt 23, 25, 27, 29, **31, 31, 33** M re (Rückenteil). Hängt MM3 auf die Nadel.

5. Schritt: Strickt 6 M re (rechte Schulter). Hängt MM4 auf die Nadel.

6. Schritt: Strickt 9, 9, 10, 10, **11, 12, 13** M re (rechtes Vorderteil).

7. Schritt: Strickt die Randmaschen im Rippenmuster mit I-Cord.

Strickt die **zweite Reihe (Rückreihe)** li zurück, mit den Randmaschen wie immer im Rippenmuster mit I-Cord.

In der **3. Reihe (Hinreihe)** beginnen die Zunahmen: Strickt die Randmaschen. Strickt re weiter bis 3 M vor MM1. Nehmt jetzt vor und nach dem MM mit der **Sternzunahme** zu. Strickt danach re weiter und wiederholt diese Zunahme an den anderen 3 MM in der Reihe, sodass ihr in dieser Reihe insgesamt 16 M zugenommen habt. Strickt die Reihe dann normal fertig.

Strickt die **vierte Reihe (Rückreihe)** li zurück, mit den Randmaschen wie immer im Rippenmuster mit I-Cord.

Die **fünfte Reihe (Hinreihe)** wird glatt rechts gestrickt, ohne Zunahmen, mit den Randmaschen im Rippenmuster mit I-Cord.

Strickt die **sechste Reihe (Rückreihe)** li zurück, mit den Randmaschen wie immer im Rippenmuster mit I-Cord.

Wiederholt **Reihen 3–6**, bis ihr in insgesamt 7, 8, 8, 9, **10, 11, 12** Reihen zugenommen habt (d.h. in jeder 4. Reihe). Denkt daran, in regelmäßigen Abständen ein Knopfloch einzustricken. Jetzt liegen 177, 195, 199, 221, **241, 259, 279** M auf der Nadel. Strickt als letzte Reihe eine Rückreihe.

In der **nächsten Hinreihe** nehmt ihr noch einmal zu:

Größe 6–12 Monate, 4–6 Jahre und 6–8 Jahre: Nehmt 6 M zu – je 2 M pro Vorderteil und 2 M im Rückenteil.

Größe 1–2 Jahre: Nehmt 4 M zu – je 1 M pro Vorderteil und 2 M im Rückenteil.

In den **Größen 0–3 und 3–6 Monate sowie 2–4 Jahre** werden keine Maschen zugenommen. Strickt diese Reihe einfach glatt rechts, mit Randmaschen und I-Cord.

Strickt noch eine Rückreihe zurück.

RUMPF

Wenn ihr alle Zunahmen gearbeitet habt, werden die Maschen, die später die Ärmel bilden, auf jeder Seite auf einem Hilfsfaden stillgelegt. Das ist ein Faden in einer Kontrastfarbe, auf den ihr alle Ärmelmaschen auffädelt, um sie zu sichern, während der Rumpf gestrickt wird.

1. Schritt: Strickt die Randmaschen wie gehabt. Strickt dann bis zu MM1 (linkes Vorderteil).

2. Schritt: Legt die nächsten 34, 38, 38, 42, **46, 50, 54** M (alle Maschen zwischen MM1 und MM2) auf einem Hilfsfaden still.

3. Schritt: Schlagt 4, 6, 8, 8, **8, 8, 8** neue M an (unter dem linken Ärmel).

4. Schritt: Strickt weiter bis zu MM3 (Rückenteil).

5. Schritt: Legt die nächsten 34, 38, 38, 42, **46, 50, 54** M (alle Maschen zwischen MM3 und MM4) auf einem Hilfsfaden still.

6. Schritt: Schlagt 4, 6, 8, 8, **8, 8, 8** neue M an (unter dem rechten Ärmel).

7. Schritt: Strickt die Reihe fertig.

Jetzt liegen insgesamt 117, 131, 145, 157, **165, 181, 193** M auf der Nadel. Die Ärmelmaschen liegen auf Hilfsfäden.

Strickt jetzt glatt re, mit den Randmaschen im Rippenmuster, weiter, bis der Rumpf, ab dem Ärmelansatz, 14, 15, 16, 19, **22, 25, 29** cm lang ist, und denkt dabei an die Knopflöcher. Endet mit einer Rückreihe.

Wenn der Rumpf die gewünschte Länge erreicht hat, strickt ihr ein verschränktes Rippenbündchen wie im Halsbündchen über 2, 3, 3, 3, **3, 4, 4** cm. Führt die I-Cord-Kanten bis zum Ende fort. Kettet in einer Hinreihe ab. Strickt dabei die re verschränkten Maschen weiter verschränkt.

ÄRMEL

Jetzt werden die Maschen für den ersten Ärmel, die ihr auf einem Hilfsfaden stillgelegt habt, auf das Nadelspiel Nr. 4 gelegt. Zusätzlich werden aus den Maschen, die ihr unter dem Arm neu angeschlagen habt, 4, 6, 8, 8, **8, 8, 8** M aufgefasst und zu den restlichen Ärmelmaschen auf die Nadel gelegt.

Die Ärmel werden in Runden gestrickt. Damit der Rundenbeginn mittig unter dem Arm liegt, werden die neu aufgefassten Maschen gleichmäßig auf Rundenbeginn und -ende verteilt. Die Runde beginnt nun in der Mitte zwischen diesen neuen Maschen. Jetzt liegen 38, 44, 46, 50, **54, 58, 62** M auf der Nadel.

Strickt den Ärmel jetzt glatt re in Runden und nehmt in regelmäßigen Abständen 2 Maschen pro Runde ab, indem ihr die ersten 2 M und die letzten 2 M einer Runde zusammenstrickt.

Strickt dafür zunächst 2, 2,5, 2, 1,5, **3,5, 1,5, 2** cm ohne Abnahmen in Runden und nehmt dann in der nächsten Runde 2 M ab. Arbeitet diese Abnahmen insgesamt 4, 5, 5, 5, **7, 7, 8** Mal mit 2,5, 2,5, 3, 3,5, **2,5, 3,5, 3,5** cm Abstand und nehmt so insgesamt 8, 10, 10, 10, **14, 14, 16** M ab. Jetzt liegen 30, 34, 36, 40, **40, 44, 46** M auf der Nadel. Strickt den Ärmel ohne Abnahmen weiter bis zu einer Länge von 12, 15, 17, 19, **21, 26, 30** cm.

Wechselt auf Nadelstärke 3,5, strickt noch eine weitere Runde rechts und nehmt dabei gleichmäßig verteilt 4 M ab. Jetzt liegen 26, 30, 32, 36, **36, 40, 42** M auf der Nadel. Strickt zum Schluss noch ein Rippenbündchen (1 M re verschränkt, 1 M li im Wechsel), 2, 2, 2, 2, **3, 3, 4** cm lang, und kettet locker im Rippenmuster ab. Strickt den zweiten Ärmel gleich.

ABSCHLUSS

Vernäht alle Enden und schließt ggf. die Löcher unter den Armen, wenn vorhanden. Befestigt die Knöpfe. Wascht die Jacke entsprechend den Pflegehinweisen auf eurem Garn, zieht sie auf einem trockenen Handtuch in Form und lasst sie liegend trocknen.

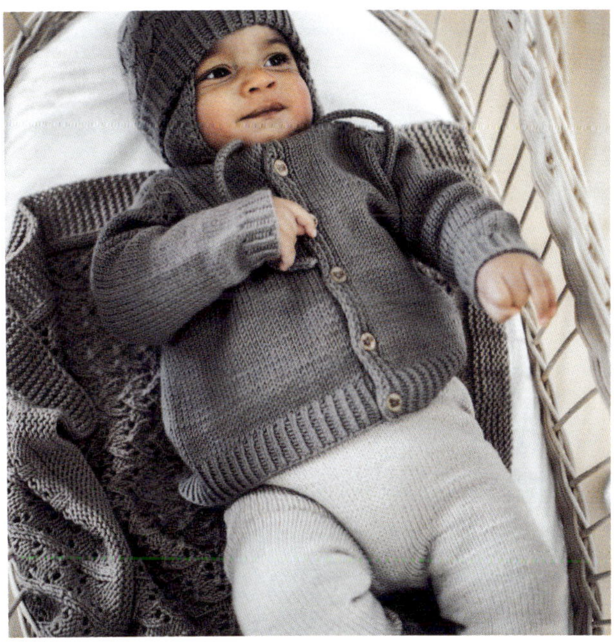

HOSE

GRÖSSENANGABEN UND GARNVERBRAUCH

Größe	Umfang	Beinlänge	Gesamtlänge	Garnverbrauch
0–3 Monate	40 cm	16 cm	30 cm	100 g (320 m)
3–6 Monate	43 cm	20 cm	36 cm	100 g (320 m)
6–12 Monate	45 cm	26 cm	43 cm	150 g (480 m)
12–18 Monate	**47 cm**	**31 cm**	**50 cm**	**150 g (480 m)**
18–24 Monate	**47 cm**	**34 cm**	**53 cm**	**150 g (480 m)**
2–4 Jahre	**50 cm**	**38 cm**	**59 cm**	**200 g (600 m)**

Bitte beachtet, dass die angegebenen Garnmengen ein Richtwert sind.

Garn:
Lana Grossa Cool Wool (160 m/50 g), Katia Merino Baby, Lang Merino 150, Drops Baby Merino oder Sandnes Tynn Merinoull.

Maschenprobe
26 Maschen = 10 cm mit Nadelstärke 3,5.

Das braucht ihr:
Rundstricknadel Nr. 3,5 (40 cm)
Nadelspiel Nr. 3,5
Stopfnadel zum Vernähen der Fäden
Maschenmarkierer
Gummiband für das Bündchen

ANLEITUNG

Diese Hose wird von unten nach oben in Runden gestrickt. Zuerst werden die Hosenbeine einzeln gestrickt, dann werden sie auf einer Nadel vereint und die Hose wird in einem Stück fertig gestrickt.

BLUME

Die kleinen Blumen werden direkt nach dem Bündchen in die Außenseiten der Hosenbeine eingestrickt. Ihr positioniert sie wie folgt:

Strickt nach dem Bündchen 5 Runden glatt re. Strickt in der nächsten Runde 18, 20, 21, **22, 22, 24** M re und strickt dann die erste Blume (s. Seite 113). Strickt die Runde re fertig. *Strickt 4 Runden re und platziert in der fünften Runde die nächste Blume über der ersten*. Wiederholt *-*, bis ihr die gewünschte Anzahl von Blumen gestrickt habt. Wir empfehlen 2, 2, 3, **3, 4, 4** Blumen pro Hosenbein oder je nach Geschmack. Da ihr gleichzeitig regelmäßige Zunahmen an der Innenseite der Hosenbeine strickt, müsst ihr bei jeder neuen Blume ggf. eine Masche weiterstricken als vorher, damit die Blumen genau übereinanderliegen.

HOSENBEINE

Schagt 36, 38, 40, **42, 42, 44** M auf das Nadelspiel Nr. 3,5 an. Schließt zur Runde und strickt ein Bündchen im verschränkten Rippenmuster (1 M re verschränkt, 1 M li im Wechsel), insgesamt 3, 3, 4, **4, 4, 5** cm lang. Ihr strickt rechte Maschen verschränkt, indem ihr nicht in den vorderen, sondern in den hinteren Maschenschenkel einstecht.

Strickt jetzt eine Runde glatt re und nehmt dabei gleichmäßig über die Runde verteilt 4, 6, 6, **6, 6, 8** M zu. Jetzt liegen 40, 44, 46, **48, 48, 52** M auf der Nadel. Strickt ab hier glatt re weiter. Strickt das Hosenbein glatt rechts und arbeitet gleichzeitig direkt ab dem Bündchen regelmäßige Zunahmen: Strickt 1, 1, 2, **2, 2,5, 3** cm re in Runden (und vergesst dabei nicht, die Blumen zu stricken). Nehmt jetzt in der nächsten Runde 2 M zu: Strickt 1 M re, nehmt 1 M mit **M1L** (s. Seite 6) zu, strickt bis 1 M vor Ende der Runde, nehmt 1 M mit **M1R** zu, strickt 1 M re.

Wiederholt diese Zunahme mit 3, 4, 5, **5, 5,5, 6** cm Abstand, bis ihr insgesamt 4, 4, 4, **5, 5, 5** Zunahmen gearbeitet oder um 8, 8, 8, **10, 10, 10** M zugenommen habt. Jetzt liegen 48, 52, 54, **58, 58, 62** M auf der Nadel. Strickt ohne Zunahmen weiter, bis das Hosenbein insgesamt 16, 20, 26, **31, 34, 38** cm lang ist. Legt diese Maschen auf eine 40 cm Rundstricknadel Nr. 3,5 und schlagt am Rundenende noch 4 neue Maschen an. Legt das Bein zur Seite und strickt das zweite Bein gleich.

RUMPF

Wenn beide Hosenbeine fertig sind, werden sie auf der Rundstricknadel (40 cm) vereint. Das erste Bein liegt bereits mit neu angeschlagenen M auf der Nadel. Strickt jetzt auch das zweite Bein auf diese Nadel und schlagt dann noch einmal 4 M neu an, damit vorne und hinten neue M für den Zwickel auf der Nadel liegen. Schließt jetzt zur Runde. Die Runde beginnt jetzt in der hinteren Mitte, d.h. in der Mitte der 4 neuen Maschen. Markiert diese Stelle mit einem MM.

Jetzt liegen 104, 112, 116, **124, 124, 132** M auf der Nadel. Strickt glatt re in Runden, bis die Hose, ab dem Schritt, 11, 13, 14, **16, 16, 17** cm lang ist.

VERKÜRZTE REIHEN

Jetzt arbeitet ihr hinten einige verkürzte Reihen (s. Seite 7), die die Hose hinten höher werden lassen als vorne und mehr Platz für eine Windel schaffen. Wenn das Kind keine Windel mehr trägt, könnt ihr diese verkürzten Reihen weglassen.

Markiert zunächst von der hinteren Mitte ausgehend die Seiten der Hose mit zwei MM (bei insgesamt 104 M auf der Nadel also 26 M in jeder Richtung, mit den 52 M des Hinterteils dazwischen). Zählt dann von diesen zwei MM ausgehend noch einmal je 3, 4, 4, **5, 5, 6** M in Richtung hintere Mitte und markiert auch diese Stelle mit

So wird die Blume gestrickt:

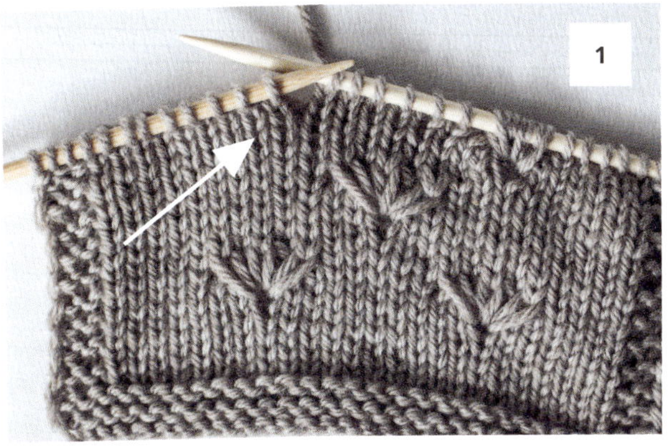

Geht zwei Maschen nach links und drei Reihen nach unten. Stecht in diese Masche (die Blumenmasche) ein.

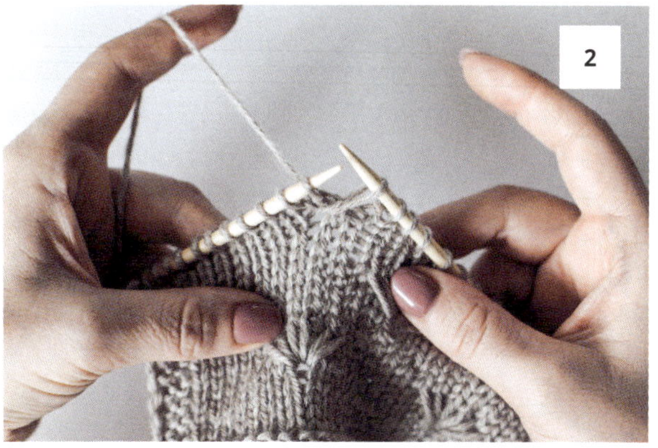

Strickt aus der Blumenmasche eine neue Masche heraus. Strickt dann die nächsten zwei Maschen normal re.

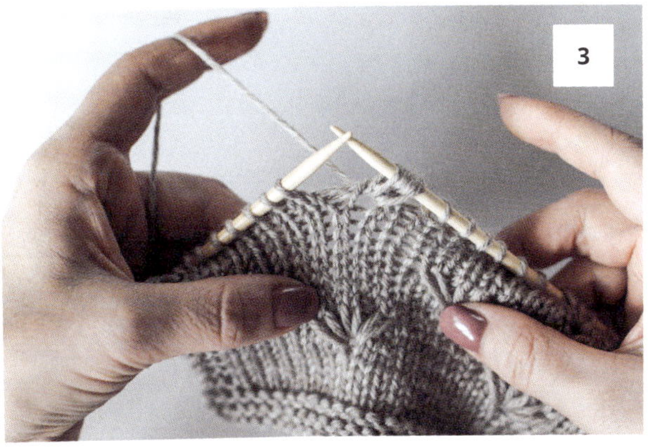

Strickt eine zweite Masche aus derselben Blumenmasche heraus und strickt dann wieder die nächsten 2 Maschen re.

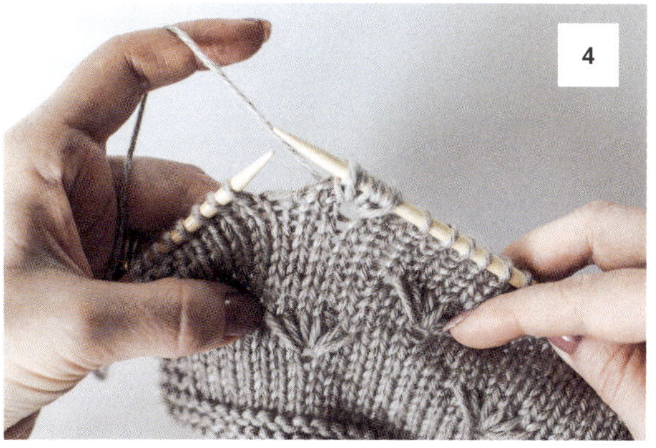

Strickt eine dritte Masche aus der Blumenmasche heraus. Jetzt habt ihr 3 lange Maschen und dazwischen jeweils 2 normale Maschen.

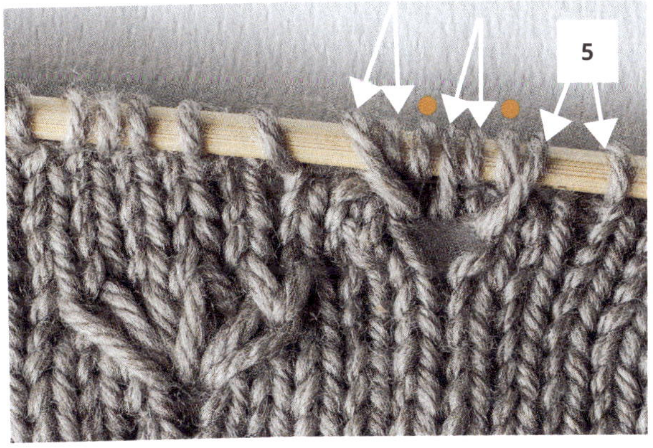

*Wenn das Blumenmuster **in Runden** gestrickt wird (Hose, Mütze, Handschuhe): Strickt in der nächsten Runde jede lange Masche mit der **Masche davor** rechts zusammen (Pfeile). Strickt dazwischen eine Masche re (Punkt).*

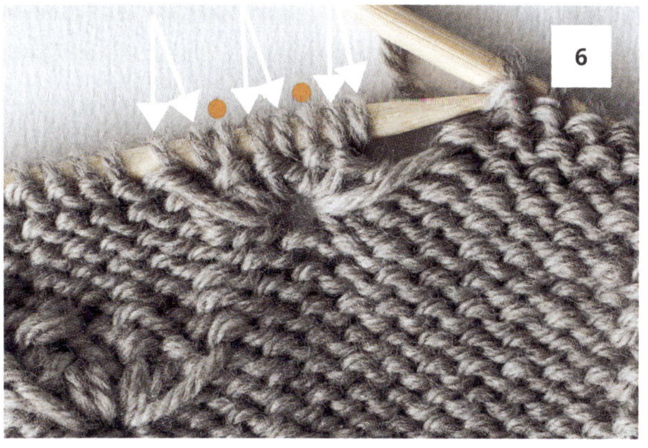

*Wenn das Blumenmuster **in Reihen** gestrickt wird (Schuhe): Strickt in der nächsten Reihe (Rückreihe) jede lange Masche mit der **Masche danach** links zusammen (Pfeile). Strickt dazwischen eine Masche links (Punkt).*

Dieses Video zeigt, wie die Blumen gestrickt werden:
www.bit.ly/nikita-blume

einem MM, sodass ihr für die verkürzten Reihen insgesamt 4 MM platziert habt.

Beginnt die Runde jetzt in der hinteren Mitte.

1. Schritt: Strickt re bis zum ersten MM. Hebt ihn ab und strickt noch 1 M (Wendemasche). Wendet die Arbeit.

2. Schritt: Strickt li zurück, bis zum ersten MM auf der anderen Seite. Hebt ihn ab, strickt 1 M weiter (Wendemasche) und wendet die Arbeit.

3. Schritt: Strickt re, bis ihr die erste Wendemasche auf der anderen Seite erreicht habt. Strickt diese re, strickt 1 M (nächste Wendemasche) und wendet die Arbeit.

4. Schritt: Strickt li zurück bis zur Wendemasche auf der anderen Seite. Strickt diese li und strickt die nächste M als Wendemasche.

Strickt die verkürzten Reihen auf diese Weise weiter. In jeder Reihe strickt ihr 1 M weiter, bis ihr an den MM ankommt, die die Seiten markieren. Hier enden die verkürzten Reihen.

Strickt jetzt noch eine Runde rechts über alle Maschen und endet wieder in der hinteren Mitte.

OBERES BÜNDCHEN

Strickt jetzt ein Rippenbündchen wie an den Hosenbeinen (1 M re verschränkt, 1 M li im Wechsel), insgesamt 5, 5, 6, **6, 6, 7** cm lang. Klappt das Bündchen jetzt nach innen um, strickt es umgeklappt fest (s. »Doppeltes Bündchen« auf Seite 7) und kettet im selben Schritt ab:

Klappt das Bündchen nach innen um und nehmt für jede M auf der Nadel die entsprechende M vom Beginn des Bündchens auf. Strickt sie zusammen ab, wiederholt diese Schritte für die zweite M und kettet die erste M ab, indem ihr sie über die zweite zieht. Auf diese Weise wird das Bündchen Masche für Masche umgeklappt fixiert und ihr kettet die Arbeit gleichzeitig ab. Alternativ könnt ihr das Bündchen einfach locker abketten, danach umklappen und (sehr locker, damit das Bündchen dehnbar bleibt) an der Innenseite festnähen.

Kurz vor Ende dieser letzten Runde, wenn noch ein kleines Loch im Bündchen offen ist, zieht ihr ein Gummiband ein, damit die Hose besser hält. Wenn ihr die letzten Maschen normal abkettet, ohne das Bündchen dabei zusammenzustricken, entsteht ein kleines Loch, durch das ihr das Gummiband später auch ersetzen könnt.

Wenn ihr möchtet, könnt ihr zusätzlich noch eine **I-Cord-Schnur** (s. Seite 7) stricken (je nach Größe 60–90 cm lang) und sie zwischen zwei Maschen in den Hosenbund einziehen.

ABSCHLUSS

Vernäht alle Fäden und näht das Loch im Schritt zu. Wascht die Hose anhand der Angaben des Wollherstellers, zieht sie auf einem trockenen Handtuch in Form und lasst sie trocknen.

MÜTZE

GRÖSSENANGABEN UND GARNVERBRAUCH

Größe	Umfang	Garnverbrauch
0–3 Monate	30 cm	50 g (120 m)
3–6 Monate	30 cm	50 g (120 m)
6–12 Monate	33,5 cm	50 g (120 m)
1–2 Jahre	**37 cm**	**100 g (240 m)**
2–4 Jahre	**40 cm**	**100 g (240 m)**
4–8 Jahre	**43 cm**	**100 g (240 m)**

Bitte beachtet, dass die angegebenen Garnmengen nur ein Richtwert sind.

Garn:
Lana Grossa Cool Wool big (120 m/50 g), Katia Merino 100%, Lang Merino 120, Drops Merino extra fine, Sandnes Smart

oder andere Garne mit passender Maschenprobe.

Maschenprobe
23 Maschen = 10 cm mit Nadelstärke 4.

Das braucht ihr:
Rundstricknadel Nr. 4 (30/40 cm lang)
Nadelspiel Nr. 4
Stopfnadel zum Vernähen der Fäden
Maschenmarkierer
Pompon (optional)

Der Mützenumfang bezieht sich auf die fertige Mütze, nicht den tatsächlichen Kopfumfang des Kindes. Da die Mütze äußerst dehnbar ist, liegt der angegebene Umfang weit unter dem entsprechenden Kopfumfang. Dadurch passt sich die Mütze gut an die Kopfform an und sitzt nicht zu locker.

ANLEITUNG

Die Mütze wird von unten nach oben und in Runden gearbeitet. Die Runde beginnt in der hinteren Mitte. Nach dem doppelten Bündchen wird ein Blumenmuster eingestrickt.

BÜNDCHEN

Schlagt 68, 72, 76, **84, 92, 98** M auf die Rundstricknadel Nr. 4 (40 cm) an. Schließt zur Runde und strickt ein Rippenbündchen (1 M re verschränkt, 1 M li im Wechsel), insgesamt 6, 6, 8, **8, 9, 10** cm lang.

Klappt das Bündchen jetzt um, sodass die Anschlagskante innen liegt, und strickt es in der nächsten Runde fest: Nehmt für jede Masche, die auf der Nadel liegt, die entsprechende Masche aus der Anschlagskante mit auf und strickt beide Maschen zusammen rechts ab (s. auch »Doppeltes Bündchen« auf S. 7). Ab dieser Runde strickt ihr nur noch glatt rechts und ohne verschränkte Maschen.

Strickt jetzt eine Runde glatt re und nehmt dabei gleichmäßig über die Runde verteilt 4, 0, 4, **4, 4, 6** M zu. Jetzt liegen 72, 72, 80, **88, 96, 104** M auf der Nadel.

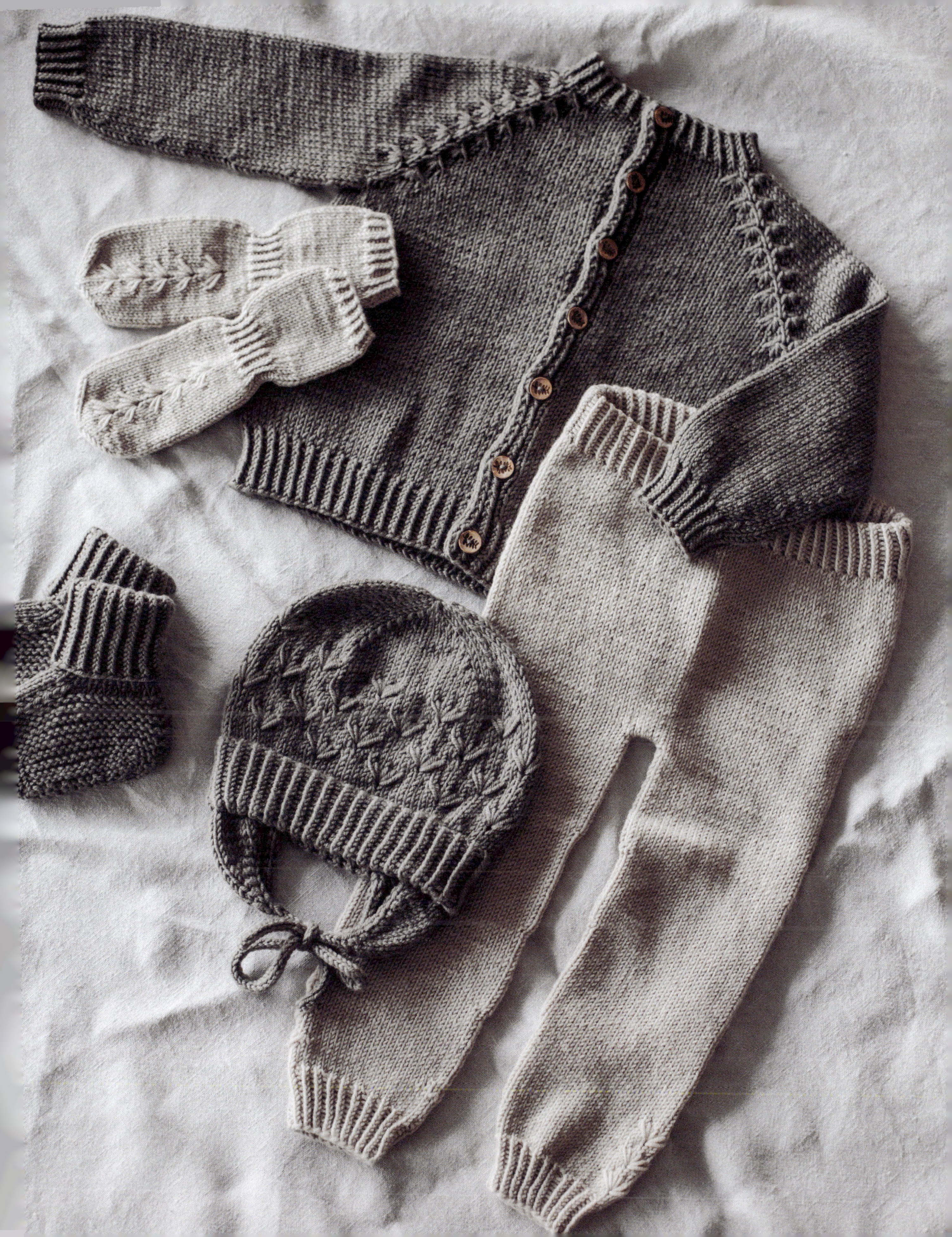

HAUPTTEIL

Strickt jetzt das Blumenmuster wie folgt:

1.–4. Runde: Glatt re.

5. Runde: *strickt 4 M re, strickt eine Blume* (s. Seite 113). Wiederholt *–* über die gesamte Runde.

6. Runde: *strickt 3 M re, strickt 2 M zusammen, strickt 1 M re, strickt 2 M zusammen, strickt 1 M re, strickt 2 M zusammen*. Wiederholt *–* über die gesamte Runde.

7.–10. Runde: Glatt re.

11. Runde: *Strickt eine Blume, strickt 4 M re*. Wiederholt *–* über die gesamte Runde.

12. Runde: Hier müsst ihr den Rundenbeginn um eine Masche nach hinten verschieben, da ihr die erste Masche in dieser Runde mit der letzten Masche der vorherigen Runde zusammenstricken müsst. Löst also diese letzte Masche wieder auf und beginnt dort die Runde. *Strickt 2 M zusammen, strickt 1 M re, strickt 2 M zusammen, strickt 1 M re, strickt 2 M zusammen, strickt 3 M re*. Wiederholt *–* über die ganze Runde. Jetzt verlegt ihr den Rundenbeginn wieder an die alte Stelle, strickt also noch 1 M weiter und beginnt dort die neue Runde.

Strickt die Mütze auf diese Weise, bis sie, mit dem umgeklappten Bündchen, 8, 10, 11, **13, 16, 18** cm hoch ist. Platziert dabei so viele Blumen (Runden 1–6 und 7–12 im Wechsel), wie ihr wollt oder bis ihr die gewünschte Mützenhöhe erreicht habt. Je nach Größe empfehlen wir 2, 3, 4, **4, 5, 5** Blumenreihen.

ABNAHMEN

Jetzt beginnen die Abnahmen. Wenn die Runden zu kurz für die Rundstricknadel werden, wechselt ihr auf das Nadelspiel.

1. RUNDE:

1. Schritt: Strickt 9, 9, 10, **11, 12, 13** M re. Hängt MM1 auf die Nadel.

2. Schritt: Strickt 18, 18, 20, **22, 24, 26** M re. Hängt MM2 auf die Nadel.

3. Schritt: Strickt 18, 18, 20, **22, 24, 26** M re. Hängt MM3 auf die Nadel.

4. Schritt: Strickt 18, 18, 20, **22, 24, 26** M re. Hängt MM4 auf die Nadel.

5. Schritt: Strickt 9, 9, 10, **11, 12, 13** M re.

2. RUNDE:

1. Schritt: Strickt re bis 3 M vor MM1.

2. Schritt: Strickt 2 M mit SSK (s. Seite 7) zusammen, strickt 2 M re (MM1 liegt zwischen diesen beiden M), strickt 2 M re zusammen, strickt bis 3 M vor MM2.

3. Schritt: Strickt 2 M mit SSK zusammen, strickt 2 M re (MM2 liegt zwischen diesen beiden M), strickt 2 M re zusammen, strickt bis 3 M vor MM3.

4. Schritt: Strickt 2 M mit SSK zusammen, strickt 2 M re (MM3 liegt zwischen diesen beiden M), strickt 2 M re zusammen, strickt bis 3 M vor MM4.

5. Schritt: Strickt 2 M mit SSK zusammen, strickt 2 M re (MM4 liegt zwischen diesen beiden M), strickt 2 M re zusammen, strickt die Runde fertig.

3. RUNDE:

Strickt glatt re ohne Abnahmen.

Wiederholt **Runden 2 und 3**, bis nur noch 16 M auf den Nadeln liegen. Schneidet den Faden ab und zieht das Ende durch alle Maschen auf der Nadel. Zieht ihn gut an und schließt so die Mütze.

OHREN

Die Ohren sind nur bei den vier kleinsten Größen vorgesehen, Größen 2–4 und 4–8 Jahre werden ohne Ohren und Band gestrickt.

Messt am Bündchen von der hinteren Mitte ausgehend ca. 2, 2, **2,5, 2,5** cm in jede Richtung ab und beginnt dort das Ohr (so liegen ca. 4, 4, **5, 5** cm zwischen den Ohren). Nehmt aus dem Bündchen 19, 21, **21, 23** M auf. Am besten findet ihr zuerst die Kante, an der die Mütze umgeklappt ist, und geht von dort ausgehend an der Innenseite 2–3 Reihen nach oben und beginnt die Ohrenklappe dort. Beginnt in einer Hinreihe und strickt 6 Reihen glatt re (re auf der Hinreihe, li auf der Rückreihe). Auf beiden Seiten strickt ihr eine I-Cord-Kante, die den Abschluss schöner macht (s. Seite 7). Strickt dafür die ersten 2 M in jeder Hin- und Rückreihe re und hebt die letzten 2 M ungestrickt, mit dem Faden vor der Arbeit, ab.

In der nächsten Hinrunde beginnen die Abnahmen: Strickt 2 M re, strickt 2 M re zusammen, strickt bis 4 M vor Ende der Reihe, strickt 2 M mit SSK zusammen, hebt die letzten 2 M mit dem Faden vor der Arbeit ab (I-Cord). Strickt eine Rückreihe mit I-Cord li zurück. Wiederholt diese 2 Reihen, bis nur noch 5 M auf der Nadel liegen. Endet mit einer Rückreihe und strickt dann in der nächsten Hinreihe 2 M re zusammen, 1 M re und 2 M re zusammen.

Jetzt habt ihr 3 M auf der Nadel. Strickt daraus die I-Cord-Kordel (s. Seite 7), ca. 20–25 cm lang. Strickt dann das zweite Ohr gleich.

ABSCHLUSS

Vernäht alle Fadenenden. Wascht die Mütze entsprechend den Angaben des Wollherstellers, zieht sie auf einem trockenen Handtuch in Form und lasst sie trocknen. Befestigt danach auf Wunsch noch einen Pompon.

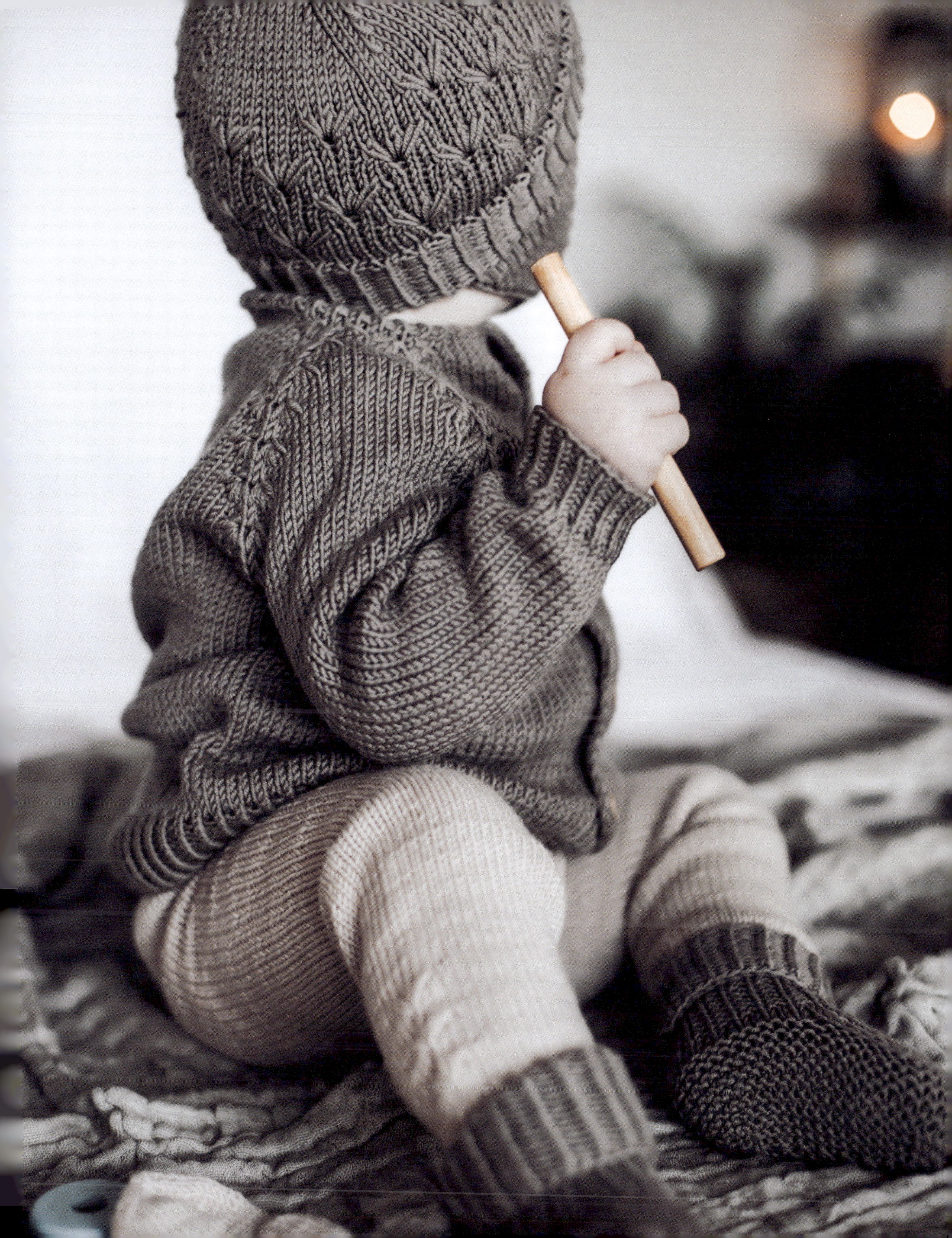

SCHUHE

GRÖSSENANGABEN UND GARNVERBRAUCH

Größe	Garnverbrauch
0–6 Monate	50 g (120 m)

Bitte beachtet, dass die angegebenen Garnmengen nur ein Richtwert sind.

Garn:
Lana Grossa Cool Wool big (120 m/50 g), Katia Merino 100%, Lang Merino 120, Drops Merino extra fine oder Sandnes Smart.

Maschenprobe
23 Maschen = 10 cm mit Nadelstärke 4.

Das braucht ihr:
Nadelspiel oder Rundstricknadel Nr. 4 (die Länge spielt keine Rolle)
Stopfnadel zum Vernähen der Fäden
Maschenmarkierer

ANLEITUNG

Diese Schuhe werden in Reihen gestrickt. Die Anleitung besteht aus drei Teilen:

1. Teil: Fuß und Zehen. Dieser Teil wird kraus rechts gestrickt, d.h. nur rechts in Hin- und Rückreihe.

2. Teil: Verkürzte Reihen auf der Fußoberseite. Hier strickt ihr glatt re, d.h. re in der Hinreihe, li in der Rückreihe, mit Blumenmuster.

3. Teil: Oberes Bündchen. Das Bündchen wird im verschränkten Rippenmuster gestrickt.

BLUMENMUSTER

Die Blume strickt ihr in Schritt 2 in der 5. Reihe. Hier erklären wir zunächst, wie sie gestrickt wird. Eine bebilderte Erklärung findet ihr auf S. 113.

Strickt in der entsprechenden Reihe bis 2 M vor der Mitte der Reihe. Geht 3 Reihen nach unten und 2 M nach links (die Reihenmitte) und strickt aus dieser Masche eine neue Masche heraus. Achtet darauf, den Faden dabei nicht zu fest anzuziehen. Strickt 2 M normal re, strickt eine zweite Masche aus der unteren Masche heraus, strickt 2 M re und strickt eine dritte Masche aus der unteren Masche heraus. Dadurch habt ihr drei tiefer gestochene Maschen aus ein und derselben Masche herausgestrickt. Strickt die Reihe laut Anleitung fertig.

In der nächsten Reihe müsst ihr wieder Maschen zusammenstricken, da ihr durch die Blume um drei Maschen zugenommen habt: Strickt dafür jede tiefer gestochene Masche mit der linken Masche danach links zusammen. So habt ihr 3 M abgenommen und wieder dieselbe Maschenzahl wie vor der Blume. Dieses Video zeigt, wie die Blumen gestrickt werden: www.bit.ly/nikita-blume

SCHUHE

Schlagt 31 M auf die Nadel Nr. 4 an (ihr könnt 2 Nadeln des Nadelspiels verwenden oder eine Rundstricknadel in beliebiger Länge).

1. TEIL (FUSS):

1. Reihe (Hinreihe): Strickt alle M re.

2. Reihe (Rückreihe): Strickt 1 M re, nehmt 1 M zu, strickt 14 M re, nehmt 1 M zu, strickt 1 M re, nehmt 1 M zu, strickt 14 M re, nehmt 1 M zu, strickt 1 M re. Jetzt liegen 35 M auf der Nadel.

3. Reihe (Hinreihe): Strickt alle M re.

4. Reihe (Rückreihe): Strickt 2 M re, nehmt 1 M zu, strickt 14 M re, nehmt 1 M zu, strickt 3 M re, nehmt 1 M zu, strickt 14 M re, nehmt 1 M zu, strickt 2 M re. Jetzt liegen 39 M auf der Nadel.

5. Reihe (Hinreihe): Strickt alle M re.

6. Reihe (Rückreihe): Strickt 3 M re, nehmt 1 M zu, strickt 14 M re, nehmt 1 M zu, strickt 5 M re, nehmt 1 M zu, strickt 14 M re, nehmt 1 M zu, strickt 3 M re. Jetzt liegen 43 M auf der Nadel.

7. Reihe (Hinreihe): Strickt alle M re.

8. Reihe (Rückreihe): Strickt 4 M re, nehmt 1 M zu, strickt 14 M re, nehmt 1 M zu, strickt 7 M re, nehmt 1 M zu, strickt 14 M re, nehmt 1 M zu, strickt 4 M re. Jetzt liegen 47 M auf der Nadel.

9.–18. Reihe: Strickt alle M re.

2. TEIL (FUSSOBERSEITE)

Achtung, in der 5. Reihe strickt ihr auch die Blume!

1. Reihe (Hinreihe): Strickt 19 M re. Strickt 8 M re (Spann). Strickt die nächsten 2 M mit SSK (s. Seite 7) zusammen und wendet die Arbeit.

2. Reihe (Rückreihe): Hebt die 1. M wie zum li Stricken, mit dem Faden vor der Arbeit, ab. Strickt 7 M li, strickt die nächsten 2 M li zusammen. Wendet die Arbeit.

3. Reihe (Hinreihe): Hebt die 1. M wie zum re Stricken, mit dem Faden hinter der Arbeit, ab. Strickt 7 M re, strickt die nächsten 2 M mit SSK zusammen. Wendet die Arbeit.

Wiederholt **Reihen 2 und 3**, bis nur noch 34 M auf der Nadel liegen. Denkt daran, in der 5. Reihe die Blume einzustricken.

Jetzt strickt ihr noch zwei weitere Reihen:

1. Reihe (Rückreihe): Hebt die 1. M wie zum li Stricken, mit dem Faden vor der Arbeit, ab. Strickt 7 M li, strickt die nächsten 2 M li zusammen. Wendet die Arbeit.

2. Reihe (Hinreihe): Hebt die 1. M wie zu re stricken, mit dem Faden hinter der Arbeit, ab. Strickt dann die Reihe re fertig.

Jetzt liegen noch 33 M auf der Nadel.

3. TEIL (BÜNDCHEN)
Strickt zunächst noch 2 Reihen glatt re (d.h. re in der Hinreihe, li in der Rückreihe). Dann strickt ihr ein verschränktes Rippenbündchen:

1. Reihe (Rückreihe): Strickt 1 M re verschränkt und 1 M li im Wechsel.

2. Reihe (Hinreihe): Strickt 1 M li verschränkt und 1 M re im Wechsel.

Wiederholt Reihen 1 und 2, bis das Bündchen 10 cm lang ist. Da ihr das Bündchen am Ende umklappt, sodass die Innenseite außen liegt, ist es hier wichtig, dass ihr die rechten Maschen wie beschrieben in der Rückreihe verschränkt strickt, statt wie normal in der Hinreihe. Kettet dann im Rippenmuster ab.

Ihr strickt rechts verschränkte Maschen, indem ihr in den hinteren Maschenschenkel einstecht, anstatt in den vorderen. Bei links verschränkten Maschen stecht ihr von links nach rechts in den hinteren Maschenschenkel ein. Ihr könnt dieses Bündchen auch ganz ohne verschränkte Maschen stricken, dann werden die Rippen aber weniger schmal und markant.

Strickt den zweiten Schuh gleich.

ABSCHLUSS
Näht die Schuhe zusammen, von der Fußsohle über die Ferse zum hinteren Bündchen. Wascht sie entsprechend den Pflegehinweisen auf eurem Garn, zieht sie auf einem trockenen Handtuch in Form und lasst sie liegend trocknen.

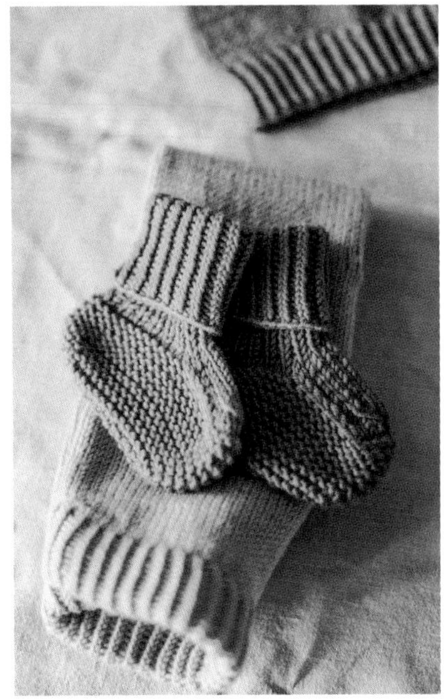

HANDSCHUHE

GRÖSSENANGABEN UND GARNVERBRAUCH

Größe	Umfang	Garnverbrauch
0–3 Monate	11 cm	50 g (160 m)
3–6 Monate	12 cm	50 g (160 m)
6–12 Monate	**13 cm**	**50 g (160 m)**
1–2 Jahre	**14 cm**	**50 g (160 m)**

Bitte beachtet, dass die angegebenen Garnmengen nur ein Richtwert sind.

Garn:
Lana Grossa Cool Wool (160 m/50 g), Katia Merino Baby, Lang Merino 150, Drops Baby Merino oder Sandnes Tynn Merinoull.

Maschenprobe
26 Maschen = 10 cm mit Nadelstärke 3,5.

Das braucht ihr:
Nadelspiel Nr. 2,5 und 3,5
Stopfnadel zum Vernähen
Maschenmarkierer

ANLEITUNG
Die Handschuhe werden vom Bündchen zu den Fingerspitzen in Runden gestrickt. Am Handrücken wird ein Blumenmuster eingestrickt. Der Daumen wird mit einem Hilfsfaden vorbereitet und dann nachträglich eingestrickt. In den ersten 2 Größen (0–3 und 3–6 Monate) ist kein Daumen vorgesehen.

BLUME
Wir erklären zunächst, wie die Blume platziert wird:

Die erste Blume wird in Runde 7, 8, **8, 8** im Handrücken nach dem zweiten Bündchen gestrickt. Jede weitere Blume wird dann 5, 5, **5, 6** Runden nach der ersten Blume gestrickt. Strickt so viele Blumen ein, wie ihr wollt oder Platz habt.

Wie die Blume gestrickt wird, erklären wir auf S. 113.

BÜNDCHEN
Schlagt 30, 32, **34, 36** M auf das Nadelspiel Nr. 3,5 an. Schließt zur Runde und strickt ein verschränktes Rippenbündchen (1 M re verschränkt, 1 M li im Wechsel) über 2, 2, **4, 4** Reihen. Strickt dann glatt rechts (hier strickt ihr die rechten Maschen nicht mehr verschränkt), bis der Handschuh, ab dem Maschenanschlag, 5, 6, **7, 8** cm lang ist.

Wechselt jetzt auf Nadelstärke 2,5. Strickt eine weitere Runde glatt re und strickt dann ein zweites Bündchen im verschränkten Rippenmuster über insgesamt 6, 6, **8, 8** Runden. Strickt dann wieder eine Runde re (ohne verschränkte Maschen).

Wechselt wieder auf Nadelstärke 3,5 und teilt die Maschen dann auf drei Nadeln auf:

1. Nadel (Handrücken): 15, 16, **17, 18** M re.

2. Nadel (Handfläche): 8, 8, **9, 9** M re.

3. Nadel (Handfläche): 7, 8, **8, 9** M re.

Ihr könnt die Maschen auch auf 4 Nadeln aufteilen und mit der 5. Nadel stricken – da die Blumen aber in die Mitte des Handrückens gestrickt werden, finden wir es praktischer, die Maschen auf 3 Nadeln aufzuteilen und mit der 4. Nadel zu stricken.

Strickt zuerst 4, 4, **6, 6** Runden glatt re. Jetzt strickt ihr in den Größen **6–12 Monate** und **1–2 Jahre** den Daumen ein. In den beiden kleinen Größen ist kein Daumen vorgesehen. Überspringt in diesen Größen den nächsten Schritt mit dem Hilfsfaden und strickt den Handschuh glatt rechts in Runden, mit Blumenmuster, bis er die richtige Länge erreicht hat.

Die Runde beginnt seitlich am Handrücken. Beim **ersten Handschuh** strickt ihr glatt re bis **8, 9** M vor Ende der Runde. Nehmt dann einen Hilfsfaden und strickt damit die nächsten **6, 7** M re. Schiebt diese Maschen wieder zurück auf die linke Nadel und strickt sie noch einmal mit dem Arbeitsfaden, sodass der Hilfsfaden fest eingestrickt ist. Strickt dann die Runde im Muster fertig.

Beim **zweiten Handschuh** strickt ihr alle Maschen auf Nadel 1 und die ersten 2 M auf Nadel 2. Strickt die nächsten **6, 7** M mit einem Hilfsfaden und dann noch einmal mit dem Arbeitsfaden und strickt die Runde normal fertig.

Strickt den Handschuh dann (in allen Größen) glatt rechts weiter, bis er, ab dem glatt re gestrickten Abschnitt nach dem zweiten Bündchen, 5, 7, **8,5, 10** cm lang ist. Strickt dabei in regelmäßigen Abständen die Blumen ein.

ABNAHMEN

Jetzt nehmt ihr an den Seiten des Handschuhs ab:

Nadel 1 (Handrücken): Strickt 2 M mit SSK (s. Seite 7) zusammen, strickt bis 2 M vor Ende der Nadel, strickt 2 M re zusammen.

Nadel 2 (Handfläche): Strickt 2 M mit SSK zusammen. Strickt die Nadel fertig.

Nadel 3 (Handfläche): Strickt bis 2 M vor Ende der Nadel. Strickt 2 M re zusammen.

Wiederholt diese Abnahmen in jeder Runde, bis nur noch insgesamt 8 M auf den Nadel liegen. Schneidet den Faden ab, zieht das Ende durch die übrigen Maschen und schließt so den Handschuh.

DAUMEN

In den Größen 6–12 Monate und 1–2 Jahre strickt ihr jetzt noch den Daumen. Entfernt dafür vorsichtig den Hilfsfaden, den ihr an der entsprechenden Stelle eingestrickt habt, und nehmt oben und unten die offenen Maschen auf zwei Nadeln aus dem Nadelspiel auf. Um die Bildung von Löchern an den Seiten zu vermeiden, nehme ich immer noch je 1 M pro Seite zusätzlich auf (insgesamt 4 M) und stricke sie in der ersten Runde direkt mit der nächsten Masche zusammen, damit ich wieder auf die ursprüngliche Maschenzahl komme.

Jetzt liegen **12, 14** M auf den Nadeln. Strickt daraus den Daumen glatt re in Runden, bis er **3, 3,5** cm lang ist. Strickt dann über die letzte Runde 2 M re zusammen, schneidet den Faden ab und zieht das Ende durch diese Maschen, um den Daumen zu schließen.

Strickt den zweiten Daumen gleich.

ABSCHLUSS

Vernäht alle Fäden und schließt etwaige Löcher am Daumen. Wascht die Handschuhe anhand der Angaben des Wollherstellers, zieht sie auf einem trockenen Handtuch in Form und lasst sie trocknen.

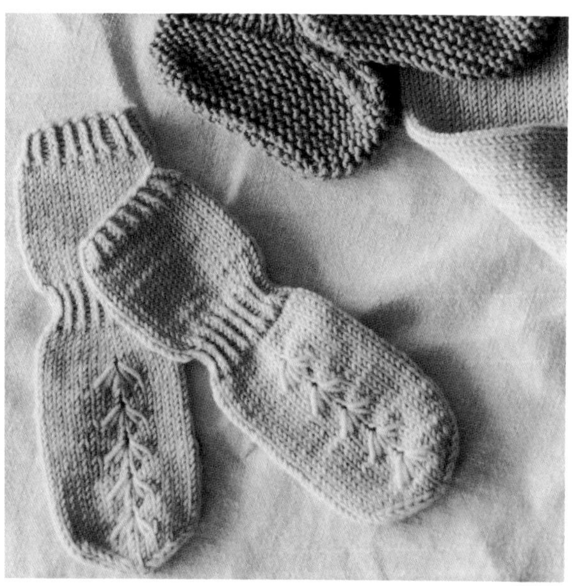

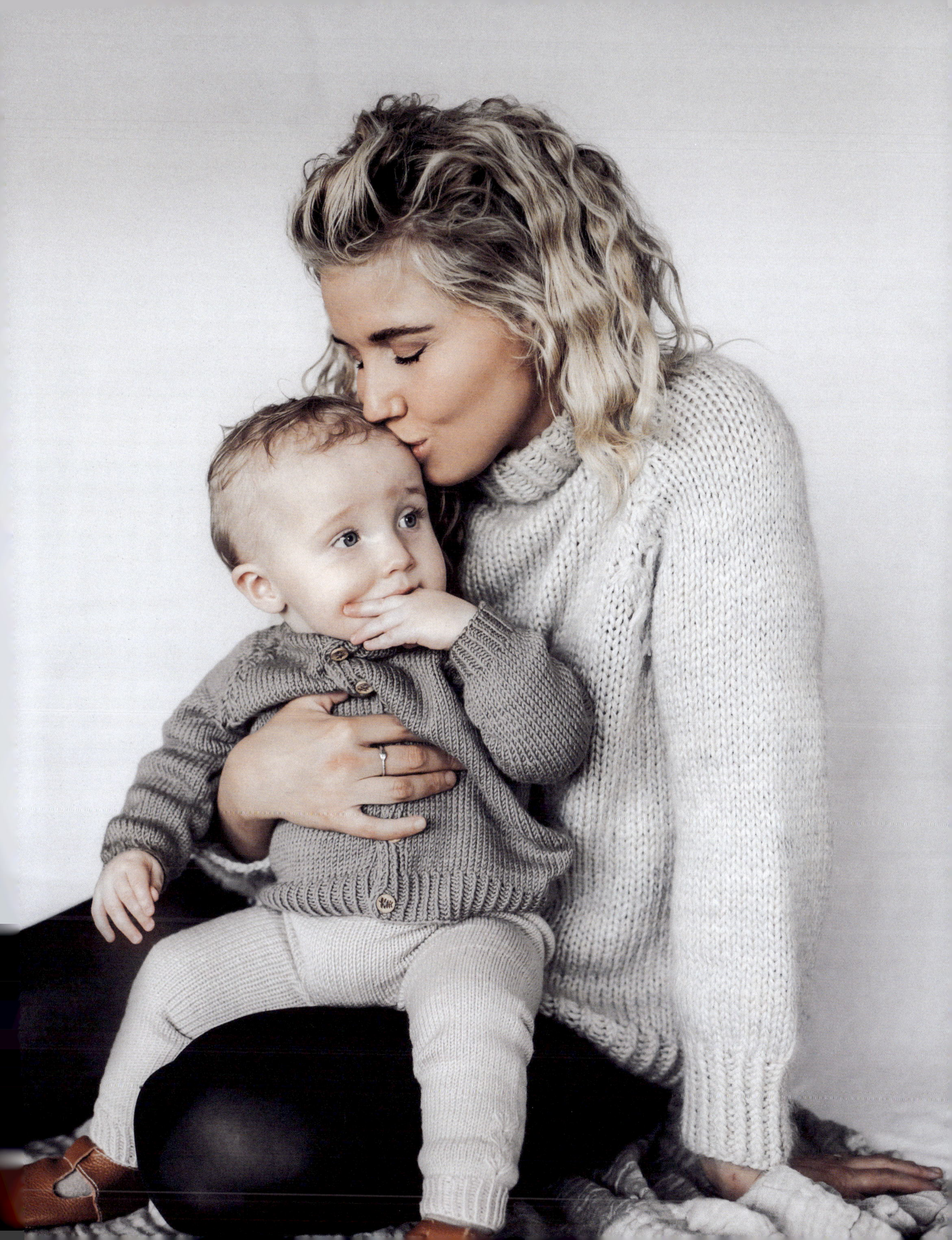

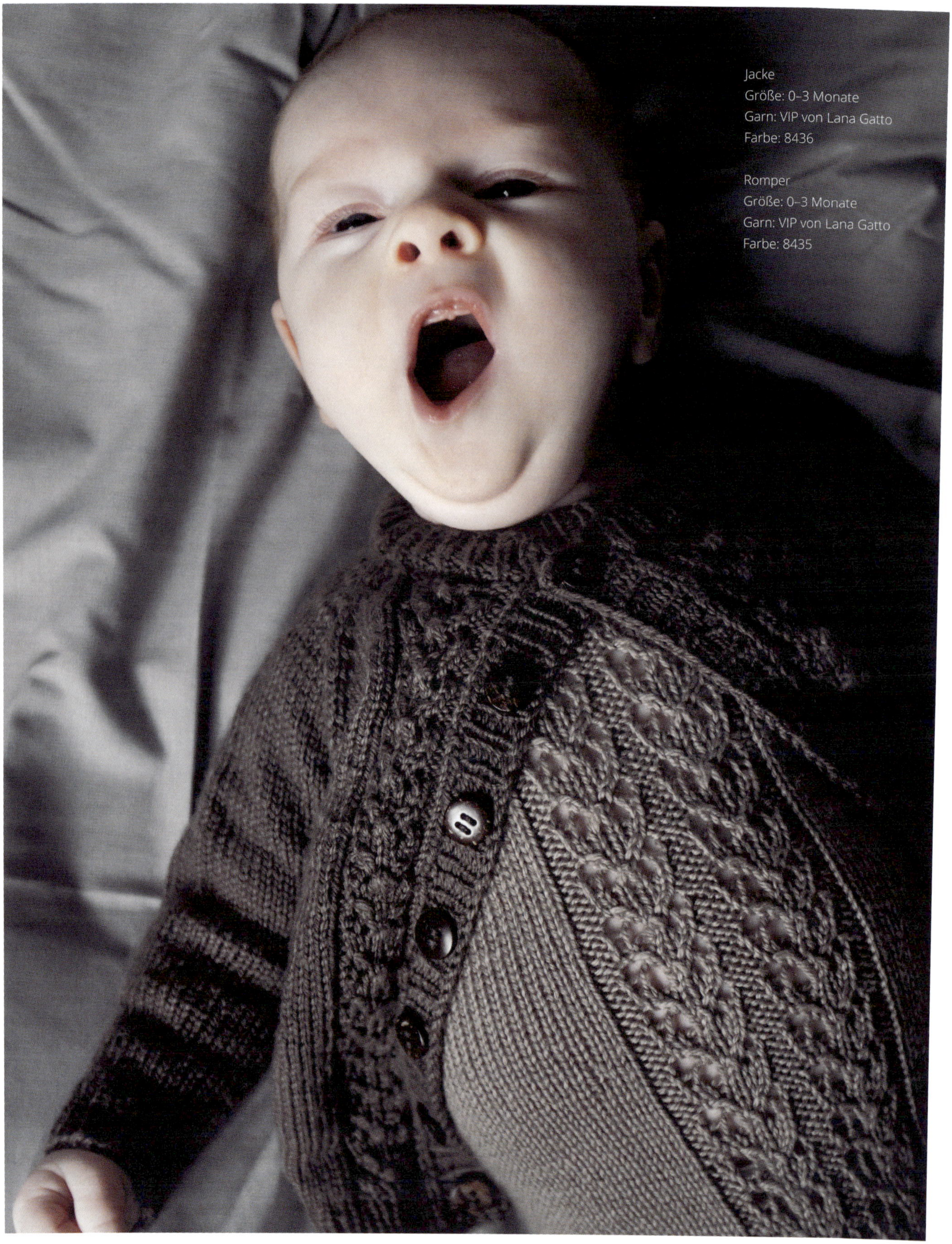

Jacke
Größe: 0–3 Monate
Garn: VIP von Lana Gatto
Farbe: 8436

Romper
Größe: 0–3 Monate
Garn: VIP von Lana Gatto
Farbe: 8435

WILLKOMMEN DAHEIM

In skandinavischer Tradition treten Babys nach der Geburt ihre Heimreise aus dem Krankenhaus von Kopf bis Fuß eingestrickt an. Dafür wurde dieses Set entworfen: Feinste Babywolle und ein zartes Lochmuster, nur das Beste für das kleine Wunder.

JACKE

GRÖSSENANGABEN UND GARNVERBRAUCH

Größe	Brustumfang	Ärmelumfang	Rumpflänge ab Ärmelansatz	Ärmellänge ab Ärmelansatz	Garnverbrauch
Frühchen	45 cm	12 cm	13,5 cm	12 cm	100 g (320 m)
0–3 Monate	50 cm	14 cm	16 cm	14 cm	100 g (320 m)
3–6 Monate	54 cm	15 cm	18 cm	16 cm	150 g (480 m)

Bitte beachtet, dass die angegebenen Garnmengen nur ein Richtwert sind.

Garn:
Lana Grossa Cool Wool (160 m/50 g), Katia Merino Baby, Drops Baby Merino, Lang Merino 150, Sandnes Tynn Merinoull

Maschenprobe
26 Maschen = 10 cm mit Nadelstärke 3,5

Das braucht ihr:
Rundstricknadel Nr. 3,5 (60 cm)
Rundstricknadel Nr. 3 (60 cm lang)
Nadelspiel Nr. 3,5
Stopfnadel zum Vernähen
Maschenmarkierer
Knöpfe (12–15 mm, 5–6 Stück)

ANLEITUNG

Diese Jacke wird von oben nach unten in Hin- und Rückreihen, mit Lochmuster auf der Vorderseite, gearbeitet. Die Ärmel werden in Runden gestrickt. Die Knopfleisten werden am Ende an die Randmaschen angestrickt.

HALSBÜNDCHEN

Schlagt 57, 61, 65 M auf die Rundstricknadel Nr. 3,5 an. Strickt ein Bündchen im Rippenmuster (1 M re, 1 M li im Wechsel) insgesamt 2 cm lang. Endet mit einer Hinreihe.

Die erste und die letzte Masche in jeder Reihe sind **Randmaschen (RM)** und werden über die gesamte Länge der Jacke immer rechts gestrickt.

RAGLANPASSE

Nach dem Bündchen wird glatt rechts gestrickt, d.h. re in der Hinreihe und li in der Rückreihe, mit einem Lochmuster auf dem linken und dem rechten Vorderteil. Die Randmaschen werden weiterhin immer re gestrickt.

Strickt zuerst eine Rückreihe li und nehmt dabei noch 1 M zu, sodass jetzt 58, 62, 66 M auf der Nadel liegen.

In der **zweiten Reihe (Hinreihe)** platziert ihr die Marker für die Raglanzunahmen:

1. Schritt: Strickt die RM. Strickt 11, 11, 11 M re (linkes Vorderteil) und hängt MM1 auf die Nadel.

2. Schritt: Strickt 4, 4, 6 M re (linke Schulter). Hängt MM2 auf die Nadel.

3. Schritt: Strickt 26, 30, 30 M re (Rückenteil). Hängt MM3 auf die Nadel.

4. Schritt: Strickt 4, 4, 6 M re (rechte Schulter). Hängt MM4 auf die Nadel.

5. Schritt: Strickt 11, 11, 11 M re (rechtes Vorderteil). Strickt die RM.

Jetzt habt ihr das Ende der Reihe erreicht.

Strickt die **dritte Reihe (Rückreihe)** li zurück.

In der **vierten Reihe (Hinreihe)** beginnen die Zunahmen und auch das Lochmuster.

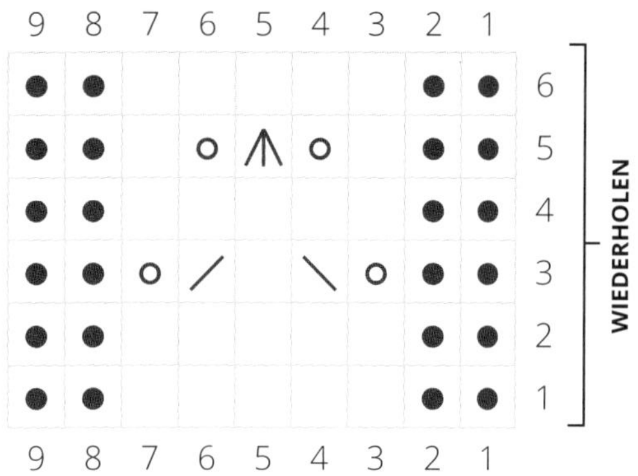

Re in der Hinreihe, li in der Rückreihe.

Li in der Hinreihe, re in der Rückreihe.

SSK (s. Seite 7).

2 M re zusammenstricken.

1 M ungestrickt abheben, 2 M re zusammenstricken, die ungestrickte M darüberziehen.

Umschlag.

Dadurch entstehen die Raglanlinien, die Hauptteil und Ärmel voneinander trennen.

1. Schritt: Strickt die RM.

2. Schritt: Strickt 1 M re und strickt dann 9 M im Lochmuster (1. Reihe im Diagramm).

3. Schritt: Strickt weiter bis 1 M vor MM1, Umschlag, strickt 1 M re, hebt den MM ab, strickt 1 M re, Umschlag.

4. Schritt: Strickt re weiter bis 1 M vor MM2 und nehmt wie im 3. Schritt Maschen zu. Strickt weiter und wiederholt diese Zunahmen an MM3 und MM4.

5. Schritt: Strickt nach der letzten Zunahme an MM4 bis 11 M vor Ende der Reihe re. Strickt 9 M Lochmuster (1. Reihe im Diagramm) und 1 M re.

6. Schritt: Strickt die RM.

Durch die Umschläge entstehen neue Maschen, und gleichzeitig ein Lochmuster beidseitig der Raglanlinie.

Wiederholt die **dritte und vierte Reihe** und arbeitet diese Zunahmen so in jeder Hinreihe, bis ihr in insgesamt 14, 16, 18 Hinreihen zugenommen habt. Die Umschläge werden auf der Rückreihe als linke Maschen gestrickt, sodass sich ein Lochmuster bildet. Strickt gleichzeitig das Lochmuster auf der Vorderseite. Am Ende der Zunahmen liegen 170, 190, 210 M auf der Nadel.

RUMPF

Jetzt werden die Maschen, die später die Ärmel bilden, auf jeder Seite auf einem Hilfsfaden stillgelegt. Das ist ein Faden in einer Kontrastfarbe, auf den ihr alle Ärmelmaschen auffädelt, um sie zu sichern, während der Rumpf gestrickt wird. Das geht folgendermaßen:

1. Schritt: Strickt re bis zu MM1 (linkes Vorderteil).

2. Schritt: Legt die nächsten 32, 36, 42 M auf einen Hilfsfaden (linker Ärmel).

3. Schritt: Schlagt 4, 4, 6 neue M an (unter dem linken Ärmel).

4. Schritt: Strickt re bis zu MM3 (Rückenteil).

5. Schritt: Legt die nächsten 32, 36, 42 M auf einen Hilfsfaden (rechter Ärmel).

6. Schritt: Schlagt 4, 4, 6 neue M an (unter dem rechten Ärmel),

7. Schritt: Strickt die Reihe re zu Ende (rechtes Vorderteil).

Damit habt ihr das Ende der Reihe erreicht und die Maschen für die Ärmel auf beiden Seiten stillgelegt. Jetzt liegen, mit den neu aufgenommenen Maschen unter den Armen, 114, 126, 138 M auf der Nadel. Die MM können jetzt entfernt werden.

Strickt den Rumpf gerade nach unten, bis er, ab dem Ärmelansatz, 11, 13, 15 cm lang ist. Führt dabei das Lochmuster auf beiden Seiten durchgehend weiter. Endet in einer Rückreihe.

Strickt jetzt das Bündchen (1 M re, 1 M li im Wechsel), insgesamt 2,5, 3, 3 cm lang. Kettet im Rippenmuster ab.

ÄRMEL

Jetzt werden die Maschen für den ersten Ärmel, die ihr auf einem Hilfsfaden stillgelegt habt, auf das Nadelspiel Nr. 3,5 gelegt. Zusätzlich werden aus den Maschen, die ihr unter dem Arm neu angeschlagen habt, 4, 4, 6 Maschen aufgefasst und zu den restlichen Ärmelmaschen auf die Nadel gelegt, je 2, 2, 3 der Maschen auf die erste und 2, 2, 3 auf die letzte Nadel. Die erste Runde beginnt nun in der Mitte zwischen diesen neuen Maschen. Jetzt liegen 36, 40, 48 M auf der Nadel.

Strickt den Ärmel glatt re in Runden und nehmt dabei nach und nach Maschen ab.

Strickt zunächst 1, 2, 2 cm ohne Abnahmen. In der nächsten Runde nehmt ihr 2 M ab, indem ihr die ersten 2 und die letzten 2 M der Runde zusammenstrickt. Wiederholt diese Abnahme mit 3, 2,5, 2 cm Abstand, bis ihr insgesamt 3, 4, 6 Abnahmen gearbeitet oder um 6, 8, 12 M abgenommen habt.

Jetzt liegen noch 30, 32, 36 M auf der Nadel. Strickt ohne Abnahmen weiter, bis der Ärmel 10, 12, 14 cm lang ist.

Strickt dann ein Bündchen im Rippenmuster über 2 cm. Kettet im Rippenmuster ab und strickt den zweiten Ärmel gleich.

KNOPFLEISTEN

Jetzt werden vorne an beiden Seiten der Jacke mit der Rundstricknadel Nr. 3,0 die Maschen für die Knopfleisten aufgefasst. Nehmt die Maschen aus allen Randmaschen über die gesamte Länge der Jacke auf und überspringt dabei jede dritte bis vierte Masche. Strickt über diese Maschen dasselbe Muster wie in den Bündchen (1 M re, 1 M li im Wechsel), insgesamt 6, 8, 10 Reihen. Kettet in einer Hinreihe locker im Rippenmuster ab und strickt die zweite Leiste gleich. In einer der beiden Leisten werden auch die Knopflöcher eingestrickt: Strickt dabei in Reihe 3, 4, 5 die gewünschte Anzahl an Knopflöchern, indem ihr an den entsprechenden Stellen je 2 M zusammenstrickt und 1 Umschlag macht.

Ich empfehle, zuerst die Knopfleiste ohne Knöpfe zu stricken und die Position der Knöpfe dort zu markieren, indem ihr an die entsprechenden Stellen einen Maschenmarkierer oder einen Faden in die Maschen hängt. Auch solltet ihr die Größe der Knöpfe beachten: Bei sehr kleinen Knöpfen ist es ratsam, die Knopflöcher eher eng zu stricken, zieht dafür den Faden beim Umschlag gut an, damit er nicht zu lose hängt. Bei großen Knöpfen arbeitet ihr den Umschlag dagegen besonders locker oder macht sogar direkt einen doppelten Umschlag, d.h. ihr wickelt den Faden nicht einmal, sondern zweimal um die Nadel.

ABSCHLUSS

Alle Fäden gut vernähen und abschneiden. Wenn vorhanden, Löcher unter den Ärmeln schließen und die Knöpfe annähen. Die Jacke entsprechend den Pflegehinweisen auf eurem Garn waschen und auf einem trockenen Handtuch in Form ziehen und liegend trocknen lassen.

MÜTZCHEN

GRÖSSENANGABEN UND GARNVERBRAUCH

Größe	Umfang rund ums Gesicht	Garnverbrauch
Frühchen	23–24 cm	50 g (160 m)
0–3 Monate	26 cm	50 g (160 m)
3–6 Monate	27–28 cm	50 g (160 m)

Bitte beachtet, dass die angegebenen Garnmengen nur ein Richtwert sind.

Garn:
Lana Grossa Cool Wool (160 m/50 g), Katia Merino Baby, Drops Baby Merino, Lang Merino 150, Sandnes Tynn Merinoull

oder andere Garne mit passender Maschenprobe

Maschenprobe
26 Maschen = 10 cm mit Nadelstärke 3,5

Das braucht ihr:
Rundstricknadel Nr. 3,5 (40/60 cm)
Nadelspiel Nr. 3,5
Stopfnadel zum Vernähen
Maschenmarkierer

ANLEITUNG

Diese Mütze wird von vorne nach hinten gearbeitet, zuerst mit Lochmuster in Reihen und dann glatt rechts in Runden. Die Bänder werden am Ende an die fertige Mütze angestrickt.

BÜNDCHEN

Schlagt 71, 78, 85 M auf die Rundstricknadel Nr. 3,5 an. Strickt 2 cm lang ein Rippenbündchen (1 M re, 1 M li im Wechsel). Strickt dabei in jeder Reihe (Hin- und Rückreihe) die ersten 3 M re und hebt die letzten 3 M mit dem Faden vor der Nadel ungestrickt ab. Dadurch entsteht eine hübsche I-Cord-Kante (s. auch Seite 7).

NACH DEM BÜNDCHEN BEGINNT DAS MUSTER:

1. Reihe (Hinreihe): Strickt 3 M re (I-Cord). Strickt *2 M li, 5 M re* über die ganze Reihe, bis 5 M vor Ende der Reihe (Reihe 1 im Musterdiagramm). Strickt 2 M li und hebt die letzten 3 M mit dem Faden vor der Nadel ungestrickt ab (I-Cord).

2. Reihe (Rückreihe): Strickt alle Maschen, wie sie erscheinen (Reihe 2 im Musterdiagramm), mit I-Cord.

3. Reihe (Hinreihe): Strickt 3 M re (I-Cord). Strickt *2 M li, Umschlag, SSK, 1 M re, 2 M re zusammen, Umschlag* bis 5 M vor Ende der Reihe (Reihe 3 im Musterdiagramm), strickt 2 M li, hebt die letzten 3 M mit dem Faden vor der Nadel ungestrickt ab.

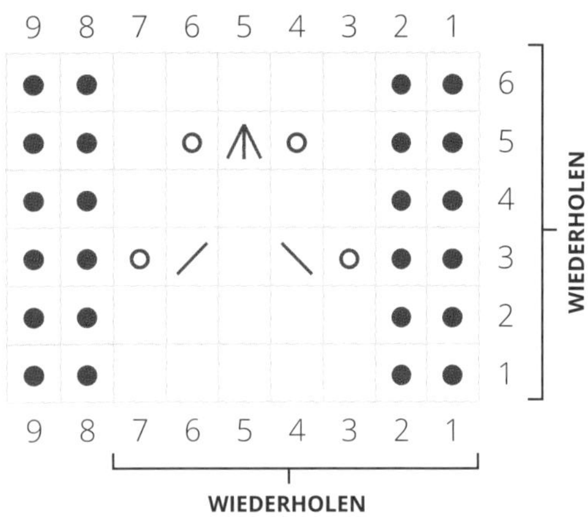

Re in der Hinreihe, li in der Rückreihe.

Li in der Hinreihe, re in der Rückreihe.

SSK (s. Seite 7).

2 M re zusammenstricken.

1 M ungestrickt abheben, 2 M re zusammenstricken, die ungestrickte M darüberziehen.

Umschlag.

4. Reihe (Rückreihe): Strickt alle Maschen, wie sie erscheinen (Reihe 4 im Musterdiagramm), mit I-Cord.

5. Reihe (Hinreihe): Strickt 3 M re (I-Cord). Strickt *2 M li, 1 M re, Umschlag, 1 M ungestrickt abheben, 2 M re zusammenstricken, die abgehobene M über die zusammengestrickten ziehen, Umschlag, 1 M re* bis 5 M vor Ende der Reihe (Reihe 5 im Musterdiagramm), strickt 2 M li, hebt die letzten 3 M mit dem Faden vor der Nadel ungestrickt ab.

6. Reihe (Rückreihe): Strickt alle Maschen, wie sie erscheinen (Reihe 6 im Musterdiagramm), mit I-Cord.

Wiederholt Reihen 1–6, bis die Mütze, mit dem Bündchen, 8, 9, 10 cm lang ist. Strickt als letzte Reihe eine Hinreihe. Schließt die Arbeit nun zur Runde (wechselt hier bei Bedarf auf das Nadelspiel) und strickt 2 Runden glatt re. Nehmt in der zweiten Runde 5, 6, 7 M gleichmäßig verteilt ab. Jetzt liegen noch 66, 72, 78 M auf der Nadel.

STERNABNAHME

Ab jetzt werden gleichmäßige Abnahmen gearbeitet: Markiert den Anfang der Runde mit einem MM. Strickt *9, 10, 11 M, 2 re zusammen*, bis zum Ende der Runde. Strickt die nächste Runde ohne Abnahmen.

Nehmt auf diese Art in jeder zweiten Runde ab. In der zweiten Abnahmerunde strickt ihr vor jeder Abnahme 8, 9, 10 M, in der dritten Abnahmerunde 7, 8, 9 und so weiter. Wenn ihr in der ersten Abnahmerunde einen MM nach jeder zusammengestrickten M auf die Nadel hängt, könnt ihr einfach in jeder Abnahmerunde bis 2 M vor den MM stricken und diese 2 M zusammenstricken, ohne im Muster zu verrutschen. Zwischen den Abnahmerunden strickt ihr immer eine Runde ohne Abnahmen.

Nehmt auf diese Weise ab, bis nur noch 6–10 M auf der Nadel liegen. Schneidet den Faden ab, zieht ihn durch die übrigen M und zieht ihn gut fest.

BÄNDER

Nehmt an einer Seite des Bündchens, am Ende der I-Cord-Kante, 3 M mit einer Nadel des Nadelspiels auf und strickt eine I-Cord-Schnur (s. Seite 7), ca. 18, 22, 22 cm lang. Strickt die zweite Schnur gleich.

ABSCHLUSS

Vernäht alle Fadenenden und wascht die Mütze gemäß den Angaben des Wollherstellers. Das Muster wird sich in der Wäsche deutlich entspannen und glätten. Zieht die Mütze auf einem trockenen Handtuch in Form und lasst sie liegend trocknen.

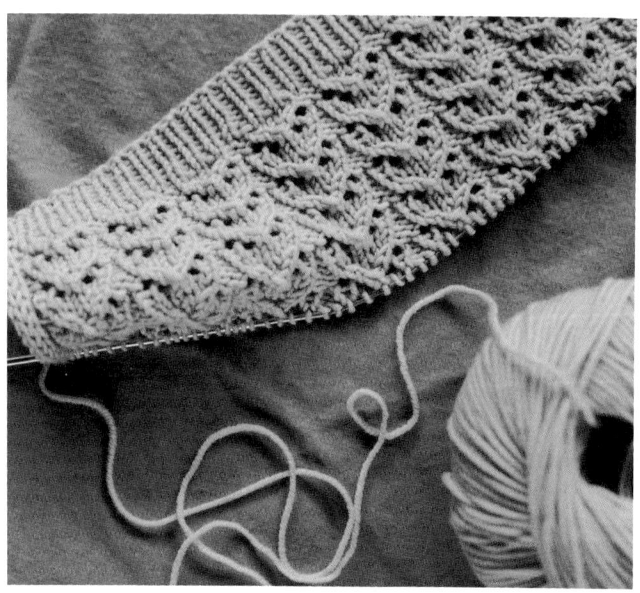

ROMPER

GRÖSSENANGABEN UND GARNVERBRAUCH

Größe	Brustumfang	Garnverbrauch
Frühchen	36,5 cm	50 g (160 m)
0–3 Monate	40 cm	100 g (320 m)
3–6 Monate	44 cm	150 g (480 m)

Bitte beachtet, dass die angegebenen Garnmengen nur ein Richtwert sind.

Garn:
Lana Grossa Cool Wool (160 m/50 g), Katia Merino Baby, Drops Baby Merino, Lang Merino 150, Sandnes Tynn Merinoull

oder andere Garne mit passender Maschenprobe

Maschenprobe
26 Maschen = 10 cm mit Nadelstärke 3,5

Das braucht ihr:
Rundstricknadel Nr. 3,5 (40 cm)
Rundstricknadel Nr. 3 (für die Bündchen an den Beinen)
Nadelspiel Nr. 3,5
Stopfnadel zum Vernähen
Maschenmarkierer
5–7 Knöpfe (3 im Schritt, 2–4 an den Trägern, 12 mm Umfang)

ANLEITUNG

Dieser Romper wird von oben nach unten gestrickt, zuerst in Hin- und Rückreihen, dann ab der Mitte in Runden.

VORDERTEIL

Schlagt 27, 29, 31 M auf die Rundstricknadel Nr. 3,5 an. Strickt ein 2 cm langes Rippenbündchen (1 m re, 1 m li im Wechsel) in Hin- und Rückreihen. In der vierten Reihe des Bündchens werden auf beiden Seiten die Knopflöcher gearbeitet: Strickt dafür jeweils ca. 4–5 M vom linken und rechten Rand entfernt 2 M re zusammen und macht dann einen Umschlag. Achtet darauf, dass die re zusammengestrickten Maschen an einer Stelle gearbeitet werden, wo im Bündchen eine re Masche sein soll, damit das Rippenmuster nicht unterbrochen wird. Strickt den Umschlag in der Rückreihe so ab, dass sich ein Loch bildet. Beendet das Bündchen in einer Rückreihe.

Die **erste Hinreihe nach dem Bündchen** strickt ihr so:

1. Schritt: Strickt 4 M im Rippenmuster (re, li, re, li), wie im Bündchen.

2. Schritt: Strickt 1, 2, 3 M re. Hängt einen MM auf die Nadel.

3. Schritt: Strickt 2 M li, 5 M re, 3 M li, 5 M re, 2 M li (die erste Reihe im Musterdiagramm). Hängt einen MM auf die Nadel.

4. Schritt: Strickt 1, 2, 3 M re.

5. Schritt: Strickt 4 M im Rippenmuster (li, re, li, re), wie im Bündchen.

Die 17 M innerhalb der MM bilden das Lochmuster und werden ab dieser Reihe über die gesamte Länge des Rompers laut Musterdiagramm gestrickt.

Strickt die **zweite Reihe (Rückreihe)** li, die Maschen des Lochmusters laut Diagramm (2. Reihe).

In der **dritten Reihe (Hinreihe)** beginnen die Zunahmen: Strickt wieder 4 M im Rippenmuster (re, li, re, li). Nehmt dann eine Masche mit **M1L** (s. Seite 6) zu. Strickt die Reihe glatt re, mit Lochmuster (3. Reihe im Diagramm), bis 4 Maschen vor Ende der Reihe. Nehmt 1 M mit **M1R** zu und strickt die letzten 4 M im Rippenmuster (li, re, li, re). Somit habt ihr in dieser Reihe zwei Maschen zugenommen.

Strickt die vierte Reihe (Rückreihe) wieder links, ohne Zunahmen, zurück. Strickt die 17 M des Lochmusters laut Diagramm.

Wiederholt Reihen 3 und 4, bis ihr insgesamt in 15, 17, 19 Hinreihen zugenommen habt. Führt dabei das Lochmuster durchgehend weiter. Am Ende der Zunahmen liegen insgesamt 57, 63, 69 M auf der Nadel. Endet mit einer Hinreihe.

RUMPF

Jetzt strickt ihr den Romper in Runden weiter. Dafür müssen neue Maschen für das Rückenteil angeschlagen werden:

Schlagt 39, 41, 45 auf die Nadel an und schließt sie, mitsamt den Maschen des Vorderteils, zur Runde. Hier finde ich es schöner, den Faden abzuschneiden und diese Maschen mit dem neuen Fadenansatz und wie am Beginn der Arbeit anzuschlagen, statt einfach mit dem Arbeitsfaden neue Maschen aufzuschlingen. Dadurch wird die Kante stabiler. An dieser Stelle empfehle ich, mit einer kurzen

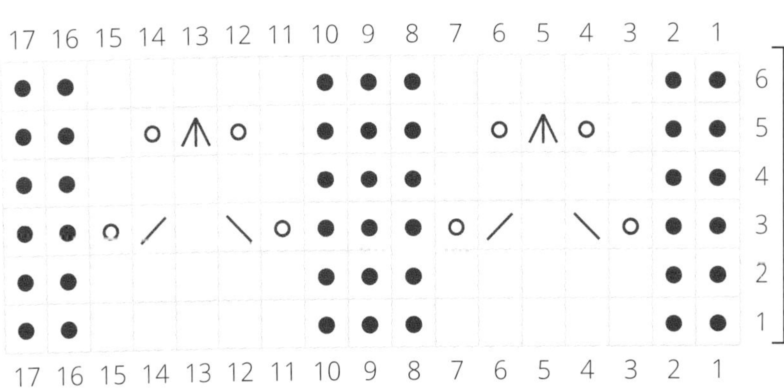

MUSTERDIAGRAMM UND ZEICHENERKLÄRUNG

Das Muster geht über 17 Maschen. Es wird auf der Vorderseite ab dem oberen Bündchen durchgehend bis unten gestrickt, zuerst in Reihen, dann in Runden.

Die Zeichenerklärung ist dieselbe wie auf S. 126. Wenn das Stück zur Runde geschlossen wird, wird jede Reihe im Diagramm als Hinreihe gelesen.

Rundstricknadel (40 cm) zu arbeiten, damit sich die neuen Maschen gut zur Runde schließen lassen. Nach einigen Runden solltet ihr bei Bedarf wieder einfacher auf eine längere Nadel wechseln können.

Strickt ab hier in Runden. Die Runde beginnt ab jetzt in der Mitte der neu angeschlagenen Maschen, also in der hinteren Mitte.

Das Vorderteil wird weiterhin glatt, mit Lochmuster in der Mitte, gestrickt, die 4 Maschen beidseitig des Vorterteils und auch alle neu aufgenommenen Maschen für den Rückenteil werden im Rippenmuster (1 M re, 1 M li im Wechsel) gestrickt.

Wenn das Lochmuster in Runden gestrickt wird, strickt ihr in jeder zweiten Reihe (die ehemaligen Rückreihen) 2 M li, 5 M re im Wechsel, wie auch Reihe 1 im Musterdiagramm.

Strickt in Runden, bis das Rippenbündchen am Rückenteil 3 cm lang ist. Achtet darauf, die erste Masche im Rückenteil so zu stricken, dass das bestehende Rippenmuster auf beiden Seiten nicht unterbrochen, sondern fortgeführt wird.

Ab jetzt wird der Romper glatt re in Runden, mit Lochmuster vorne, gestrickt, bis das Rückenstück, mit dem Bündchen, 12, 14, 16 cm lang ist.

BEINÖFFNUNG

Beginnt in der hinteren Mitte. Strickt 8, 9, 11 M re, kettet 34, 36, 37 M locker ab (rechte Beinöffnung), strickt 12, 14, 18 M, kettet 34, 36, 37 M locker ab (linke Beinöffnung), strickt 8, 9, 11 M. Nun habt ihr das Ende der Runde erreicht. Legt die Maschen des Vorderteils auf einen Hilfsfaden oder einen Maschenhalter und beginnt am Rückenteil.

RÜCKENTEIL

Strickt 4 Reihen ohne Abnahmen glatt rechts, d.h. re in der Hinreihe und li in der Rückreihe.

Die nächste Hinreihe wird so gearbeitet: Strickt 2 M, SSK, strickt bis 4 M vor Ende der Reihe, strickt 2 M re zusammen, strickt 2 M. Wendet die Arbeit und strickt li zurück.

Wiederholt diese zwei Reihen, bis nur noch 10, 10, 12 M auf der Nadel liegen. Strickt jetzt 6 Reihen ohne Abnahmen. Nehmt dabei in der zweiten Reihe 1 M ab und endet so mit 9, 9, 11 M.

Strickt dann ein Rippenbündchen (1 M re, 1 M li im Wechsel), 1,5, 2, 2 cm lang. Nach ca. 1 cm werden 1, 1, 2 Knopflöcher gearbeitet, je 4, 4, 3 M von Reihenanfang und -ende entfernt. Dazu an der entsprechenden Stelle einen Umschlag machen und dann zwei M zusammenstricken. Kettet das Rückenteil in einer Hinreihe ab.

VORDERTEIL

Das Vorderteil wird genauso gearbeitet wie das Rückenteil, nur dass das Lochmuster in der größten Größe so lange wie möglich gearbeitet wird, bis es von den Abnahmen erreicht wird. In den beiden kleinsten Größen wird das Lochmuster ab hier nicht mehr gearbeitet.

Strickt zuerst 2 Reihen glatt re ohne Abnahmen und nehmt dann genau wie im Rückenteil Maschen ab, bis nur noch 10, 10, 12 M auf der Nadel liegen. Strickt nun vier Reihen ohne Abnahmen. Nehmt dabei in der zweiten Reihe 1 M ab und endet so mit 9, 9, 11 M. Strickt jetzt das Rippenbündchen (1 M re und 1 M li im Wechsel), bis das Bündchen 2 cm lang ist. Kettet in einer Hinreihe ab.

BÜNDCHEN AN DER BEINÖFFNUNG

Nehmt nun an der Abkettkante der einen Beinöffnung und den Seiten des Bündchens von Vorder- und Rückenteil mit NS 3 neue Maschen auf. Überspringt dabei jede 3.–4. Masche, sodass jetzt ca. 43, 47, 53 M auf der Nadel liegen (je mehr Maschen ihr aufnehmt, desto weiter wird die Beinöffnung). Strickt 2,5 cm lang ein Rippenbündchen in Reihen. Seitlich vom Rückenteil wird pro Beinöffnung noch ein Knopfloch gearbeitet. Das wird in der dritten Reihe gemacht, damit es auf einer Höhe mit den Knopflöchern im Rückenteil liegt. Strickt die zweite Beinöffnung gleich.

RÜCKENTEIL UND BÄNDER

Fasst 17, 17, 19 M mittig aus der Anschlagkante im oberen Rippenbündchen des Rückenteils mit NS 3,5 auf. Strickt damit ein Rippenmuster als Fortsetzung des Bündchenmusters. Beginnt und endet dabei am besten mit einer rechten Masche.

Nach 3, 4, 5 cm strickt ihr 8, 8, 9 M im Rippenmuster, kettet eine M ab und strickt weitere 8, 8, 9 M im Rippenmuster. Legt die ersten 8, 8, 9 M auf einen Hilfsfaden oder Maschenhalter und strickt die anderen 8, 8, 9 M (das linke Band) im Rippenmuster 9, 11, 14 cm ab der Stelle, an der ihr die Maschen am Rückenbündchen aufgefasst habt. Kettet in einer Hinreihe ab. Strickt aus den anderen 8, 8, 9 M das zweite Band gleich. Macht die Bänder im Zweifel eher länger als kürzer und befestigt mehr als einen Knopf pro Band, dann passt der Romper länger.

ABSCHLUSS

Vernäht alle Fadenenden und befestigt die Knöpfe an den Bändern und am unteren Ende des Rompers. Wascht das Stück entsprechend den Angaben des Wollherstellers, zieht es auf einem trockenen Handtuch in Form und lasst es liegend trocknen. Das Muster wird durch die Wäsche deutlich glatter und gleichmäßiger.

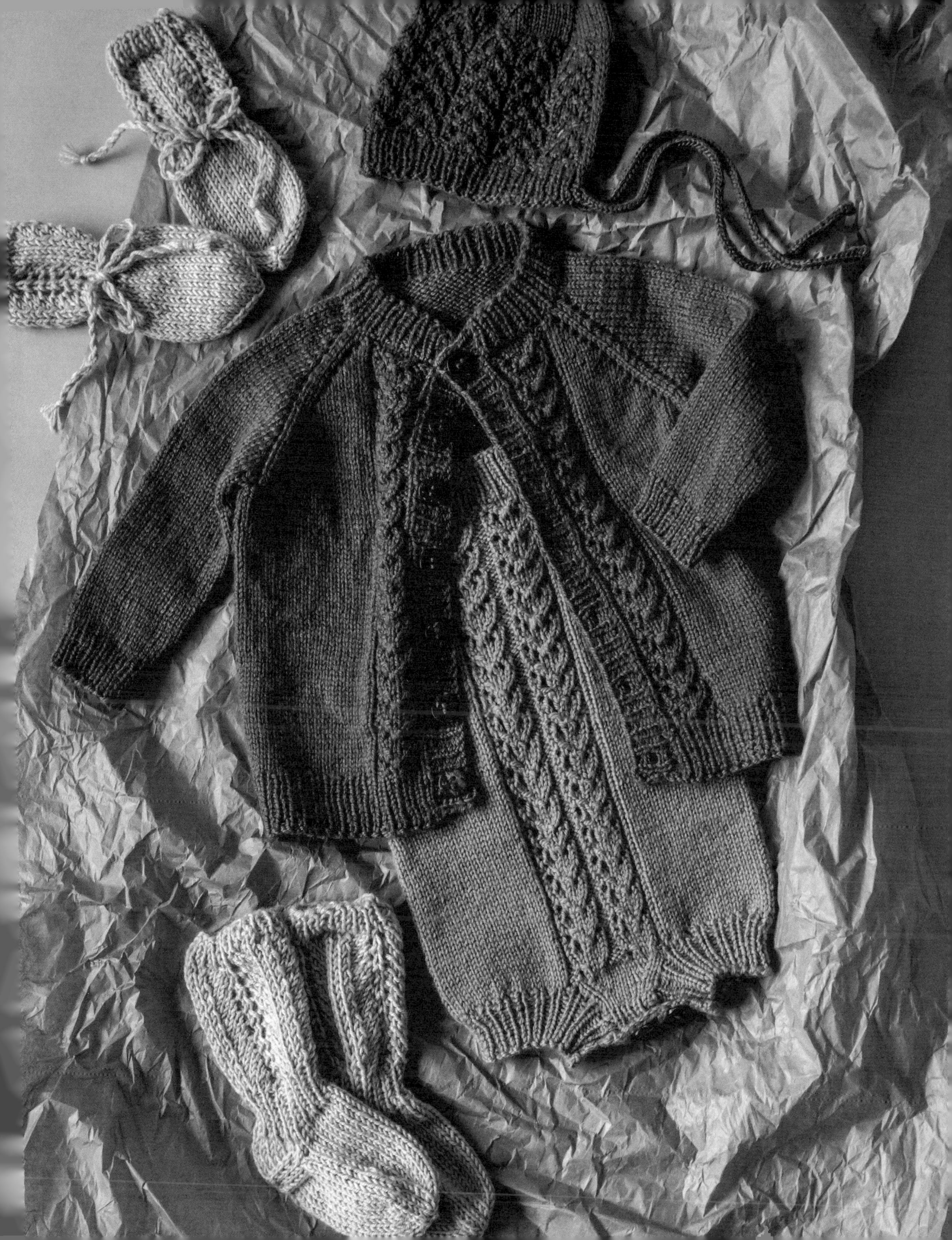

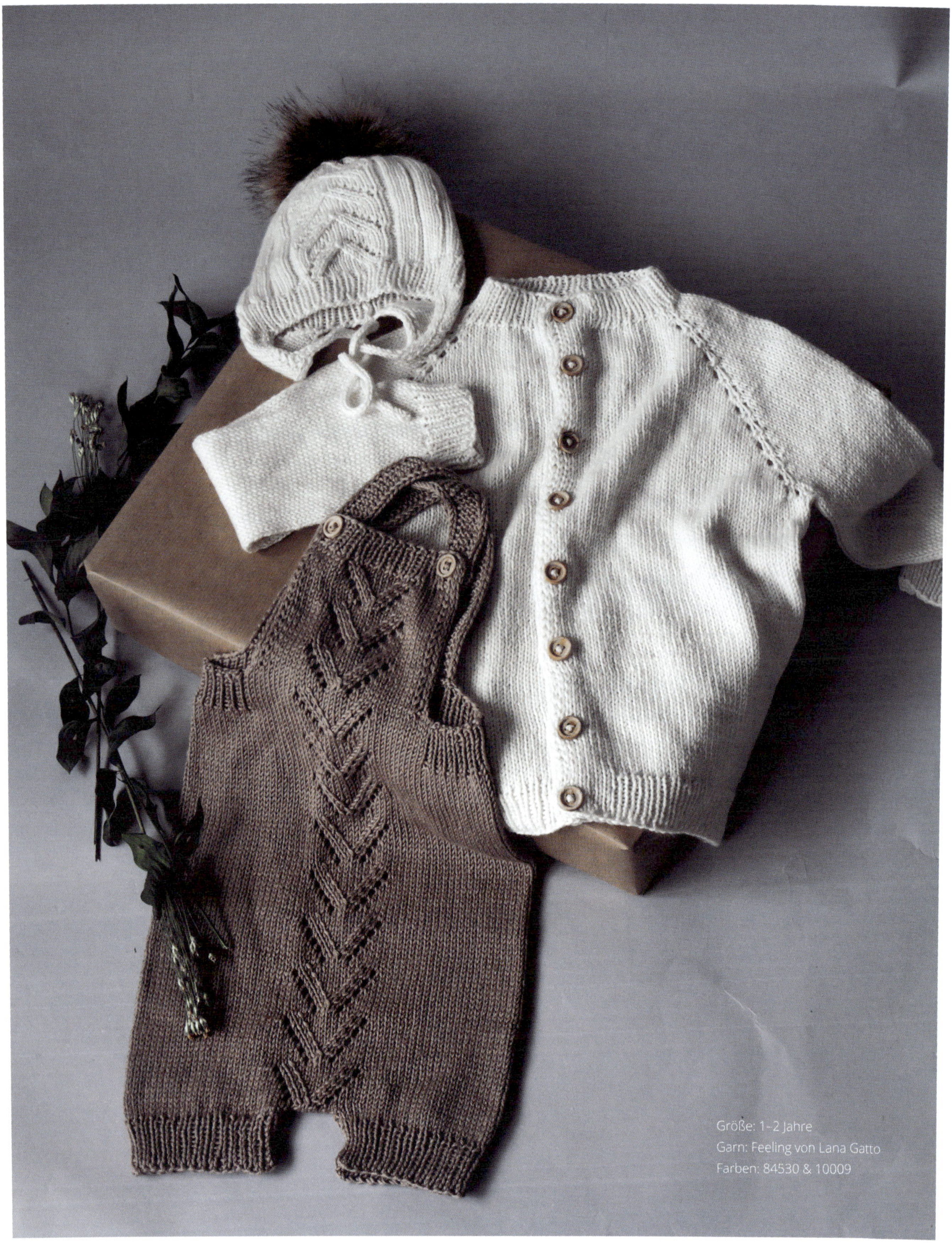
Größe: 1–2 Jahre
Garn: Feeling von Lana Gatto
Farben: 84530 & 10009

VÖK

Dieses Set ist einfach zu schnuckelig! Die lange Hose ist perfekt für den Kinderwagen, die kurze Version (gerne mit Strumpfhose und schicken Schuhen) gewinnt den Preis für das süßeste Outfit bei Familienfeiern. Das Jäckchen hat eine besonders hübsche Raglanlinie und das markante Lochmuster im Rücken, die Mütze macht das Set komplett.

JACKE

GRÖSSENANGABEN UND GARNVERBRAUCH

Größe	Brust-umfang	Ärmel-umfang	Rumpflänge ab Ärmelansatz	Ärmellänge ab Ärmelansatz	Garnverbrauch
0–3 Monate	54 cm	18 cm	16 cm	16 cm	150 g (306 m)
3–6 Monate	62 cm	19 cm	18 cm	17 cm	150 g (306 m)
6–12 Monate	64 cm	21 cm	19 cm	18 cm	200 g (408 m)
1–2 Jahre	**71 cm**	**22 cm**	**23 cm**	**24 cm**	**250 g (510 m)**
2–4 Jahre	**73 cm**	**25 cm**	**27 cm**	**28 cm**	**300 g (612 m)**
4–6 Jahre	**76 cm**	**26 cm**	**30 cm**	**31 cm**	**300 g (612 m)**

Bitte beachtet, dass die angegebenen Garnmengen nur ein Richtwert sind.

Garn:
Katia Merino 100% (102 m/50 g), Lana Grossa Cool Wool big, Lang Merino 120, Drops Merino extra fine, Sandnes Smart

oder andere Garne mit passender Maschenprobe.

Maschenprobe
23 Maschen = 10 cm mit Nadelstärke 4.

Das braucht ihr:
Rundstricknadel Nr. 4 (60 und 80 cm)
Nadelspiel Nr. 4
Stopfnadel zum Vernähen
Maschenmarkierer
Knöpfe (15–18 mm Durchmesser)

ANLEITUNG

Die Jacke wird von oben nach unten in Reihen gestrickt. Das Lochmuster am Rücken wird nach dem Halsbündchen über die ganze Rückenlänge bis zum unteren Bündchen gearbeitet. Die Zunahmen in der Raglanschräge werden in jeder zweiten Zunahmerunde mit Umschlägen gearbeitet und dazwischen mit M1R, M1L (siehe Seite 6).

HALSBÜNDCHEN

Schlagt 69, 75, 79, **85, 89, 93** M auf die Rundstricknadel Nr. 4 an. Strickt ein Rippenbündchen (1 M re, 1 M li im Wechsel) insgesamt 2, 2, 2, **2,5, 2,5, 3** cm lang, und beachtet dabei die **Randmaschen**, die **I-Cord-Kante** und das erste **Knopfloch** (siehe die nächsten zwei Absätze). Die erste Reihe, die ihr strickt, ist eine Hinreihe.

Die ersten 6, 8, 8, **10, 10, 10** und die letzten 6, 8, 8, **10, 10, 10** M des Bündchens sind **Randmaschen**, die später die Knopfleiste bilden. Sie werden über die gesamte Länge der Jacke glatt re gestrickt, d.h. re auf der Hinreihe und li auf der Rückreihe. Die Randmaschen werden auf beiden Seiten mit einer **I-Cord-Kante** abgeschlossen. Dafür hebt ihr die letzten 3 Randmaschen in jeder Reihe (Hin- und Rückreihe) mit dem Faden vor der Arbeit ungestrickt ab. Die 3 ersten M in jeder Reihe werden wie die restlichen Randmaschen immer re gestrickt, s. auch Seite 7.

In diese Randmaschen werden auch direkt die **Knopflöcher** eingestrickt. Wir empfehlen, sie mit einem Abstand von ca. 5 cm zu arbeiten. Das erste Loch wird direkt in der 5. Reihe gestrickt. Hier strickt ihr die Knopflöcher immer am Anfang einer Hin-

Musterdiagramm

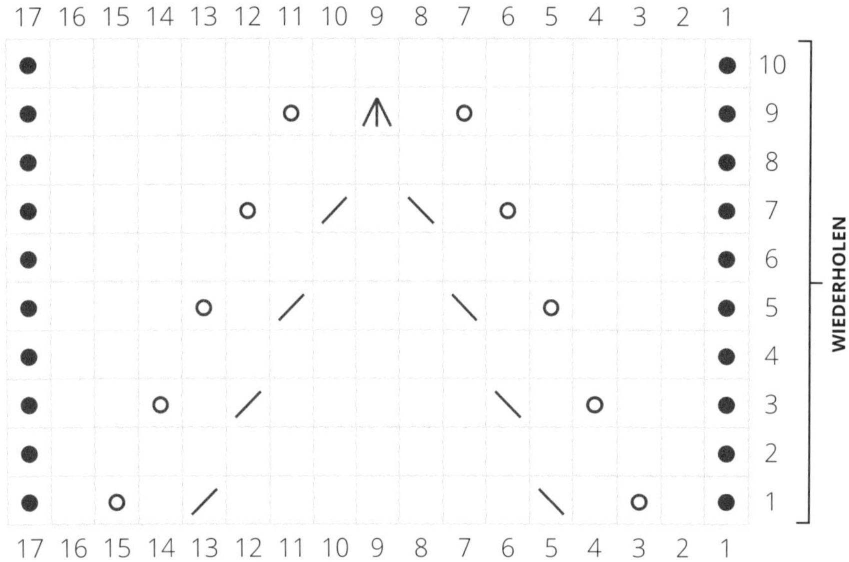

- Re in der Hinreihe, li in der Rückreihe.
- Li in der Hinreihe, re in der Rückreihe.
- SSK (Slip, Slip, Knit – s. Seite 7).
- 2 M re zusammenstricken.
- 1 M ungestrickt abheben, 2 M re zusammenstricken, die ungestrickte M darüberziehen.
- Umschlag.

reihe: Strickt 4, 4, 4, **5, 5, 5** M, 1 Umschlag, strickt 2 M re zusammen und strickt dann normal weiter.

RAGLANBLENDE

Ab hier wird nur noch glatt re gestrickt. Jetzt werden die Stellen markiert, an denen ihr in jeder zweiten Reihe zunehmen werdet. Gleichzeitig beginnt das **Lochmuster**, das im Rücken über 17 M gestrickt wird.

Die **erste Reihe (Hinreihe)** geht so:

1. Schritt: Strickt die Randmaschen (RM).

2. Schritt: Strickt 11, 12, 13, **12, 13, 14** M re (linkes Vorderteil).

3. Schritt: Strickt 1 M re und steckt MM1 direkt in diese Masche.

4. Schritt: Strickt 4, 4, 4, **6, 6, 6** M re (linkes Schulterstück).

5. Schritt: Strickt 1 M re und steckt MM2 direkt in diese Masche.

6. Schritt: Strickt 3, 3, 4, **4, 5, 6** M re und hängt MM3 auf die Nadel. Strickt 17 M im Lochmuster (s. Diagramm) und hängt MM4 auf die Nadel. Strickt 3, 3, 4, **4, 5, 6** M re.

7. Schritt: Strickt 1 M re und steckt MM5 direkt in diese Masche.

8. Schritt: Strickt 4, 4, 4, **6, 6, 6** M re (rechtes Schulterstück).

9. Schritt: Strickt 1 M re und steckt MM6 direkt in diese Masche.

10. Schritt: Strickt 11, 12, 13, **12, 13, 14** M re (rechtes Rückenteil).

11. Schritt: Strickt die Randmaschen (RM) und denkt dabei an die I-Cord-Kante.

Damit habt ihr wieder das Ende der Reihe erreicht und die 6 MM an den richtigen Stellen angebracht. Die 4 MM, die direkt in den Maschen stecken, markieren die Raglanmaschen. Die zwei MM, die im Rücken zwischen den Maschen auf der Nadel hängen, grenzen das Lochmuster ab. Falls ihr am Ende dieser Reihe 4 Maschen zu viel auf der Nadel habt, stellt sicher, dass ihr die einzelnen Maschen in Schritt 3, 5, 7 und 9 auch einzeln gezählt habt und nicht zu den M davor oder danach gezählt habt, das ist hier ein beliebter Fehler.

Strickt die **zweite Reihe (Rückreihe)** li zurück, strickt dabei die ersten 3 M der Reihe (I-Cord-Maschen) und die zwei Maschen an den Seiten des Lochmusters re.

Die **dritte Reihe** wird so gestrickt:

1. Schritt: Strickt bis zu MM1. Nehmt zwischen der M, die ihr eben gestrickt habt, und der M mit dem Maschenmarkierer 1 M aus dem Querfaden zu (**M1R**, s. Seite 6). Hierbei soll kein Loch entstehen.

2. Schritt: Strickt die M mit MM1 re, nehmt dann zwischen dieser und der nächsten M wieder eine M aus dem Querfaden zu (**M1L**, s. Seite 6), wieder ohne Loch.

3. Schritt: Strickt bis zu MM2 und wiederholt die Zunahme (M1R, M1L) wie bei MM1.

4. Schritt: Strickt weiter zu MM3. Strickt Reihe 3 des Lochmusters (17 M) und endet bei MM4.

5. Schritt: Strickt weiter zu MM5 und nehmt mit M1R, M1L 2 M zu.

6. Schritt: Strickt weiter zu MM6 und nehmt mit M1R, M1L 2 M zu.

7. Schritt: Strickt die Reihe zu Ende und denkt an die I-Cord-Kante.

Auf diese Weise habt ihr in dieser Reihe 8 M zugenommen.

Strickt die **4. Reihe** wie die 2. Reihe.

Die **fünfte Reihe** wird so gestrickt:

1. Schritt: Strickt bis zu MM1, Umschlag, 1 M re (die M mit MM1), Umschlag.

2. Schritt: Strickt bis zu MM2, Umschlag, 1 M re (die M mit MM2), Umschlag.

3. Schritt: Strickt bis zu MM3, strickt das Lochmuster (5. Reihe) und endet bei MM4.

4. Schritt: Strickt bis zu MM5, Umschlag, 1 M re (die M mit MM5), Umschlag.

5. Schritt: Strickt bis zu MM6, Umschlag, 1 M re (die M mit MM6), Umschlag.

6. Schritt: Strickt die Reihe zu Ende.

Auf diese Weise habt ihr in dieser Reihe wieder 8 M zugenommen.

Strickt die **6. Reihe** wie die 2. und 4. Reihe.

Wiederholt **Reihen 3, 4, 5 und 6**, bis ihr insgesamt 17, 19, 20, **22, 24, 25** Reihen mit Zunahmen gearbeitet und um 136, 152, 160, **176, 192, 200** M zugenommen habt.

Am Ende der Zunahmen liegen insgesamt 205, 227, 239, **261, 281, 293** M auf der Nadel. Vergesst dabei nicht, in regelmäßigen Abständen die Knopflöcher einzustricken.

RUMPF

Jetzt werden die Maschen, die später die Ärmel bilden, beidseitig auf einem Hilfsfaden stillgelegt. Das ist ein Faden in einer Kontrastfarbe, auf dem ihr die Ärmelmaschen sichert, während ihr den Rumpf strickt. Das geht wie folgt:

1. Schritt: Strickt die Randmaschen.

2. Schritt: Strickt 29, 33, 34, **37, 38, 40** M (linkes Vorderteil).

3. Schritt: Legt 38, 40, 44, **46, 54, 56** M auf einen Hilfsfaden (linker Ärmel).

4. Schritt: Schlagt 4 neue M unter dem linken Ärmel an.

5. Schritt: Strickt 59, 65, 67, **75, 77, 81** M (Rückenteil, mit Lochmuster).

6. Schritt: Legt 38, 40, 44, **46, 54, 56** M auf einen Hilfsfaden (rechter Ärmel).

7. Schritt: Schlagt 4 neue M unter dem rechten Ärmel an.

8. Schritt: Strickt 29, 33, 34, **37, 38, 40** M (rechtes Rückenteil).

9. Schritt: Strickt die Randmaschen.

Jetzt habt ihr wieder das Ende der Reihe erreicht und habt insgesamt 125, 139, 143, **157, 161, 169** M auf der Nadel. Die Ärmelmaschen liegen auf Hilfsfäden.

Strickt jetzt den Rumpf weiter, bis er ab dem Ärmelansatz 13,5, 15,5, 16,5, **20, 24, 26** cm misst. Strickt das Bündchen im Rippenmuster (1 M re, 1 M li im Wechsel) 2,5, 2,5, 2,5, **3, 3, 4** cm lang. Kettet im Rippenmuster ab.

ÄRMEL

Jetzt werden die Maschen für den ersten Ärmel, die ihr auf einem Hilfsfaden stillgelegt habt, auf das Nadelspiel gelegt. Zusätzlich werden aus den Maschen, die ihr unter dem Arm neu angeschlagen habt, 4 M aufgefasst, zu den restlichen Ärmelmaschen auf die Nadel gelegt und auf Rundenbeginn und -ende verteilt, d.h. es kommen 2 der Maschen auf die erste und 2 auf die letzte Nadel. Die erste Runde beginnt nun in der Mitte zwischen diesen neuen Maschen. Jetzt liegen 42, 44, 48, **50, 58, 60** M auf der Nadel.

Strickt den Ärmel glatt in Runden, bis zu einer Länge von 13,5, 14,5, 15,5, **21, 25, 27** cm (ich empfehle hier, die Armlänge des Empfängers von Achsel zu Handgelenk zu messen, wenn möglich, um die Länge ggf. anzupassen).

Gleichzeitig werden in **Größen 2–4 Jahre** und **4–6 Jahre** die Maschen entlang des Ärmels reduziert (in den anderen Größen wird der Ärmel ohne Abnahmen bis zum Bündchen gestrickt): Strickt nach 2 cm die ersten zwei M und die letzten zwei M des Ärmels zusammen. Nehmt auf diese Weise mit **6, 7** cm Abstand insgesamt **3, 4** Mal ab, und reduziert die Maschenzahl so nach und nach um insgesamt **6, 8** M. Am Ende des Ärmels liegen noch 42, 44, 48, **50, 52, 52** M auf der Nadel.

Strickt jetzt in allen Größen noch eine Runde glatt re und nehmt dabei gleichmäßig über die Runde verteilt 8, 8, 10, **10, 10, 10** M ab. Jetzt habt ihr noch 34, 36, 38, **40, 42, 42** M auf der Nadel. Strickt jetzt das Bündchen (1 m re, 1 m li im Wechsel),

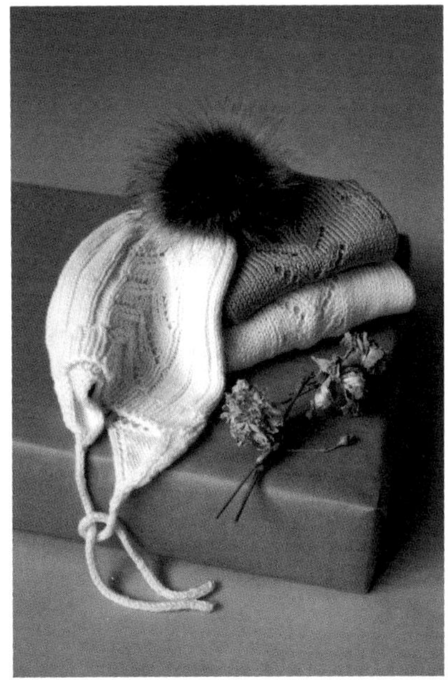

insgesamt 2,5, 2,5, 2,5, **3, 3, 4** cm lang. Im Rippenmuster abketten. Achtet darauf, nicht zu fest abzuketten, damit der Pullover nicht zu eng am Handgelenk anliegt.

Den zweiten Ärmel gleich arbeiten.

ABSCHLUSS

Vernäht alle Enden und schließt die Löcher unter den Armen, wenn vorhanden. Wascht die Jacke entsprechend den Pflegehinweisen auf eurem Garn, zieht sie auf einem trockenen Handtuch in Form und lasst sie liegend trocknen.

MÜTZE

GRÖSSENANGABEN UND GARNVERBRAUCH

Größe	Umfang	Garnverbrauch
0–3 Monate	33 cm	50 g (102 m)
3–6 Monate	35 cm	50 g (102 m)
6–12 Monate	37 cm	100 g (204 m)
12–18 Monate	40 cm	100 g (204 m)
18–24 Monate	**40 cm**	**100 g (204 m)**
2–4 Jahre	**42 cm**	**100 g (204 m)**
4–6 Jahre	**44 cm**	**150 g (306 m)**

Bitte beachtet, dass die angegebenen Garnmengen nur ein Richtwert sind.

Garn:
Katia Merino 100% (102 m/50 g), Lana Grossa Cool Wool big, Lang Merino 120, Drops Merino extra fine, Sandnes Smart

oder andere Garne mit passender Maschenprobe.

Maschenprobe
23 Maschen = 10 cm mit Nadelstärke 4.

Das braucht ihr:
Rundstricknadel Nr. 4 (40 cm)
Nadelspiel Nr. 4
Stopfnadel zum Vernähen
Maschenmarkierer

Der Mützenumfang bezieht sich auf die fertige Mütze, nicht den tatsächlichen Kopfumfang des Kindes. Da die Mütze äußerst dehnbar ist, liegt der angegebene Umfang weit unter dem entsprechenden Kopfumfang. Dadurch passt sich die Mütze gut an die Kopfform an und sitzt nicht zu locker.

ANLEITUNG

Die Mütze wird von unten nach oben und in Runden gearbeitet, im breiten Rippenmuster und mit Lochmuster auf der Vorderseite.

Schlagt 72, 78, 84, 90, **90, 96, 102** M auf die Rundstricknadel 4 (40 cm) an. Schließt zur Runde und strickt ein Rippenbündchen (1 M re, 1 M li im Wechsel), insgesamt 1, 1, 1, 2, **2, 2, 3** cm lang. Strickt jetzt noch eine Runde glatt re und nehmt dabei gleichmäßig über die Runde verteilt 11 M zu.

Jetzt beginnt das Muster. Auf der Vorderseite wird ein Lochmuster gearbeitet (s. Diagramm) und über die restliche Mütze ein 4+2 Rippenmuster, das aus 4 M re und 2 M li im Wechsel besteht. Auf beiden Seiten des Lochmusters sollen 2 linke Maschen liegen.

Damit beide Muster aufgehen, beginnt ihr die nächste Runde je nach Größe so:

3–6 Monate, 12–18 Monate, 18–24 Monate, 4–6 Jahre: Strickt 1 M li, 4 M re, 2 M li und führt dann das Muster aus 4 M re, 2 M li fort.

0–3 Monate, 6–12 Monate, 2–4 Jahre: Strickt 2 M re, 2 M li, 4 M re, 2 M li und führt dann das Muster aus 4 M re, 2 M li fort.

Die erste Runde geht so: Strickt 34, 37, 40, 43, **43, 46, 49** M. Hängt einen MM auf die Nadel. Strickt die nächsten 15 M mit Lochmuster (s. Diagramm). Hängt einen MM auf die Nadel. Strickt 34, 37, 40, 43, **43, 46, 49** M.

Jetzt habt ihr das Ende der Runde erreicht. Strickt auf diese Art weiter (mit 4+2 Rippenmuster und Lochmuster vorne), bis die Mütze, mit dem Bündchen, insgesamt 10, 12, 13, 14, **16, 18, 22** cm misst.

ABNAHMEN

Jetzt beginnen die Abnahmen. Das Lochmuster vorne wird bis zur letzten Runde weitergeführt, während das 4+2 Rippenmuster nach und nach schmaler wird.

1. Schritt: Strickt über die ganze Runde verteilt in allen re gestrickten Abschnitten des 4+2 Rippenmusters jeweils die 2. und 3. Masche zusammen. Das Muster besteht ab jetzt aus 3 M re, 2 M li.

2. Schritt: Strickt 2 Runden im Muster ohne Abnahmen.

3. Schritt: Strickt in allen re gestrickten Abschnitten jeweils die 1. und 2. Masche zusammen. Das Muster besteht jetzt aus 2 M re, 2 M li.

4. Schritt: Strickt 2 Runden ohne Abnahmen.

5. Schritt: Strickt 2 links gestrickte Maschen zwischen den re gestrickten Rippen li zusammen. Das Muster besteht jetzt aus 2 M re, 1 M li.

6. Schritt: Strickt 2 Runden ohne Abnahmen.

7. Schritt: Strickt über die ganze Runde die 2 rechts gestrickten Maschen in den Rippen zusammen. Das Muster besteht jetzt aus 1 M re, 1 M li.

8. Schritt: Strickt 1 Runde ohne Abnahmen.

9. Schritt: Strickt über die ganze Runde (auch im Lochmuster) immer 2 M re zusammen.

Ihr habt jetzt ca. 19–24 M auf der Nadel. Zieht das Fadenende durch diese Maschen und schließt so die Mütze.

OHREN

In den fünf kleinsten Größen (0–3 Monate bis 18–24 Monate) sind Ohrenklappen und Bänder vorgesehen:

Messt von der hinteren Mitte ausgehend ca. 2, 2,5, 3, 3, **3,5** cm in jede Richtung ab und beginnt dort das Ohr (so liegen ca. 4, 5, 6, 6, **7** cm zwischen den Ohren). Nehmt aus der Anschlagskante 17, 19, 21, 23, **25** M auf und strickt 6, 8, 8, 8, **10** Reihen glatt

Musterdiagramm

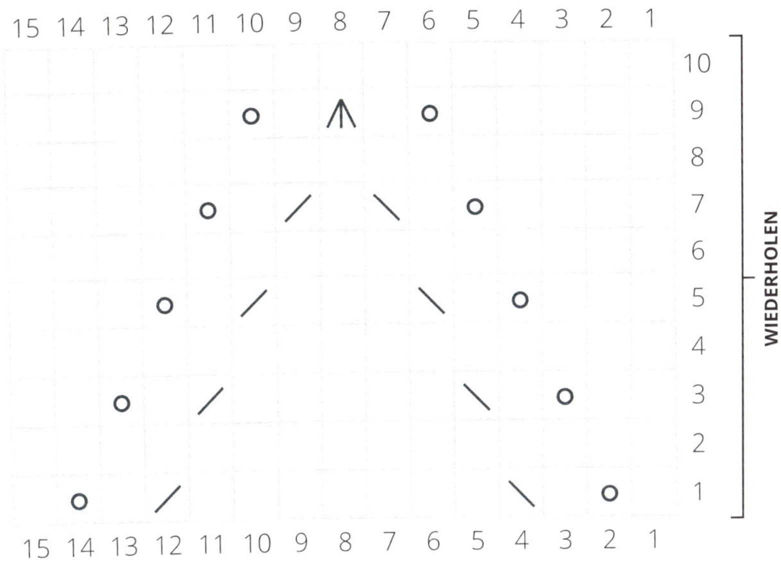

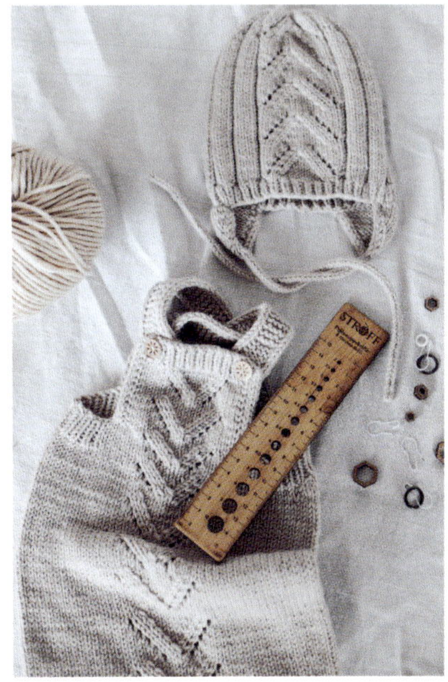

☐ Rechte Maschen.

☐ SSK (s. Seite 7).

☐ 2 M re zusammenstricken.

☐ 1 M ungestrickt abheben, 2 M re zusammenstricken, die ungestrickte M darüberziehen.

☐ Umschlag.

re (re auf der Hinreihe, li auf der Rückreihe).

Schließt die Ränder dabei mit einer I-Cord-Kante über zwei Maschen ab, indem ihr die letzten 2 M in jeder Reihe ungestrickt, mit dem Faden vor der Arbeit, abhebt (s. Seite 7).

In der nächsten Hinreihe beginnen die Abnahmen: Strickt 2 M re. Strickt dann 2 M re zusammen und strickt re bis 4 M vor Ende der Reihe. Strickt 2 M re zusammen und hebt die letzten 2 M mit dem Faden vor der Arbeit ab (I-Cord). Strickt eine Rückreihe ohne Abnahmen mit I-Cord zurück.

Wiederholt diese 2 Reihen, bis nur noch 7 M auf der Nadel liegen.

Jetzt strickt ihr das Ohr so zu Ende:

1. Reihe: Strickt 2 M re, 2 M zusammen, 1 M re, hebt 2 M ab.

2. Reihe: Strickt li zurück (mit I-Cord).

3. Reihe: Strickt 2 M re, 2 M re zusammen, hebt 2 M ab.

4. Reihe: Strickt li zurück (mit I-Cord).

5. Reihe: Strickt 2 M zusammen, 1 M re, 2 M zusammen.

Jetzt habt ihr 3 M auf der Nadel. Strickt daraus die I-Cord-Kordel. Strickt dann das zweite Ohr gleich.

KORDEL

Aus den letzten 3 Maschen strickt ihr eine I-Cord-Kordel (s. S. 7), ca. 20–25 cm lang.

ABSCHLUSS

Vernäht alle Fadenenden. Wascht die Mütze entsprechend den Angaben des Wollherstellers, zieht sie auf einem trockenen Handtuch in Form und lasst sie trocknen.

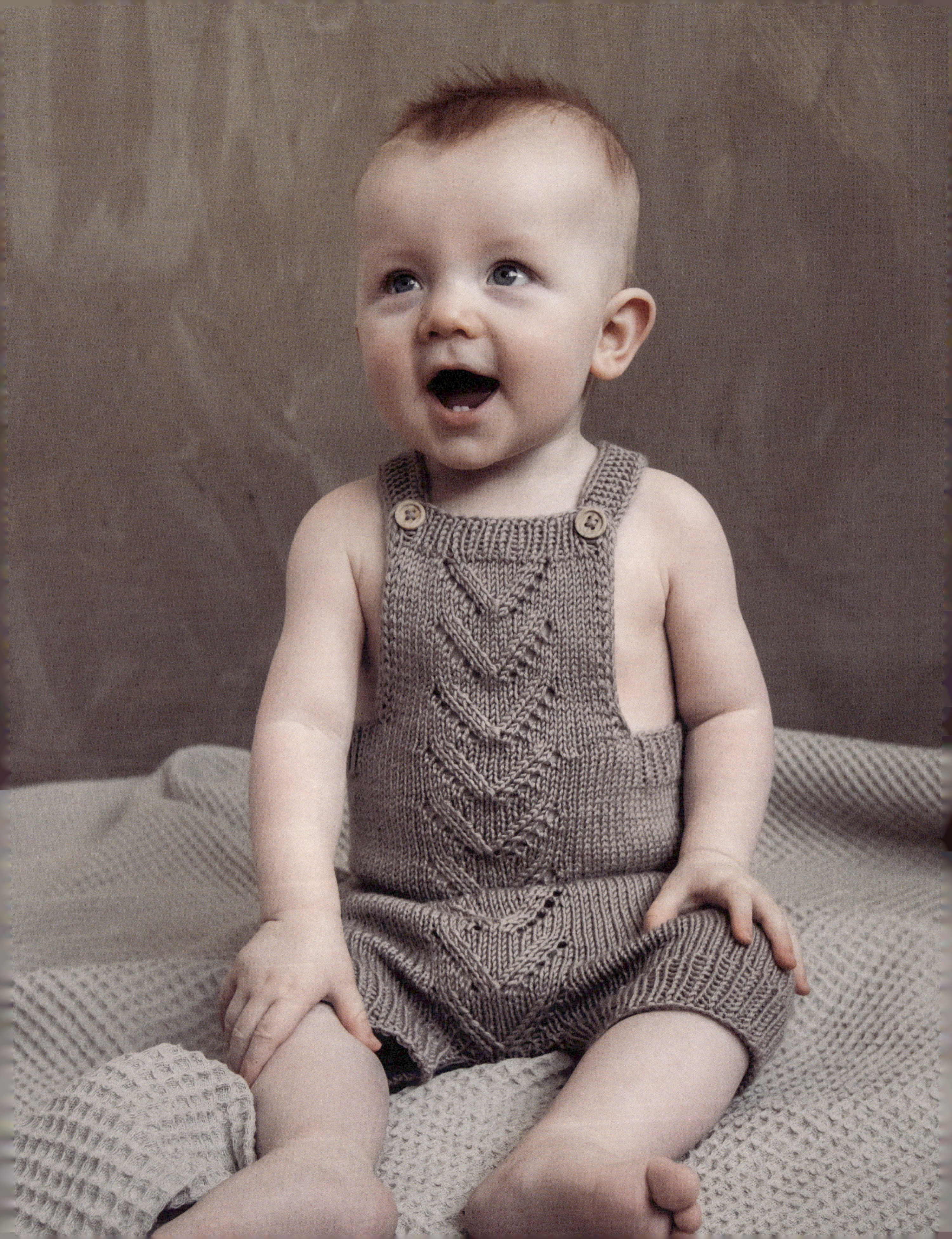

LATZHOSE

GRÖSSENANGABEN UND GARNVERBRAUCH

Größe	Brustumfang	Beinlänge ab Schritt – kurze Hose	Beinlänge ab Schritt – lange Hose	Garnverbrauch, kurze Hose	Garnverbrauch, lange Hose
0–3 Monate	35 cm	2,5 cm	15,5 cm	100 g (204 m)	100 g (204 m)
3–6 Monate	40 cm	2,5 cm	17,5 cm	100 g (204 m)	150 g (306 m)
6–12 Monate	47 cm	2,5 cm	23 cm	150 g (306 m)	200 g (408 m)
12–18 Monate	**49 cm**	**3 cm**	**29 cm**	**200 g (408 m)**	**250 g (510 m)**
18–24 Monate	**52 cm**	**3 cm**	**36 cm**	**250 g (510 m)**	**300 g (612 m)**

Bitte beachtet, dass die angegebenen Garnmengen nur ein Richtwert sind.

Garn:
Katia Merino 100% (102 m/50 g), Lana Grossa Cool Wool big, Lang Merino 120, Drops Merino extra fine, Sandnes Smart

oder andere Garne mit passender Maschenprobe.

Maschenprobe
23 Maschen = 10 cm mit Nadelstärke 4.

Das braucht ihr:
Rundstricknadel Nr. 4 (40 cm)
Nadelspiel Nr. 4
Stopfnadel zum Vernähen
Maschenmarkierer
2–4 Knöpfe (nach Geschmack, für die Träger)

ANLEITUNG

Diese Hose wird von oben nach unten gestrickt. Der Vorderlatz wird zuerst in Reihen gestrickt, dann werden Rumpf und Hosenbeine in Runden gestrickt. Ihr habt die Wahl zwischen kurzen und langen Hosenbeinen. Beide Varianten werden in der Anleitung erklärt.

BÜNDCHEN

Schlagt 25, 27, 29, **31, 33** M auf die Rundstricknadel Nr. 4 (40 cm) an. Strickt ein Bündchen im Rippenmuster (1 M re, 1 M li im Wechsel), über insgesamt 6, 6, 6, **8, 8** Reihen. Das Bündchen wird an beiden Seiten mit einem I-Cord-Rand abgeschlossen (s. auch Seite 7). Strickt dafür die ersten 3 M in jeder Reihe (Hin- und Rückreihe) re, und hebt die letzten 3 M in jeder Reihe ungestrickt mit dem Faden vor der Arbeit ab. Dieser I-Cord-Rand wird über die gesamte Länge des Latzes fortgeführt.

In Reihe 3, 3, 3, **4, 4** werden zwei Knopflöcher gearbeitet: Strickt dafür 4 M, 1 Umschlag, strickt 2 M zusammen. Strickt im Rippenmuster weiter bis 5 M vor Ende der Reihe. Macht einen Umschlag, strickt 2 M zusammen und strickt die Reihe zu Ende.

LATZ

Nach dem Bündchen beginnt das Lochmuster. Strickt eine Hinreihe wie folgt:

1. Schritt: Strickt 5, 6, 7, **8, 9** M, hängt einen MM auf die Nadel.

2. Schritt: Strickt Reihe 1 des Lochmusters (s. Diagramm auf S. 138) über die nächsten 15 M, hängt einen MM auf die Nadel.

3. Schritt: Strickt 5, 6, 7, **8, 9** M.

Führt dabei die I-Cord-Kante wie im Bündchen fort.

Strickt eine Rückreihe li zurück (mit I-Cord). Strickt auf diese Weise mit Lochmuster weiter, bis der Latz, mit dem Bündchen, 7, 7, 8, **9, 10** cm lang ist. Strickt als letzte Reihe eine Hinreihe.

RUMPF

Jetzt werden neue Maschen für das Rückenteil angeschlagen. Der Rumpf wird ab hier in Runden weitergestrickt. Schlagt am Ende der Hinreihe 49, 57, 71, **73, 77** neue Maschen an und schließt die Arbeit zur Runde.Um eine schöne und stabile Kante zu erhalten, empfehle ich, hier nicht einfach mit dem Arbeitsfaden neue Maschen aufzuschlingen, sondern den Faden abzuschneiden und wie am Beginn der Arbeit mit einem neuen Faden einen klassischen Maschenanschlag zu machen.

Jetzt liegen 74, 84, 100, **104, 110** M auf der Nadel. Strickt die Maschen, die vorher den Latz gebildet haben, wie gehabt glatt re und mit Lochmuster, und strickt auch die Maschen der I-Cord-Kante jetzt glatt re. Strickt über alle neuen Maschen ein Rippenbündchen, d.h. wieder 1 M re, 1 M li im Wechsel, bis dieses Bündchen 2, 2, 2, **3, 3** cm lang ist.

Strickt dann eine Runde glatt re und nehmt gleichmäßig über die Runde verteilt (aber nicht vorne im Lochmuster) 6, 8, 8, **8, 10** M zu. Jetzt habt ihr 80, 92, 108, **112, 120** M auf der Nadel und strickt ab hier nur noch glatt re mit Lochmuster vorne.

Als Nächstes werden verkürzte Reihen (s. Seite 7) gestrickt, um etwas Extraplatz für einen dicken Windelpopo zu schaffen. Wenn ihr euch das nicht zutraut, könnt ihr diese verkürzten Reihen auch weglassen, dann empfehle ich aber, den Rumpf ca. 2 cm langer zu stricken als angegeben.

VERKÜRZTE REIHEN

Die Runde beginnt jetzt hinten, in der Mitte der neu angeschlagenen Maschen.

Markiert euch den Rundenwechsel mit einem MM. Strickt 16, 19, 23, **24, 26** M re (von der hinteren Mitte bis zur Seite). Wendet die Arbeit mit einer Wendemasche und strickt 32, 38, 46, **48, 52** M li zurück. Wendet die Arbeit mit einer Wendemasche und strickt re bis 2 M nach der ersten Wendestelle. Wendet die Arbeit mit einer Wendemasche und strickt li zurück, wieder 2 M weiter als die letzte Wendestelle. Strickt auf diese Art insgesamt 8 verkürzte Reihen (d.h. 4 Wendestellen auf jeder Seite). Strickt dabei bei jeder

Musterdiagramm

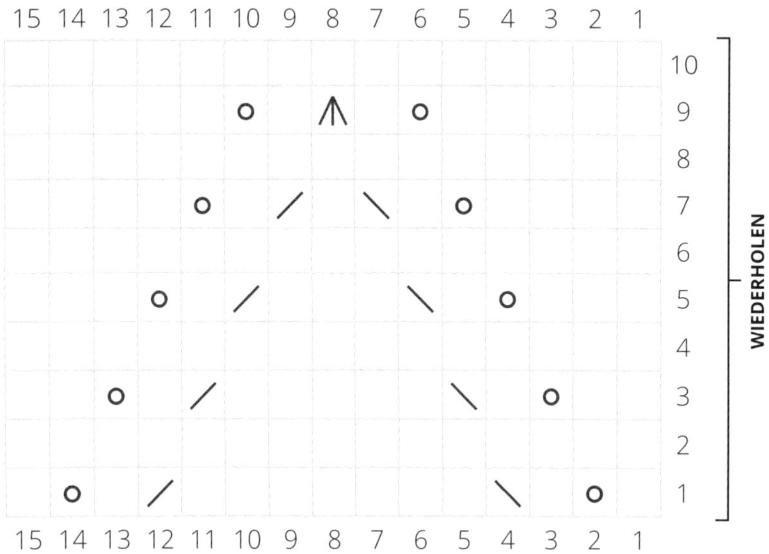

- Re in der Hinreihe, li in der Rückreihe.
- SSK (s. Seite 7).
- 2 M re zusammenstricken.
- 1 M ungestrickt abheben, 2 M re zusammenstricken, die ungestrickte M darüberziehen.
- Umschlag.

Wendung zwei M weiter als die vorherige Wendestelle.

Wenn die verkürzten Reihen beendet sind, strickt ihr wieder glatt re und mit Lochmuster über alle Maschen in Runden, bis der Rumpf, mit dem Bündchen am Rücken, 21, 22, 23, **25, 27** cm lang ist. Messt die Länge am besten seitlich, an einer Stelle, an der ihr keine verkürzten Reihen gearbeitet habt.

HOSENBEINE

Jetzt werden die Maschen für die Hosenbeine aufgeteilt. Ihr beginnt wieder in der hinteren Mitte.

Geht vom Rundenwechsel in der hinteren Mitte ausgehend 1, 2, 2, **3, 3** M zurück (d.h. löst die gerade gestrickten M wieder auf, damit ihr euch jetzt kurz vor der Mitte befindet). Kettet die nächsten 2, 4, 4, **6, 6** M ab. Strickt dann die nächsten 38, 42, 50, **50, 54** M glatt re (rechtes Hosenbein) und kettet dann wieder 2, 4, 4, **6, 6** M ab. Lasst das rechte Hosenbein auf der Nadel liegen und strickt jetzt zuerst das linke Hosenbein mit einem Nadelspiel Nr. 4 (alternativ mit einer Rundstricknadel für Magic Loop oder den CraSy Trio-Nadeln). Strickt die nächsten 38, 42, 50, **50, 54** M glatt re (linkes Hosenbein). Jetzt habt ihr die Wahl, ob ihr die Hose kurz oder lang stricken wollt:

KURZE HOSE

Schließt die Maschen des linken Hosenbeins zur Runde und strickt zwei Runden re. Strickt dann ein Rippenbündchen (1 M re, 1 M li im Wechsel), insgesamt 2, 2, 2, **2,5, 2,5** cm lang, und kettet im Rippenmuster ab. Strickt das rechte Hosenbein gleich.

LANGE HOSE

Schließt die Maschen des linken Hosenbeins zur Runde. Strickt re in Runden, bis das Hosenbein 13, 15, 20, **26, 33** cm lang ist.

Gleichzeitig reduziert ihr in den **drei größten Größen (6–12, 12–18 und 18–24 Monate)** nach und nach die Maschen: Strickt in diesen Größen zunächst 7, **4, 3** cm re in Runden. Strickt in der nächsten Runde die ersten 2 M und die letzten 2 M der Runde zusammen und nehmt so in dieser Runde 2 M ab. Wiederholt diese Abnahme mit 7, **11, 10** cm Abstand, bis ihr insgesamt 2, **2, 3** Abnahmen gearbeitet und die Maschenzahl so um insgesamt 4, **4, 6** M reduziert habt.

Wenn ihr die gewünschte Beinlänge erreicht habt, strickt ihr in allen Größen noch eine Runde glatt re und nehmt gleichmäßig über die Runde verteilt 6 M ab. Am Ende liegen noch 32, 36, 40, **40, 42** M auf der Nadel. Strickt zum Abschluss ein Rippenbündchen (1 M re, 1 M li im Wechsel), insgesamt 2,5, 2,5, 3, **3, 3** cm lang, und kettet im Rippenmuster ab. Strickt das rechte Hosenbein gleich.

HOSENTRÄGER

Beginnt an der hinteren Mitte des Rippenbündchens im Rücken. Fasst 6, 6, 8, **8, 10** M von der hinteren Mitte entfernt 6–8 M aus der Anschlagskante auf (je nachdem, wie breit ihr das Band haben wollt). Strickt das Band kraus rechts (d.h. re auf der Hin- und auf der Rückreihe) mit einem I-Cord-Rand wie im Latz auf der Vorderseite, diesmal aber nur mit 2 Maschen, statt mit 3. Strickt das Band 19, 21, 23, **25, 27** cm lang und kettet es ab. Strickt das zweite Band gleich. Die Bänder werden am Rücken über Kreuz getragen. Befestigt zum Schluss die Knöpfe am Ende der Bänder. Ich empfehle euch, an jedem Band 2 Knöpfe zu befestigen, einen weiter oben und einen weiter unten, dann passt die Hose länger, wenn das Kind wächst.

ABSCHLUSS

Näht das Loch zwischen den Hosenbeinen zu (ich nehme gerne das Fadenende, mit dem ich das zweite Hosenbein begonnen habe) und vernäht alle Enden. Wascht die Hose entsprechend den Angaben des Wollherstellers, zieht sie auf einem trockenen Handtuch in Form und lasst sie liegend trocknen.

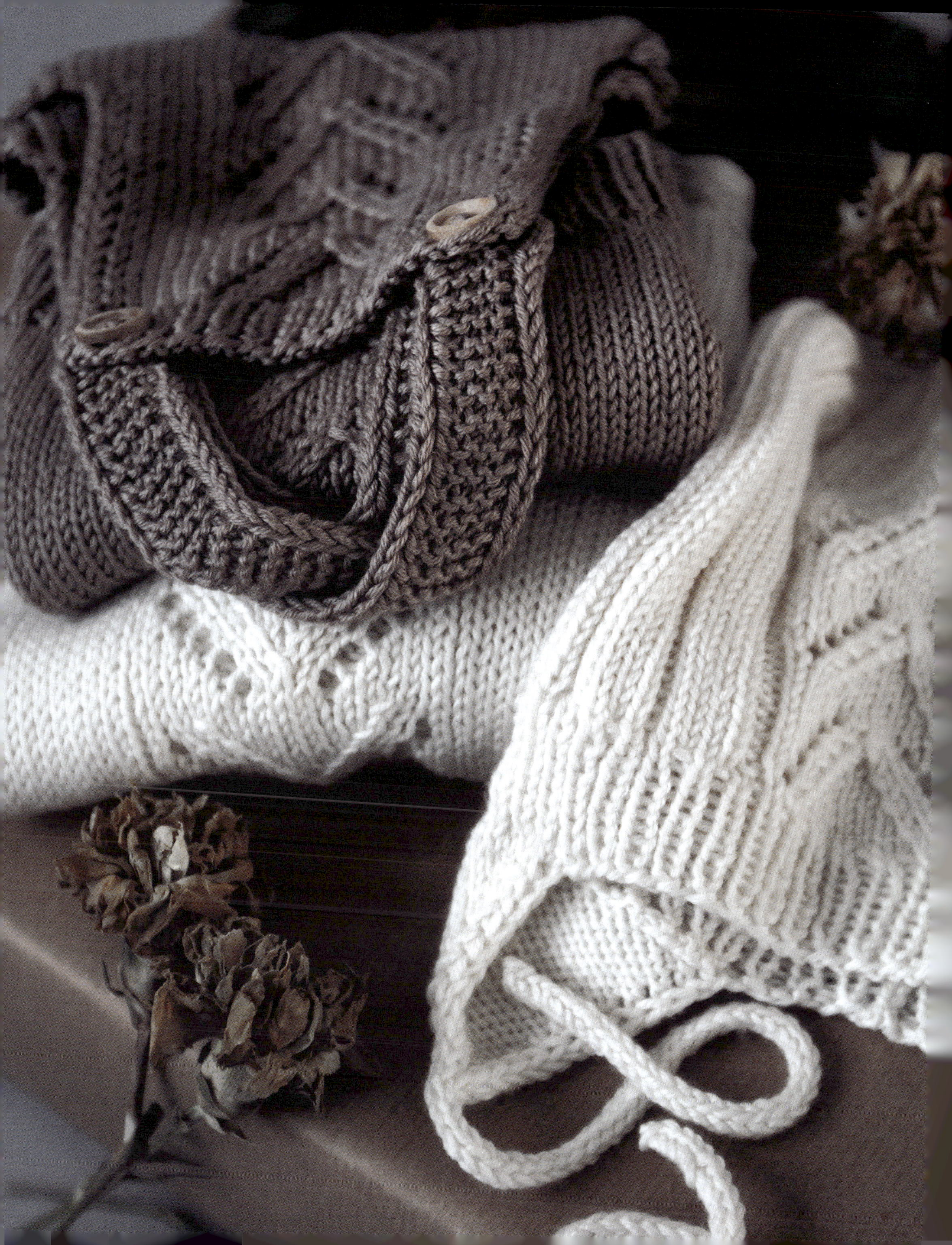

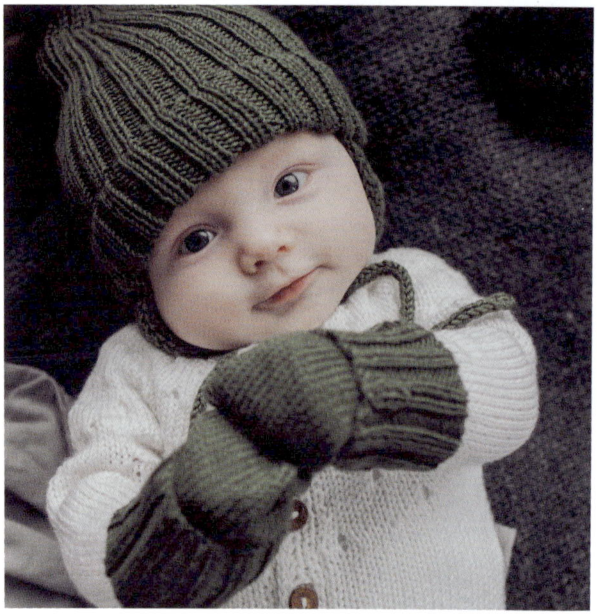

OVERALLS, HOSEN UND ACCESSOIRES FÜR BABYS UND KINDER

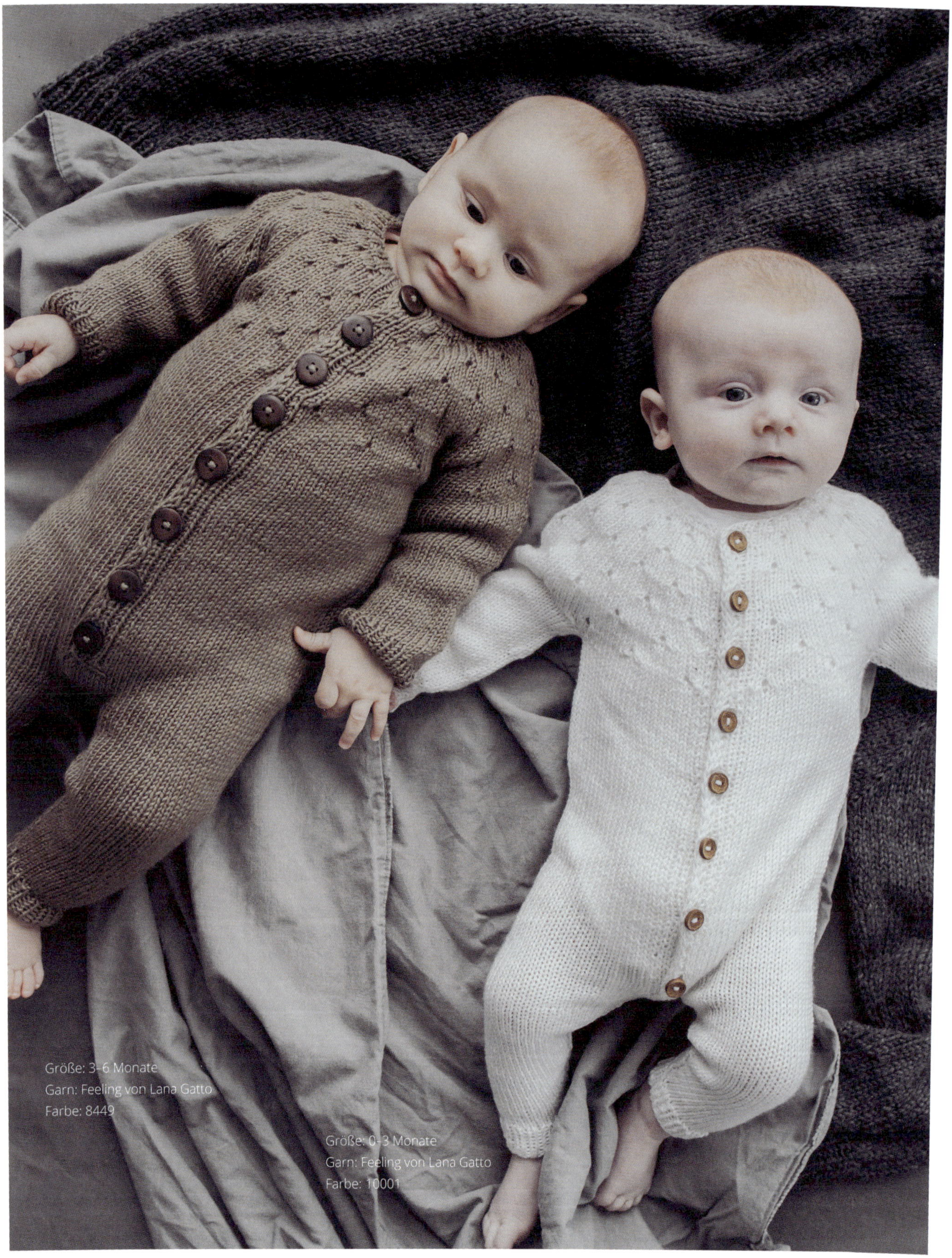

Größe: 3-6 Monate
Garn: Feeling von Lana Gatto
Farbe: 8449

Größe: 0-3 Monate
Garn: Feeling von Lana Gatto
Farbe: 10001

GLÜCK – OVERALL

Wir kriegen von diesem Muster einfach nicht genug! Hier gibt es also noch einen Overall für die Kleinsten, damit sie schön eingekuschelt mit aufs »Glück«-Familienfoto kommen können. Kombiniert ihn wie wir mit Mütze, Socken und Handschuhen aus der Retro Kombo für wollige Wärme von Kopf bis Fuß.

GRÖSSENANGABEN UND GARNVERBRAUCH

Größe	Brust-umfang	Rumpflänge ab Ärmelansatz bis zum Schritt	Ärmelumfang	Ärmellänge ab Ärmelansatz	Beinumfang	Beinlänge ab Schritt	Garnverbrauch
0–3 Monate	45 cm	22 cm	16 cm	16 cm	22 cm	17 cm	200 g (480 m)
3–6 Monate	51 cm	25 cm	18 cm	19 cm	24 cm	20 cm	250 g (600 m)
6–12 Monate	54 cm	27 cm	19 cm	22 cm	26 cm	26 cm	250 g (600 m)
1–2 Jahre	**60 cm**	**33 cm**	**21 cm**	**25 cm**	**28 cm**	**32 cm**	**300 g (720 m)**
2–4 Jahre	**67 cm**	**37 cm**	**23 cm**	**28 cm**	**31 cm**	**36 cm**	**350 g (840 m)**

Bitte beachtet, dass die angegebenen Garnmengen nur ein Richtwert sind.

Garn:
Cool Wool big (120 m/50 g) von Lana Grossa, Katia Merino 100%, Lang Merino 120, Drops Merino Extra fine, Drops Cotton Merino, oder andere Garne mit passender Maschenprobe

Maschenprobe
24 Maschen = 10 cm mit Nadelstärke 4

Das braucht ihr:
Rundstricknadel Nr. 4 (60 oder 80 cm)
Nadelspiel Nr. 4
Stopfnadel zum Vernähen der Fäden
Maschenmarkierer
Knöpfe (6–10 Stück, 12–15 mm Durchmesser)

ANLEITUNG

Der Overall wird in Reihen von oben nach unten gestrickt, mit Lochmuster und Zunahmen in der Rundpasse. Kurz vor der Beinöffnung wird er zur Runde geschlossen. Beine und Ärmel werden dann in Runden gestrickt. Die Knopfleiste wird hier nicht nachträglich angestrickt, sondern direkt mitgestrickt.

Lest euch die Anleitung gut durch, bevor ihr beginnt – besonders in den ersten Reihen am Rumpf müssen mehrere Dinge gleichzeitig beachtet werden.

HALSBÜNDCHEN

Schlagt 67, 73, 77, **83, 87** M auf die Rundstricknadel Nr. 4 an. Strickt ein Bündchen im Rippenmuster (1 M re, 1 M li im Wechsel) in Reihen, insgesamt 4, 4, 4, **6, 6** Reihen lang, und beachtet dabei die **Randmaschen**, die **I-Cord-Kante** und das erste **Knopfloch** (s. die nächsten beiden Absätze). Die erste gestrickte Reihe ist eine Hinreihe.

Die ersten 8, 8, 8, **10, 10** und die letzten 8, 8, 8, **10, 10** M des Bündchens sind **Randmaschen**, die später die Knopfleiste bilden. Sie werden über die gesamte Länge der Jacke in demselben Rippenmuster gestrickt wie das Halsbündchen. Das Bündchen wird an beiden Seiten mit einer **I-Cord-Kante** abgeschlossen (s. auch Seite 7). Strickt dafür die ersten 3 Randmaschen in jeder Reihe (Hin- und Rückreihe) re, und hebt die letzten 3 Randmaschen in jeder Reihe ungestrickt mit dem Faden vor der Arbeit ab. Diese I-Cord-Kante wird über die gesamte Länge des Overalls fortgeführt.

In diese Randmaschen werden auch direkt die **Knopflöcher** eingestrickt. Wir empfehlen, sie mit einem Abstand von ca. 3–4 cm (oder nach Geschmack und der gewünschten Anzahl der Knöpfe) zu arbeiten. Das erste Loch wird direkt in der 5. Reihe gestrickt. Hier strickt ihr die Knopflöcher immer am Anfang einer Hinreihe: Strickt 3, 3, 3, **4, 4** M, 1 Umschlag, strickt 2 M re zusammen, strickt normal weiter.

RUNDPASSE

Ab hier strickt ihr glatt re weiter, d.h. re in der Hinreihe und li in der Rückreihe, mit den Randmaschen wie gehabt im Rippenmuster. Strickt 1 Hinreihe und nehmt dabei gleichmäßig verteilt insgesamt 4, 1, 0, **1, 0** M zu, aber nicht dort, wo die Randmaschen sind. Strickt diese Zunahmen am besten verschränkt aus dem Querfaden (M1R, s. Seite 6), damit sich hier keine Löcher bilden. Strickt die Rückreihe. Markiert die 8, 8, 8, **10, 10** Randmaschen auf beiden Seiten mit einem MM, damit ihr bei den Zunahmen nicht den Überblick verliert, und denkt immer daran, die Knopflöcher in regelmäßigen Abständen einzustricken. Jetzt habt ihr 71, 74, 77, **84, 87** M auf der Nadel.

In der nächsten Reihe (3. Reihe) beginnt das Lochmuster:

3. Reihe (Hinreihe): Strickt die Randmaschen (RM). Strickt 2 M, Umschlag, *strickt 3 M, 1 Umschlag*. Wiederholt *–* über die gesamte Reihe. Strickt 2 M, strickt die RM. Jetzt habt ihr 18, 19, 20, **21, 22** M zugenommen und habt 89, 92, 97, **105, 109** M auf der Nadel.

4.–8. Reihe: Strickt die Hinreihen re und die Rückreihen li.

9. Reihe: Strickt die RM. Strickt 1 M, Umschlag, *strickt 4 M, 1 Umschlag*. Wiederholt *–* über die gesamte Reihe. Nehmt nach dem letzten Umschlag 1 M verschränkt aus dem Querfaden zu (M1R), strickt die RM. Jetzt habt ihr 20, 21, 22, **23, 24** M zugenommen und habt 109, 114, 119, **128, 133** M auf der Nadel.

10.–14. Reihe: Strickt die Hinreihen re und die Rückreihen li.

15. Reihe: Strickt die RM. Strickt 4 M, Umschlag, *strickt 5 M, 1 Umschlag*. Wiederholt *–* über die gesamte Reihe. Strickt 4 M, strickt die RM. Jetzt habt ihr 18, 19, 20, **21, 22** M zugenommen und habt 127, 133, 139, **149, 155** M auf der Nadel.

16.–20. Reihe: Strickt die Hinreihen re und die Rückreihen li.

21. Reihe: Strickt die RM. Strickt 1 M, Umschlag, *strickt 6 M, 1 Umschlag*. Wiederholt *–* über die gesamte Reihe. Strickt 2 M zusammen, strickt die RM. Jetzt habt ihr 18, 19, 20, **21, 22** M zugenommen und habt 145, 152, 159, **170, 177** M auf der Nadel.

22.–26. Reihe: Strickt die Hinreihen re und die Rückreihen li.

27. Reihe: Strickt die RM. Strickt 5 M, Umschlag, *strickt 7 M, 1 Umschlag*. Wiederholt *–* über die gesamte Reihe. Strickt 5 M, strickt die RM. Jetzt habt ihr 18, 19, 20, **21, 22** M zugenommen und habt 163, 171, 179, **191, 199** M auf der Nadel.

28.–32. Reihe: Strickt die Hinreihen re und die Rückreihen li.

33. Reihe: Strickt die RM. Strickt 1 M, Umschlag, *strickt 8 M, 1 Umschlag*. Wiederholt *–* über die gesamte Reihe. Strickt 2 M zusammen, strickt die RM. Jetzt habt ihr 18, 19, 20, **21, 22** M zugenommen und habt 181, 190, 199, **212, 221** M auf der Nadel.

Hier endet die Rundpasse in Größe 0–3 Monate. Strickt in dieser Größe eine Rückreihe li zurück. Nehmt dann in der nächsten Hinreihe noch einmal gleichmäßig über die Reihe verteilt 7 M mit M1R zu. Jetzt habt ihr 188 M auf der Nadel. Strickt eine Rückreihe li zurück und geht dann weiter zu Kapitel »Rumpf«. Überspringt diese Schritte in den größeren Größen und macht bei **Reihe 34** weiter.

34.–38. Reihe: Strickt die Hinreihen re und die Rückreihen li.

39. Reihe: Strickt die RM. Strickt 6 M, Umschlag, *strickt 9 M, 1 Umschlag*. Wiederholt *–* über die gesamte Reihe. Strickt 6 M, strickt die RM. Jetzt habt ihr 19, 20, **21, 22** M zugenommen und habt 209, 219, **233, 243** M auf der Nadel.

Hier endet die Rundpasse in den Größen 3–6 und 6–12 Monate. Strickt eine Rückreihe li zurück. Nehmt dann in der nächsten Hinreihe noch einmal gleichmäßig verteilt 1, 3 M mit M1R zu. Jetzt liegen in diesen Größen 210, 222 M auf der Nadel. Strickt die Rückreihe li zurück und geht dann weiter zu Kapitel »Rumpf«.

Überspringt diese Schritte in den größeren Größen und macht bei **Reihe 40** weiter.

40.–44. Reihe: Strickt die Hinreihen re und die Rückreihen li.

45. Reihe: Strickt die RM. Strickt 1 M, Umschlag, *strickt 10 M, 1 Umschlag*. Wiederholt *–* über die gesamte Reihe. Strickt 2 M zusammen, strickt die RM. Jetzt habt ihr **21, 22** M zugenommen und habt **254, 265** M auf der Nadel.

Hier endet die Rundpasse in den Größen 1–2 und 2–4 Jahre. Strickt die Rückreihe li zurück.

Größe 1–2 Jahre: Strickt eine Hinreihe re und eine Rückreihe li, ohne Zunahmen, und geht dann weiter zu Kapitel »Rumpf«.

Größe 2–4 Jahre: Strickt eine Hinreihe re und nehmt dabei gleichmäßig über die Reihe verteilt 9 M zu. Jetzt liegen 274 M auf der Nadel. Strickt noch 5 Reihen glatt re und geht dann zum Kapitel »Rumpf«.

RUMPF

Wenn ihr alle Raglanzunahmen gearbeitet habt, legt ihr die Maschen, aus denen später die Ärmel entstehen, auf beiden Seiten still. Das geschieht in der nächsten Hinreihe:

1. Schritt: Strickt die Randmaschen.

2. Schritt: Strickt 22, 26, 28, **32, 34** M re (linkes Vorderteil). Ab dieser Reihe wird (bis auf die RM) nur noch glatt re gestrickt, das Lochmuster ist hier in allen Größen beendet.

3. Schritt: Legt 38, 42, 44, **50, 54** M auf einem Hilfsfaden still (linker Ärmel).

4. Schritt: Schlagt 2 neue M an (für zusätzlichen Platz unter dem Ärmel).

5. Schritt: Strickt 52, 58, 62, **70, 78** M re, ohne Lochmuster (Rückenteil).

6. Schritt: Legt 38, 42, 44, **50, 54** M auf einem Hilfsfaden still (rechter Ärmel).

7. Schritt: Schlagt 2 neue M an (für zusätzlichen Platz unter dem Ärmel).

8. Schritt: Strickt 22, 26, 28, **32, 34** M re, ohne Lochmuster (rechtes Vorderteil).

9. Schritt: Strickt die Randmaschen.

Jetzt liegen insgesamt 116, 130, 138, **158, 170** M auf der Nadel. Diese Maschen bilden den Rumpf, die Ärmelmaschen liegen auf beiden Seiten auf Hilfsfäden. Strickt jetzt glatt re weiter, bis der Rumpf ab dem Ärmelansatz 19, 21, 23, **28, 32** cm lang ist. Strickt wie immer die RM im Rippenmuster und denkt an die Knopflöcher. Endet mit einer Rückreihe.

Jetzt wird die Arbeit zur Runde geschlossen. Damit die Knopfleisten überlappend fixiert werden, macht ihr das wie folgt:

Kettet die ersten 8, 8, 8, **10, 10** M (die Randmaschen mit den Knopflöchern) ab. Strickt die Reihe normal zu Ende. Ihr strickt danach keine Rückreihe mehr zurück, sondern schließt das Stück jetzt zur Runde. Strickt eine Runde glatt re. Wenn ihr am Ende dieser Runde wieder die Randmaschen (ohne Knopflöcher) erreicht habt, die noch auf der Nadel liegen, strickt ihr die Abkettkante der oberen Knopfleiste mit den Randmaschen der unteren Leiste zusammen, indem ihr für jede Randmasche auf der Nadel auch die entsprechende Masche der Abkettkante aufnehmt und gemeinsam abstrickt. Somit liegen die zwei Kanten glatt aufeinander. Wenn ihr euch das nicht zutraut, könnt ihr die obere Kante auch lose hängen lassen und am Ende sauber auf die untere Kante nähen.

Jetzt liegen 108, 122, 130, **148, 160** M auf der Nadel. Ab hier wird glatt re weitergestrickt, auch die ehemaligen Randmaschen, die in der vorderen Mitte des Anzugs liegen. Ich empfehle euch, die Mitte mit einem MM zu markieren. Strickt weiter, bis der Rumpf ab dem Ärmelansatz 22, 25, 27, **33, 37** cm misst. Beendet die Reihe 1, 2, 2, **3, 3** M vor der hinteren Mitte.

Teilt die Maschen jetzt für die beiden Beine auf:

1. Schritt: Kettet 2, 3, 3, **6, 6** M ab (die hintere Mitte).

2. Schritt: Strickt 52, 58, 62, **68, 74** M (linkes Bein).

3. Schritt: Kettet 2, 3, 3, **6, 6** M ab (die vordere Mitte).

4. Schritt: Strickt 52, 58, 62, **68, 74** M (rechtes Bein).

Jetzt habt ihr wieder den Beginn der Runde erreicht. Legt die Maschen für das linke Bein jetzt auf einen Hilfsfaden oder eine zweite Rundstricknadel und strickt das rechte Bein.

BEINE

Die Beine in diesem Anzug sind recht lang, damit der Anzug länger passt. Anfangs könnt ihr die Beine einfach umschlagen, oder die Beine kürzer stricken.

Ihr habt jetzt 52, 58, 62, **68, 74** M auf der Nadel. Schließt zur Runde. Besonders in den kleinen Größen strickt ihr die Beine am besten mit einem Nadelspiel.

Strickt das Bein zunächst 2 cm lang glatt re in Runden. Nehmt ab der nächsten Runde in regelmäßigen Abständen 2 Maschen pro Runde ab, indem ihr die ersten 2 M und die letzten 2 M einer Runde zusammenstrickt.

Arbeitet diese Abnahmen insgesamt 7, 8, 9, **10, 12** Mal mit 1,8, 1,8, 2,3, **2,6, 2,5** cm Abstand und nehmt so insgesamt 14, 16, 18, **20, 24** M ab. Strickt das Bein ohne Abnahmen weiter bis zu einer Länge von 15, 17, 23, **29, 33** cm.

Strickt noch eine weitere Runde glatt re und nehmt dabei gleichmäßig verteilt 6 M ab. Jetzt liegen 32, 36, 38, **42, 44** M auf der Nadel. Strickt zum Schluss noch ein Rippenbündchen (1 M re, 1 M li), 3, 3, 3, **4, 4** cm lang, und kettet locker im Muster ab. Strickt das zweite Bein gleich.

ÄRMEL

Wie die Beine sind auch die Ärmel in diesem Anzug recht lang, damit der Anzug länger passt.

Jetzt werden die Maschen für den ersten Ärmel, die ihr auf einem Hilfsfaden stillgelegt habt, auf ein Nadelspiel gelegt. Zusätzlich werden aus den 2 Maschen, die ihr unter dem Arm neu angeschlagen habt, 2 neue M aufgefasst und zu den restlichen Ärmelmaschen auf die Nadel gelegt.

Damit der Rundenbeginn mittig unter dem Arm liegt, werden die neu aufgefassten Maschen auf Rundenbeginn und -ende verteilt, d.h. es kommt je 1 M auf die erste und 1 M auf die letzte Nadel. Die erste Runde beginnt nun in der Mitte zwischen diesen neuen Maschen. Jetzt liegen 40, 44, 46, **52, 56** M auf der Nadel.

Um Löcher unter den Armen zu vermeiden, fasse ich zwischen den Ärmelmaschen vom Hilfsfaden und den neuen Maschen unter den Armen noch jeweils 1 M auf jeder Seite auf und stricke sie direkt in der ersten Runde mit der nächsten Masche zusammen, damit die Maschenzahl wieder stimmt.

Strickt die ersten 2 cm glatt re in Runden ohne Abnahmen und nehmt dann wie bei den Beinen in regelmäßigen Abständen 2 M pro Runde ab, indem ihr die ersten 2 und die letzten 2 M einer Runde zusammenstrickt. Arbeitet diese Abnahmen 3, 2, 3, **6, 5** Mal im Abstand von 3,5, 6,5, 5,3, **3,5, 4** cm Abstand und nehmt damit 6, 4, 6, **12, 10** M ab. Strickt den Ärmel in Runden, bis er 13,5, 16,5, 19, **22, 25** cm lang ist. Strickt noch eine Runde glatt re und nehmt dabei gleichmäßig verteilt 4 M ab. Am Ende liegen noch 30, 36, 36, **36, 42** M auf der Nadel. Strickt ein Rippenmuster wie in den Beinen, 2,5, 2,5, 3, **3, 3** cm lang, und kettet locker im Rippenmuster ab. Strickt den zweiten Ärmel gleich.

ABSCHLUSS

Vernäht alle losen Fäden, schließt die Löcher unter den Armen, wenn vorhanden, und näht die Lücke zwischen den Beinen zu. Falls ihr die Kante mit den Knopflöchern nicht direkt fixiert habt, näht ihr sie jetzt noch fest.

Wascht den Anzug gemäß den Angaben des Wollherstellers, zieht ihn auf einem trockenen Handtuch in Form und lasst ihn trocknen. Befestigt zum Schluss die Knöpfe.

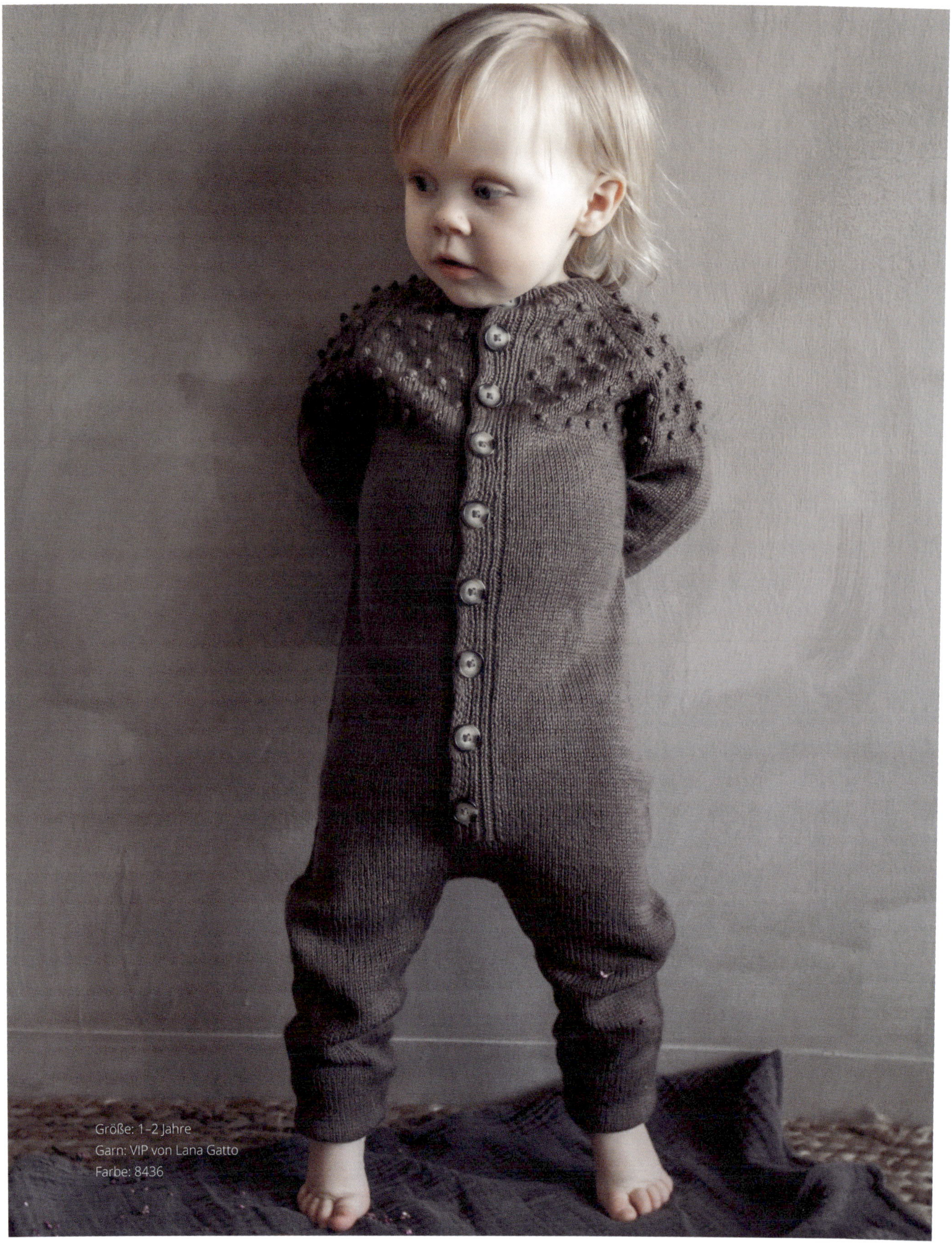

Größe: 1–2 Jahre
Garn: VIP von Lana Gatto
Farbe: 8436

BIRKE

Dieser Overall entstand während der Schwangerschaft mit Sjöfns Sohn Kári. Sie hatte gehofft, dass er ihn als erstes Outfit auf dem Heimweg vom Krankenhaus tragen würde, und ihn in der kleinsten Größe für Neugeborene gestrickt. Als Kári dann kam, wog er knapp viereinhalb Kilo und der Anzug passte gerade so um diesen kleinen Wonneproppen…

GRÖSSENANGABEN UND GARNVERBRAUCH

Größe	Brust-umfang	Rumpflänge ab Ärmelansatz bis zum Schritt	Ärmelumfang	Ärmellänge ab Ärmelansatz	Beinumfang	Beinlänge ab Schritt	Garnverbrauch
0–3 Monate	49 cm	22 cm	15 cm	16 cm	23 cm	17 cm	150 g (480 m)
3–6 Monate	57 cm	25 cm	16 cm	18 cm	25 cm	20 cm	250 g (800 m)
6–12 Monate	60 cm	27 cm	17 cm	20 cm	31 cm	26 cm	350 g (1120 m)
1–2 Jahre	**67 cm**	**33 cm**	**18 cm**	**24 cm**	**33 cm**	**32 cm**	**450 g (1440 m)**
2–4 Jahre	**71 cm**	**37 cm**	**19 cm**	**27 cm**	**36 cm**	**36 cm**	**500 g (1600 m)**

Bitte beachtet, dass die angegebenen Garnmengen nur ein Richtwert sind.

Garn:
Cool Wool (160 m/50 g) von Lana Grossa, Katia Merino Baby, Drops Baby Merino, Lang Merino 150, Sandnes Tynn Merinoull

oder andere Garne mit passender Maschenprobe

Maschenprobe
26 Maschen = 10 cm mit Nadelstärke 3,5

Das braucht ihr:
Rundstricknadel Nr. 3,5 (60 cm und 80 cm lang)
Nadelspiel Nr. 3,5
Stopfnadel zum Vernähen
Maschenmarkierer
Knöpfe

ANLEITUNG

Der Anzug wird glatt rechts in Reihen von oben nach unten gestrickt. Kurz vor der Beinöffnung wird er zur Runde geschlossen. Beine und Ärmel werden dann in Runden gestrickt. In der Raglanpasse wird ein Noppenmuster gestrickt. Die Knopfleiste wird hier nicht nachträglich angestrickt, sondern direkt mitgestrickt.

Lest euch die Anleitung gut durch, bevor ihr beginnt – besonders in den ersten Reihen müssen mehrere Dinge gleichzeitig beachtet werden.

NOPPEN

Die Noppen werden wie folgt gestrickt: Strickt 6, 6, 8, **8, 8** Mal in dieselbe Masche – immer abwechselnd in den vorderen und den hinteren Maschenschenkel. Hebt dann immer die zweite Masche auf der Nadel über die erste, bis am Ende nur noch eine Masche auf der Nadel liegt.

Eine genauere Erklärung und einen Tipp, wie ihr die Löcher vermeidet, die dabei oft entstehen, findet ihr in der Anleitung zum Pullover Isafold auf S. 13.

HALSBÜNDCHEN

Schlagt 73, 75, 79, **87, 91** M auf die Rundstricknadel Nr. 3,5 (60 cm) an. Strickt ein Bündchen im Rippenmuster (1 M re, 1 M li im Wechsel) in Reihen, insgesamt 2, 2, 2, **2,5, 2,5** cm lang, und beachtet dabei die **Randmaschen**, die **I-Cord-Kante** und das erste **Knopfloch** (s. die nächsten beiden Absätze). Beendet das Bündchen mit einer Rückreihe.

Die ersten 7, 7, 8, **10, 10** und die letzten 7, 7, 8, **10, 10** M des Bündchens sind **Randmaschen**, die die Knopfleiste bilden.

Sie werden über die gesamte Länge der Knopfleiste in demselben Rippenmuster gestrickt wie das Halsbündchen. Zusätzlich wird an beiden Seiten eine I-Cord-Kante gestrickt, die einen schönen und geraden Abschluss bildet. Hier wird sie so gearbeitet, dass die letzten 3 Randmaschen in jeder Reihe (Hin- und Rückreihe) mit dem Faden vor der Arbeit ungestrickt abgehoben werden. Die 3 ersten Randmaschen in jeder Reihe werden immer re gestrickt – s. auch Seite 7.

In diese Randmaschen werden die **Knopflöcher** eingestrickt. Wir empfehlen, sie mit einem Abstand von ca. 3–4 cm (oder nach Geschmack und der gewünschten Anzahl der Knöpfe) zu arbeiten. Das erste Loch wird direkt in der 3. Reihe des Halsbündchens gestrickt. Hier strickt ihr sie immer am Anfang einer Hinreihe: Strickt 4, 4, 4, **5, 5** M (3 I-Cord-Maschen und 1, 1, 1, **2, 2** Randmaschen), 1 Umschlag, strickt 2 M re zusammen und strickt dann normal weiter.

RAGLANPASSE

Nach dem Bündchen werden die Raglanzunahmen gearbeitet. Diese Zunahmen bilden die Linien, die Rumpf und Schultern voneinander trennen. Ab hier strickt ihr den Overall glatt rechts weiter, mit den Randmaschen weiterhin im Rippenmuster mit I-Cord. In der ersten Reihe der Raglanpasse beginnt auch direkt das Noppenmuster. Die MM werden hier zwischen zwei Maschen auf die Nadel gehängt.

Die **erste Reihe (Hinreihe)** wird so gestrickt:

1. Schritt: Strickt 7, 7, 8, **10, 10** Randmaschen (RM) im Rippenmuster mit I-Cord. Hängt MM1 auf die Nadel.

2. Schritt: Strickt 10, 10, 10, **11, 12** M im Noppenmuster (s. Diagramme ab S. 151 – linkes Vorderteil). Hängt MM2 auf die Nadel.

3. Schritt: Strickt 7 M im Noppenmuster (s. Diagramm auf S. 150 – linkes Schulterstück). Hängt MM3 auf die Nadel.

4. Schritt: Strickt 25, 27, 29, **31, 33** M re im Noppenmuster (s. die Diagramme ab S. 151 – Rückenteil). Hängt MM4 auf die Nadel.

5. Schritt: Strickt 7 M im Noppenmuster (rechtes Schulterstück). Hängt MM5 auf die Nadel.

6. Schritt: Strickt 10, 10, 10, **11, 12** M im Noppenmuster (rechtes Vorderteil). Hängt MM6 auf die Nadel.

7. Schritt: Strickt 7, 7, 8, **10, 10** Randmaschen (RM) im Rippenmuster mit I-Cord.

Jetzt habt ihr das Ende der Reihe erreicht.

Strickt die **zweite Reihe (Rückreihe)** li zurück, die RM wie immer im Rippenmuster mit I-Cord.

In der **dritten Reihe (Hinreihe)** nehmt ihr mit **M1R, M1L** (s. Seite 6) Maschen zu:

Strickt die Randmaschen und das erste Vorderteil im Muster, bis 1 M vor MM2. Nehmt 1 M mit **M1R** zu, strickt eine M re, hebt MM2 ab, strickt 1 M re, nehmt eine M mit **M1L** zu. Damit habt ihr rechts und links von MM2 2 M zugenommen. Strickt bis zum Ende der Reihe und wiederholt dabei diese Zunahmen an den anderen 3 MM, sodass ihr in dieser Reihe insgesamt 8 M zunehmt. Strickt dabei weiterhin das Noppenmuster laut Diagramm und die Randmaschen im Rippenmuster mit I-Cord.

Wiederholt **Reihen 2 und 3**, bis ihr insgesamt 15, 18, 19, **22, 24** Hinreihen mit Zunahmen gearbeitet habt. Vergesst dabei nicht, in regelmäßigen Abständen ein Knopfloch einzustricken. Damit habt ihr 120, 144, 152, **176, 192** M zugenommen und habt jetzt 193, 219, 231, **263, 283** M auf der Nadel. Strickt zum Schluss noch drei Reihen (1 Rückreihe, 1 Hinreihe, 1 Rückreihe) glatt re, ohne Zunahmen und ohne Noppenmuster.

RUMPF

Wenn ihr alle Raglanzunahmen gearbeitet habt, legt ihr die Maschen, aus denen später die Ärmel entstehen, auf beiden Seiten still. Das geschieht in der nächsten Hinreihe. Ab hier strickt ihr bis auf die Randmaschen nur noch glatt re, ohne Muster.

1. Schritt: Strickt 7, 7, 8, **10, 10** RM im Rippenmuster mit I-Cord.

2. Schritt: Strickt 25, 28, 29, **33, 36** M re (linkes Vorderteil).

3. Schritt: Legt 37, 43, 45, **51, 55** M auf einem Hilfsfaden still (linker Ärmel).

4. Schritt: Schlagt 7 neue M an (für zusätzlichen Platz unter dem Ärmel).

5. Schritt: Strickt 55, 63, 67, **75, 81** M re (Rückenteil).

6. Schritt: Legt 37, 43, 45, **51, 55** M auf einem Hilfsfaden still (rechter Ärmel).

7. Schritt: Schlagt 7 neue M an (für zusätzlichen Platz unter dem Ärmel).

8. Schritt: Strickt 25, 28, 29, **33, 36** M re (rechtes Vorderteil).

9. Schritt: Strickt 7, 7, 8, **10, 10** RM im Rippenmuster mit I-Cord.

Jetzt liegen insgesamt 133, 147, 155, **175, 187** M auf der Nadel (mit den Randmaschen und den 14 neuen M unter den Armen). Diese Maschen bilden den Rumpf, die Ärmelmaschen liegen auf beiden Seiten auf Hilfsfäden. Strickt jetzt glatt re weiter, bis der Rumpf ab dem Ärmelansatz 19, 21, 23, **28, 32** cm lang ist. Strickt wie immer die RM im Rippenmuster mit I-Cord und denkt an die Knopflöcher. Endet mit einer Rückreihe.

Jetzt wird die Arbeit zur Runde geschlossen. Damit die Knopfleisten gut überlappend fixiert werden, macht ihr das in der nächsten Hinreihe wie folgt:

Kettet die ersten 7, 7, 9, **11, 11** M (die Randmaschen mit den Knopflöchern) ab. Ihr kettet in den drei großen Größen eine M mehr ab als die ursprünglichen Randmaschen, damit ihr für den Rumpf und die Beine die richtige Maschenanzahl erhaltet. Strickt die Reihe normal zu Ende und strickt auch die Randmaschen am Ende der Runde re und ohne I-Cord.

Ihr strickt jetzt keine Rückreihe mehr zurück, sondern schließt das Stück zur Runde. Strickt eine Runde glatt re, bis 7, 7, 9, **11, 11** M vor Ende der Runde. Nehmt jetzt für jede Masche auf der Nadel auch die entsprechende Masche aus der oberen Knopfleiste (mit den Knopflöchern) mit auf und strickt beide gemeinsam ab. So liegt die obere Knopfleiste sauber fixiert über der unteren.

Wenn ihr euch das nicht zutraut, könnt ihr die obere Kante auch lose hängen lassen und am Ende auf die untere Kante nähen.

Jetzt liegen 126, 140, 146, **164, 176** M auf der Nadel. Die Runde beginnt jetzt vorne, in der Mitte der ehemaligen Randmaschen – markiert euch den Rundenwechsel hier mit einem MM.

Strickt ab jetzt nur rechts in Runden, bis der Rumpf ab dem Ärmelansatz 22, 25, 27, **33, 37** cm misst. Beendet die Reihe 2, 2, 3, **3, 3** M vor der vorderen Mitte.

Teilt die Maschen jetzt für die beiden Beine auf:

1. Schritt: Kettet 3, 4, 5, **6, 6** M ab (die vordere Mitte).

2. Schritt: Strickt 60, 66, 68, **76, 82** M re (linkes Bein).

3. Schritt: Kettet 3, 4, 5, **6, 6** M ab (die hintere Mitte).

4. Schritt: Strickt 60, 66, 68, **76, 82** M (rechtes Bein).

Jetzt habt ihr wieder den Beginn der Runde erreicht. Legt die Maschen für das linke Bein auf einem Hilfsfaden oder einer zweiten Rundstricknadel still und strickt das rechte Bein mit dem Nadelspiel Nr. 3,5 oder einer kurzen Rundstricknadel.

BEINE

Die Beine in diesem Anzug sind recht lang, damit der Anzug länger passt. Anfangs könnt ihr die Beine einfach umschlagen, oder die Beine kürzer stricken.

Ihr habt jetzt 60, 66, 68, **76, 82** M auf der Nadel. Schließt zur Runde und strickt 2, 2, 2, **3, 4** cm lang in Runden glatt re. Jetzt reduziert ihr nach und nach die Maschen: Strickt in der nächsten Runde die ersten 2 und die letzten 2 M der Runde zusammen und nehmt so in dieser Runde 2 M ab.

Wiederholt diese Abnahme im Abstand von 1, 1, 1,5, **1,5, 1,5** cm Abstand insgesamt 12, 15, 14, **16, 17** Mal. Jetzt liegen 36, 36, 40, **44, 48** M auf der Nadel. Strickt weiter, bis das Bein, ab dem Schritt, 14, 17, 23, **28, 32** cm lang ist. Strickt jetzt ein Rippenbündchen wie im Hals (1 M re, 1 M li im Wechsel) über 3, 3, 3, **4, 4** cm. Kettet locker und elastisch ab und strickt das zweite Bein gleich.

ÄRMEL

Wie die Beine sind auch die Ärmel in diesem Anzug recht lang, damit der Anzug länger passt.

Legt die Maschen für den ersten Ärmel vom Hilfsfaden wieder auf Nadeln (Nadelspiel oder eine kurze Rundstricknadel, Stärke 3,5). Fasst zusätzlich 7 neue Maschen unter dem Arm auf. Damit der Rundenbeginn mittig unter dem Arm liegt, werden die neu aufgefassten Maschen auf Rundenbeginn und -ende verteilt, d.h. es kommen 3 Maschen auf die erste und 4 Maschen auf die letzte Nadel. Die Runde beginnt nun in der Mitte zwischen diesen neuen Maschen.

Jetzt liegen 44, 50, 52, **58, 62** M auf der Nadel. Schließt zur Runde und strickt den Ärmel glatt re.

Strickt zunächst 1,5, 4, 1, **2, 3** cm glatt re in Runden. Strickt in der nächsten Runde die ersten 2 und die letzten 2 M der Runde zusammen und reduziert die Maschenzahl so um 2. Wiederholt diese Abnahme mit 3,5, 2, 3, **3, 3,5** cm Abstand, bis ihr insgesamt 3, 5, 5, **6, 6** Abnahmen gearbeitet oder um 6, 10, 10, **12, 12** M abgenommen habt. Strickt dann ohne weitere Abnahmen weiter, bis der Ärmel ab dem Ärmelansatz 12, 14, 16, **20, 24** cm lang ist.

Jetzt liegen 38, 40, 42, **46, 50** M auf der Nadel. Strickt eine weitere Runde re und nehmt dabei gleichmäßig verteilt 6 M ab.

Am Ende habt ihr noch 32, 34, 36, **40, 44** M. Strickt ein Rippenbündchen (1 M re, 1 M li im Wechsel) über 3 cm. Kettet im Rippenmuster ab und strickt den zweiten Ärmel gleich.

ABSCHLUSS

Vernäht alle losen Fäden, schließt die Löcher unter den Armen, wenn vorhanden, und näht das Loch zwischen den Hosenbeinen zu. Falls ihr die Kante mit den Knopflöchern nicht direkt fixiert habt, näht ihr sie jetzt noch fest. Wascht den Anzug gemäß den Angaben des Wollherstellers, zieht ihn auf einem trockenen Handtuch in Form und lasst ihn trocknen. Befestigt zum Schluss die Knöpfe.

MUSTERDIAGRAMME

Auf den nächsten Seiten findet ihr die Musterdiagramme (je 1 Diagramm für die Vorderteile, das Rückenteil und die Schultern).

☐ Re in der Hinreihe, li in der Rückreihe.

☐ Randmaschen.

◎ Strickt 6, 6, 8, **8, 8** Mal in dieselbe M (abwechselnd vorne und hinten). Hebt dann alle Maschen nacheinander über die erste, bis nur noch eine M auf der Nadel liegt.

■ Raglanmasche.

ML M1L (s. Seite 6).

MR M1R (s. Seite 6).

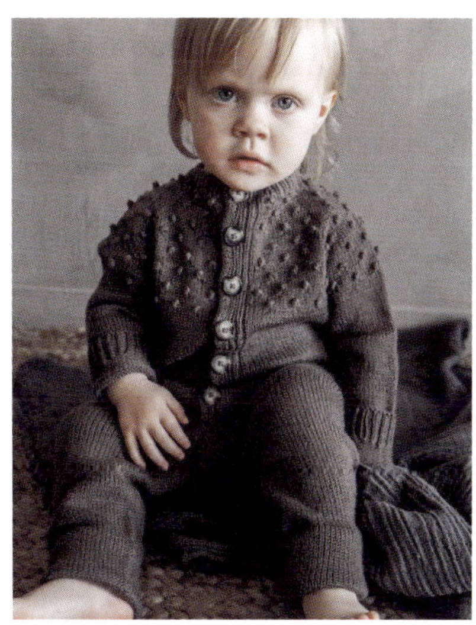

Alle Größen – Schulter

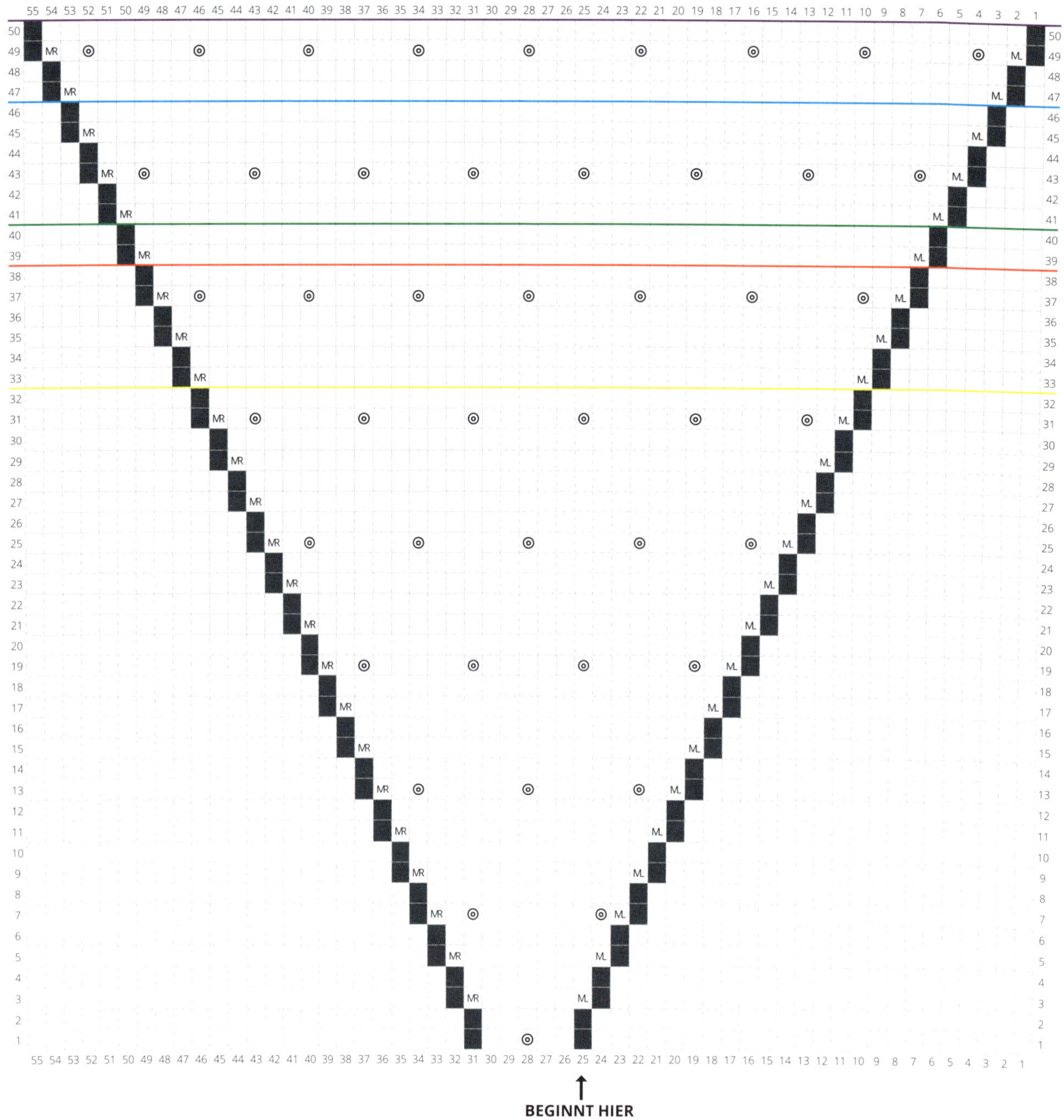

Dieses Diagramm gilt für alle Größen. Je nach Größe beendet ihr das Diagramm an einer anderen Stelle:

0–3 Monate: Strickt bis zur gelben Linie (Reihe 32).

3–6 Monate: Strickt bis zur roten Linie (Reihe 38).

6–12 Monate: Strickt bis zur grünen Linie (Reihe 40).

1–2 Jahre: Strickt bis zur blauen Linie (Reihe 46).

2–4 Jahre: Strickt bis zur violetten Linie (Reihe 50).

Strickt nach der letzten Reihe im Diagramm laut Anleitung noch 3 Reihen ohne Muster und ohne weitere Zunahmen und geht dann weiter zum Kapitel »Rumpf«.

Größe 0–3 Monate – Vorderteil

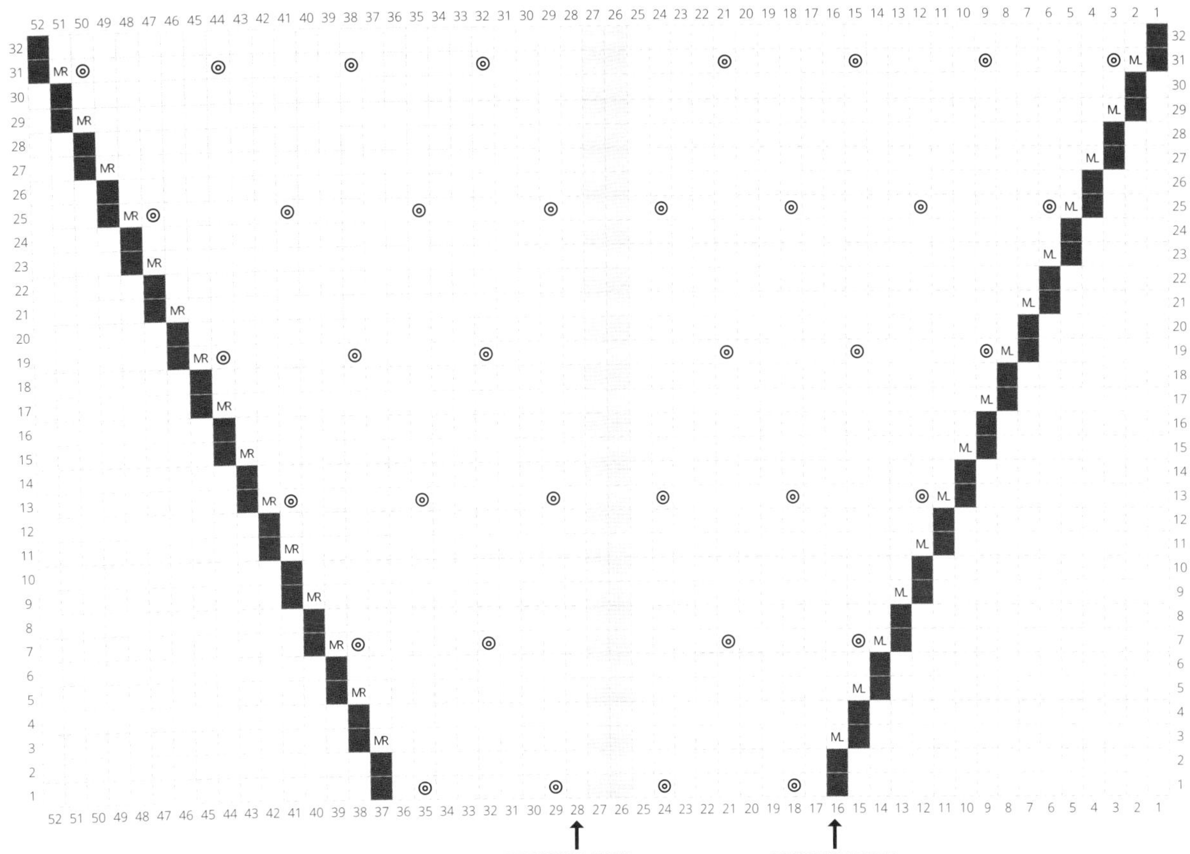

BEGINNT HIER – LINKES VORDERTEIL

BEGINNT HIER – RECHTES VORDERTEIL

Größe 0–3 Monate – Rückenteil

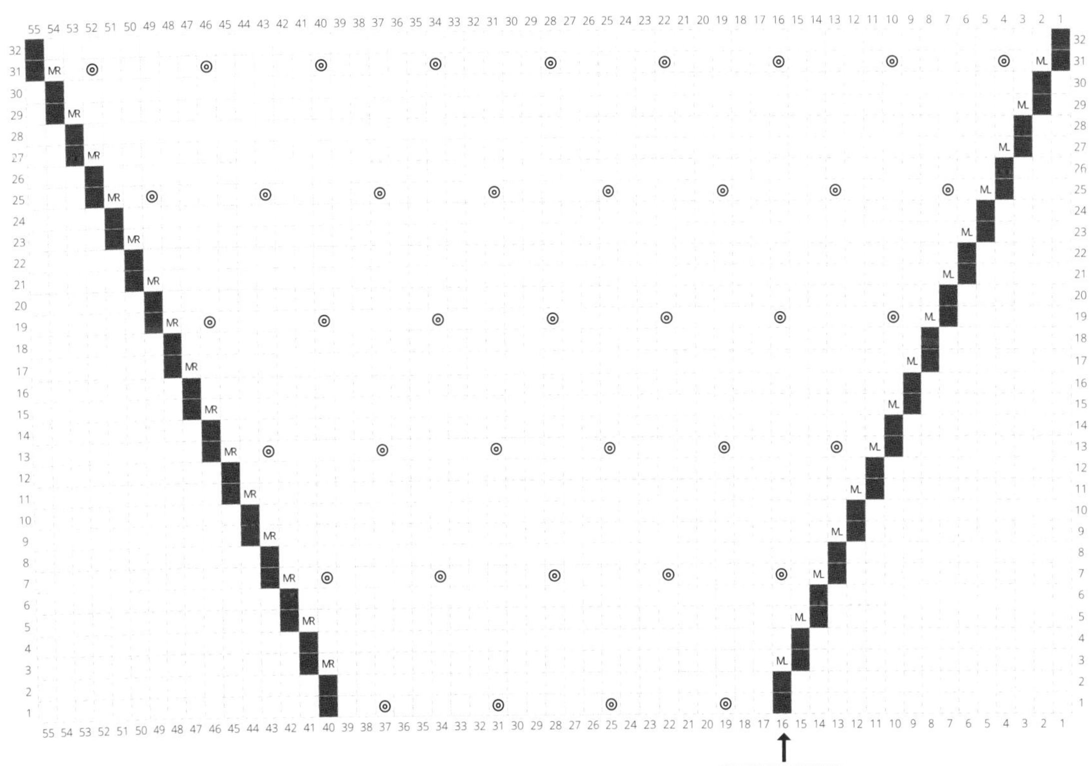

BEGINNT HIER

Größe 3–6 Monate – Vorderteil

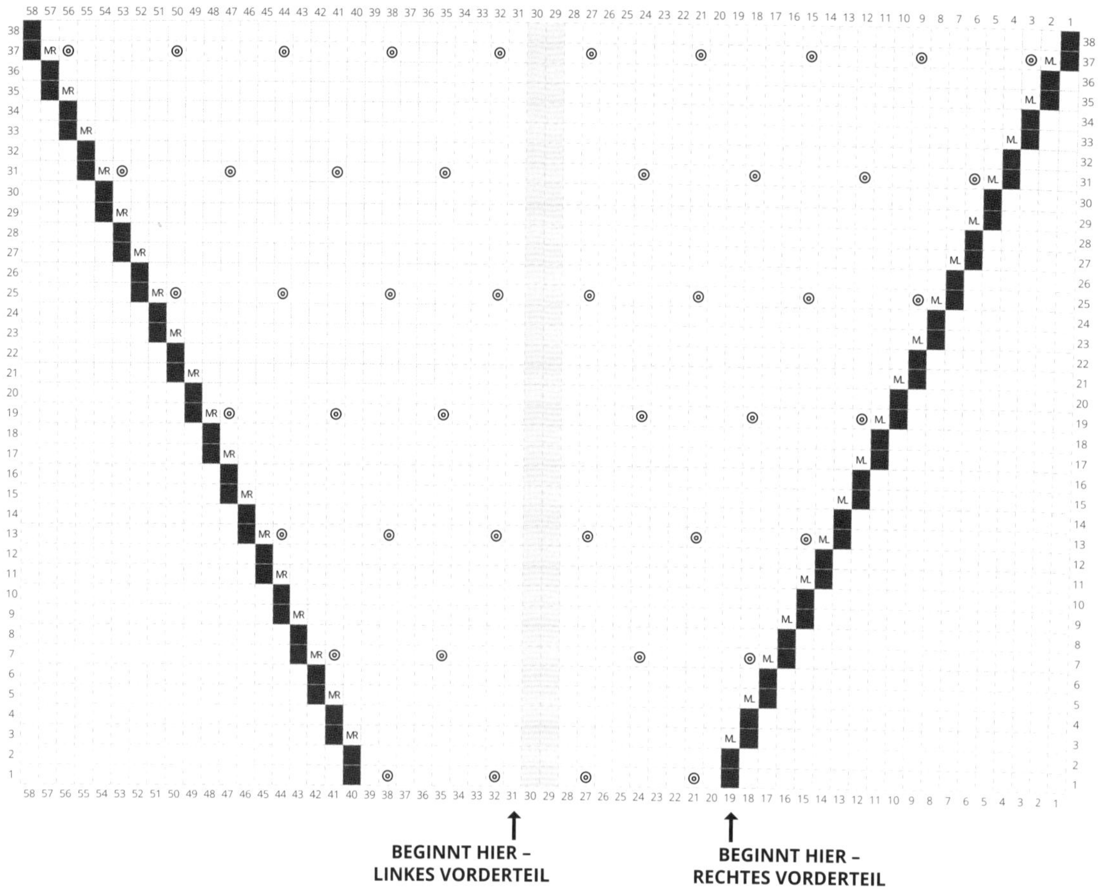

Größe 3–6 Monate – Rückenteil

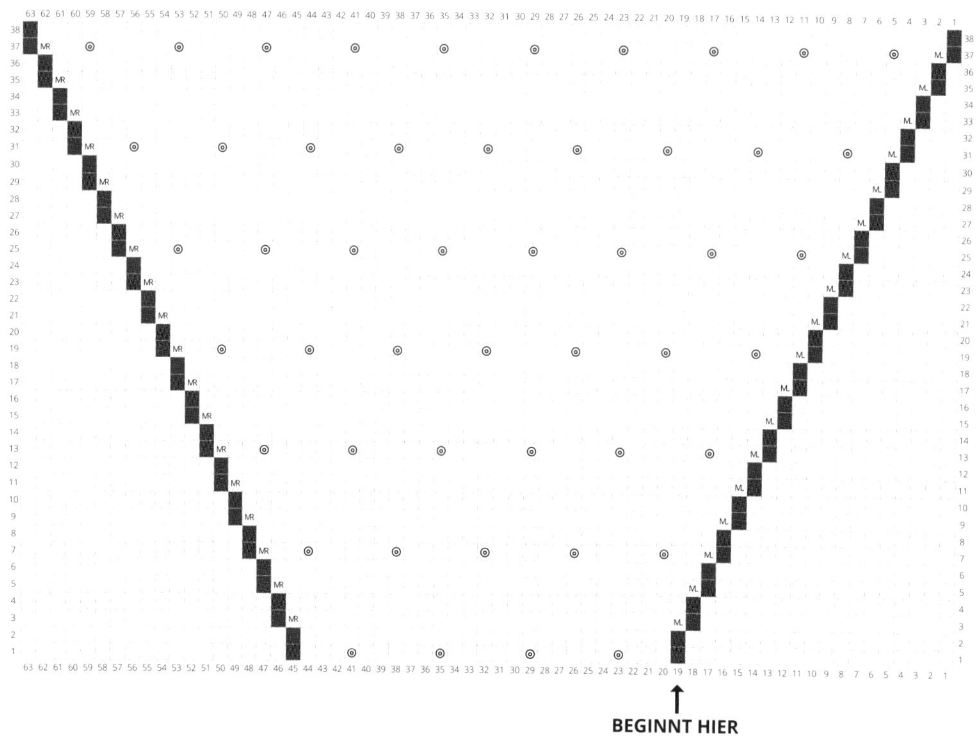

Größe 6–12 Monate – Vorderteil

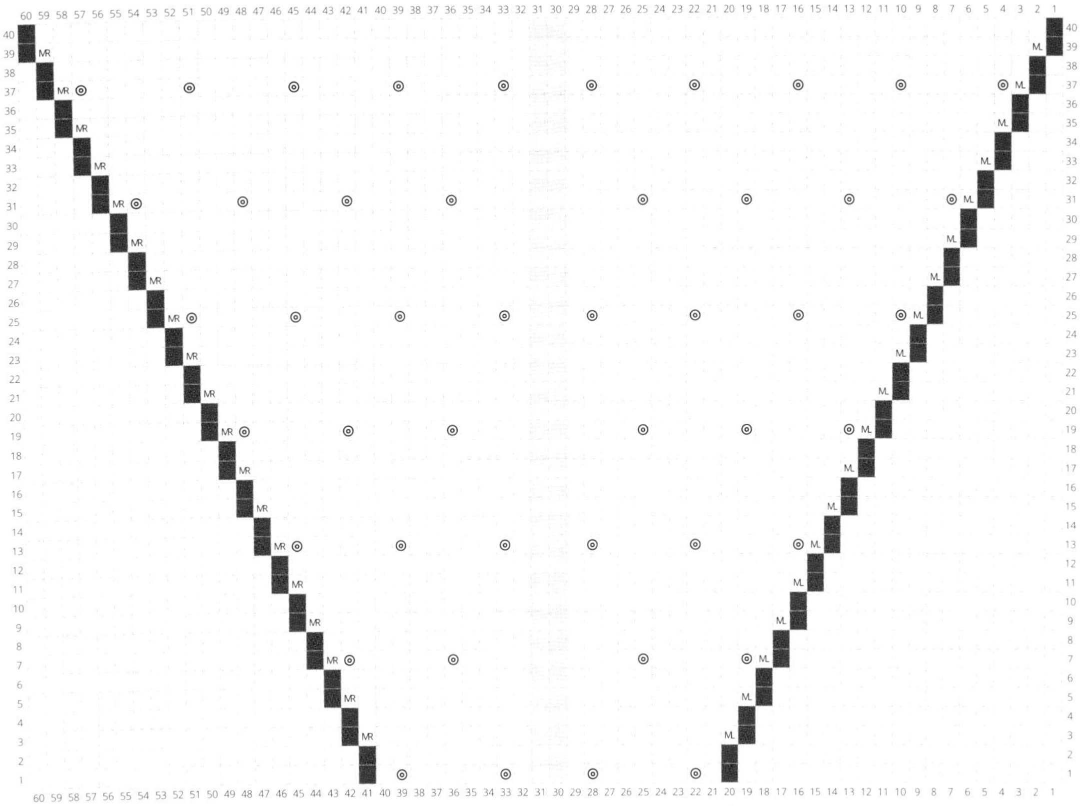

BEGINNT HIER –
LINKES VORDERTEIL

BEGINNT HIER –
RECHTES VORDERTEIL

Größe 6–12 Monate – Rückenteil

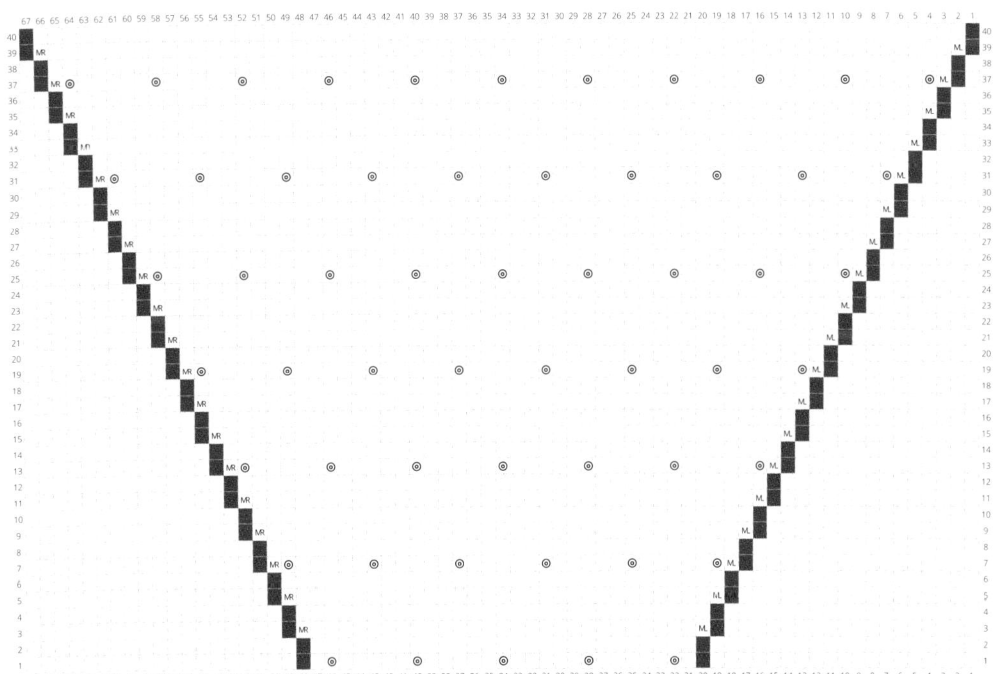

BEGINNT HIER

Größe 1–2 Jahre – Vorderteil

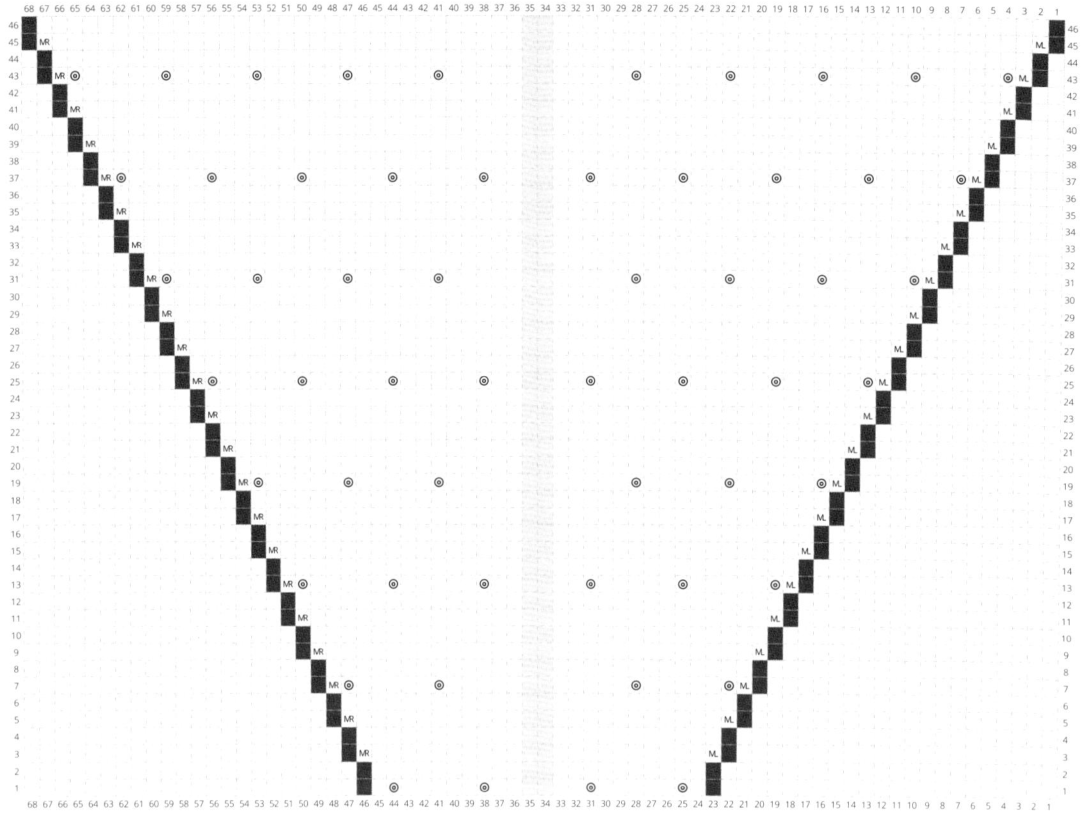

BEGINNT HIER – LINKES VORDERTEIL

BEGINNT HIER – RECHTES VORDERTEIL

Größe 1–2 Jahre – Rückenteil

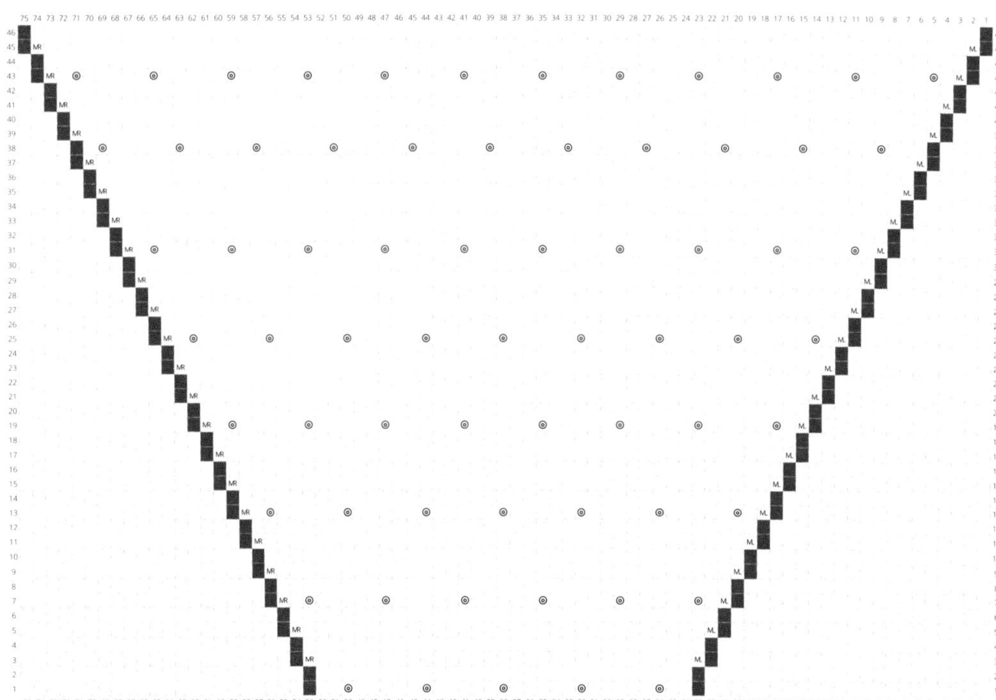

BEGINNT HIER

Größe 2–4 Jahre – Vorderteil

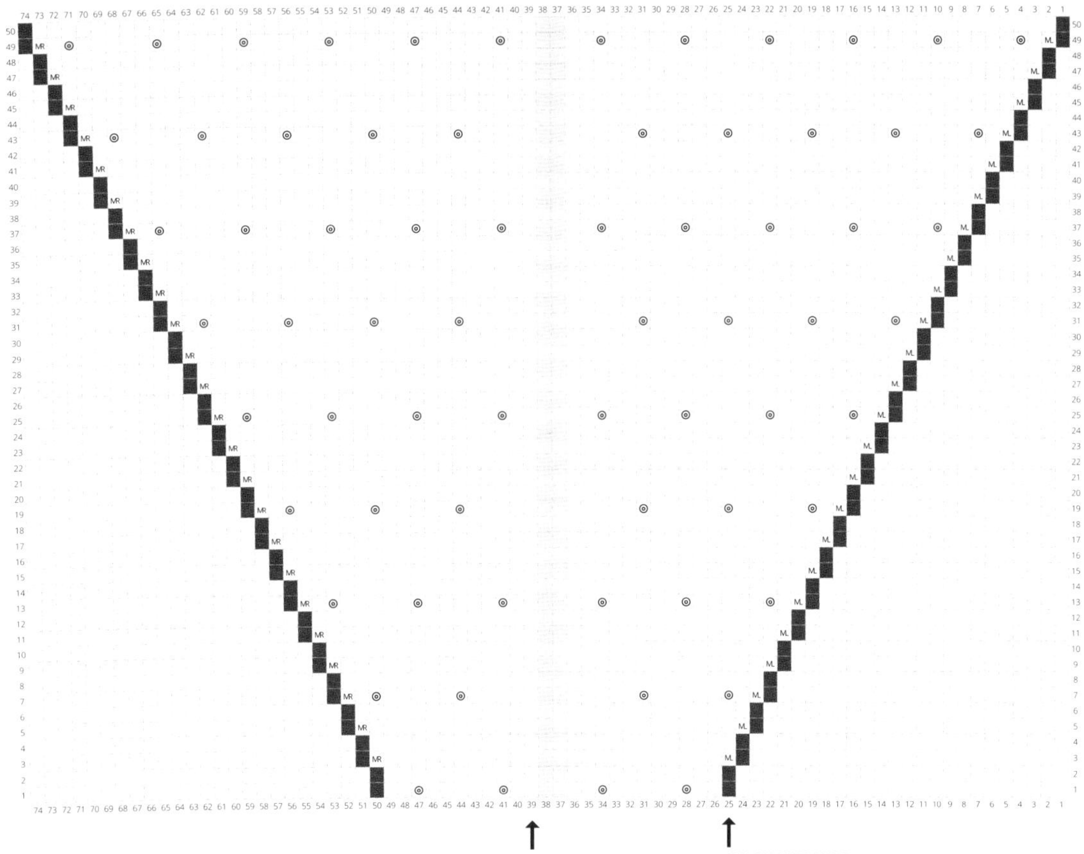

BEGINNT HIER – LINKES VORDERTEIL

BEGINNT HIER – RECHTES VORDERTEIL

Größe 2–4 Jahre – Rückenteil

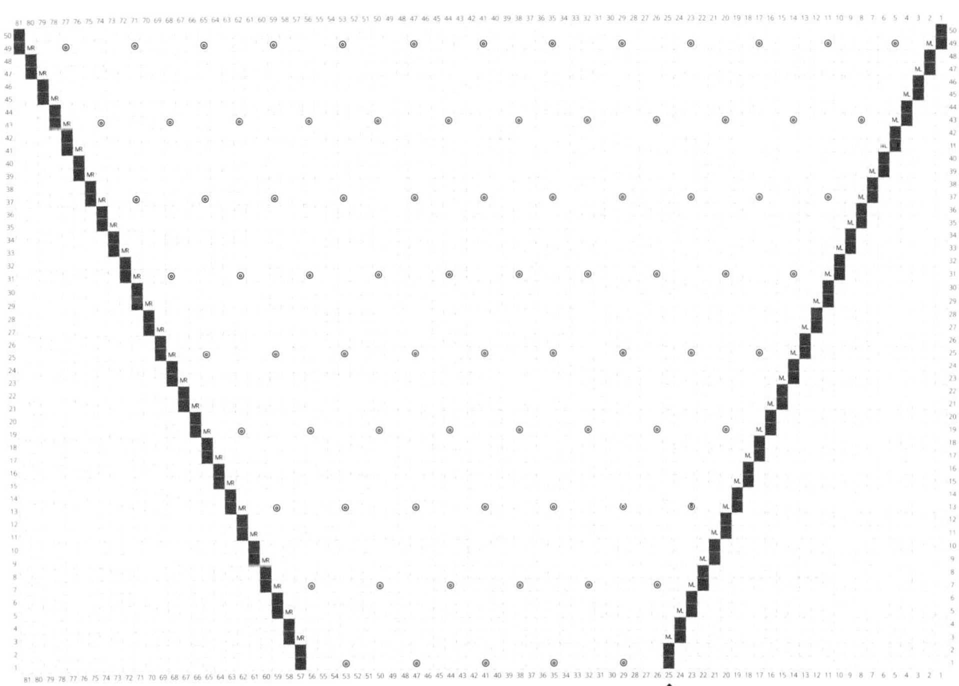

BEGINNT HIER

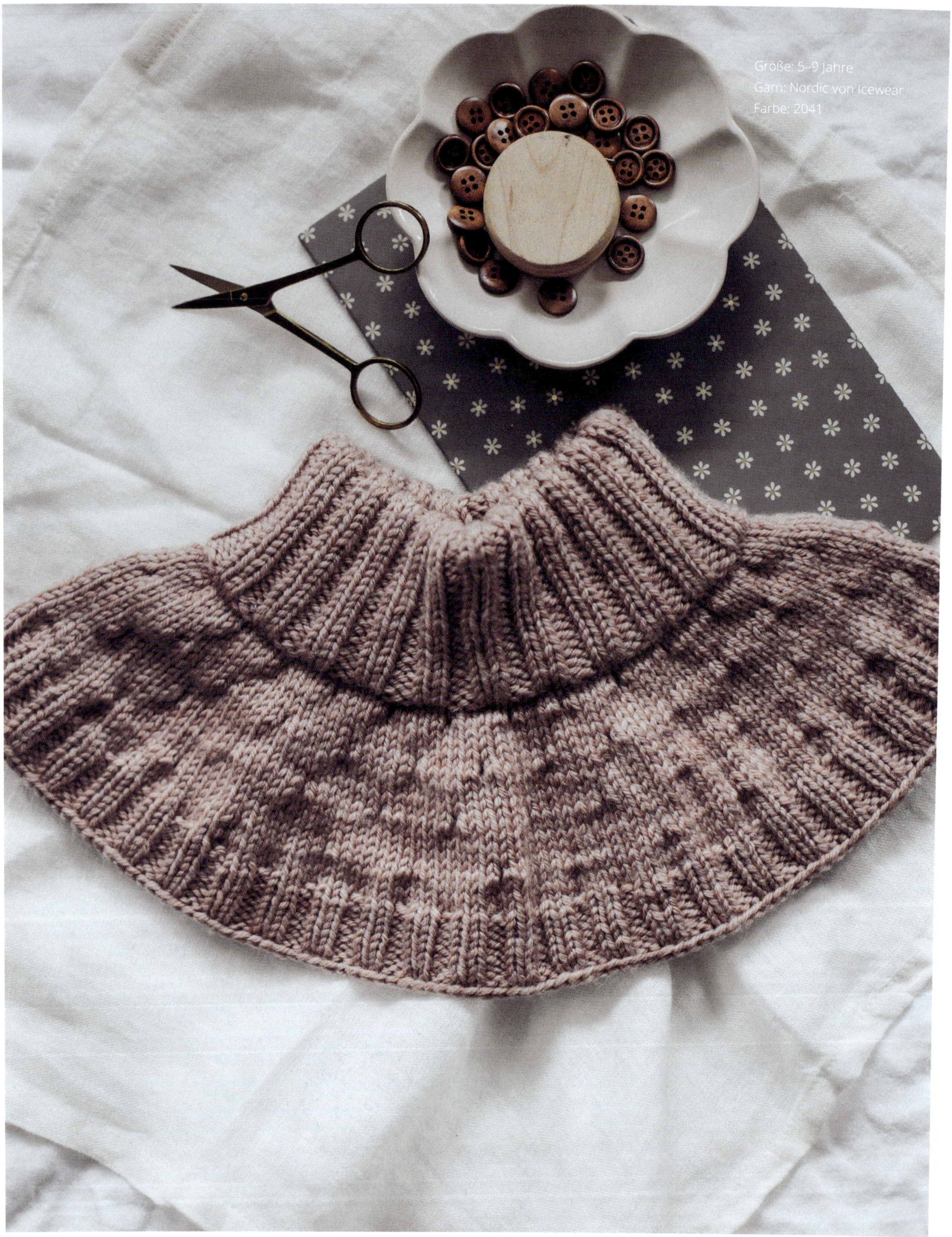

Größe: 5–9 Jahre
Garn: Nordic von Icewear
Farbe: 2041

GLÜCK – HALSKRAGEN

Es gibt doch noch ein letztes Modell in unserer Glück-Kollektion: den kleinen, feinen Halskragen! Der kuschelige Rollkragen wärmt den kleinen Hals im Winter, die lange Rundpasse liegt gut unter der Jacke und hält den Kragen sicher an seinem Platz.

GRÖSSENANGABEN UND GARNVERBRAUCH

Größe	Garnverbrauch
1–4 Jahre	100 g (240 m)
5–9 Jahre	100 g (240 m)
10 Jahre+	**100 g (240 m)**

Garn:
Lana Grossa Cool Wool big (120 m/50 g), Lang Merino 120, Katia Merino 100%, Drops Merino extra fine

Oder andere Garne mit passender Maschenprobe.

Maschenprobe
24 Maschen = 10 cm mit Nadelstärke 3,5

Das braucht ihr:
Rundstricknadel Nr. 3,5 (40 und 80 cm)
Stopfnadel zum Vernähen der Fäden
Maschenmarkierer

ANLEITUNG

Dieser Kragen wird in Runden von oben nach unten gestrickt. Die Zunahmen in der Rundpasse werden in jeder fünften Runde mit Umschlägen gearbeitet und bilden ein Lochmuster.

HALSBÜNDCHEN

Schlagt 84, 88, 92 M auf die Rundstricknadel Nr. 3,5 (40 cm) an. Schließt zur Runde und strickt ein Rippenbündchen (2 M re, 2 M li im Wechsel) über 12, 14, 15 cm.

Klappt das Bündchen um, sodass die Anschlagskante innen liegt, und strickt es doppelt fest (s. »Doppeltes Bündchen« auf S. 7).

Strickt dann noch eine weitere Runde re. Nehmt in dieser Runde gleichmäßig verteilt 16, 12, 8 M verschränkt aus dem Querfaden zu, sodass jetzt in allen Größen 100 M auf der Nadel liegen.

RUNDPASSE

Die Rundpasse wird glatt re gestrickt. In jeder fünften Runde (fett gedruckt) werden Zunahmen durch Umschläge gearbeitet, die so ein Lochmuster bilden.

1. Zunahemerunde: *strickt 4 M re, 1 Umschlag*. Wiederholt *–* über die gesamte Runde. Damit habt ihr 20 M zugenommen und habt 120 M auf der Nadel.

Strickt 4 Runden glatt re ohne Zunahmen.

2. Zunahmerunde: Strickt 2 M re, 1 Umschlag. *strickt 5 M re, 1 Umschlag*. Wiederholt *–* über die gesamte Runde. Endet mit 3 M re. Jetzt liegen 140 M auf der Nadel.

Strickt 4 Runden glatt re ohne Zunahmen.

3. Zunahmerunde: *strickt 6 M re, 1 Umschlag*. Wiederholt *–* über die gesamte Runde. Jetzt liegen 160 M auf der Nadel. Hier endet die Rundpasse in Größe 1–4 Jahre. Geht in dieser Größe weiter zum Bündchen.

Strickt 4 Runden glatt re ohne Zunahmen.

4. Zunahmerunde: Strickt 3 M re, 1 Umschlag. *strickt 7 M re, 1 Umschlag*. Wiederholt *–* über die gesamte Runde. Endet mit 4 M re. Jetzt liegen 180 M auf der Nadel. Hier endet die Rundpasse in Größe 5–9 Jahre. Geht in dieser Größe weiter zum Bündchen.

Strickt 4 Runden glatt re ohne Zunahmen.

5. Zunahmerunde: *strickt 8 M re, 1 Umschlag*. Wiederholt *–* über die gesamte Runde. Damit habt ihr wieder 20 M zugenommen und habt jetzt 200 M auf der Nadel. Hier endet die Rundpasse in Größe 10 Jahre+. Geht in dieser Größe weiter zum Bündchen.

BÜNDCHEN

Strickt zunächst 4 weitere Runden re. Strickt dann ein Rippenbündchen (2 M re, 2 M li im Wechsel) über 2,5, 3, 3 cm. Kettet locker im Rippenmuster ab.

ABSCHLUSS

Vernäht alle Enden. Wascht den Kragen entsprechend den Pflegehinweisen auf eurem Garn, zieht ihn auf einem trockenen Handtuch in Form und lasst ihn liegend trocknen. Das Lochmuster glättet sich in der Wäsche.

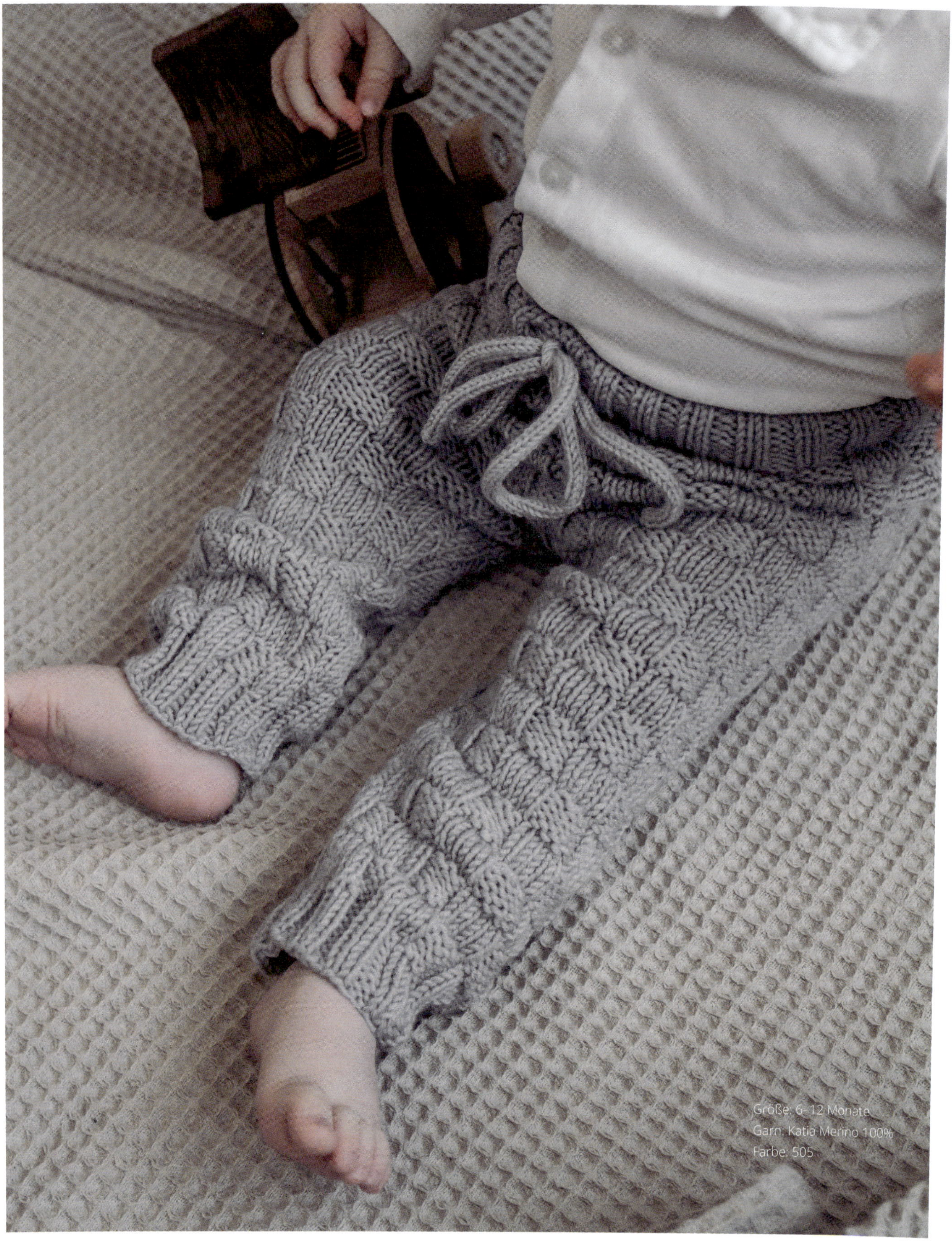

Größe: 6–12 Monate
Garn: Katia Merino 100%
Farbe: 505

MUGISON – KINDERHOSE

Das erste Modell in unserer Mugison-Kollektion. Der Name ist inspiriert von einem unserer liebsten Musiker. Beim Entwurf stand Komfort an erster Stelle: Die Hose ist ganz einfach gestrickt, mit einem extrahohen Bund, sodass keine verkürzten Reihen nötig sind – passen tut sie trotzdem, und ist dabei so kuschelig! Eine klare Empfehlung für die allererste Wollhose, die dazu auch noch richtig schick aussieht.

GRÖSSENANGABEN UND GARNVERBRAUCH

Größe	Umfang	Garnverbrauch
0–3 Monate	40 cm	100 g (204 m)
3–6 Monate	45 cm	150 g (306 m)
6–12 Monate	48 cm	200 g (408 m)
1–2 Jahre	**52 cm**	**200 g (408 m)**
2–4 Jahre	**56 cm**	**250 g (510 m)**
4–6 Jahre	**60 cm**	**250 g (510 m)**

Bitte beachtet, dass die angegebenen Garnmengen nur ein Richtwert sind.

Garn:
Katia Merino 100% (102 m/50 g), Lana Grossa Cool Wool big, Lang Merino 120, Drops Merino Extra Fine.

Oder andere Garne mit passender Maschenprobe.

Maschenprobe
23 Maschen = 10 cm mit Nadelstärke 4

Das braucht ihr:
Nadelspiel Nr. 4
Rundstricknadel Nr. 4 (40 cm)
Stopfnadel zum Vernähen
Maschenmarkierer

ANLEITUNG

Diese Hose wird von oben nach unten in Runden gestrickt. Da der obere Teil sehr lang gestrickt wird, kommt die Hose ohne verkürzte Reihen oder einen Zwickel aus und eignet sich deshalb perfekt für Anfänger.

BÜNDCHEN UND RUMPF

Schlagt 88, 104, 112, **120, 128, 136** M auf die Rundstricknadel Nr. 4 an. Schließt zur Runde und strickt ein Rippenbündchen (1 M re, 1 M li oder 2 M re, 2 M li, nach Geschmack). Die Runde beginnt in der hinteren Mitte, markiert das am besten mit einem MM.

Wenn ihr das Bündchen 3,5, 3,5, 4,5, **4,5, 5,5, 5,5** cm lang gestrickt habt, werden zwei Löcher gearbeitet, durch die ihr am Ende die Kordel zieht. Markiert euch die vordere Mitte (also nach 44, 52, 56, **60, 64, 68** M) und strickt die nächste Runde, weiter im Rippenmuster, bis 2 M vor der Mitte. Macht einen Umschlag, strickt die nächsten 2 M zusammen, strickt 1 M, macht einen Umschlag und strickt 2 M zusammen. Strickt die Runde im Rippenmuster zu Ende. Strickt dann das Rippenbündchen weiter in Runden, bis es ab dem Maschenanschlag 5, 5, 6, **6, 7, 7** cm misst.

Im Anschluss klappt ihr das Bündchen nach innen um und strickt es in der nächsten Reihe direkt fest, damit es umgeklappt fixiert ist, s. »Doppeltes Bündchen« auf Seite 7.

Strickt jetzt das **Muster aus rechten und linken Maschen (s. Diagramm)**, bis die Hose, mit umgeklapptem Bündchen, 17, 19, 21, **23, 24, 26** cm lang ist. Beendet die Runde in der hinteren Mitte und strickt dann die Hosenbeine.

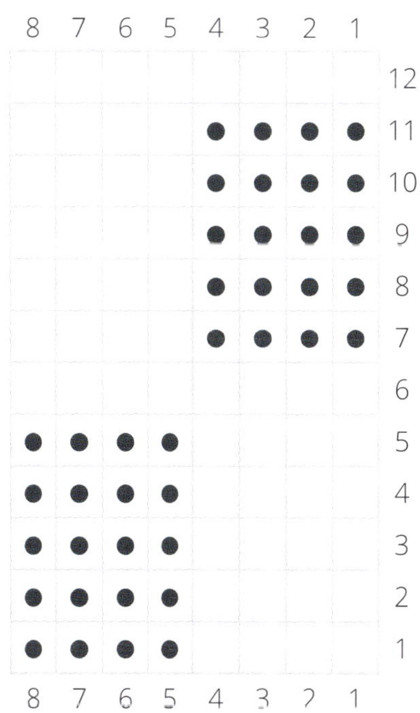

☐ Rechte Maschen.

⊡ Linke Maschen.

HOSENBEINE

Jetzt werden die Maschen auf der Nadel auf zwei Hosenbeine verteilt. Das Muster wird über die gesamte Beinlänge bis zum unteren Bündchen weitergeführt. Durch die Abnahmen an den Innenseiten der Hosenbeine wird es am Rundenwechsel nicht immer ganz aufgehen, wichtig ist aber, dass sich das Muster nie verschiebt.

Ihr befindet euch am Rundenwechsel in der hinteren Mitte. Strickt die nächsten 44, 52, 56, **60, 64, 68** M im Muster auf ein Nadelspiel oder eine kurze Rundstricknadel (rechtes Hosenbein). Lasst die restlichen Maschen, die später das linke Hosenbein bilden, auf der anderen Nadel liegen.

Strickt das rechte Hosenbein bis zu einer Länge von 13, 15, 20, **26, 33, 35** cm und nehmt dabei in regelmäßigen Abständen Maschen ab: Strickt zunächst 2 cm ohne Abnahmen und strickt dann in der nächsten Runde die ersten 2 M und die letzten 2 M zusammen. Behaltet dabei das Muster bei, strickt 2 rechte M also re zusammen und 2 linke M li zusammen.

Wiederholt diese Abnahme mit 3,3, 2,4, 2,5, **3, 3, 3** cm Abstand insgesamt 3, 4, 6, **7, 9, 11** Mal und reduziert die Maschenanzahl so nach und nach um 6, 8, 12, **14, 18, 22** M. Am Ende habt ihr noch 38, 44, 44, **46, 46, 46** M auf der Nadel. Endet am besten in Reihe 5 oder 11 im Muster. Strickt dann noch eine letzte Reihe (Reihe 6 oder 12) rechts und nehmt noch einmal gleichmäßig über die Runde verteilt 6, 8, 4, **6, 6, 6** M ab.

Strickt ein Rippenbündchen wie am oberen Hosenbund (1 M re, 1 M li oder 2 M re, 2 M li im Wechsel) über 2,5, 2,5, 3, **3, 3, 4** cm, und kettet im Rippenmuster ab.

Strickt dann aus den übrigen Maschen auf der langen Rundstricknadel das zweite Hosenbein auf dieselbe Weise.

KORDEL

Strickt jetzt noch eine I-Cord-Kordel zum Binden, ca. 60, 65, 70, **75, 80, 85** cm lang (s. Seite 7).

Bei älteren Kindern könnt ihr auch ein Gummiband in die Hose einziehen, sie hält dann besser, und die Kordel als Dekoration trotzdem nehmen, oder am Anfang die Löcher im Bündchen weglassen und nur einen Gummizug einziehen.

ABSCHLUSS

Vernäht alle Fäden und schließt das Loch zwischen den Hosenbeinen mit einigen Stichen, falls sich eins gebildet hat. Wascht die Hose anhand der Angaben des Wollherstellers, zieht sie auf einem trockenen Handtuch in Form und lasst sie trocknen. Zieht zum Schluss das Band ein.

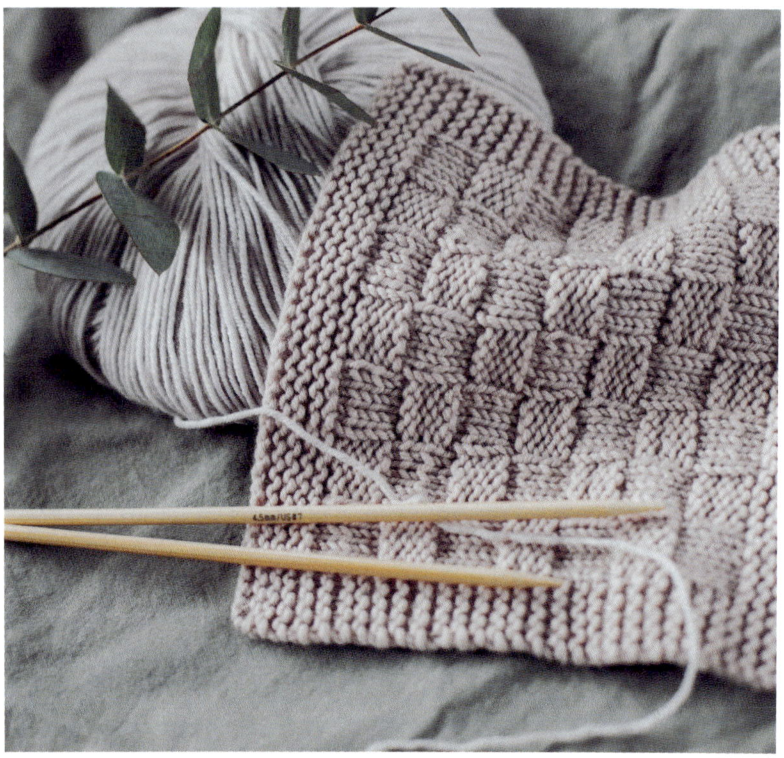

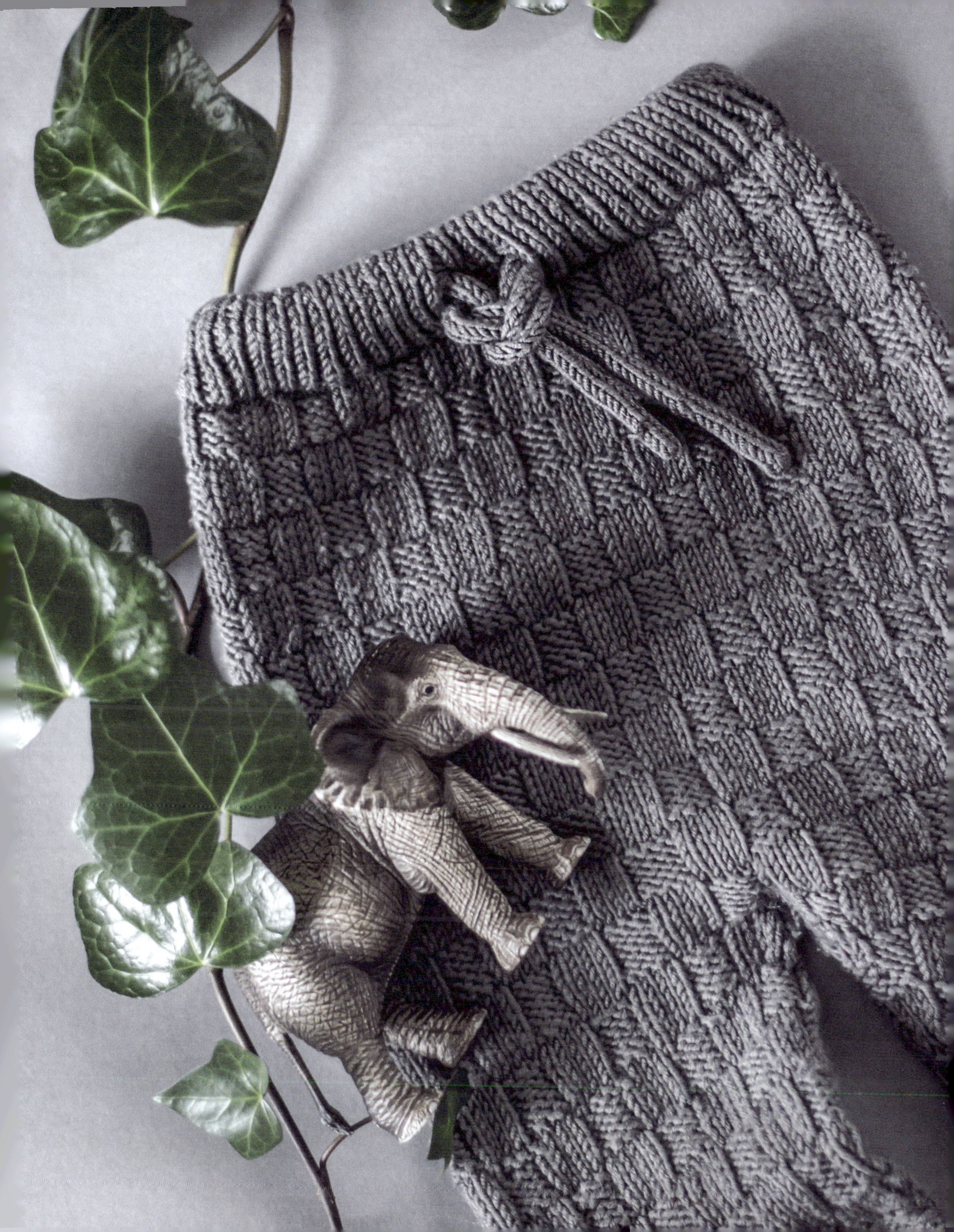

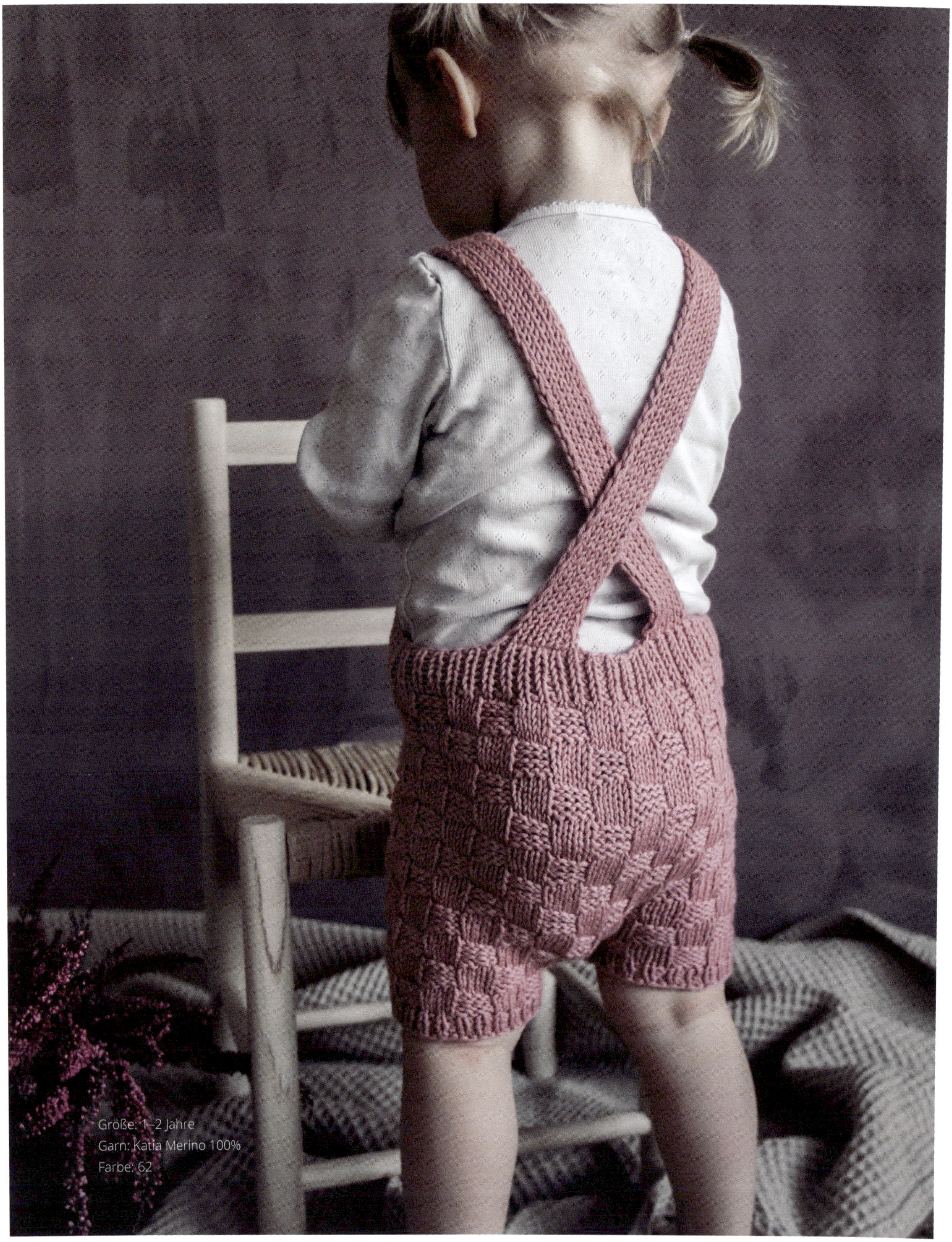
Größe: 1–2 Jahre
Garn: Katia Merino 100%
Farbe: 62

MUGISON – LATZHOSE

Als Sjöfns kleiner Sohn Kári eins wurde, musste eine schicke Geburtstagshose her. Gerne kurz, da ihm immer heiß ist, und natürlich handgemacht. Wir lieben dieses feine Schachbrettmuster und den schlichten Schnitt dieser Hose – und gibt es etwas Süßeres als diese Hosenträger?

GRÖSSENANGABEN UND GARNVERBRAUCH

Größe	Umfang	Garnverbrauch
0–3 Monate	42 cm	100 g (204 m)
3–6 Monate	45 cm	100 g (204 m)
6–12 Monate	49 cm	100 g (204 m)
1–2 Jahre	**52 cm**	**150 g (306 m)**
2–4 Jahre	**56 cm**	**150 g (306 m)**

Bitte beachtet, dass die angegebenen Garnmengen nur ein Richtwert sind.

Garn:
Katia Merino 100% (102 m/50 g), Lana Grossa Cool Wool big, Lang Merino 120, Drops Merino Extra Fine.

Maschenprobe
23 Maschen = 10 cm mit Nadelstärke 4.

Das braucht ihr:
Nadelspiel Nr. 4
Rundstricknadel Nr. 4 (40 cm)
Stopfnadel zum Vernähen
Maschenmarkierer
Knöpfe

ANLEITUNG

Diese Hose wird von oben nach unten in Runden gestrickt. Die Hosenträger werden im Anschluss an die Hose gestrickt.

BÜNDCHEN

Schlagt 88, 96, 104, **112, 120** M auf die Rundstricknadel Nr. 4 an. Schließt zur Runde und strickt ein Rippenbündchen (1 M re, 1 M li im Wechsel), 1,25, 1,5, 1,5, **1,5, 1,75** cm lang. Die Runde beginnt in der hinteren Mitte, markiert das am besten mit einem MM.

Jetzt werden die Knopflöcher für die Hosenträger gearbeitet. Findet die vordere Mitte und strickt beidseitig der Mitte jeweils ein Knopfloch ein. Für das erste Knopfloch strickt ihr bis 2, 3, 3, **4, 4** cm vor der vorderen Mitte. Macht hier einen Umschlag, strickt die nächsten 2 M zusammen und strickt im Rippenmuster weiter bis 2, 3, 3, **4, 4** cm nach der vorderen Mitte. Macht auch hier einen Umschlag und strickt die nächsten 2 M zusammen. Strickt die Runde im Rippenmuster fertig.

Strickt die Umschläge in der nächsten Runde re ab, damit sich Löcher bilden. Strickt das Bündchen wie gehabt im Rippenmuster weiter, bis es insgesamt 2,5, 3, 3, **3, 3,5** cm lang ist.

HAUPTTEIL

Strickt nach dem Bündchen eine Runde glatt re und nehmt dabei gleichmäßig verteilt 8 M zu. Strickt jetzt das Muster aus rechten und linken Maschen (s. Diagramm), bis die Hose, mit Bündchen, 14, 16, 18, **20, 23** cm lang ist. Beendet das Muster so, dass die letzte Runde als Musterreihe 4 oder 9 gestrickt wird, damit die nächste Runde, in der ihr die Hosenbeine aufteilt, eine glatt re gestrickte Runde ist.

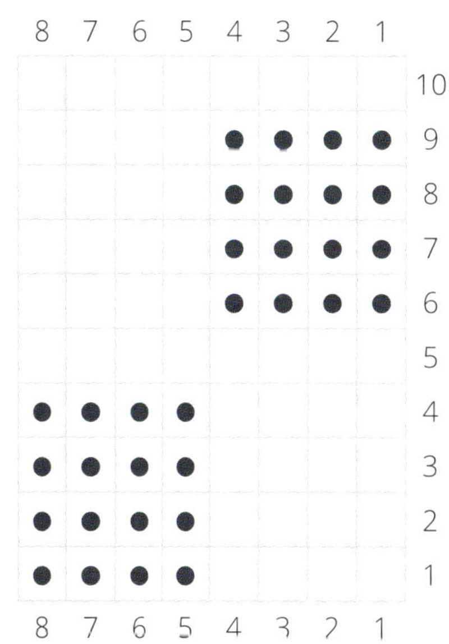

☐ Rechte Maschen.

⊡ Linke Maschen.

HOSENBEINE

Jetzt werden die Maschen, die auf der Nadel liegen, auf zwei Hosenbeine verteilt. Ihr habt die letzte Runde als Musterreihe 4 oder 9 gestrickt und befindet euch wieder am Rundenanfang in der hinteren Mitte. Löst die letzten 2 M der Runde wieder auf, sodass ihr euch jetzt 2 M vor Rundenbeginn befindet. Kettet die nächsten 4 M ab (die letzten 2 M der Runde und die ersten 2 M der nächsten Runde) und strickt die nächsten 44, 48, 52, **56, 60** M glatt re (rechtes Hosenbein). Kettet die nächsten 4 M ab und strickt dann die nächsten 44, 48, 52, **56, 60** M (linkes Hosenbein) auf ein Nadelspiel Nr. 4.

Lasst die Maschen des rechten Hosenbeins auf der Rundstricknadel liegen und strickt zuerst das linke Bein: Schließt die Maschen auf dem Nadelspiel zur Runde und strickt 5 Runden weiter im Muster. Beachtet dabei, dass das Muster nicht in allen Größen aufgeht – stellt sicher, dass ihr das Muster aus dem oberen Teil der Hose ohne Unterbrechung fortführt, auch wenn ihr dafür ggf. an einer anderen Stelle im Muster beginnen müsst als sonst. Die letzte Runde im Muster wird wieder glatt re gestrickt. Strickt dann noch ein Rippenbündchen (1 M re, 1 M li im Wechsel) über 1, 1, 1,5, **1,5, 2** cm und kettet nicht zu fest im Rippenmuster ab. Strickt das zweite Hosenbein gleich.

HOSENTRÄGER

Fasst für den ersten Hosenträger ca. 2, 2, 2,5, **2,5, 3** cm von der hinteren Mitte ausgehend 9, 9, 9, **11, 11** M aus der Anschlagskante auf und strickt daraus ein Band im Rippenmuster (1 M re, 1 M li im Wechsel), mit I-Cord-Kante an beiden Enden, ca. 40, 44, 46, **50, 52** cm lang.

Für die I-Cord-Kante, die an den Hosenträgern einen schönen, festen Abschluss bildet, strickt ihr die ersten 2 M in jeder Reihe (Hin- und Rückreihe) immer re, strickt dann die nächsten Maschen im Rippenmuster (beginnt dabei in der Hinreihe mit einer linken Masche), und hebt die letzten 2 M in jeder Reihe ungestrickt, mit dem Faden vor der Arbeit, ab – siehe auch das Kapitel »I-Cord-Kante« auf S. 7.

Kettet das Band ab und strickt das zweite auf der anderen Seite der hinteren Mitte gleich. Bei den Bändern empfehle ich, die Hose anzuprobieren und von Bündchen zu Bündchen über Kreuz über die Schulter zu messen, um die richtige Länge zu ermitteln.

Da die Bänder mit der Zeit länger werden, würde ich von dem Messergebnis ca. 4 cm abziehen und die Bänder entsprechend lang stricken. Natürlich könnt ihr auch mehrere Knöpfe anbringen, um die Bänder nach Bedarf länger oder kürzer zu knöpfen.

ABSCHLUSS

Vernäht alle Fäden und schließt das Loch zwischen den Hosenbeinen, indem ihr es mit dem Maschenstich vernäht oder innen zusammenstrickt.

Wascht die Hose anhand der Angaben des Wollherstellers, zieht sie auf einem trockenen Handtuch in Form und lasst sie trocknen. Näht zum Schluss die Knöpfe auf die Hosenträger.

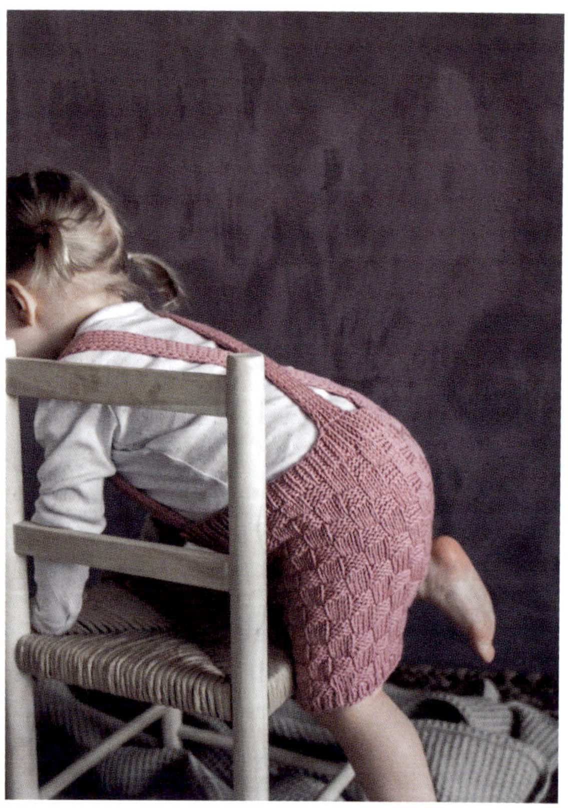

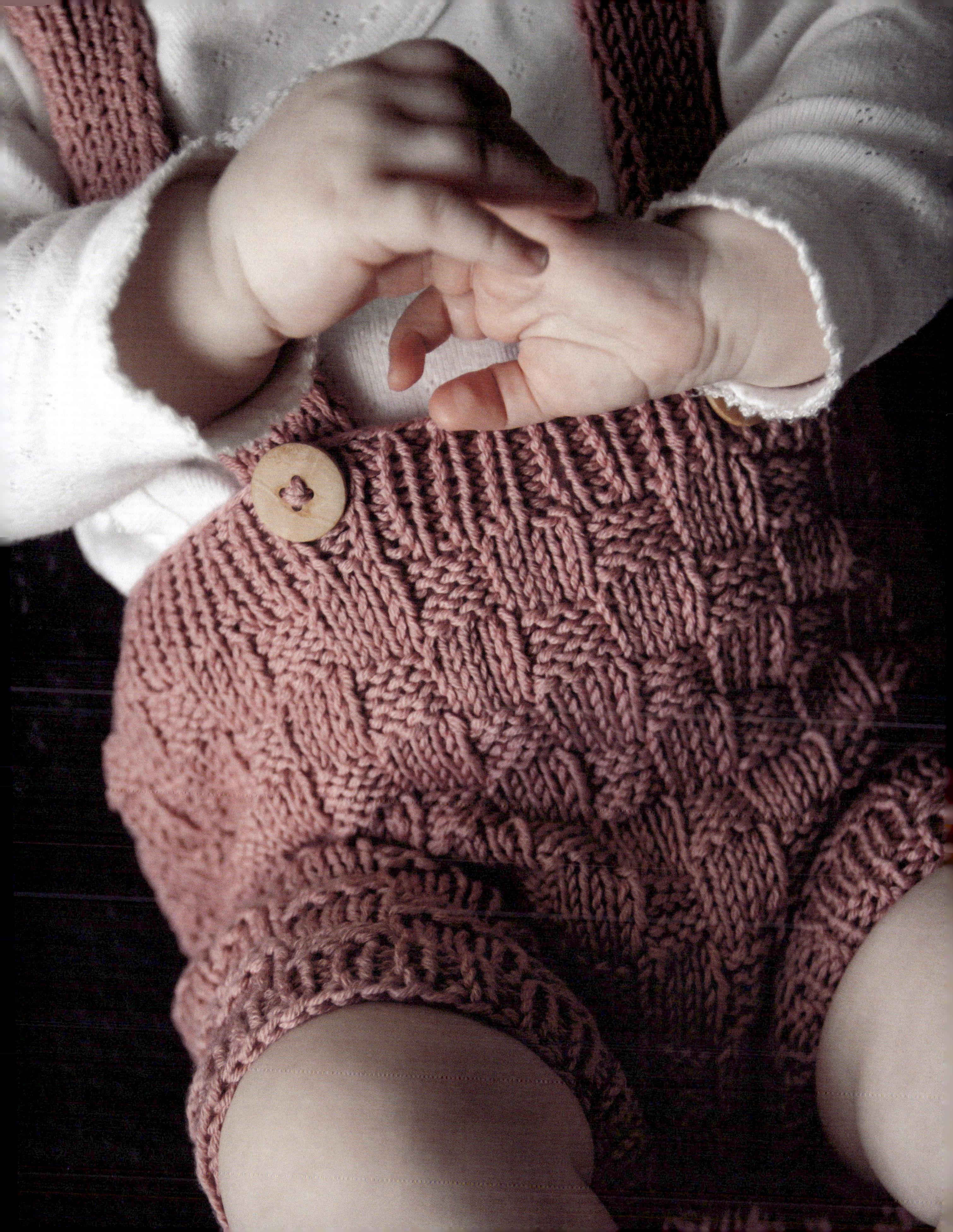

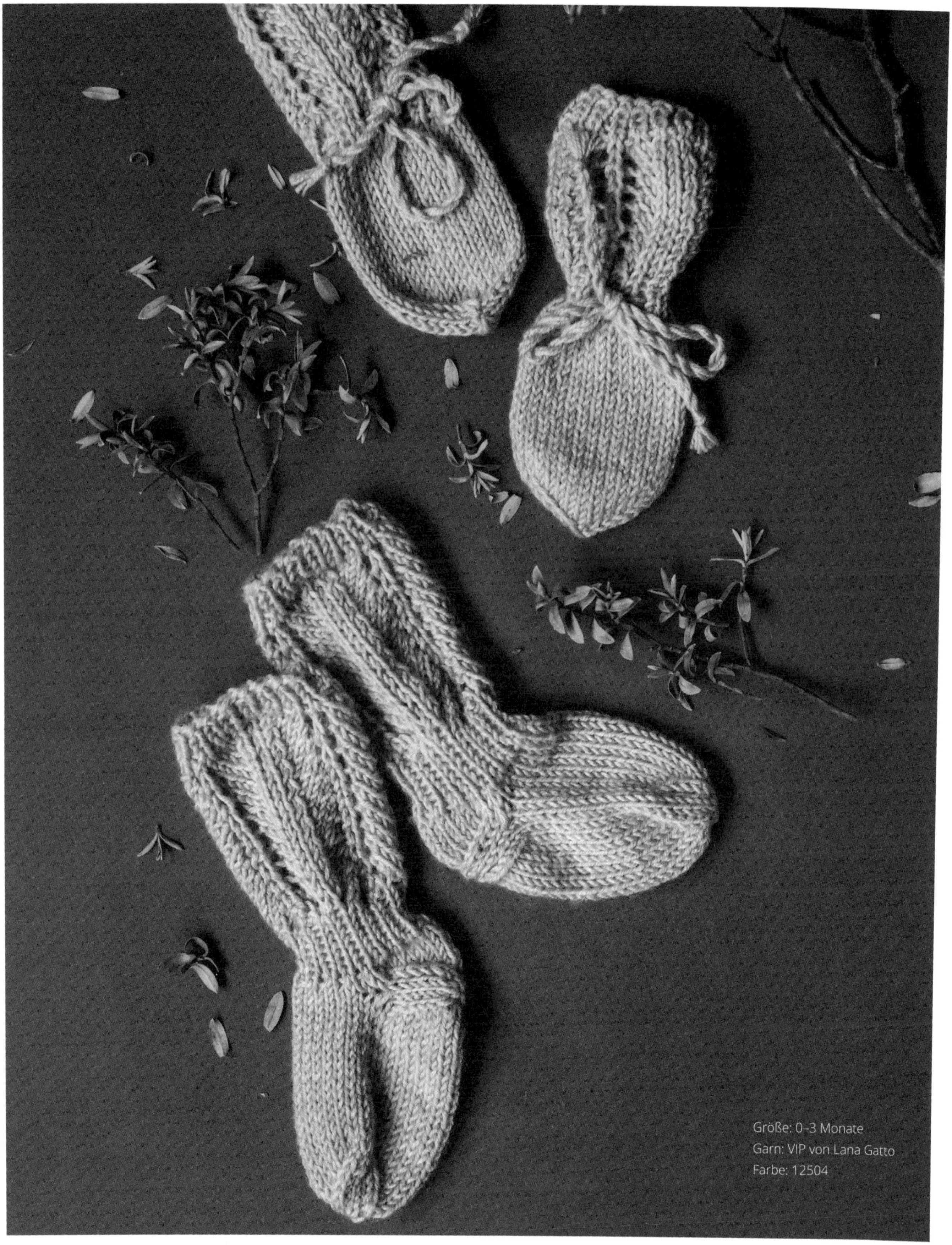

Größe: 0–3 Monate
Garn: VIP von Lana Gatto
Farbe: 12504

BRODDI

Ein feines Duo aus Socken und Handschuhen, das gut zu den meisten Babysets passt. Extralang, damit sie gut passen und nicht sofort ausgezogen werden (unser Profitipp: Zieht erst die Handschuhe an, dann die Jacke drüber – das sitzt!), mit einem feinen, herrlich altmodischen Lochmuster. Unsere Lieblinge passend zum Willkommen-Daheim-Babyset.

SOCKEN

GRÖSSENANGABEN UND GARNVERBRAUCH

Größe	Umfang	Garnverbrauch
0–3 Monate	13 cm	50 g (165 m)
3–6 Monate	14 cm	50 g (165 m)
6–12 Monate	15,5 cm	50 g (165 m)
1–2 Jahre	**16 cm**	**100 g (330 m)**
2–3 Jahre	**18,5 cm**	**100 g (330 m)**

Bitte beachtet, dass die angegebenen Garnmengen nur ein Richtwert sind.

Garn:
Katia Merino Baby (165 m/50 g), Lana Grossa Cool Wool, Drops Baby Merino, Sandnes Tynn Merinoull, Lang Merino 150

oder jedes andere Garn mit passender Maschenprobe

Maschenprobe
26 Maschen = 10 cm mit Nadelstärke 3,5.

Das braucht ihr:
Nadelspiel Nr. 2,5 und 3,5
Stopfnadel zum Vernähen
Maschenmarkierer

ANLEITUNG

Die Socken werden in Runden gestrickt. Der Schaft wird mit einem Lochmuster gestrickt, der Fuß glatt rechts. Die Ferse wird nachträglich eingestrickt.

SCHAFT

Schlagt 34, 36, 40, **42, 44** M mit Nadelstärke 3,5 an und schließt zur Runde. Strickt nun ein Rippenbündchen (1 M re, 1 M li im Wechsel) über 4, 6, 6, **8, 8** Runden. Strickt dann eine Runde glatt re und nehmt dabei gleichmäßig verteilt 2, 0, 2, **0, 4** M zu. Jetzt liegen 36, 36, 42, **42, 48** M auf der Nadel.

Ab hier wird glatt rechts weitergestrickt und dabei das Muster laut Diagramm (s. Seite 168) gearbeitet, das aus Zu- und Abnahmen besteht. Hier werden die entsprechenden Stellen mit Maschenmarkierern versehen, die direkt in die Maschen der nächsten Runde gesteckt werden:

1. RUNDE

1. Schritt: Strickt 1 M re und steckt einen MM direkt in diese Masche. Macht einen Umschlag.

2. Schritt: Strickt 3, 3, 4, **4, 5** M re, SSK (s. Seite 7), strickt 1 M re. Steckt einen MM direkt in diese Masche. Strickt 2 M re zusammen.

3. Schritt: Strickt 3, 3, 4, **4, 5** M re und macht einen Umschlag. Strickt 1 M re und steckt einen MM in diese Masche. Macht einen Umschlag.

4. Schritt: Strickt 3, 3, 4, **4, 5** M re, SSK, strickt 1 M re. Steckt einen MM direkt in diese Masche. Strickt 2 M re zusammen.

5. Schritt: Strickt 3, 3, 4, **4, 5** M re und macht einen Umschlag. Strickt 1 M re und steckt einen MM in diese Masche. Macht einen Umschlag.

6. Schritt: Strickt 3, 3, 4, **4, 5** M re, SSK, strickt 1 M re. Steckt einen MM direkt in diese Masche. Strickt 2 M re zusammen.

7. Schritt: Strickt 3, 3, 4, **4, 5** M re und macht einen Umschlag.

Jetzt habt ihr das Ende der Runde erreicht.

2. RUNDE

Strickt re über alle Maschen. Strickt die Umschläge re ab, sodass sich hier das Lochmuster bildet.

Wiederholt **Runden 1 und 2**, bis das Stück insgesamt 7, 9, 11, **13, 15** cm misst. Strickt dann eine Runde glatt re und nehmt dabei gleichmäßig verteilt 4 M ab. Jetzt habt ihr 32, 32, 38, **38, 44** M auf der Nadel.

Wechselt auf Nadelstärke 2,5 und strickt ein Bündchen (1 M re, 1 M li im Wechsel), insgesamt 2, 2, 2, **3, 3** cm lang. Wechselt dann wieder auf Nadelstärke 3,5 und strickt 2 Runden glatt re.

In der nächsten Runde wird ein Hilfsfaden eingestrickt, aus dem später die Ferse entsteht: Nehmt ein Stück Faden in einer Kontrastfarbe und strickt damit die ersten 16, 16, 19, **19, 22** M der Runde. Strickt diese Maschen jetzt noch einmal mit dem Arbeitsfaden, mit dem ihr bisher gestrickt habt. Damit ist der Hilfsfaden fest eingestrickt.

Strickt jetzt mit dem Arbeitsfaden glatt re über alle Maschen der Runde weiter, bis das Fußstück, vom unteren Rand des unteren Bündchens, 5, 6, 8, **9, 12** cm misst. Jetzt beginnen die Abnahmen.

ABNAHMEN

Für die Zehen werden die Maschen auf beiden Seiten reduziert. Verteilt die Maschen so auf drei Nadeln, dass die eine Hälfte der Maschen (die Maschen, die die Sohle bilden) auf einer Nadel liegen und die restlichen Maschen (für die Fußoberseite) auf zwei Nadeln verteilt sind:

1. Nadel: 16, 16, 19, **19, 22** M (Fußsohle)

2. Nadel: 8, 8, 9, **9, 11** M (Spann)

3. Nadel: 8, 8, 10, **10, 11** M (Spann)

Strickt jetzt die Abnahmen wie folgt:

1. Nadel: Strickt 1 M re, strickt 2 M mit SSK zusammen, strickt bis 3 M vor Ende der Nadel, strickt 2 M re zusammen, strickt 1 M re.

2. Nadel: Strickt 1 M re, strickt 2 M mit SSK zusammen, strickt alle weiteren M re.

3. Nadel: Strickt re bis 3 M vor Ende der Nadel, strickt 2 M re zusammen, strickt 1 M re.

Jetzt habt ihr das Ende der Runde erreicht.

Arbeitet diese seitlichen Abnahmen in jeder Runde, bis nur noch insgesamt 6–8 M auf den Nadeln liegen. Schneidet den Faden ab, fädelt ihn durch die übrigen Maschen und zieht ihn gut an. Strickt die zweite Socke gleich.

FERSE

Legt die Maschen, die ihr mit einem Hilfsfaden gestrickt habt, auf zwei Nadeln, je eine über und unter dem Faden. Ich sichere gerne alle Maschen auf den Nadeln, bevor ich den Faden entferne, damit keine Masche verloren geht.

Nehmt an beiden Enden jeder Reihe noch je eine weitere Masche auf, damit sich keine Löcher am Rand bilden (insgesamt vier Maschen). Diese vier Maschen werden in der ersten Runde mit der nächsten Masche zusammengestrickt, damit sich wieder die ursprüngliche Maschenzahl ergibt, 16, 16, 19, **19, 22** M pro Nadel, insgesamt 32, 32, 38, **38, 44** M. Strickt jetzt 2 Runden glatt re.

Arbeitet jetzt seitliche Abnahmen wie bei den Zehen, nehmt aber zunächst nur in jeder zweiten Runde ab und strickt die andere Runde jeweils ohne Abnahmen. Wenn die Maschenzahl halbiert wurde, also nur noch insgesamt 16, 16, 19, **19, 22** M auf den Nadeln liegen, werden die Abnahmen fortan in jeder Runde gearbeitet, bis nur noch 8–12 M auf den Nadeln liegen. Schneidet den Faden ab, fädelt ihn durch die übrigen Maschen und zieht ihn gut an. Die zweite Ferse gleich arbeiten.

Hier wird anschaulich erklärt, wie man die Ferse mit einem Hilfsfaden strickt: www.bit.ly/stroff-ferse

ABSCHLUSS

Vernäht alle Fadenenden. Wascht die Socken gemäß den Angaben des Wollherstellers, zieht sie auf einem trockenen Handtuch in Form und lasst sie liegend trocknen.

Musterdiagramme für die Socken

0–3 Monate und 3–6 Monate

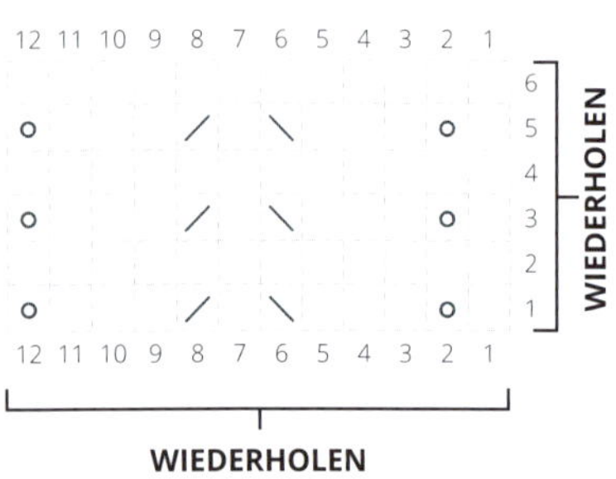

6–12 Monate und 1–2 Jahre

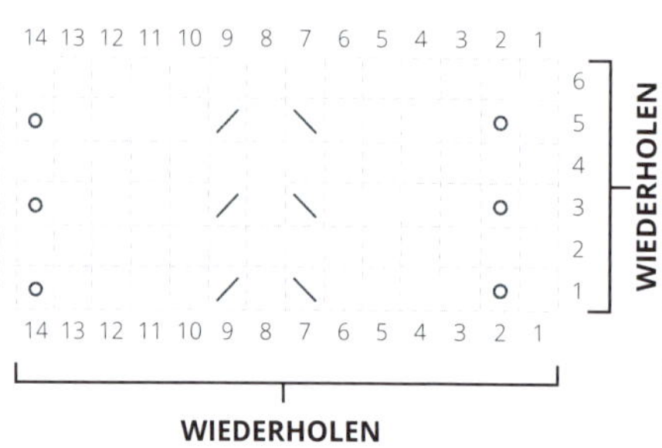

2–3 Jahre

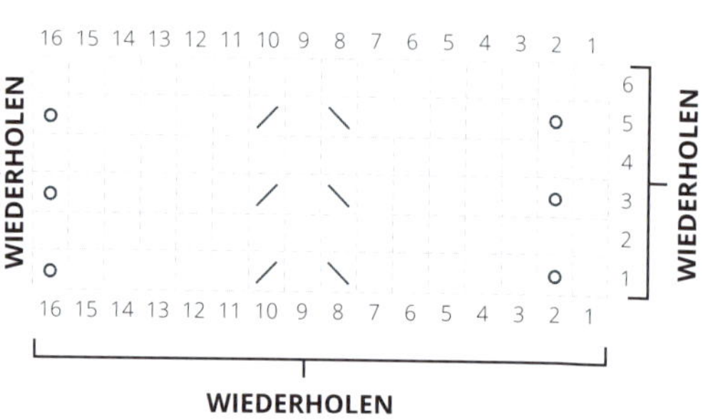

☐ Rechte Maschen.

⊡ Umschlag.

⧅ SSK (s. Seite 7).

⧄ 2 M re zusammenstricken.

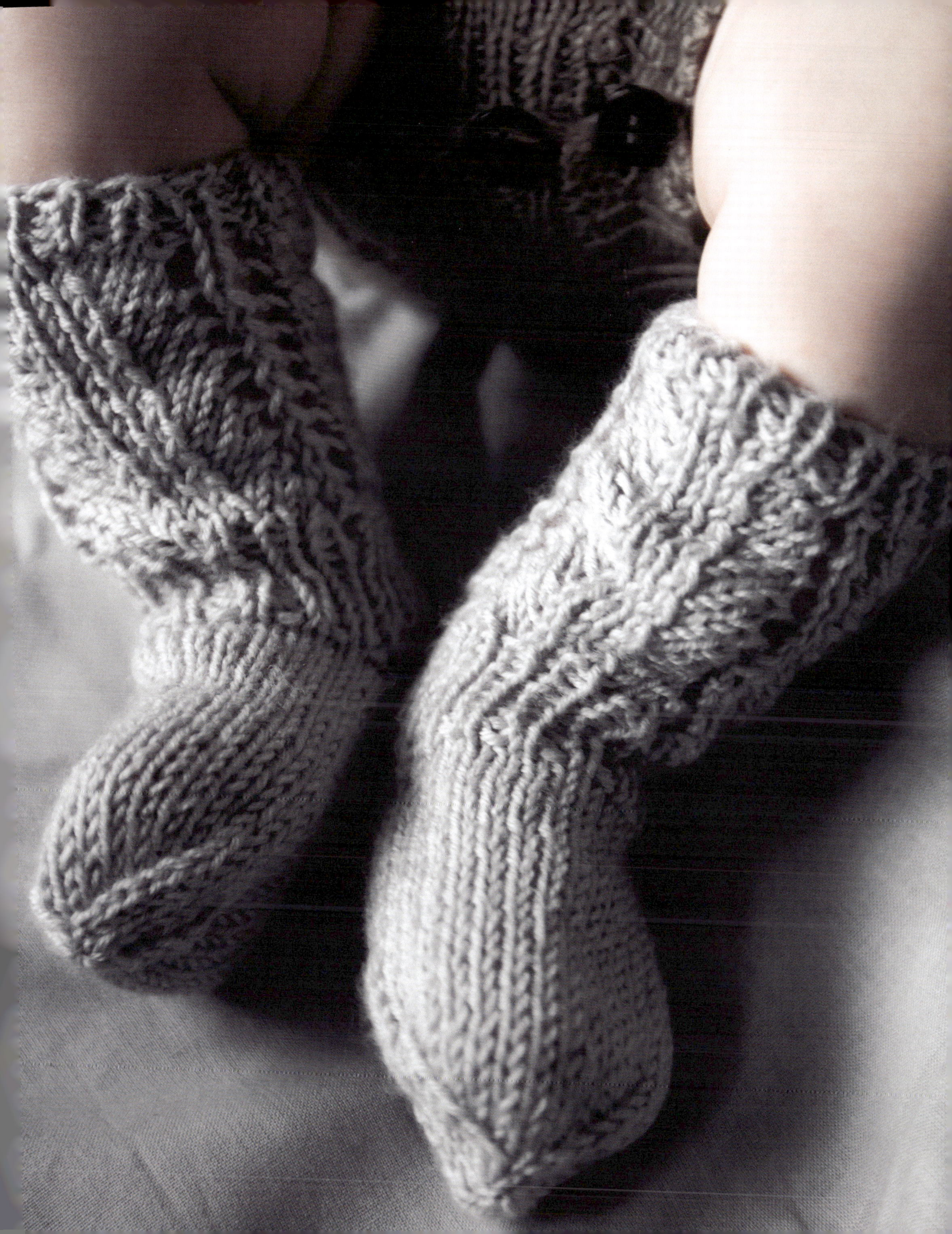

HANDSCHUHE

GRÖSSENANGABEN UND GARNVERBRAUCH

Größe	Umfang	Garnverbrauch
0–3 Monate	13 cm	50 g (165 m)
3–6 Monate	14 cm	50 g (165 m)
6–12 Monate	15,5 cm	50 g (165 m)
1–2 Jahre	**16 cm**	**100 g (330 m)**
2–3 Jahre	**18,5 cm**	**100 g (330 m)**

Bitte beachtet, dass die angegebenen Garnmengen nur ein Richtwert sind.

Garn:
Katia Merino Baby (165 m/50 g), Lana Grossa Cool Wool, Drops Baby Merino, Sandnes Tynn Merinoull, Lang Merino 150

oder jedes andere Garn mit passender Maschenprobe

Maschenprobe
26 Maschen = 10 cm mit Nadelstärke 3,5

Das braucht ihr:
Nadelspiel Nr. 2,5 und 3,5
Stopfnadel zum Vernähen
Maschenmarkierer

ANLEITUNG

Die Handschuhe werden in Runden vom Bündchen zu den Fingerspitzen gestrickt. Das Lochmuster entsteht durch regelmäßige Zu- und Abnahmen.

BÜNDCHEN

Schlagt 30, 32, 34, **36, 38** M auf das Nadelspiel Nr. 3,5 an. Schließt zur Runde und strickt ein Rippenbündchen (1 M re, 1 M li im Wechsel), über 4, 4, 6, **6, 8** Runden. Strickt jetzt eine Runde re und nehmt gleichmäßig verteilt 0, 4, 2, **0, 4** M zu. Damit habt ihr 30, 36, 36, **36, 42** M auf der Nadel.

SCHAFT

Ab hier wird nur noch re gestrickt, mit einem Lochmuster laut Diagramm. Die erste Runde geht so:

1. Schritt: Strickt 1 M re, steckt einen MM in diese M, macht 1 Umschlag. Strickt 2, 3, 3, **3, 4** M re.

2. Schritt: Strickt 2 M mit SSK (s. Seite 7) zusammen, strickt 1 M re, steckt einen MM in diese M, strickt 2 M re zusammen. Strickt 2, 3, 3, **3, 4** M re.

3. Schritt: Macht 1 Umschlag, strickt 1 M re, steckt einen MM in diese M, macht 1 Umschlag. Strickt 2, 3, 3, **3, 4** M re.

4. Schritt: Strickt 2 M mit SSK zusammen, strickt 1 M re, steckt einen MM in diese M, strickt 2 M re zusammen. Strickt 2, 3, 3, **3, 4** M re.

5. Schritt: Macht 1 Umschlag, strickt 1 M re, steckt einen MM in diese M, macht 1 Umschlag. Strickt 2, 3, 3, **3, 4** M re.

6. Schritt: Strickt 2 M mit SSK zusammen, strickt 1 M re, steckt einen MM in diese M, strickt 2 M re zusammen. Strickt 2, 3, 3, **3, 4** M re.

7. Schritt: Macht 1 Umschlag.

Strickt die zweite Runde glatt re, ohne Ab- und Zunahmen.

Wiederholt **Runden 1 und 2**, bis das Stück 5, 6, 7, **8, 9** cm misst.

BÜNDCHEN AM HANDGELENK

Jetzt wird ein zweites Bündchen gestrickt, damit der Handschuh am Handgelenk besser sitzt. Wechselt auf Nadelstärke 2,5 und strickt ein Rippenbündchen (1 M re, 1 M li im Wechsel) über 6, 6, 8, **8, 10** Runden. In Runde 3, 3, 4, **4, 5** werden Löcher gearbeitet, durch die ihr am Ende eine Kordel ziehen könnt: *Macht 1 Umschlag, strickt 2 M re zusammen, strickt 2, 3, 3, **3, 4** M*. Wiederholt *–* über die ganze Runde.

HAND

Wechselt wieder auf das Nadelspiel Nr. 3,5 und strickt 4, 4, 6, **6, 8** Runden glatt re. Jetzt wird in allen Größen bis auf die zwei kleinsten ein Hilfsfaden für den Daumen eingestrickt. Strickt in den großen Größen beim ersten Handschuh eine weitere Runde re, bis nur noch 7, **8, 8** M auf der Nadel liegen. Nehmt einen Hilfsfaden (einen Faden in ähnlicher Stärke wie eure Wolle, aber in einer Kontrastfarbe) und strickt damit die nächsten 6, **7, 7** M re.

Schiebt diese M wieder zurück auf die linke Nadel und strickt sie noch einmal mit dem normalen Arbeitsfaden. Strickt dann die letzte M der Runde wie immer re. Beim zweiten Handschuh strickt ihr den Hilfsfaden für den Daumen auf dieselbe Art ein, aber auf der anderen Seite – d.h. ihr strickt 1 M, strickt die nächsten 6, **7, 7** M mit dem Hilfsfaden und dann noch einmal mit dem Arbeitsfaden, und strickt dann die Runde fertig. Dieses Video zeigt, wie das geht: www.bit.ly/daumen-hilfsfaden

Strickt den Handschuh glatt re weiter, bis er ab (nicht mit) dem mittleren Bündchen 5, 7, 8,5, **10, 11** cm misst.

In den zwei kleinsten Größen ohne Daumen überspringt ihr den Schritt mit dem Hillfsfaden und strickt den Handschuh einfach bis zur gewünschten Länge glatt re in Runden.

ABNAHMEN

Jetzt werden die Maschen auf beiden Seiten nach und nach abgenommen, um den Handschuh zu schließen.

Teilt die Maschen dafür auf drei Nadeln auf:

Nadel 1: 15, 18, 18, **18, 21** M

Nadel 2: 8, 9, 9, **9, 11** M

Nadel 3: 7, 9, 9, **9, 10** M

Strickt dann in der nächsten Runde die erste Abnahme:

Nadel 1: Strickt 1 M re, strickt 2 M re zusammen. Strickt bis 3 M vor Ende der Nadel, strickt 2 M mit SSK zusammen, strickt 1 M re.

Musterdiagramme für die Handschuhe

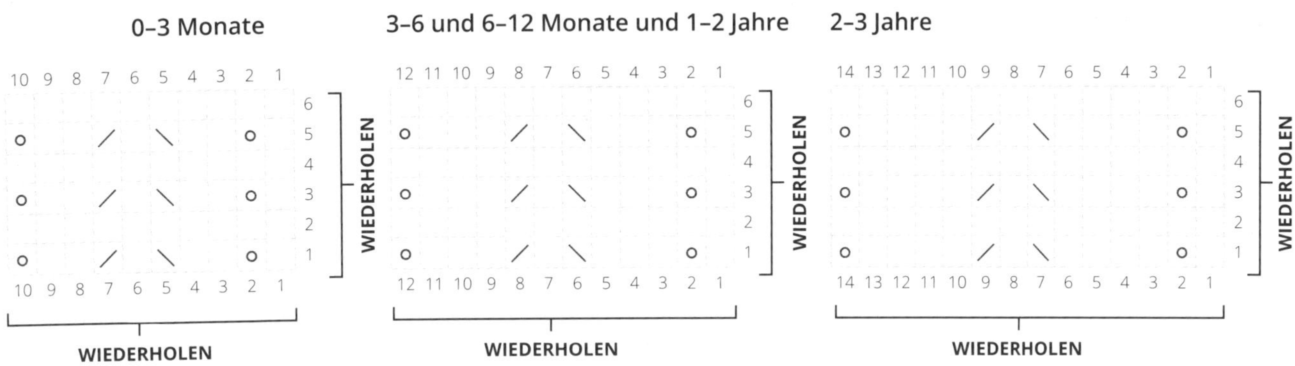

☐ Rechte Maschen.

[o] Umschlag.

[\] SSK (s. Seite 7).

[/] 2 M re zusammenstricken.

Nadel 2: Strickt 1 M re, strickt 2 M re zusammen. Strickt bis zum Ende der Nadel.

Nadel 3: Strickt bis 3 M vor Ende der Nadel, strickt 2 M mit SSK zusammen, strickt 1 M re.

Jetzt habt ihr das Ende der Runde erreicht und 4 M abgenommen. Wiederholt diese Abnahmen in jeder Runde, bis nur noch 6–8 M auf der Nadel liegen. Schneidet dann den Faden ab, zieht das Ende durch diese übrigen Maschen und schließt so den Handschuh. Strickt den zweiten Handschuh gleich, mit dem Daumen auf der anderen Seite.

DAUMEN

Für die Größen 6–12 Monate bis 2–3 Jahre strickt ihr jetzt noch den Daumen. Dafür entfernt ihr den Hilfsfaden, den ihr vorher eingestrickt habt, und nehmt die Maschen darüber und darunter auf zwei Nadeln aus dem Nadelspiel Nr. 3,5 auf. Ich nehme in der Regel auf beiden Seiten noch je 1 Masche aus dem Zwischenraum zwischen den oberen und den unteren Maschen auf, damit sich kein Loch bildet. Diese Maschen stricke ich in der ersten Runde direkt wieder mit der nächsten Masche zusammen, damit die Maschenzahl stimmt. Jetzt liegen also 12, **14, 14** M auf der Nadel (6, **7, 7** vom oberen Rand und 6, **7, 7** vom unteren Rand). Strickt über diese M glatt re in Runden, bis der Daumen 3, **3,5, 4** cm lang ist. Strickt dann immer 2 M re zusammen, schneidet den Faden ab, zieht das Ende durch die übrigen Maschen und schließt so den Daumen.

ABSCHLUSS

Vernäht alle Fadenenden. Wascht die Handschuhe entsprechend den Angaben des Wollherstellers, zieht sie auf einem trockenen Handtuch in Form und lasst sie trocknen. Flechtet oder zwirbelt zum Schluss zwei kleine Kordeln und zieht sie durch die Löcher im Bündchen, um die Handschuhe später binden zu können.

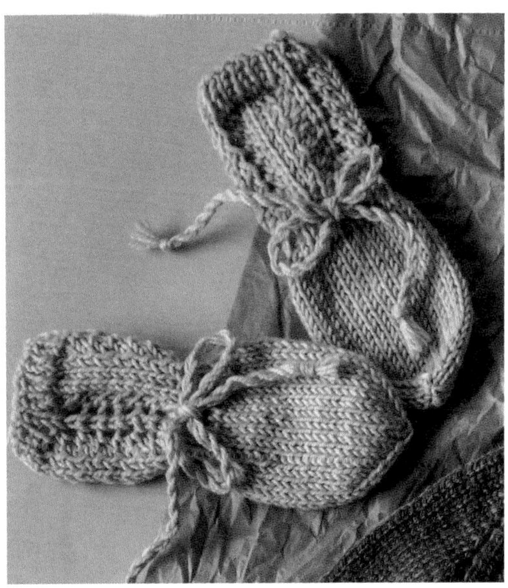

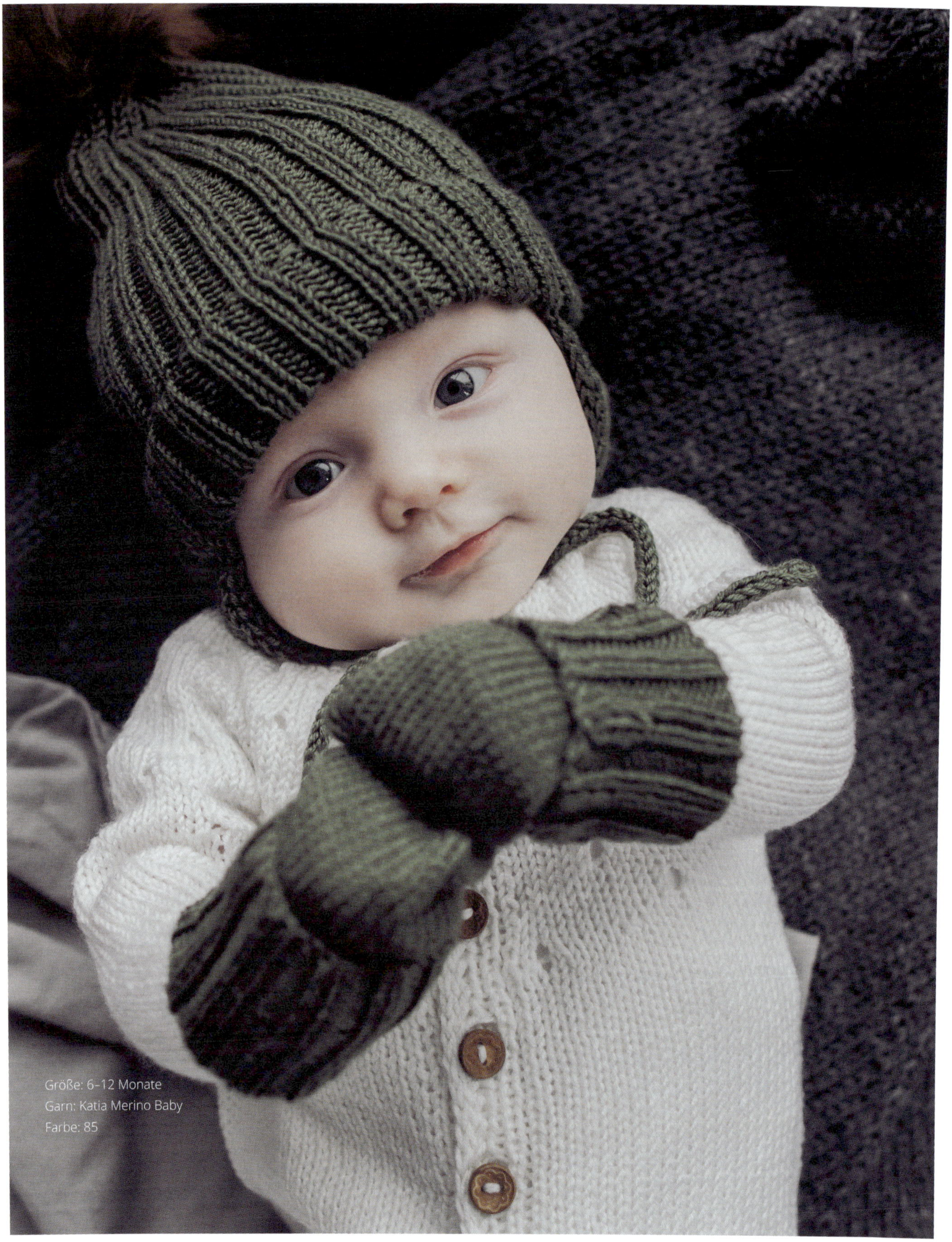
Größe: 6–12 Monate
Garn: Katia Merino Baby
Farbe: 85

RETRO KOMBO

Manchmal darf es ganz schlicht sein: Das elastische Rippenmuster, das alle drei Teile dieses Sets auszeichnet, schmiegt sich passgenau an Köpfchen, Arme und Beine an und wärmt schon die Kleinsten. Ein schönes Anfängerset, das mit Sicherheit viel genutzt wird.

GRÖSSENANGABEN UND GARNVERBRAUCH

Größe	Umfang Mütze	Umfang Handschuhe	Umfang Socken	Garnverbrauch für das ganze Set	Garnverbrauch Mütze	Garnverbrauch Handschuhe	Garnverbrauch Socken
0–3 Monate	31 cm	10 cm	10 cm	100 g (320 m)	50 g (160 m)	50 g (160 m)	50 g (160 m)
3–6 Monate	33 cm	11cm	11 cm	100 g (320 m)	50 g (160 m)	50 g (160 m)	50 g (160 m)
6–12 Monate	34 cm	13 cm	13 cm	100 g (320 m)	50 g (160 m)	50 g (160 m)	50 g (160 m)
1–2 Jahre	**35 cm**	**14 cm**	**14 cm**	**150 g (480 m)**	**100 g (320 m)**	**50 g (160 m)**	**50 g (160 m)**
2–4 Jahre	**37 cm**	**16 cm**	**16 cm**	**200 g (640 m)**	**100 g (320 m)**	**50 g (160 m)**	**50 g (160 m)**
4–6 Jahre	–	**17 cm**	**17 cm**	–	–	**50 g (160 m)**	**50 g (160 m)**

Bitte beachtet, dass die angegebenen Garnmengen nur ein Richtwert sind.

Der Mützenumfang bezieht sich auf die fertige Mütze, nicht den tatsächlichen Kopfumfang des Kindes. Da die Mütze äußerst dehnbar ist, liegt der angegebene Umfang weit unter dem entsprechenden Kopfumfang. Dadurch passt sich die Mütze gut an die Kopfform an und sitzt nicht zu locker.

Garn:
Lana Grossa Cool Wool (160 m/50 g), Katia Merino Baby, Lang Merino 150, Drops Baby Merino, Sandnes Tynn Merinoull

oder andere Garne mit passender Maschenprobe

Maschenprobe
Mütze: 26 Maschen = 10 cm mit Nadelstärke 3,5
Handschuhe und Socken: 28 Maschen = 10 cm mit Nadelstärke 3

Das braucht ihr:
Nadelspiel Nr. 2,5 und 3
Nadelspiel Nr. 3,5 (nur für die Mütze)
Rundstricknadel Nr. 3,5 (40 cm, nur für die Mütze)
Stopfnadel zum Vernähen der Fäden
Maschenmarkierer

MÜTZE

Die Mütze wird im Rippenmuster von unten nach oben gearbeitet. Die Runde beginnt in der hinteren Mitte. Markiert den Rundenbeginn mit einem MM.

BÜNDCHEN

Schlagt 80, 84, 88, **92, 96** M auf die Rundstricknadel Nr. 3,5 (40 cm) an. Schließt zur Runde und strickt ein Rippenmuster (2 M re, 2 M li im Wechsel), insgesamt 6, 7, 8, **8, 9** cm lang.

Jetzt klappt ihr das Bündchen nach innen um und strickt es in der nächsten Runde direkt fest, damit es umgeklappt fixiert ist, s. »Doppeltes Bündchen« auf S. 7. Strickt diese Runde glatt rechts, d.h. nicht im Rippenmuster.

Strickt die Mütze jetzt im gleichen Rippenmuster wie bisher weiter, bis sie, mit umgeklapptem Bündchen, 12, 13, 14, **16, 19** cm lang ist.

ABNAHMEN

Jetzt beginnen die Abnahmen. Wenn die Runden zu kurz für die Rundstricknadel werden, wechselt ihr auf das Nadelspiel.

1. Schritt: Strickt die rechten Maschen re und strickt die 2 linken M dazwischen immer li zusammen. Dadurch besteht euer Muster am Ende der Runde aus 2 M re, 1 M li.

2. Schritt: Strickt 2 Runden im Muster (2 M re, 1 M li im Wechsel) ohne Abnahmen.

3. Schritt: Strickt über die ganze Runde die erste rechte Masche jeder Rippe re und die zweite rechte M mit der linken M daneben re zusammen.

4. Schritt: Strickt 3 Runden re ohne Abnahmen.

5. Schritt: Strickt über die gesamte Runde immer 2 M re zusammen und reduziert so die Maschenanzahl um die Hälfte.

6. Schritt: Strickt 1 Runde re ohne Abnahmen.

7. Schritt: Strickt über die gesamte Runde immer 2 M re zusammen und reduziert so die Maschenanzahl um die Hälfte.

8. Schritt: Schneidet den Faden ab, zieht das Ende durch die übrigen Maschen auf der Nadel, zieht ihn fest an und schließt so die Mütze.

OHREN

Messt von der hinteren Mitte ausgehend ca. 2, 2, 2,5, **2,5, 2,5** cm in jede Richtung ab und beginnt dort das Ohr (so liegen ca. 4, 4, 5, **5, 5** cm zwischen den Ohren). Nehmt aus dem Bündchen 18, 20, 20, **22, 22** M auf. Am besten findet ihr zuerst die Kante, an der die Mütze umgeklappt ist, und geht von dort ausgehend an der Innenseite 2–3 Reihen nach oben und beginnt die Ohrenklappe dort. Beginnt in einer Hinreihe und strickt 5 Reihen glatt re (re auf der Hinreihe, li auf der Rückreihe). Auf beiden Seiten strickt ihr eine I-Cord-Kante, die den Abschluss schöner macht. Strickt dafür die ersten 2 M in jeder Hin- und Rückreihe re und hebt die letzten 2 M ungestrickt, mit dem Faden vor der Arbeit, ab, s. auch »I-Cord-Kante« auf Seite 7.

In der nächsten Hinrunde beginnen die Abnahmen: Strickt 2 M re, strickt 2 M re zusammen, strickt bis 4 M vor Ende der Reihe, strickt 2 M re zusammen, hebt die letzten 2 M mit dem Faden vor der Arbeit ab (I-Cord). Strickt eine Rückreihe mit I-Cord zurück. Wiederholt diese 2 Reihen, bis nur noch 6 M auf der Nadel liegen. Strickt dann in der nächsten Hinreihe immer 2 M zusammen.

Jetzt habt ihr 3 M auf der Nadel. Strickt daraus die I-Cord-Kordel. Strickt dann das zweite Ohr gleich.

I-CORD-KORDEL

Aus den letzten 3 Maschen werden die Bänder gestrickt: *3 M re stricken, Arbeit NICHT wenden, sondern die Maschen wieder zurück an die andere Nadelspitze schieben*. *–* wiederholen, bis das Band 20–25 cm lang ist. Schneidet am Ende den Faden ab und zieht ihn durch die 3 M, um die Kordel zu beenden.

ABSCHLUSS

Vernäht alle Fadenenden. Wascht die Mütze entsprechend den Angaben des Wollherstellers, zieht sie auf einem trockenen Handtuch in Form und lasst sie trocknen. Befestigt danach auf Wunsch noch einen Pompon.

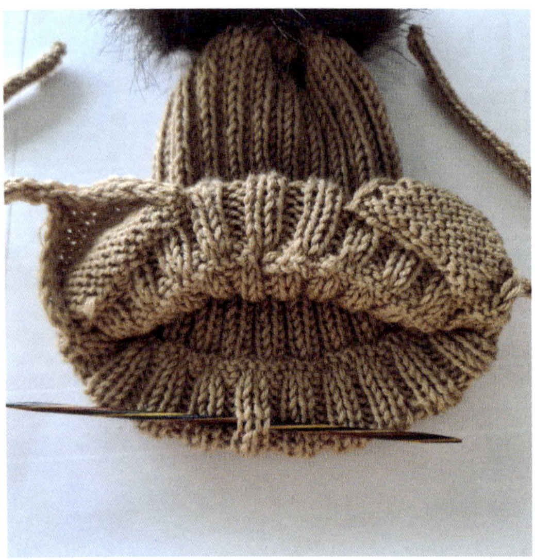

Hier werden die Maschen für das Ohr aufgenommen.

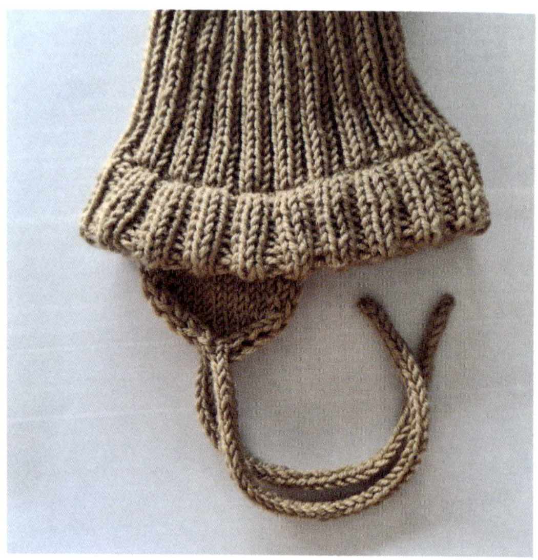

So sehen die fertigen Ohren aus.

HANDSCHUHE

Die Handschuhe werden in Runden vom Arm zu den Fingern gearbeitet. Der Schaft wird in demselben Rippenmuster gestrickt wie die Socken und die Mütze. In den zwei kleinsten Größen ist kein Daumen vorgesehen. In den Größen ab 6 Monaten wird der Daumen mit einem Hilfsfaden vorbereitet und nachträglich eingestrickt.

SCHAFT UND HANDGELENK

Schlagt 28, 32, 36, **40, 44, 48** M auf das Nadelspiel Nr. 3 an. Schließt zur Runde und strickt ein Rippenmuster (2 M re, 2 M li im Wechsel), insgesamt 4, 5, 5,5, **6, 7, 8** cm lang. Wechselt auf Nadelstärke 2,5 und strickt im selben Muster 4, 4, 6, **6, 8, 8** Runden. Dadurch wird der Handschuh am Handgelenk etwas enger und sitzt besser.

DAUMEN

Wechselt wieder auf NS 3 und verteilt die Maschen so, dass die eine Hälfte der Maschen auf Nadel 1 liegt (Handfläche) und die andere Hälfte der Maschen auf Nadeln 2 und 3 verteilt ist (Handrücken). Strickt jetzt je nach Größe wie folgt weiter:

Größen 0–3 und 3–6 Monate: In diesen Größen ist kein Daumen vorgesehen, überspringt den nächsten Schritt und geht weiter zu Kapitel »Hand«.

Größen 6 Monate bis 6 Jahre: Strickt jetzt 7, **8, 9, 10** Runden glatt re und strickt dann einen Hilfsfaden für den Daumen ein.

Beim **ersten Handschuh** strickt ihr am Anfang der Reihe (Nadel 1) 2 M re, strickt dann 6, **6, 7, 8** M auf einen Hilfsfaden (ein möglichst glattes Garn in einer Kontrastfarbe), schiebt diese M zurück auf die linke Nadel und strickt sie noch einmal mit eurem normalen Arbeitsfaden, sodass der Hilfsfaden fest eingestrickt ist. Strickt die Runde glatt re fertig.

Beim **zweiten Handschuh** strickt ihr die Maschen von Nadel 1 glatt re, bis 8, **8, 9, 10** M vor Ende der Nadel. Strickt die nächsten 6, **6, 7, 8** M auf einen Hilfsfaden, schiebt sie zurück auf die linke Nadel, strickt sie noch einmal mit dem normalen Arbeitsfaden und strickt die Runde dann glatt re zu Ende.

Wie der Hilfsfaden eingestrickt wird, und wie im Anschluss aus diesen Maschen der Daumen gestrickt wird, könnt ihr in diesem Video gut sehen: www.bit.ly/stroff-daumen

HAND

Alle Größen: Strickt den Handschuh glatt re, bis der glatt re gestrickte Abschnitt 5, 6, 7, **8,5, 10, 12** cm lang ist. Beginnt jetzt mit den Abnahmen.

ABNAHMEN

Die Maschen sollten weiterhin so auf drei Nadeln verteilt sein, dass die Hälfte der Maschen, die die Handfläche bildet, auf Nadel 1 und die andere Hälfte (der Handrücken) auf Nadeln 2 und 3 liegt.

1. Nadel: Strickt 2 M mit SSK (s. Seite 7) zusammen. Strickt bis 2 M vor Ende der ersten Nadel. Strickt 2 M re zusammen.

2. Nadel: Strickt 2 M mit SSK zusammen, strickt die restlichen M von Nadel 2 ab.

3. Nadel: Strickt weiter bis 2 M vor Ende der Nadel. Strickt 2 M re zusammen.

So habt ihr in dieser Runde an beiden Seiten insgesamt 4 M abgenommen. Wiederholt diese Abnahmen in jeder Runde, bis ihr noch insgesamt 8 M auf den Nadeln habt. Schneidet den Faden ab, zieht ihn durch diese Maschen und schließt so den Handschuh. Strickt den zweiten Handschuh gleich, denkt aber daran, den Hilfsfaden für den Daumen auf der anderen Seite zu platzieren.

DAUMEN

Entfernt den Hilfsfaden und legt die offenen Maschen auf beiden Seiten auf zwei Nadeln (NS 3). Nehmt auf jeder Seite noch 1 M extra auf, damit das Daumenloch etwas breiter wird und sich keine Löcher an den Seiten bilden.

Strickt eine Runde glatt re und strickt dabei die zusätzlich aufgenommenen Maschen wieder mit den Maschen daneben zusammen. Jetzt habt ihr 12, **12, 14, 16** M auf der Nadel. Strickt glatt re in Runden, bis der Daumen 3, **3,5, 4, 4** cm lang ist. Strickt dann über die ganze Runde 2 M re zusammen, sodass noch 6, **6, 7, 8** M auf der Nadel liegen. Schneidet den Faden ab, zieht ihn durch diese Maschen und schließt so den Daumen. Strickt den zweiten Daumen gleich.

ABSCHLUSS

Vernäht alle Fäden. Wascht die Handschuhe anhand der Angaben des Wollherstellers, zieht sie auf einem trockenen Handtuch in Form und lasst sie trocknen.

SOCKEN

Die Socken werden von oben nach unten im 2x2-Rippenmuster gestrickt. Die Ferse wird als Käppchenferse gearbeitet.

SCHAFT

Schlagt 32, 36, 40, **44, 48, 56** M auf das Nadelspiel Nr. 3 an.

Schließt zur Runde und strickt ein Rippenmuster (2 M re, 2 M li im Wechsel), bis der Schaft 7, 8, 9, **10, 11, 12** cm lang ist. Strickt nach der letzten Runde noch eine Masche re (die erste Masche der neuen Runde) und verlegt den Rundenbeginn dorthin, sodass die Runde jetzt mit einer rechten Masche beginnt und endet.

Teilt die Maschen jetzt wie folgt auf drei Nadeln auf und strickt mit der vierten:

1. Nadel: 8, 8, 10, **10, 12, 14** M (Rist)

2. Nadel: 8, 8, 10, **10, 12, 14** M (Rist)

3. Nadel: 16, 20, 20, **24, 24, 28** M (Ferse und Sohle)

FERSENWAND

Strickt in der nächsten Runde die Maschen der ersten und zweiten Nadel normal im Muster ab, legt sie dann vorübergehend still und strickt die Fersenwand nur mit den Maschen der dritten Nadel wie folgt in Reihen:

3. Nadel: Strickt mit den Maschen der dritten Nadel 8, 10, 12, **14, 16, 18** Reihen glatt re (re in der Hinreihe, li in der Rückreihe). Strickt die erste und die letzte Masche jeder Reihe (Hin- und Rückreihen) immer re. Endet mit einer Rückreihe.

KÄPPCHEN

1. Schritt (Hinreihe): Strickt 8, 10, 10, **12, 12, 14** M. Strickt 2 M mit SSK (s. Seite 7) zusammen, strickt 1 M und wendet die Arbeit.

2. Schritt (Rückreihe): Hebt die erste M ungestrickt wie zum li Stricken, mit dem Faden vor der Arbeit, ab. Strickt 1 M li, strickt 2 M li zusammen, strickt 1 M li. Wendet die Arbeit.

3. Schritt (Hinreihe): Hebt 1 M wie zum re Stricken, mit dem Faden hinter der Arbeit, ungestrickt ab. Strickt re bis 1 M vor der letzten Wendestelle, strickt 2 M mit SSK zusammen, strickt 1 M re. Wendet die Arbeit.

4. Schritt (Rückreihe): Hebt 1 M wie zum li Stricken ungestrickt ab. Strickt li bis 1 M vor der letzten Wendestelle, strickt 2 M li zusammen, strickt 1 M li. Wendet die Arbeit.

Wiederholt Schritte 3 und 4, bis nur noch 8, 10, 10, **12, 12, 14** M auf der Nadel liegen. Strickt als letzte Reihe eine Rückreihe.

ZWICKEL

1. Schritt: Strickt die 8, 10, 10, **12, 12, 14** M des Käppchens re.

2. Schritt: Fasst an der Seite der Fersenwand 4, 5, 5, **6, 6, 7** M aus den Randmaschen auf und strickt sie re.

3. Schritt: Strickt jetzt die Maschen, die auf Nadel 1 und 2 stillgelegt waren, im Rippenmuster.

4. Schritt: Fasst an der anderen Seite der Fersenwand 4, 5, 5, **6, 6, 7** M aus den Randmaschen auf und strickt sie re.

Strickt jetzt in Runden weiter, bis der Fuß ab dem Zwickel 5, 6, 7, **8, 9, 10** cm lang ist. Die obere Hälfte der Maschen (Rist) wird weiterhin im Rippenmuster gestrickt, die untere Hälfte (Sohle) glatt re.

ABNAHMEN

Ab hier wird nur noch glatt re gestrickt und in jeder Runde abgenommen.

1. Nadel: Strickt 2 M mit SSK zusammen und strickt alle weiteren M re.

2. Nadel: Strickt re bis 2 M vor Ende der Nadel und strickt die letzten 2 M re zusammen.

3. Nadel: Strickt 2 M mit SSK zusammen, strickt re bis 2 M vor Ende der Nadel und strickt die letzten 2 M re zusammen.

Wiederholt diese Abnahmen, bis nur noch 8 M auf der Nadel liegen. Schneidet den Faden ab, zieht das Ende durch die restlichen Maschen und schließt so die Socke. Strickt die zweite Socke gleich.

ABSCHLUSS

Vernäht alle Enden und wascht die Socke entsprechend den Angaben des Garnherstellers. Sehr kleine Stücke wie diese kann man einfach unter kaltem Wasser ausspülen, leicht auswringen und in Form gelegt trocknen lassen.

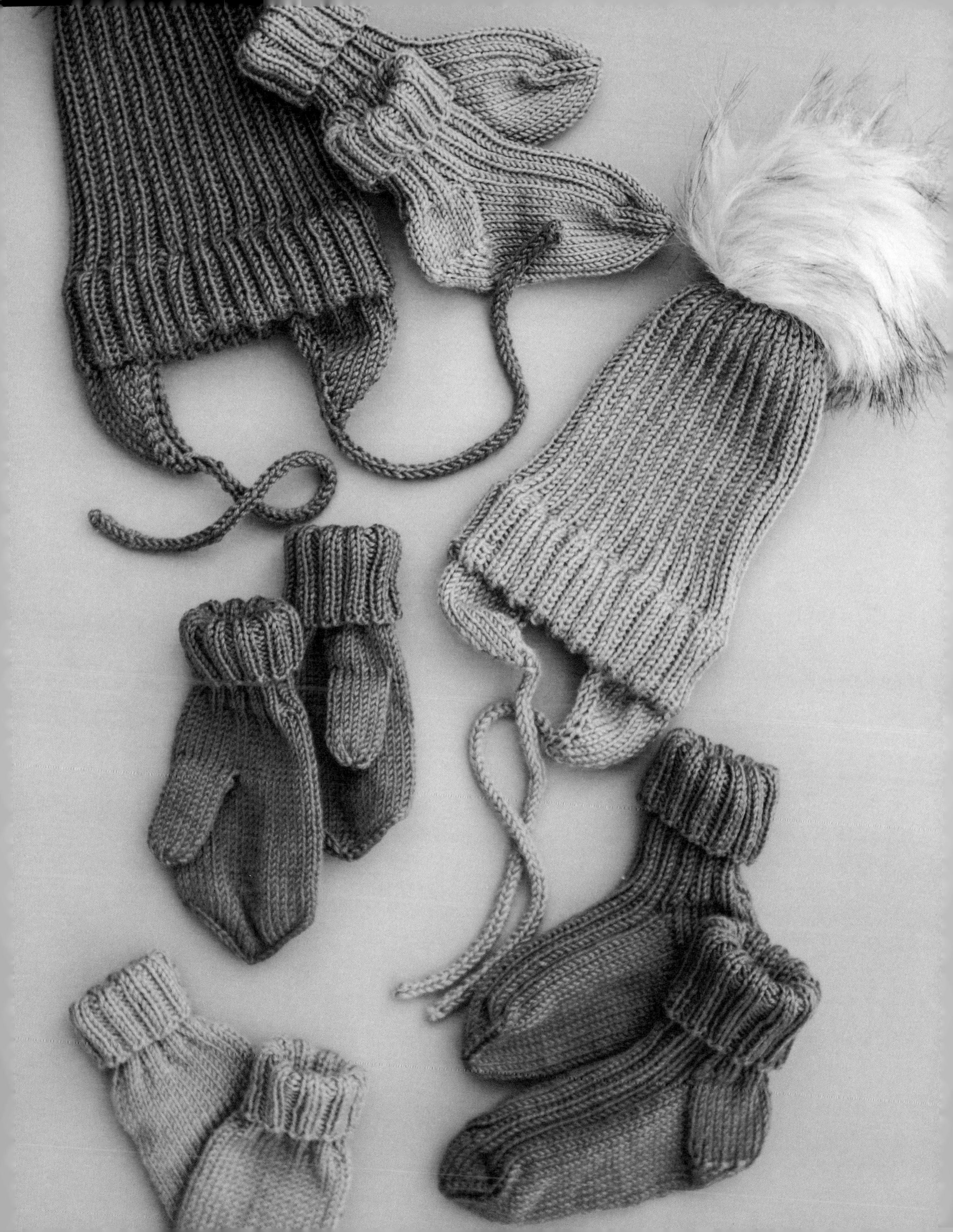

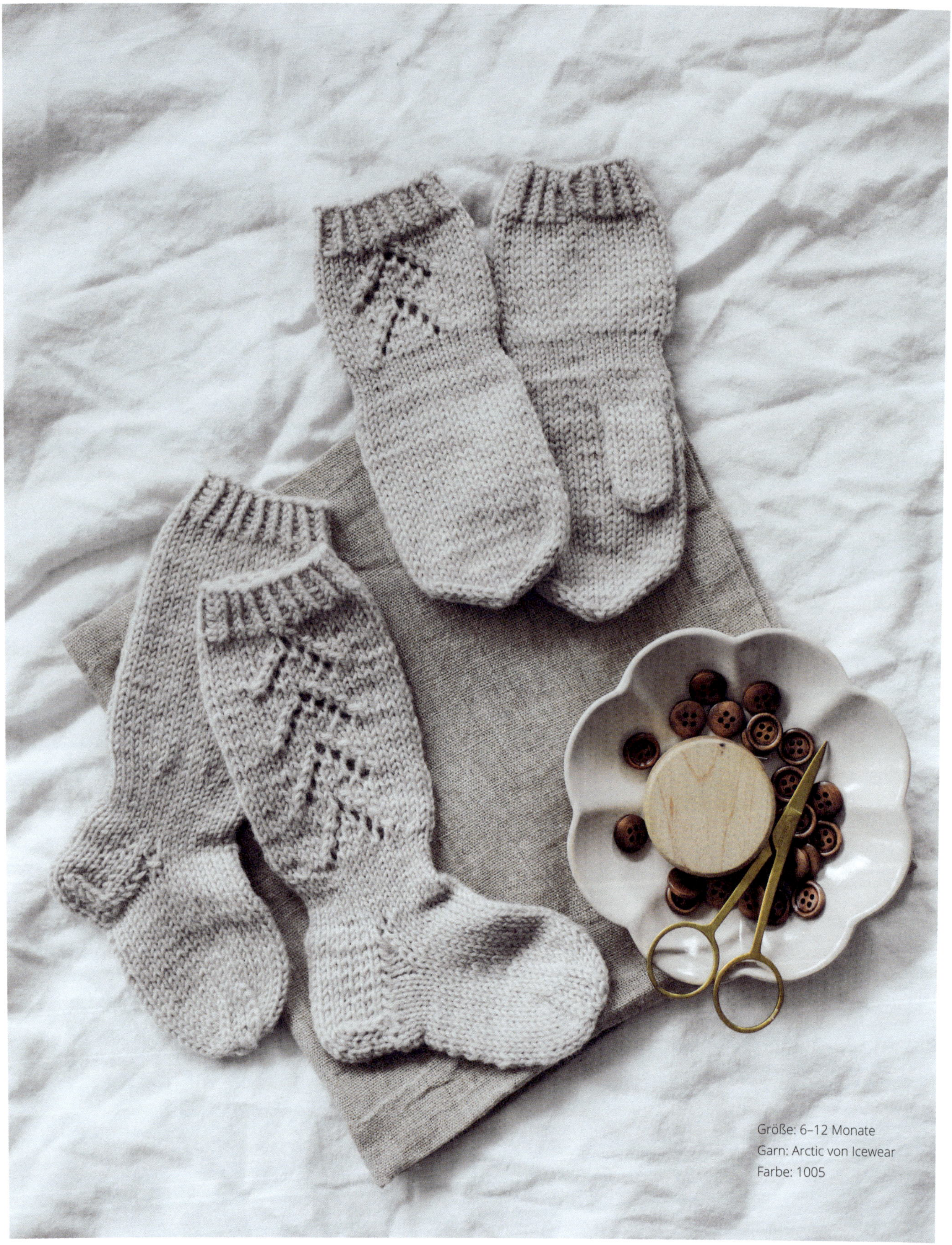

Größe: 6–12 Monate
Garn: Arctic von Icewear
Farbe: 1005

FEDER – KINDERSET

Zu einigen Mustern kehren wir immer wieder zurück. Eins davon ist ganz klar Feder: Wir haben bereits Pullover und Jacken in diesem Muster entworfen, in diesem Buch kommen jetzt die Accessoires. Das feine Set aus Handschuhen und Socken, für Neugeborene bis 6 Jahre, ist extrem schnell gestrickt und in den kleinen Größen perfekt als Last-Minute-Babygeschenk.

GRÖSSENANGABEN UND GARNVERBRAUCH

Größe	Wadenumfang	Handumfang	Garnverbrauch Socken oder Handschuhe (je 1 Paar)
0–3 Monate	10,5 cm	9,5 cm	25 g (90 m)
3–6 Monate	11,5 cm	11 cm	25 g (90 m)
6–12 Monate	13 cm	12 cm	25 g (90 m)
1–2 Jahre	**13,5 cm**	**13,5 cm**	**50 g (180 m)**
2–4 Jahre	**14,5 cm**	**15 cm**	**50 g (180 m)**
4–6 Jahre	**14,5 cm**	**16,5 cm**	**50 g (180 m)**

Bitte beachtet, dass die angegebenen Garnmengen nur ein Richtwert sind.

Garn:
Vierfädige Sockenwolle mit einer Maschenprobe von ca. 28–30 Maschen auf 10 cm. Für die Handschuhe und die Babysocken in kleinen Größen (die kaum strapaziert werden) passt auch feine Merinowolle wie Cool Wool Baby von Lana Grossa oder Sandnes Lanett.

Maschenprobe
28 Maschen = 10 cm mit Nadelstärke 3,5.

Das braucht ihr:
Nadelspiel Nr. 2,5 und 3,5
Stopfnadel zum Vernähen
Maschenmarkierer

SOCKEN

Diese Socken werden in Runden von oben nach unten mit einer klassischen Käppchenferse gearbeitet. Das Lochmuster aus unserer Feder-Kollektion wird in der Außenseite des Schafts gestrickt. Ferse und Fuß werden dann glatt re gestrickt.

Schlagt 30, 32, 36, **38, 40, 40** M auf das Nadelspiel Nr. 3,5 an. Verteilt die Maschen so auf drei Nadeln, dass die Hälfte der Maschen auf einer Nadel liegt und die andere Hälfte auf 2 Nadeln verteilt wird. Schließt zur Runde und strickt ein verschränktes Rippenbündchen (1 M re verschränkt, 1 M li im Wechsel) über 1, 1,5, 1,5, **2, 2, 2,5** cm. Strickt dann noch eine Runde rechts (ab hier werden die rechten Maschen nicht mehr verschränkt gestrickt).

In der nächsten Runde beginnt das Lochmuster: Strickt zunächst 11, 12, 14, **15, 16, 16** M rechts. Hängt einen MM auf die Nadel und strickt die nächsten 9 M laut Musterdiagramm auf S. 180. Hängt einen zweiten MM auf die Nadel und strickt die Runde re fertig.

Strickt den Schaft jetzt weiter re in Runden und strickt dabei an einer Seite das Lochmuster laut Diagramm, bis ihr das komplette Muster ca. 2, 3, 4, **4, 5, 6** Mal gestrickt habt (oder nach Geschmack und gewünschter Schaftlänge).

Wechselt jetzt auf Nadelstärke 2,5, strickt eine Runde re und nehmt dabei gleichmäßig verteilt 4 M ab. Das Lochmuster ist hier beendet. Markiert euch diese Reihe mit einem MM, den ihr direkt in eine Masche steckt. Strickt dann re weiter, bis ihr ab der ersten Runde mit dem MM 1,5, 1,5, 2, **2, 2, 2,5** cm gestrickt habt. Wechselt dann wieder auf Nadelstärke 3,5 und strickt eine weitere Runde re.

FERSE

Verteilt die Maschen jetzt wie folgt um:

RECHTE SOCKE:

1. Nadel (Ferse/Sohle): 13, 14, 16, **17, 18, 18** Maschen.

2. Nadel (Spann): 6, 7, 8, **8, 9, 9** Maschen.

3. Nadel (Spann): 7, 7, 8, **9, 9, 9** Maschen.

LINKE SOCKE:

1. Nadel (Spann): 7, 7, 8, **9, 9, 9** Maschen.

2. Nadel (Spann): 6, 7, 8, **8, 9, 9** Maschen.

3. Nadel (Ferse/Sohle): 13, 14, 16, **17, 18, 18** Maschen.

So sollte das Lochmuster im Schaft jeweils auf der äußeren Seite der Socke liegen.

FERSENWAND

Strickt jetzt die Fersenwand nur mit den Fersenmaschen (die erste oder dritte Nadel, je nachdem, ob ihr die rechte oder linke Socke strickt) in Hin- und Rückreihen. Die Maschen auf den anderen zwei Nadeln, die den Spann bilden, liegen auf ihren Nadeln still.

1. Reihe (Hinreihe): Hebt 1 M ungestrickt wie zum re Stricken, mit dem Faden hinter der Arbeit, ab. Strickt die Reihe re fertig.

2. Reihe (Rückreihe): Hebt 1 M ungestrickt wie zum li Stricken, mit dem Faden vor der Arbeit, ab. Strickt die Reihe li fertig.

Wiederholt Reihen 1 und 2, bis ihr insgesamt 10, 12, 14, **14, 16, 18** Reihen (hier zählt jede Hin- und jede Rückreihe einzeln) gearbeitet habt.

KÄPPCHEN

Jetzt bilden wir durch Abnahmen das Fersenkäppchen. Ihr strickt weiterhin nur über die Fersenmaschen.

1. Reihe (Hinreihe): Strickt 9, 10, 11, **11, 12, 12** M re. Wendet die Arbeit.

2. Reihe (Rückreihe): Hebt die erste M ungestrickt, wie zum li Stricken, mit dem Faden vor der Arbeit, ab. Strickt 4, 5, 5, **4, 5, 5** M li und wendet die Arbeit.

3. Reihe (Hinreihe): Hebt die erste M ungestrickt, wie zum re Stricken, mit dem Faden hinter der Arbeit ab. Strickt bis 1 M vor der letzten Wendestelle. Strickt die nächsten zwei M mit SSK zusammen. Wendet die Arbeit.

4. Reihe (Rückreihe): Hebt die erste M ungestrickt, wie zum li Stricken, mit dem Faden vor der Arbeit ab. Strickt weiter bis 1 M vor der letzten Wendestelle und strickt die nächsten 2 M li zusammen. Wendet die Arbeit.

Wiederholt Reihen 3 und 4, bis nur noch 5, 6, 6, **5, 6, 6** M auf der Nadel liegen. Endet mit einer Rückreihe.

ZWICKEL

Jetzt fasst ihr an den Seiten der Fersenwand neue Maschen auf, um das Stück wieder zur Runde zu schließen:

1. Schritt: Strickt die 5, 6, 6, **5, 6, 6** M des Käppchens re.

2. Schritt: Fasst an der Seite der Fersenwand ca. 4, 4, 5, **6, 6, 6** M aus den Randmaschen auf und strickt sie re. Falls ihr an dieser Stelle mehr Maschen aufnehmen müsst, um Löcher zu vermeiden, müssen die Maschen in den nächsten Runden durch Zusammenstricken wieder reduziert werden.

3. Schritt: Strickt die 13, 14, 16, **17, 18, 18** M, die auf Nadeln 2+3 bzw. 1+2 stillgelegt waren (die Maschen, die den Spann bilden), rechts.

4. Schritt: Fasst an der anderen Seite der Fersenwand wieder ca. 4, 4, 5, **6, 6, 6** M aus den Randmaschen auf (bzw. dieselbe Anzahl wie im 2. Schritt) und strickt sie re.

Die neu aufgenommenen Maschen aus der Fersenwand bilden zusammen mit den Maschen des Käppchens die Sohle und kommen auf Nadel 1 bzw. Nadel 3 (Ferse/Sohle).

Strickt jetzt glatt rechts in Runden, bis der Fuß, ab der Fersenwand, 5, 6, 6, **7, 7,5, 8** cm lang ist.

ABNAHMEN

Wenn die Socke die richtige Länge erreicht hat, beginnen die Abnahmen.

RECHTE SOCKE:

1. Nadel (Sohle): Strickt 1 M re, strickt 2 M mit SSK zusammen, strickt re bis 3 M vor Ende der Nadel, strickt die nächsten 2 M re zusammen und strickt die letzte M re.

2. Nadel (Spann): Strickt 1 M re. Strickt 2 M mit SSK zusammen und strickt alle weiteren M re.

3. Nadel (Spann): Strickt re bis 3 M vor Ende der Nadel, strickt die nächsten 2 M re zusammen und strickt die letzte M re.

LINKE SOCKE:

1. Nadel (Spann): Strickt 1 M re. Strickt 2 M mit SSK zusammen und strickt alle weiteren M re.

2. Nadel (Spann): Strickt re bis 3 M vor Ende der Nadel, strickt die nächsten 2 M re zusammen und strickt die letzte M re.

3. Nadel (Sohle): Strickt 1 M re, strickt 2 M mit SSK zusammen, strickt re bis 3 M vor Ende der Nadel, strickt die nächsten 2 M re zusammen und strickt die letzte M re.

Nehmt auf diese Weise in jeder Runde ab, bis nur noch insgesamt 6–8 M auf der Nadel liegen. Schneidet den Faden ab, zieht das Ende durch die restlichen Maschen und schließt so die Socke. Strickt die zweite Socke gleich (aber denkt daran, das Lochmuster hier auf der anderen Seite zu platzieren).

Musterdiagramm

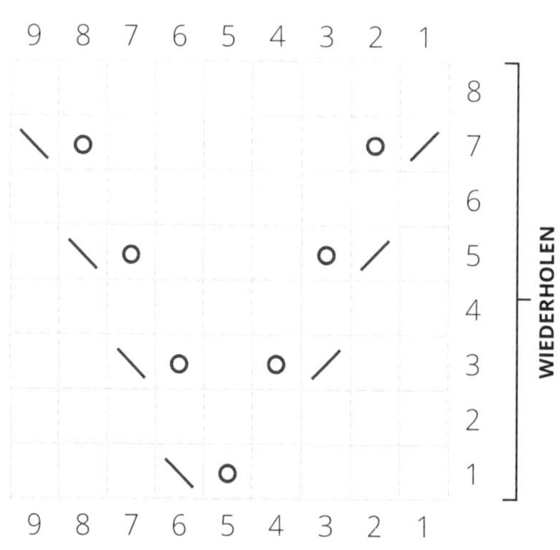

☐ Rechte Maschen.

⧅ SSK (s. Seite 7).

⧄ 2 M re zusammenstricken.

⊡ Umschlag.

HANDSCHUHE

Die Handschuhe werden vom Bündchen zu den Fingerspitzen in Runden gestrickt. Am Schaft wird das typische Lochmuster der Feder Kollektion eingestrickt.

Der Daumen wird mit einem Hilfsfaden vorbereitet und dann nachträglich eingestrickt. In den kleinsten Größen (0–3 und 3–6 Monate) ist kein Daumen vorgesehen.

BÜNDCHEN

Schlagt 26, 30, 34, **38, 42, 46** M auf das Nadelspiel Nr. 3,5 an. Verteilt die Maschen dabei wie folgt auf drei Nadeln:

1. Nadel: 7, 8, 9, **10, 11, 12** M.

2. Nadel: 13, 15, 17, **19, 21, 23** M (Handrücken).

3. Nadel: 6, 7, 8, **9, 10, 11** M.

Schließt zur Runde und strickt ein verschränktes Rippenbündchen (1 M re verschränkt, 1 M li im Wechsel) über 1, 1,5, 1,5, **2, 2, 2,5** cm. Strickt dann eine weitere Runde glatt rechts (hier strickt ihr die rechten Maschen nicht mehr verschränkt).

In der nächsten Runde beginnt das Lochmuster: Strickt zunächst 9, 11, 13, **15, 17, 19** M rechts. Hängt einen MM auf die Nadel und strickt die nächsten 9 M laut Musterdiagramm auf S. 180. Hängt einen zweiten MM auf die Nadel und strickt die Runde re fertig.

Strickt den Schaft jetzt weiter re in Runden und strickt dabei das Lochmuster laut Diagramm, bis ihr das komplette Muster 2, 2, 3, **3, 4, 4** Mal gestrickt habt (oder nach Geschmack und gewünschter Länge).

Wechselt jetzt auf Nadelstärke 2,5 und strickt 4, 4, 6, **6, 8, 8** Runden re. Damit wird der Handschuh am Handgelenk etwas enger und sitzt besser.

Wechselt dann wieder auf Nadelstärke 3,5 und strickt eine weitere Runde re. Die Länge des Handschuhs wird ab jetzt ab dieser Runde gemessen. Steckt einen Maschenmarkierer direkt in eine Masche dieser Runde, damit ihr sie später besser erkennt.

DAUMENVORBEREITUNG

In Größen 0–3 und 3–6 Monaten wird kein Daumen gestrickt. Überspringt dieses Kapitel in diesen Größen und strickt den Handschuh glatt re in Runden weiter.

Größen 6 Monate bis 6 Jahre: Strickt 7, **8, 9, 10** Runden re in Runden.

In der nächsten Runde wird der Daumen mit einem Hilfsfaden vorbereitet. Die Runde beginnt in der Mitte der Handfläche.

Rechter Handschuh: Strickt die Maschen von Nadel 1 und 2 rechts ab. Strickt die ersten 2, **2, 2, 2** M von Nadel 3 re. Nehmt jetzt einen Hilfsfaden und strickt damit die nächsten 6, **6, 7, 7** M re. Schiebt diese Maschen wieder zurück auf die linke Nadel und strickt sie noch einmal mit dem Arbeitsfaden, sodass der Hilfsfaden fest eingestrickt ist.

Linker Handschuh: Strickt die ersten 1, **2, 2, 3** M von Nadel 1 re. Strickt die nächsten 6, **6, 7, 7** M mit einem Hilfsfaden und dann noch einmal mit dem Arbeitsfaden. Strickt die Runde normal fertig.

Alle Größen: Strickt den Handschuh glatt rechts weiter, bis er, ab der ersten Reihe nach dem engen Mittelteil (d.h. ab dem MM, der in der Masche steckt), 6, 6,5, 7,5, **8, 8,5, 10** cm lang ist.

ABNAHMEN

Jetzt beginnen die Abnahmen an den Seiten des Handschuhs:

Nadel 1: Strickt bis 3 M vor Ende der Nadel. Strickt 2 M re zusammen, strickt die letzte M re.

Nadel 2 (Handrücken): Strickt 1 M re. Strickt 2 M mit SSK zusammen, strickt bis 3 M vor Ende der Nadel, strickt 2 M re zusammen. Strickt die letzte M re.

Nadel 3: Strickt 1 M re. Strickt 2 M mit SSK zusammen. Strickt die Nadel fertig.

Wiederholt diese Abnahmen in jeder Runde, bis nur noch insgesamt 6–8 M auf den Nadel liegen. Schneidet den Faden ab, zieht das Ende durch die übrigen Maschen und schließt so den Handschuh.

DAUMEN

In den Größen 6 Monate bis 6 Jahre strickt ihr jetzt noch den Daumen. Nehmt die Maschen ober- und unterhalb des Hilfsfadens auf zwei Nadeln des Nadelspiels Nr. 3,5 auf (je 6, **6, 7, 7** M pro Nadel) und entfernt dann den Hilfsfaden. Nehmt auf jeder Seite noch je 1 M extra auf, damit das Daumenloch etwas breiter wird und sich keine Löcher an den Seiten bilden. Strickt eine Runde glatt re und strickt dabei die zusätzlich aufgenommenen Maschen wieder mit den Maschen daneben zusammen. Jetzt liegen 12, **12, 14, 14** M auf der Nadel. Strickt jetzt glatt re in Runden, bis der Daumen 3, **3,5, 4, 4** cm lang ist. Strickt dann über die ganze Runde immer 2 M re zusammen. Schneidet den Faden ab, zieht ihn durch diese Maschen und schließt so den Daumen. Strickt den zweiten Daumen gleich.

ABSCHLUSS

Vernäht alle Fäden und schließt etwaige Löcher am Daumen. Wascht die Handschuhe anhand der Angaben des Wollherstellers, zieht sie auf einem trockenen Handtuch in Form und lasst sie trocknen.

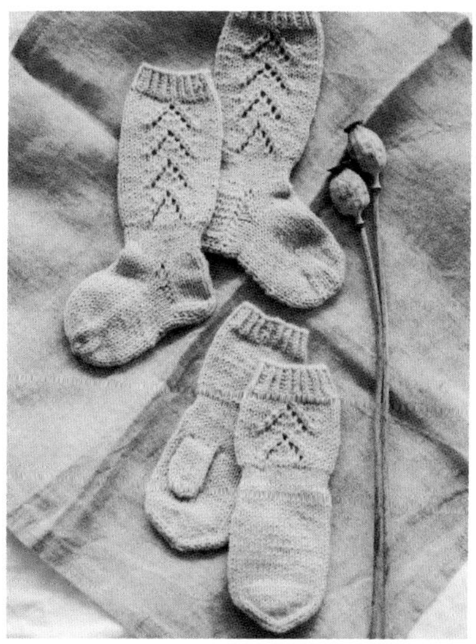

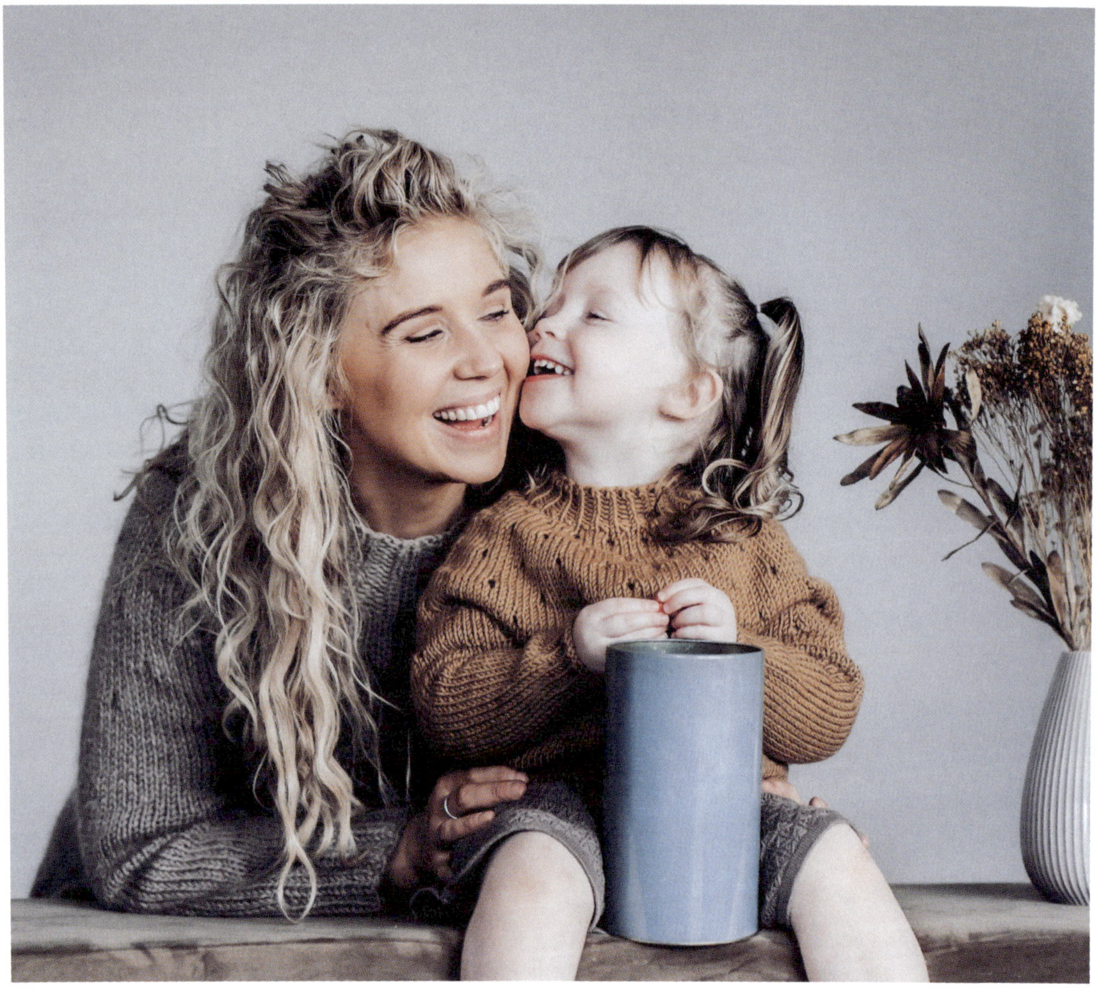

ÜBER UNS

Stroff Knitting kommt ursprünglich aus Island. Daher auch der Name – »stroff« ist das isländische Wort für »Bündchen«.

Das Label wurde 2017 in Reykjavík von Sjöfn Kristjánsdóttir gegründet, die damals mit ihrem zweiten Kind in Elternzeit war und viel Zeit mit Stricken verbrachte. Aus dem Hobby wurde ein Online-Shop mit Anleitungen, der sehr schnell sehr beliebt wurde. Ausschlaggebend für ihren Erfolg war, neben dem wunderschönen skandinavischen Design, der Schwerpunkt auf gute, verständliche Anleitungen.

Sie selbst kommt bis heute nicht mit den Abkürzungen und der Formelsprache, die klassische Strickanleitungen ausmachen, zurecht und hat deshalb sehr ausführliche Anleitungen in normaler Sprache entwickelt. So finden auch Anfänger:innen den Mut, sich an eines ihrer Modelle zu wagen, ohne vorher einen Handarbeitskurs belegen zu müssen. Wenn die Technik in Worten zu kompliziert klingt, helfen Links zu Videos weiter.

So haben wir unzählige Rückmeldungen von Anfänger:innen, die sich mit uns überhaupt an dieses neue Hobby getraut haben. Viele erfahrene Stricker:innen haben bei uns ihren ersten Raglanpullover gestrickt und die Technik so für sich entdeckt.

Nach drei Jahren reiner Online-Präsenz kam dann im Herbst 2020 das erste Buch auf den isländischen Markt, gefolgt von einem zweiten Buch Ende 2021 und einem dritten im Herbst 2023.

Im Oktober 2020 ging der deutschsprachige Online-Shop live, betreut von Leonie Karn. Inzwischen haben wir dort knapp 200 Anleitungen – die schönsten haben wir auch auf Deutsch in zwei Büchern veröffentlicht, zum Glück kommen aber immer wieder neue Modelle dazu.

Gerade sind wir zu zweit im Stroff-Team: Sjöfn ist das kreative Herz und hat alle Ideen. Sie entwirft alle Modelle, schreibt die Anleitungen und hat die kreative Kontrolle über alles, was wir tun.

Leonie strickt seit 2018 nach Sjöfns Anleitungen und betreut die deutsche Version von Stroff Knitting von Anfang an. Sie übersetzt alle Anleitungen und veröffentlicht sie im deutschen Online-Shop und inzwischen auch in den Büchern. Sie ist für den deutschsprachigen Auftritt von Stroff Knitting zuständig und beantwortet alle Kundenanfragen.

Dabei werden wir von unseren Teststrickerinnen unterstützt, und natürlich von unserer Fotografin Eygló Gísla. Alle Fotos in diesem Buch stammen von ihr.

BISHER IN DEUTSCHLAND ERSCHIENEN:

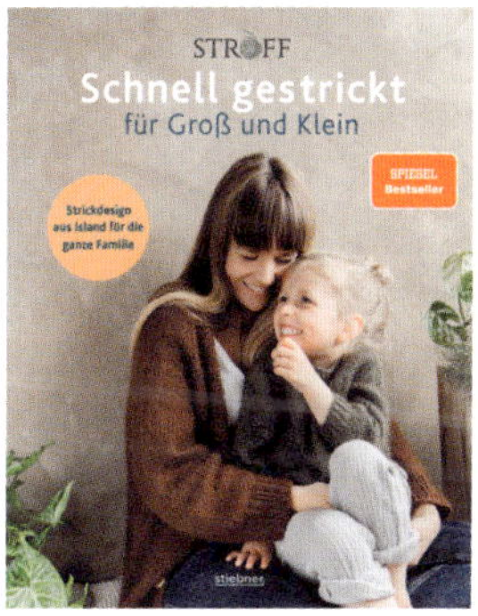

Schnell gestrickt für Groß und Klein

ISBN 978-3-8307-2130-7

Online sind wir auf unserer Website www.stroff-knitting.de zu finden. Dort gibt es alle unsere Anleitungen auch einzeln als PDF-Downloads zu kaufen.

Liebe Leser:innen,

wir freuen uns, dass wir euch mit diesem Buch inspirieren und Teil eurer kreativen Reise sein dürfen. Noch mehr Inspiration, originelle Ideen und besondere Themen findet ihr auf unserer Verlagsseite www.stiebner.com.

Lass uns zusammen kreativ werden!

Wir sind immer offen für eure Anregungen, Wünsche und Kritik – schreibt uns gerne unter verlag@stiebner.com.

Da geteilte Freude bekanntlich doppelte Freude ist: Zeigt uns eure kreativen Ideen und fertigen Projekte auf Social Media! Markiert uns mit @stiebnerverlag und Stroff Knitting mit @stroffknitting oder nutzt die folgenden Hashtags:

#StiebnerVerlag #StiebnerKreativ #Wohlfühlmaschen #StroffKnitting

Text: Sjöfn Kristjánsdóttir, Leonie Karn
Fotografie: Eygló Gísladóttir
Übersetzung aus dem Isländischen & Satz: Leonie Karn
Covergestaltung: Danai Afrati
Layout: Kúper Blakk
Projektleitung: Melanie Stiebner
Gedruckt bei Balto print, Litauen
ISBN 978-3-8307-2145-1

FSC www.fsc.org MIX Papier aus verantwortungsvollen Quellen FSC® C107574

Bibliografische Information der Deutschen Nationalbibliothek:
Die Deutsche Nationalbibliothek verzeichnet diese Publikation in der Deutschen Nationalbibliografie; detaillierte bibliografische Daten sind im Internet über http://dnb.dnb.de abrufbar.

Wir produzieren unsere Bücher mit großer Sorgfalt und Genauigkeit. Trotzdem lässt es sich nicht ausschließen, dass uns in Einzelfällen Fehler passieren. Auf unserer Webseite finden sich bei dem jeweiligen Titel eventuelle Korrekturen (Errata). Solltest du in diesem Buch einen Fehler finden, so bitten wir um einen Hinweis an verlag@stiebner.com. Für solche Hinweise sind wir sehr dankbar, denn sie helfen uns, besser zu werden.

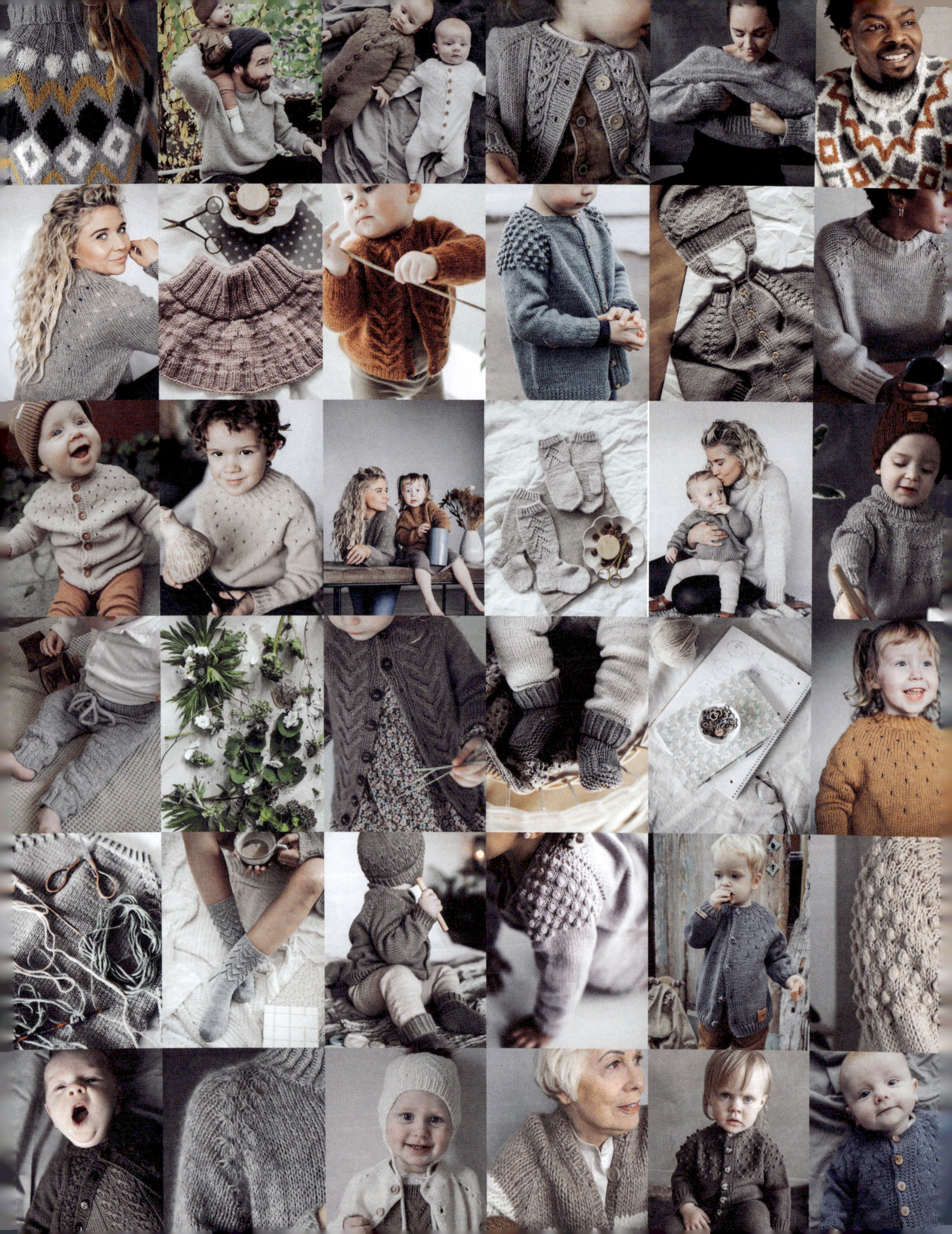